OS TERCEIROS NA SUJEIÇÃO PASSIVA TRIBUTÁRIA E O *ALTERLANÇAMENTO*

CIP-BRASIL. CATALOGAÇÃO NA PUBLICAÇÃO
SINDICATO NACIONAL DOS EDITORES DE LIVROS, RJ

M478t

Mello, Henrique
Os terceiros na sujeição passiva tributária e o alterlançamento / Henrique Mello. - 1. ed. - São Paulo : Noeses, 2020.

386 p. ; 23 cm.
ISBN 978-65-990513-9-5

1. Direito tributário - Brasil. 2. Obrigação tributária - Brasil. I. Título.

20-67467
CDU: 34:351.713(81)

Leandra Felix da Cruz Candido - Bibliotecária - CRB-7/6135

HENRIQUE MELLO

Doutor em Direito Econômico, Financeiro e Tributário pela Faculdade de Direito da Universidade de São Paulo (USP – Largo São Francisco); Master di secondo livello em Direito pela Università degli Studi di Genova; Professor de Direito Tributário no Instituto Brasileiro de Estudos Tributários (IBET); Coordenador do IBET em São José do Rio Preto; Juiz do Tribunal de Impostos e Taxas de São Paulo (TIT/SP). Advogado Tributarista.

OS TERCEIROS NA SUJEIÇÃO PASSIVA TRIBUTÁRIA E O *ALTERLANÇAMENTO*

2020

Copyright © Editora Noeses 2020
Fundador e Editor-chefe: Paulo de Barros Carvalho
Gerente de Produção Editorial: Rosangela Santos
Arte e Diagramação: Renato Castro
Revisão: Georgia Evelyn Franco
Designer de Capa: Aliá3 - Marcos Duarte

TODOS OS DIREITOS RESERVADOS. Proibida a reprodução total ou parcial, por qualquer meio ou processo, especialmente por sistemas gráficos, microfílmicos, fotográficos, reprográficos, fonográficos, videográficos. Vedada a memorização e/ou a recuperação total ou parcial, bem como a inclusão de qualquer parte desta obra em qualquer sistema de processamento de dados. Essas proibições aplicam-se também às características gráficas da obra e à sua editoração. A violação dos direitos autorais é punível como crime (art. 184 e parágrafos, do Código Penal), com pena de prisão e multa, conjuntamente com busca e apreensão e indenizações diversas (arts. 101 a 110 da Lei 9.610, de 19.02.1998, Lei dos Direitos Autorais).

2020

Editora Noeses Ltda.
Tel/fax: 55 11 3666 6055
www.editoranoeses.com.br

*Dedico este livro a Júlia Galego de Mello e
a Laura Galego de Mello, com todo o meu amor.*

AGRADECIMENTOS

Tomando emprestadas algumas belas palavras de meu fingidor predileto, *Trago dentro do meu coração, Como num cofre que se não pode fechar de cheio, Todos os lugares onde estive, Todos os portos a que cheguei, Todas as paisagens que vi através de janelas ou vigias, Ou de tombadilhos, sonhando.**

Em meu cofre, tenho todos os encontros e todas as pessoas. Aquelas que encontrei, aquelas que me encontraram. Aquelas que me viram (e não apenas me olharam), aquelas que amei, aquelas que me ajudaram. Aquelas que me deram vida e vidas. Aquelas que me amaram. Cada uma do seu jeito, tão fundamentais na caminhada. Não foi sem percalços a jornada e há muito ainda a explorar. Mas o meu agora não seria sem os encontros para lembrar.

É imensurável o meu agradecimento a todas as pessoas que passaram tocando a minha alma. E tenho a sorte de dizer que foram tantas que não posso ousar nomeá-las, para não correr o risco de deixar a obra com cem páginas antes do prefácio.

Mas quero agradecer, com especial carinho, aos Professores e Professoras. A todos os Professores e Professoras que tive e que me deram o privilégio de ouvi-los, de, com eles, aprender. E o faço na figura de dois dos mais importantes educadores em minha trajetória: Professora Arlete e Professor Estevão.

OS TERCEIROS NA SUJEIÇÃO PASSIVA TRIBUTÁRIA E O *ALTERLANÇAMENTO*

Ainda menino, de tenra idade, encontrava-me em um contexto não muito favorável às melhores oportunidades. Naquela época, interveio Professora Arlete, que viu em mim alguém que eu mesmo desconhecia e, com o altruísmo próprio dos grandes mestres, empurrou-me para distante de sua sala de aula e da escola onde trabalhava, me levando para perto do mundo. A dedicada Professora Arlete preferiu abrir mão do aluno para permitir que este sonhasse mais alto. É muito por esse gesto que estou aqui hoje. E, a ela, serei eternamente grato.

Isso me fez encontrar, muitos anos passados, um excelente ser humano chamado Estevão Horvath. O Professor Estevão acreditou em mim e me emprestou as chaves de portas que, antes, pareciam definitivamente fechadas. Tornou-se meu orientador e me orientou pelo exemplo de retidão de caráter. Não sei se ele se recorda, mas devemos nossa proximidade a Amadeo Modigliani, cujo primoroso estilo de pintura motivou um comentário jocoso de minha parte, ao qual se seguiram risos e uma abertura ao diálogo. O gosto pelas artes, vejam só, adquiri no caminho aberto pela Professora Arlete.

São muitos os Professores e Professoras a quem eu deveria nomear e agradecer. Mas estão muito bem representados pelos dois mestres mencionados.

Agradeço as oportunidades que pude receber desses fabulosos educadores e rogo para que todas as pessoas possam usufruir de oportunidades semelhantes.

E contra autoritarismos desautorizadores, que os Professores e Professoras fiquem firmes, pois, a educação é o caminho!

*Trecho de "Passagem das Horas", de Álvaro de Campos/Fernando Pessoa.

PREFÁCIO

Com grande satisfação aceitei o convite para prefaciar o livro "Os terceiros na sujeição passiva tributária e o *alterlançamento*", de autoria de Henrique Mello.

Tive a oportunidade de acompanhar parte da trajetória acadêmica do autor, na qualidade de seu orientador, sendo testemunha da sua dedicação ao estudo e busca permanente pelo aprofundamento dos conceitos jurídicos.

A obra que ora surge à luz decorre da tese de doutorado, brilhantemente defendida pelo autor na Faculdade de Direito da Universidade de São Paulo, perante uma banca examinadora composta de grandes expoentes do Direito Tributário pátrio, os professores Paulo de Barros Carvalho, Roque Antonio Carrazza, José Eduardo Soares de Melo, Paulo Ayres Barreto e Susy Gomes Hoffmann. Não é demais salientar que a tese em questão mereceu aprovação entusiástica dos professores que participaram do exame.

O doutor Henrique Mello é advogado tributarista experiente, além de docente nessa área. É coordenador do prestigioso Instituto Brasileiro de Estudos Tributários – IBET, em São José do Rio Preto. Atua também como Juiz do TIT (Tribunal de Impostos e Taxas) do Estado de São Paulo.

Ao lado disso, possui o título de *Master* pela *Università degli Studi di Genova*, onde estudou Teoria Geral do Direito – a mais importante das matérias do Direito, no meu sentir – com os juristas realistas genoveses, naquela que é uma das principais escolas de interpretação e argumentação jurídicas do mundo.

É também um dos tradutores do livro "O enfoque analítico na filosofia do direito – de Bentham a Kelsen", de Pierluigi Chiassoni.

No decorrer do curso de pós-graduação, dedicou-se a investigar o fenômeno crescente de atribuição de deveres instrumentais tributários a terceiros (não contribuintes e não responsáveis tributários), com bastante êxito, conforme se poderá comprovar com a leitura do seu trabalho.

Henrique Mello mostra uma realidade, até há pouco não claramente reconhecida, de que, no Brasil, outras pessoas compõem o gênero "sujeição passiva tributária", para além de contribuintes e responsáveis tributários. Com efeito, a legislação acusa a presença de *terceiros* como sujeitos cujas condutas possuem relevância para o ordenamento jurídico-tributário.

Esses "terceiros", embora deles não se exija o pagamento de tributos – até porque não praticam o fato jurídico tributário ("fato gerador") e não são "responsáveis", porquanto a lei não os coloca nessa posição – desempenham um papel de extrema relevância na qualidade de "colaboradores" do sujeito ativo tributário.

O autor aponta – acertadamente, a meu ver – ser equivocado considerar que, todas as vezes que um sujeito de direito, distinto do contribuinte, leva dinheiro de tributos aos cofres públicos, o que se dá é "pagamento", devendo, por isso, a questão ser tratada como hipótese de responsabilidade tributária ou substituição tributária. Para ele, o que ocorre nessas hipóteses é um mero "recolhimento".

Nas palavras do autor, "[...] deveres instrumentais cujo objeto é prestação de *dar* valor pecuniário alheio somente podem ter como sujeito passivo o terceiro, já que a prestação de *dar* valor pecuniário próprio caracteriza pagamento, cuja respectiva relação tem como sujeitos possíveis o contribuinte e o responsável".

Talvez o ponto alto da sua tese seja a criação e desenvolvimento da figura do "alterlançamento", que se poderia traduzir, em poucas palavras, como uma forma de constituição de crédito tributário alheio.

O "terceiro", muitas vezes, deve interpretar a legislação tributária e aplicá-la, apurando o montante devido pelo contribuinte em concretização da relação tributária principal entre este e o fisco. Desse modo, para o autor, o terceiro *constitui o crédito tributário do contribuinte*.

Alude também aos importantes reflexos dessa situação sobre temas relevantes para o direito tributário, como decadência, prescrição, repetição do indébito, contraditório e ampla defesa no âmbito de processos administrativos fiscais etc.

Para Henrique, a atribuição de deveres instrumentais tributários a terceiros – ou o seu excesso, diria – colabora para ensejar a instalação, no Brasil, de um estado de desconfiança recíproca entre fisco e contribuintes, "na medida em que se tende a abandonar a técnica de redução da complexidade sistêmica antes aplicada (confiança nos destinatários da carga tributária) passando-se a, com o mesmo objetivo, confiar mais na boa-fé objetiva dos terceiros".

Paremos por aqui, pois cremos que o *spoiler* já apresentado passou dos limites, mas deverá ter servido para motivar uma legítima curiosidade para a leitura do livro, o que recomendo vivamente, pois, para mais da criatividade demonstrada pelo seu autor, revive conceitos e categorias de suma relevância para todo estudioso do Direito Tributário – e do Direito como um todo.

Depois disso, resta aguardar as futuras importantes e sólidas contribuições que o autor seguramente trará à Ciência do Direito Tributário.

Estevão Horvath

Professor de Direito Financeiro da USP
e de Direito Tributário da PUC/SP.

SUMÁRIO

AGRADECIMENTOS VII

PREFÁCIO IX

INTRODUÇÃO 1

Capítulo I
SOBRE TERCEIROS E DEVERES INSTRUMENTAIS – ALGUMAS QUESTÕES DE BASE

1. **TERCEIROS ENQUANTO SUJEITOS PASSIVOS TRIBUTÁRIOS** 9

    1.1 Sobre quem não são os terceiros 14

    1.2 Relevância da individualização do terceiro 17

2. **DEVERES INSTRUMENTAIS TRIBUTÁRIOS** ... 19

    2.1 Dinâmica de imposição de relações intersubjetivas ... 19

    2.2 Múltiplas relações tributárias e o Código Tributário Nacional 34

2.3 Características dos deveres instrumentais tributários 37

3. **RELEVÂNCIA DOS TERCEIROS E SUAS RELAÇÕES INSTRUMENTAIS** 41

Capítulo II

FUNDAMENTOS DA ATRIBUIÇÃO DE DEVERES INSTRUMENTAIS TRIBUTÁRIOS A TERCEIROS

1. **DEVERES DE TERCEIROS COMO DIREITO VIGENTE** 47

2. **DO ATO ADMINISTRATIVO AO ATO DO ADMINISTRADO** 53

3. **OS TERCEIROS EM AUXÍLIO DA TRANSPARÊNCIA** 59

4. **O PODER-DEVER DE ARRECADAÇÃO** 65

5. **O PODER-DEVER DE FISCALIZAÇÃO** 71

   5.1 Características do ordenamento brasileiro quanto ao tema 71

   5.2 Fundamentos constitucionais 76

   5.3 Dever de colaboração 79

6. **FUNÇÃO *VERSUS* DEVER** 83

7. **FUNDAMENTOS NO CÓDIGO TRIBUTÁRIO NACIONAL** 85

Capítulo III
PARA UMA NOVA TIPOLOGIA DOS DEVERES INSTRUMENTAIS TRIBUTÁRIOS

1. **PAGAMENTO E DEVERES INSTRUMENTAIS EM MATÉRIA TRIBUTÁRIA**................................. 91

   1.1 Interdependência das prescrições definitórias sobre obrigação tributária e deveres instrumentais....... 92

   1.2 Unidade do direito e o compartilhamento de dados gerais sobre conceitos jurídicos entre ramos distintos.. 94

2. **ESTRUTURANDO OS ELEMENTOS EM TORNO DA FINALIDADE**... 101

   2.1 Sobre os objetos do vínculo intersubjetivo......... 103

   2.2 Adimplemento e cooperação............................... 104

3. **PAGAMENTO EM SENTIDO ESTRITO**................. 109

   3.1 Princípios informadores da noção de adimplemento.. 110

   3.2 Pagamento como adimplemento em sentido técnico.. 111

   3.3 Pagamento como adimplemento de débito próprio.. 112

4. **RAZÕES PARA A LEITURA DO TERMO *PAGAMENTO* COMO *ADIMPLEMENTO* EM SENTIDO TÉCNICO**... 117

5. **OBJETOS DOS DEVERES INSTRUMENTAIS COMO COMPORTAMENTOS DISTINTOS DE PAGAMENTO**... 121

6. NOVA TIPOLOGIA DOS DEVERES INSTRUMENTAIS TRIBUTÁRIOS 123

6.1 Alguns deveres instrumentais tributários com base na nova tipologia 126

6.1.1 Deveres instrumentais tributários atribuídos a terceiros 133

6.1.1.1 Dever de constituição do crédito tributário 134

6.1.1.2 Deveres de retenção e de reembolso antecipado 134

6.1.1.3 Dever de recolhimento 135

7. PRESTAÇÃO DE DAR VALOR PECUNIÁRIO A CARGO DE TERCEIROS – EM BUSCA DE UM NOVO PATAMAR PARA OS DEVERES INSTRUMENTAIS TRIBUTÁRIOS 139

Capítulo IV
REFLEXOS DA NOVA TIPOLOGIA PARA A TEMÁTICA DA SUJEIÇÃO PASSIVA TRIBUTÁRIA

1. INFLUENCIANDO CONCEITOS 143

2. SUJEIÇÃO PASSIVA TRIBUTÁRIA SOB O VIÉS DA FINALIDADE E DA CAUSA PRÓXIMA DAS RELAÇÕES 145

2.1 Esclarecimento necessário sobre a teoria dualista da obrigação e a sujeição passiva tributária 153

2.2 Contribuintes 159

2.2.1 Solidariedade 161

2.3 Responsáveis tributários.. 163

    2.3.1 Função do art. 128 do Código Tributário Nacional... 164

    2.3.2 Responsabilidade tributária por sucessão, "de terceiros" e por infrações.................... 166

    2.3.3 Substituição tributária............................. 172

2.4 Uma breve e necessária advertência: responsabilidade enquanto sanção 179

3. TERCEIROS 185

4. SUJEIÇÃO PASSIVA DOS DEVERES INSTRUMENTAIS TRIBUTÁRIOS.. 187

5. CONTRIBUINTES, RESPONSÁVEIS, SUBSTITUTOS E TERCEIROS 189

Capítulo V

A FIGURA DO *ALTERLANÇAMENTO*

1. PLURALIDADE DE FORMAS DE CONSTITUIÇÃO DO CRÉDITO TRIBUTÁRIO..................................... 193

    1.1 Precisões terminológicas...................................... 197

2. CONSTITUIÇÃO DO CRÉDITO TRIBUTÁRIO POR AUTORIDADE ADMINISTRATIVA 201

3. CONSTITUIÇÃO DO CRÉDITO TRIBUTÁRIO POR AUTORIDADE JUDICIAL 209

4. CONSTITUIÇÃO DO CRÉDITO TRIBUTÁRIO POR ADMINISTRADOS 213

4.1 Diferença para o lançamento por homologação 213

4.2 Gestão tributária e a técnica da "privatização". 217

5. AUTOLANÇAMENTO 221

5.1 Autolançamento como dever instrumental tributário 224

6. A FIGURA DO *ALTERLANÇAMENTO* 229

6.1 Autolançamento e *alterlançamento* 229

6.2 Diferenças que justificam o tratamento específico 235

    6.2.1 Características do *alterlançamento* em resumo 240

    6.2.2 Esclarecimento terminológico 240

        6.2.2.1 Desconsideração do modo de constituição do crédito tributário por autoridade judicial como alterlançamento 243

7. À GUISA DE CONCLUSÃO DO CAPÍTULO 245

Capítulo VI

APLICABILIDADE DO *ALTERLANÇAMENTO*

1. EXEMPLOS CONCRETOS 249

1.1 COSIP – Contribuição para o custeio do serviço de iluminação pública 249

1.2 O dever das distribuidoras de energia elétrica de lançar o ICMS 255

1.3 Dever atribuído a tomadores de serviços prestados por contribuintes de outros municípios 258

1.4 INSS-Segurado: dever de *alterlançamento* atribuído ao empregador 261

1.5 INSS-Empresa: dever de *alterlançamento* atribuído a contratantes de serviços executados mediante cessão de mão de obra 263

1.6 Imposto sobre a renda retido na fonte: dever de *alterlançamento* atribuído às fontes pagadoras . 267

1.7 ICMS-ST "para frente": dever de *alterlançamento* atribuído ao "substituto" 269

1.8 O estranho caso do ITBI 272

2. **INFLUÊNCIAS DO *ALTERLANÇAMENTO* NA PRAGMÁTICA DE TEMAS RELEVANTES** 279

2.1 Repetição do indébito tributário e compensação tributária 279

2.2 Crime de apropriação indébita tributária 285

2.3 Decadência e prescrição 286

2.4 Inscrição direta em dívida ativa 290

2.5 Processo administrativo tributário 290

Capítulo VII
ESTADO DE DESCONFIANÇA RECÍPROCA: O TERCEIRO MAIS CONFIÁVEL

1. **RELAÇÕES JURÍDICAS EM MATÉRIA TRIBUTÁRIA COMO RELAÇÕES DE COOPERAÇÃO** ... 295

2. **COOPERAÇÃO E BOA-FÉ OBJETIVA** 297

3. **CONFIANÇA E DESCONFIANÇA SISTÊMICAS COMO TÉCNICAS DE REDUÇÃO DE COMPLEXIDADES** 303

4. **A ATRIBUIÇÃO DE DEVERES A CONTRIBUINTES E RESPONSÁVEIS COMO CONFIANÇA SISTÊMICA NO CONTEXTO DE PRATICABILIDADE DAS LEIS TRIBUTÁRIAS** 309

5. **A ATRIBUIÇÃO DE DEVERES INSTRUMENTAIS TRIBUTÁRIOS A TERCEIROS COMO DESCONFIANÇA SISTÊMICA NO CONTEXTO DE PRATICABILIDADE DAS LEIS TRIBUTÁRIAS** 315

6. **O TERCEIRO MAIS CONFIÁVEL** 319

7. **LIMITES À ATRIBUIÇÃO DE DEVERES INSTRUMENTAIS TRIBUTÁRIOS A TERCEIROS** 321

    7.1 Interesse público, eficiência, coerência e praticabilidade como limites.. 322

    7.2 Proporcionalidade 325

    7.3 Livre-iniciativa e livre-concorrência.................... 327

    7.4 Isonomia... 329

    7.5 Legalidade 330

    7.6 Cláusula de interesse da arrecadação e da fiscalização dos tributos 335

    7.7 Outros exemplos de limites................................. 337

CONCLUSÕES 343

REFERÊNCIAS 347

INTRODUÇÃO

Este livro contém a defesa de três alegações principais:

1) O dever de colaboração em matéria tributária alcança sujeitos distintos de contribuintes e responsáveis tributários.

2) Entre os principais deveres atribuídos a esses administrados está o de *recolhimento*, que não se confunde com *pagamento*.

3) Esses administrados são exigidos a realizar *alterlançamento*, que não se confunde com *autolançamento* ou com *lançamento tributário*.

Colocando de outro modo, o direito tributário positivo brasileiro, ao dispor sobre como administrados devem colaborar com a administração tributária na consecução das funções de fiscalização e arrecadação de tributos, prescreve que não somente os contribuintes e responsáveis tributários devem realizar prestações positivas ou negativas pertinentes a deveres que instrumentalizam a verificação do cumprimento da legislação tributária, mas, também, que terceiros, que não fazem parte da relação jurídica tributária principal, informem dados alheios, de relevância tributária e, mais do que isso, constituam o crédito tributário dos contribuintes e responsáveis sobre quem são obrigados a informar e, não raramente, também, efetuem o recolhimento dos valores dos tributos apurados aos cofres públicos.

OS TERCEIROS NA SUJEIÇÃO PASSIVA TRIBUTÁRIA
E O *ALTERLANÇAMENTO*

Para tornar o sistema tributário praticável com mais eficiência, o Estado, que depende da arrecadação dos tributos para existir, determina aos administrados que digam o que os textos legislados em matéria tributária significam e cumpram o resultado da própria interpretação. Impõe, assim, aos destinatários, que apliquem, eles mesmos, as normas a que se sujeitam, reservando, para si, uma posição de controle dos atos dos administrados.

A concretização dos termos das relações tributárias, assim, é tarefa atribuída aos administrados como uma técnica de gestão do sistema tributário nacional. Fundamenta-se no chamado dever de colaboração. Argumentaremos, a fim de comprovar a primeira das alegações principais, que o poder de fiscalização e cobrança e, consequentemente, o dever de colaboração, não decorrem automaticamente da configuração do Estado fiscal, o que nos exigirá construir o fundamento legal do dever de colaboração. Nesse caminho, demonstraremos que muito do que se requer em cumprimento ao dever de colaboração é voltado a garantir que contribuintes e responsáveis tributários atendam à legislação tributária sem que o Estado necessite depender de seus níveis de conformidade voluntária, razão pela qual o recurso à participação de terceiros passa a ser cada vez mais utilizado.

A análise dessa participação de terceiros demonstrará que o que são chamados a fazer configura verdadeiros deveres instrumentais tributários, fazendo com que possamos afirmar que, definitivamente, passam a compor o gênero da "sujeição passiva tributária", ao lado dos tradicionais sujeitos passivos das relações tributárias.

Veremos que aquilo que fazem os terceiros estará sempre em ligação primordial com relações tributárias alheias.

Argumentaremos, para demonstração da segunda alegação principal, que os deveres instrumentais tributários apresentam tipologia distinta daquela que tradicionalmente se considera presente na legislação brasileira. Partiremos do conceito de *pagamento* para comprovar que outras prestações de dar podem ser objeto de relações tributárias instrumentais, fazendo com que as prestações abranjam três tipos (e não dois, como se costuma dizer): dar, fazer e não fazer.

Isso resultará na verificação de que as figuras de *pagamento* e *recolhimento* de tributos não se confundem, sendo, a primeira, a conduta esperada na relação tributária principal, e, a segunda, a conduta esperada em uma relação tributária de cunho instrumental.

Com isso em mente, argumentaremos no sentido de que toda a temática da sujeição passiva tributária precisa ser repensada em âmbito doutrinário, uma vez que muitos deveres instrumentais tributários atribuídos a terceiros são, hoje, equivocadamente considerados hipóteses de responsabilidade tributária.

Também teremos oportunidade de demonstrar que os terceiros chamados a colaborar com a administração tributária constituem créditos tributários alheios. E o fazem através do *alterlançamento*, algo distinto do modo de constituição do crédito tributário pelos próprios contribuintes ou responsáveis (autolançamento). Essa, a terceira alegação principal.

Após nos dedicarmos a comprovar a existência prática da figura do *alterlançamento*, passaremos a justificar como esse cenário, que sustenta nossas investigações, de atribuição de deveres tributários a terceiros, serve para fundamentar tecnicamente a existência do que chamamos de *estado de desconfiança recíproca*, instalado entre fisco e destinatários da carga tributária.

Por fim, demonstraremos quais são os limites que o direito vigente prescreve e que podem justificar, diante de situações concretas, a inaplicabilidade do dever de colaboração em matéria tributária exigido de terceiros.

Importante dizer que o trabalho se volta a descrever o sistema tributário brasileiro, mirando com mais atenção às formulações legais aplicáveis às relações tributárias presentes na Constituição Federal de 1988 e no Código Tributário Nacional.

Os argumentos que comportam as alegações principais estão dispostos em 7 (sete) capítulos.

O primeiro deles está voltado a explicar, de pronto, o que queremos dizer quando usamos o termo *terceiros* e a expressão *deveres instrumentais tributários*, permitindo, a nosso sentir, maior transparência nos fundamentos do discurso científico e controlabilidade das conclusões.

O segundo capítulo contém esforço de demonstração da possível atividade de construção jurídica que resulta no que hoje se considera dever de colaboração, o qual defenderemos ser norma jurídica constitucional implícita de outorga de competência fiscalizatória. Esse capítulo traz, também, alguns fundamentos da atribuição de deveres instrumentais tributários a terceiros encontráveis no Código Tributário Nacional.

Em seguida, o terceiro capítulo permite compreender as razões pelas quais a tipologia dos deveres instrumentais em matéria tributária deve ser alterada, para incluir as prestações de *dar*, entre aquelas possíveis para os referidos deveres.

O quarto capítulo, por sua vez, demonstra as influências que a nova tipologia mencionada pode apresentar para a temática da sujeição passiva tributária, já que muitas hipóteses de responsabilidade tributária poderiam, na verdade, ser casos de atribuição de deveres instrumentais tributários a terceiros.

Os capítulos V e VI tratam especialmente sobre a figura do *alterlançamento* e sua aplicabilidade, sendo o primeiro voltado à definição e o segundo, pensado como comprovação de sua existência em nosso ordenamento.

O último capítulo antes das conclusões tem o objetivo de dispor sobre técnicas de redução de complexidades sistêmicas e, com isso, demonstrar quais são aquelas utilizadas pelo Estado brasileiro em questões tributárias, tudo para comprovar a existência do estado de desconfiança recíproca. Além disso, é desse sétimo capítulo que constam, também, os dados do ordenamento jurídico que podem funcionar como limites à aplicação da norma de dever de colaboração sobre os terceiros, diante dos casos concretos.

Os discursos doutrinários, conforme pensamos, têm papel importante de diminuição de indeterminações do objeto. Isso porque a doutrina se insere em um sistema comunicacional, uma comunidade, que, no conjunto, tende a controlar os sentidos atribuídos ao quanto interpretado. Sem um conjunto desse tipo, pode-se dizer que um objeto cultural e linguístico, como o direito, se tornaria cada vez mais indeterminado quanto maior fosse o número de intérpretes interessados em descrevê-lo. Com o conjunto, o que se dá é justamente o oposto.

Com isso em mente, esperamos que a presente investigação possa contribuir de modo significativo aos debates que buscam tornar menos indeterminado o direito positivo, no que se refere às previsões de atribuição de deveres instrumentais tributários a terceiros.

Capítulo I
SOBRE TERCEIROS E DEVERES INSTRUMENTAIS – ALGUMAS QUESTÕES DE BASE

1. TERCEIROS ENQUANTO SUJEITOS PASSIVOS TRIBUTÁRIOS

Mirando de perto o direito tributário brasileiro, enquanto objeto de nossa análise, é possível perceber que há mais sujeitos passivos possíveis das relações jurídicas tributárias do que apenas contribuintes e responsáveis (incluídos, aqui, os substitutos tributários).

Dito de outra maneira, não são somente essas duas figuras – contribuintes e responsáveis tributários – as espécies que compõem o gênero "sujeição passiva tributária" em nosso ordenamento jurídico. Dele também fazem parte aqueles que denominamos *terceiros*, sujeitos de direito que nortearão a elaboração dos argumentos apresentados nesta investigação.

O próprio objeto de nossas análises oferece os dados elementares para essa afirmação. Está nos arts. 121 e 122 do Código Tributário Nacional o tratamento dado pelo direito positivo no sentido de prescrever, em termos gerais, quem serão aqueles a compor o polo passivo das relações tributárias e os respectivos motivos pelos quais lá estarão.[1]

---

1. BRASIL. Lei nº 5.172, de 25 de outubro de 1966. Código Tributário Nacional. Diário Oficial da União (DOU) de 27.10.1966: "Art. 121. Sujeito passivo da obrigação principal é a pessoa obrigada ao pagamento de tributo ou penalidade pecuniária. Parágrafo único. O sujeito passivo da obrigação principal diz-se:
I - contribuinte, quando tenha relação pessoal e direta com a situação que constitua

Esquema 1: Sujeição passiva tributária

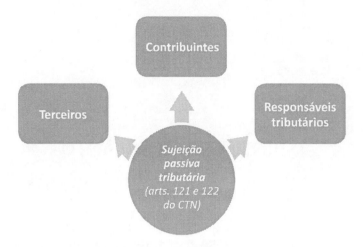

Referidos artigos estão a cumprir determinação expressa advinda da Constituição Federal, especificamente do art. 146, inciso III, alíneas *a* e *b*, que impõe caber à lei complementar tratar sobre as relações jurídicas em matéria tributária, já que ordena sejam feitas definições sobre materialidade, bases de cálculo, sujeição passiva e crédito tributário, entre outros conteúdos de relevância.²

---

o respectivo fato gerador;
II - responsável, quando, sem revestir a condição de contribuinte, sua obrigação decorra de disposição expressa de lei."
"Art. 122. Sujeito passivo da obrigação acessória é a pessoa obrigada às prestações que constituam o seu objeto."

2. BRASIL. [Constituição (1988)]. Constituição da República Federativa do Brasil. Brasília, DF. Congresso Nacional, 1988: "Art. 146. Cabe à lei complementar: I - dispor sobre conflitos de competência, em matéria tributária, entre a União, os Estados, o Distrito Federal e os Municípios; II - regular as limitações constitucionais ao poder de tributar; III - estabelecer normas gerais em matéria de legislação tributária, especialmente sobre: a) definição de tributos e de suas espécies, bem como, em relação aos impostos discriminados nesta Constituição, a dos respectivos fatos geradores, bases de cálculo e contribuintes; b) obrigação, lançamento, crédito, prescrição e decadência tributários; [...]."

Voltando ao Código Tributário Nacional, recepcionado pela Constituição Federal como lei complementar,[3] é possível verificar pela leitura dos arts. 121 e 122 que três termos são utilizados para a prescrição definitória de lá constante: *(i)* contribuinte, *(ii)* responsável e (iii) pessoa. *(i)* O primeiro refere-se a sujeito passivo daquilo a que o Código nomeia "obrigação principal", devendo ter relação pessoal e direta com a situação que constitua o "fato gerador"[4] respectivo, sendo exigido a realizar pagamento. *(ii)* O segundo refere-se também a sujeito passivo da "obrigação principal", diferenciando-se do contribuinte por não apresentar a mesma relação pessoal e direta com o evento jurídico tributário,[5] devendo, também, pagar. *(iii)* O terceiro termo, mais amplo que os demais – já que não foi reduzido a nenhuma figura específica como ocorreu no art. 121 - refere-se ao sujeito passivo das prestações a que o Código alude como objeto de "obrigações acessórias".[6]

---

3. Ver, por exemplo, SCHOUERI, Luís Eduardo. *Direito tributário*. 9ª edição. São Paulo: Saraiva, 2019, p. 75.

4. A utilização de *fato gerador* entre aspas denuncia uma aceitação, de nossa parte, às críticas que a doutrina costuma realizar sobre as impropriedades técnicas dessa expressão. Ver, por todos, CARVALHO, Paulo de Barros. *Curso de direito tributário*. 30ª edição. São Paulo: Saraiva, 2019, p. 283-286.

5. Confira-se CARVALHO, Paulo de Barros. *Op. Cit.*, 2019, p. 285: "A respeito do fato que realmente sucede no quadro do relacionamento social, dentro de específicas condições de espaço e de tempo, que podemos captar por meio de nossos órgãos sensoriais e até dele participar fisicamente, preferimos denominar *evento jurídico tributário*, reservando a locução *fato jurídico tributário* para o relato linguístico desse acontecimento."

6. Não passa próximo de nossos propósitos ingressar na já conhecida celeuma doutrinária que tenta responder se obrigações acessórias seriam, mesmo, obrigações ou se, de outro modo, por faltar-lhes certas características configuradoras desta última figura jurídica, seriam meros deveres (administrativos, instrumentais, acessórios etc). Usaremos a expressão "deveres instrumentais tributários" em detrimento de "obrigações acessórias", o que se justifica, primeiramente, por razões didáticas. "Deveres instrumentais tributários" é expressão altamente explicativa. Seu emprego durante a produção e o desenvolvimento de análise jurídico-doutrinária esclarece e objetiva os exatos contornos daquilo que se está descrevendo, não deixando margem para que restem dúvidas ao intérprete sobre do que se fala (afirmação que não retira eventual mérito idêntico da expressão mais tradicional). Além disso, consideramos que as obrigações jurídicas são categoria de elementos contida na classe dever jurídico, já que, ambas, se referem a relações prescritivas de conduta. Quem

OS TERCEIROS NA SUJEIÇÃO PASSIVA TRIBUTÁRIA
E O *ALTERLANÇAMENTO*

Os *terceiros* de que tratamos estão contidos em "pessoas" e, como poderemos comprovar, estarão, tanto no polo passivo da "obrigação principal" (na expressão do Código Tributário Nacional, mas, somente em hipótese de se verem obrigados a pagar penalidade pecuniária), quanto no polo passivo de deveres instrumentais tributários. O modo como o direito positivo prescreve a matéria da sujeição passiva tributária é, certamente, confuso e carece de detalhamento técnico, cabendo-nos realizar tratamento descritivo-científico voltado a esclarecer características do objeto que, em olhar apressado, podem escapar da apreensão pelo intérprete.

Consideramos *terceiros* aquelas figuras subjetivas[7] colocadas em relações tributárias com função de instrumentalidade, primordialmente, no que se refere a relações jurídicas

---

tem uma obrigação imposta pelo direito positivo tem um dever visualizado através de sua diferença específica. Por certo, "dever" descreve uma quantidade maior de situações do que "obrigação", o que poderia justificar, em sentido oposto à nossa escolha, o uso deste último termo, por mais específico. Porém, o emprego do termo "dever" em conjunto com o termo "instrumental" e no contexto do direito tributário parece suficiente para reduzir satisfatoriamente o espectro de situações a que faremos referência, não trazendo prejuízos à compreensão. Some-se a isso o fato de que falar em instrumentalidade dos deveres considerados neste trabalho nos quer parecer muito mais adequado à descrição do que ocorre quando se impõe aos administrados o cumprimento daquelas prestações positivas que ou negativas que não configuram pagamento, nos termos do artigo 115 do Código Tributário Nacional, se comparada à noção de acessoriedade [Ver, em sentido distinto, MACHADO, Hugo de Brito. *Curso de direito tributário*. 30ª edição. São Paulo: Malheiros, 2009, p. 121-127; Consultar a solução de ZOCKUN, Maurício. *Regime jurídico da obrigação tributária acessória*. São Paulo: Malheiros, 2005]. Importante destacar, no entanto, que não adjetivaremos os deveres instrumentais tributários com o qualificativo inferiorizante "meros" (como em "meros deveres instrumentais"), na medida em que de simples, banais ou desimportantes não têm nada. Dessa forma, porque didaticamente a expressão "deveres instrumentais tributários" tem o mérito de ser altamente explicativa; porque falar em dever não necessariamente exclui a noção de obrigação; e porque a noção de instrumentalidade é mais adequada do que a de acessoriedade para explicar os tipos de imposições "não principais" nas relações tributárias, é que realizamos a escolha pela nomenclatura mencionada.

7. "Figuras subjetivas" é expressão utilizada para deixar clara a abrangência de pessoas físicas, pessoas jurídicas de direito privado, pessoas jurídicas de direito público, entes sem personalidade jurídica (por exemplo, Fundos de Investimento), entre outras situações. As chamaremos, durante o trabalho, também de "administrados".

entre fisco e contribuintes ou entre fisco e responsáveis tributários. Em um contexto de utilização, cada vez mais frequente, de técnicas de gestão da arrecadação e da fiscalização tributárias voltadas a atribuir exigências legais aos administrados para que estes façam o que, antes, estava contido nas funções estatais, os *terceiros* são, assim, sujeitos chamados a realizar condutas de dar, fazer ou não fazer, para assegurar a adequada aplicação da legislação tributária por outros sujeitos de direito ou, quando menos, vinculada a relações de outros sujeitos.

As relações tributárias instrumentais atribuídas aos *terceiros* se referem, principalmente, a relações jurídicas alheias. Relações tributárias de outras pessoas, envolvendo todos os tipos de obrigações e deveres a que se veem sujeitos os administrados em relação ao Estado, no contexto das exigências fiscais. Não se voltam, destacadamente, assim, a instrumentalizar liames abstratos próprios – dos *terceiros* com o fisco –, nem se voltam unicamente a obrigações principais de contribuintes ou responsáveis.

Vejamos o exemplo do art. 197, do Código Tributário Nacional, que impõe a inúmeras pessoas o dever de prestar informações sobre atividades de contribuintes e responsáveis.[8]

---

8. BRASIL. Lei nº 5.172, de 25 de outubro de 1966. Código Tributário Nacional. Diário Oficial da União (DOU) de 27.10.1966: "Art. 197. Mediante intimação escrita, são obrigados a prestar à autoridade administrativa todas as informações de que disponham com relação aos bens, negócios ou atividades de terceiros:
I - os tabeliães, escrivães e demais serventuários de ofício;
II - os bancos, casas bancárias, Caixas Econômicas e demais instituições financeiras;
III - as empresas de administração de bens;
IV - os corretores, leiloeiros e despachantes oficiais;
V - os inventariantes;
VI - os síndicos, comissários e liquidatários;
VII - quaisquer outras entidades ou pessoas que a lei designe, em razão de seu cargo, ofício, função, ministério, atividade ou profissão.
Parágrafo único. A obrigação prevista neste artigo não abrange a prestação de informações quanto a fatos sobre os quais o informante esteja legalmente obrigado a observar segredo em razão de cargo, ofício, função, ministério, atividade ou profissão."

Essas pessoas (instituições financeiras, tabeliães, corretores, inventariantes, síndicos, etc.) são exemplos de *terceiros*, já que colocados em relação de instrumentalidade referente a outros sujeitos passivos.[9]

Os *terceiros* são postos em relações tributárias instrumentais e, só incidentalmente, se verão obrigados a pagamento, sendo que, nesses casos, o débito será de penalidade pecuniária e terá surgido única e exclusivamente pelo descumprimento do seu dever instrumental.

1.1 Sobre quem não são os terceiros

É importante não confundir os *terceiros* de quem falamos com alguns outros sujeitos previstos pelo Código Tributário Nacional.

Não são *terceiros*, para os fins deste trabalho, os responsáveis tributários por vezes tratados pela lei sob aquela designação. Além do citado art. 197 (*caput*), em que o termo "terceiros" se volta aos sujeitos passivos da "obrigação principal", o art. 128,[10] por exemplo, diz da atribuição de responsabilidade pelo crédito tributário "a terceira pessoa", referindo-se, porém, a sujeito passivo de obrigação principal previsto no inciso II, do parágrafo único do art. 121. Os arts. 134 e 135, como mais um exemplo, preveem hipóteses de responsabilidade

---

9. Veja-se, também, como outro exemplo apto a demonstrar a presença dos terceiros como figura de sujeição passiva distinta das demais, o art. 118, inciso I, do Código Tributário Nacional, que diz: "Art. 118. A definição legal do fato gerador é interpretada abstraindo-se: I - da validade jurídica dos atos efetivamente praticados pelos contribuintes, responsáveis, **ou terceiros**, bem como da natureza do seu objeto ou dos seus efeitos; [...]." (BRASIL. Lei nº 5.172, de 25 de outubro de 1966. Código Tributário Nacional. Diário Oficial da União (DOU) de 27.10.1966) – Grifo nosso.

10. BRASIL. Lei nº 5.172, de 25 de outubro de 1966. Código Tributário Nacional. Diário Oficial da União (DOU) de 27.10.1966: "Art. 128. Sem prejuízo do disposto neste capítulo, a lei pode atribuir de modo expresso a responsabilidade pelo crédito tributário a terceira pessoa, vinculada ao fato gerador da respectiva obrigação, excluindo a responsabilidade do contribuinte ou atribuindo-a a este em caráter supletivo do cumprimento total ou parcial da referida obrigação."

"de terceiros" que, em verdade, são, também, os responsáveis tributários já previstos no art. 121.[11]

Como teremos oportunidade de ver, em algumas hipóteses legalmente previstas, o surgimento de responsabilização pelo débito tributário para alguns sujeitos – inclusive para quem inicialmente se afigurava apenas como *terceiro* – pode se afigurar uma consequência do descumprimento (sanção) de seus deveres instrumentais voltados a auxiliar o fisco quanto ao agir de contribuintes. Nesses – estranhos – casos, se realizará a incidência da norma de responsabilidade, passando os *terceiros* a serem responsáveis tributários. Nessa ocasião, assim, não serão mais *terceiros*.

O Código de normas gerais em matéria tributária chega a tratar também os contribuintes sob o termo "terceiros", nos casos, por exemplo, do já mencionado art. 197 e, também, do §1º do art. 9º,[12] em que atribui a pessoas imunes o dever de

---

11. BRASIL. Lei nº 5.172, de 25 de outubro de 1966. Código Tributário Nacional. Diário Oficial da União (DOU) de 27.10.1966: "Art. 134. Nos casos de impossibilidade de exigência do cumprimento da obrigação principal pelo contribuinte, respondem solidariamente com este nos atos em que intervierem ou pelas omissões de que forem responsáveis:
I - os pais, pelos tributos devidos por seus filhos menores;
II - os tutores e curadores, pelos tributos devidos por seus tutelados ou curatelados;
III - os administradores de bens de terceiros, pelos tributos devidos por estes;
IV - o inventariante, pelos tributos devidos pelo espólio;
V - o síndico e o comissário, pelos tributos devidos pela massa falida ou pelo concordatário;
VI - os tabeliães, escrivães e demais serventuários de ofício, pelos tributos devidos sobre os atos praticados por eles, ou perante eles, em razão do seu ofício;
VII - os sócios, no caso de liquidação de sociedade de pessoas.
Parágrafo único. O disposto neste art. só se aplica, em matéria de penalidades, às de caráter moratório."
"Art. 135. São pessoalmente responsáveis pelos créditos correspondentes a obrigações tributárias resultantes de atos praticados com excesso de poderes ou infração de lei, contrato social ou estatutos:
I - as pessoas referidas no art. anterior;
II - os mandatários, prepostos e empregados;
III - os diretores, gerentes ou representantes de pessoas jurídicas de direito privado."
12. BRASIL. Lei nº 5.172, de 25 de outubro de 1966. Código Tributário Nacional.

praticar atos que assegurem o cumprimento de obrigações tributárias por parte daqueles que realizaram fatos jurídicos tributários. Os *terceiros* por nós considerados não se confundem com os contribuintes. Não são sujeitos passivos de obrigações principais. Não possuem relação pessoal e direta com o fato tributário. E, quando se veem diante da necessidade de pagamento, sua obrigação se limitará às hipóteses de penalidade pecuniária, como mencionado mais acima.

É possível, desse modo, traçar um critério identificador dos *terceiros*, já que as suas relações jurídicas são *primordialmente instrumentais em função de relações alheias*, não próprias. Contribuintes e responsáveis tributários, quando sujeitos a prestações de fazer ou não fazer, têm relações jurídicas primordialmente instrumentais em função de suas próprias relações com o fisco. Desse modo, *terceiros* não são contribuintes e nem responsáveis tributários (incluídos, aí, substitutos tributários).

Estar em relação instrumental enquanto *terceiros* não afasta a possibilidade de que, *em outras relações tributárias* os mesmos sujeitos sejam contribuintes ou responsáveis tributários. As figuras de sujeição passiva não são estáticas, assim como não são estáticas as imposições de relações jurídicas pelo ordenamento. Por isso, diante de eventual indagação sobre se contribuintes e responsáveis poderiam atuar enquanto *terceiros*, a resposta será positiva, no caso de seus deveres se referirem primordialmente a relações alheias. É preciso ressalvar, porém, que, nessa hipótese, tecnicamente, não figuram como contribuintes nem responsáveis.

> *As figuras de sujeição passiva não são estáticas.*

Diário Oficial da União (DOU) de 27.10.1966: "Art. 9º. É vedado à União, aos Estados, ao Distrito Federal e aos Municípios: [...]; IV - cobrar imposto sobre: [...] § 1º O disposto no inciso IV não exclui a atribuição, por lei, às entidades nele referidas, da condição de responsáveis pelos tributos que lhes caiba reter na fonte, e não as dispensa da prática de atos, previstos em lei, assecuratórios do cumprimento de obrigações tributárias por terceiros."

A empresa que paga rendimentos aos seus colaboradores, por exemplo, em sua relação de instrumentalidade em função de obrigação tributária alheia (retenção), é um *terceiro*, atuando como "fonte pagadora". Já diante das exigências de pagamento de seus próprios tributos é contribuinte. O tabelião em sua relação de instrumentalidade para garantir que o imposto sobre transmissão *inter vivos* (ITBI) tenha sido recolhido pelo contribuinte, é um *terceiro*. Já quando tenha descumprido seu dever instrumental e feito surgir a aplicabilidade do art. 134, inciso VI, acima citado, é responsável tributário.

1.2 Relevância da individualização do terceiro

O que dissemos até aqui está envolto por uma atitude classificatória. Classificar é colocar em relação com um nome, que denote determinada classe de objetos, outros nomes, que compartilham do atributo que a identifica. Nas palavras de Paulo de Barros Carvalho,

> Classificar é distribuir em classes, é dividir os termos segundo a ordem de extensão ou, para dizer de modo mais preciso, é separar os objetos em classes de acordo com as semelhanças que entre eles existam, mantendo-os em posições fixas e exatamente determinadas em relação às demais classes. Os diversos grupos de uma classificação recebem o nome de espécies e gêneros, sendo que espécies designam grupos contidos em um grupo mais extenso, enquanto gênero é o grupo mais extenso que contém as espécies. A presença de atributos ou caracteres que distinguem determinada espécie de todas as demais espécies de um mesmo gênero denomina-se "diferença", ao passo que "diferença específica" é o nome que se dá ao conjunto das qualidades que se acrescentam ao gênero para a determinação da espécie, de tal modo que é lícito enunciar: "a espécie é igual ao gênero mais a diferença específica (E = G + De)".[13]

Pensamos que o gênero "sujeitos passivos tributários" comporta a espécie *terceiros*, cuja característica individualizante é

---

13. CARVALHO, Paulo de Barros. *Direito tributário, linguagem e método*. 7ª edição. São Paulo: Noeses, 2018, p. 124.

ser colocada em relação de instrumentalidade primordialmente referente a liames intersubjetivos dos quais não participa. Isso os deixará em posição distinta de contribuintes e responsáveis tributários, pois, nunca se verão – os *terceiros* – na contingência de realizar pagamentos propriamente ditos *enquanto estiverem cumprindo com o dever jurídico de colaboração que lhes foi imposto pela legislação tributária*.

Por certo, as classificações devem ser úteis,[14] constituindo resultado de uma descrição apropriada dos elementos que compõem os respectivos gêneros a fim de permitir uma compreensão mais exata acerca do objeto de análise.

Conforme pensamos, a inclusão dos *terceiros* como espécie de sujeitos passivos das relações tributárias afigura-se extremamente útil porque, entre outras razões, *(i)* permite explicar, com maior precisão, características de um dos elementos das relações jurídicas em matéria tributária, qual seja, a sujeição passiva; *(ii)* auxilia a visualizar as diferenças relevantes entre as múltiplas relações tributárias tratadas pelo Código Tributário Nacional por, apenas, dois nomes (principal e acessória); *(iii)* ajuda a compreender os fundamentos e o alcance do dever de colaboração em matéria tributária; *(iv)* garante a identificação de limites normativos especificamente aplicáveis à figura em questão, ou ainda, a releitura da aplicabilidade de determinados princípios e regras sobre a matéria de deveres instrumentais tributários.

---

14. GORDILLO, Agustín. *Tratado de derecho administrativo*. 10ª edição. Tomo I. Buenos Aires: Fundación de Derecho Administrativo, 2009, p. 11.

2. DEVERES INSTRUMENTAIS TRIBUTÁRIOS

Continuando o caminho de esclarecimentos dos sentidos dos termos e expressões relevantes à compreensão de nossos argumentos, passemos a tecer considerações acerca dos deveres instrumentais tributários, não sem antes tratarmos de relações jurídicas.

2.1 Dinâmica de imposição de relações intersubjetivas

Vimos ligando, até aqui, os *terceiros* (e demais sujeitos passivos tributários), constantemente, ao conceito de *relação jurídica tributária*. Isso porque as obrigações e deveres atribuídos pelas normas tributárias são, invariavelmente, conteúdos de relações intersubjetivas prescritas pelo ordenamento.

Esse é o modo de funcionamento dado ao corpo de linguagem que caracteriza o direito em uma de suas facetas.[15]

---

15. Sobre as feições do direito, ver GUASTINI, Riccardo. *El realismo jurídico redefinido*. In NUÑES VAQUERO, Alvaro. *Modelos de ciencia jurídica*. Lima: Palestra, 2014: "En un primer nivel (superficial) de análisis – común, por lo demás, al punto de vista más frecuente entre los juristas – la palabra "derecho" denota nada más que los textos normativos promulgados por las autoridades normativas: el legislador en sentido material, el 'soberano'. Es decir, denota un conjunto de *formulaciones normativas*. [...] pasando a un segundo nivel de análisis (intermedio), conviene usar la palabra "derecho" para denotar no exactamente el conjunto de formulaciones normativas promulgadas por las autoridades, sino más bien el conjunto de las normas que se extraen de dichas disposiciones mediante la interpretación (entendida esta última en sentido amplio). Este conjunto es heterogéneo desde un punto de vista importante. En efecto, no todas las normas que utilizan los operadores

OS TERCEIROS NA SUJEIÇÃO PASSIVA TRIBUTÁRIA
E O *ALTERLANÇAMENTO*

Resultado de atos de fala que, enunciados nos exatos moldes permitidos pelo próprio ordenamento e levados ao conhecimento daqueles a quem se dirige, o direito manifesta-se como texto, dependendo de labores interpretativos por parte dos destinatários para atingir todo o potencial de sua função pragmática, que é a regulação de condutas de pessoas em relações com outros sujeitos.[16]

A finalidade do direito é prescritiva de condutas. Este diz como algo deve ser, através da imputação de uma causalidade jurídica e, portanto, artificial; ideia que nos auxilia a compreender o direito como objeto cultural.[17] Resulta, desse modo, do esforço criativo do ser humano e volta-se a interferir nas condutas intersubjetivas ao atribuir valores a determinados objetivos comunitários.

E assim o faz como um sistema comunicativo.[18] Envia mensagens aos destinatários informando-lhes do que está

---

jurídicos pueden ser consideradas como significados (plausibles) de formulaciones normativas preexistentes. Como se dijo más atrás, muchas normas (innumerables) son el resultado de actividades no 'interpretativas' en sentido estricto sino, por el contrario, el producto de actividades 'constructivas'. [...] En un tercer nivel de análisis (profundo), la palabra "derecho" denota el conjunto de las normas vigentes. Es decir, el conjunto de normas efectivamente aplicadas (usadas para motivar las decisiones) en el pasado, y previsiblemente aplicables en el futuro, por los órganos que, precisamente, 'aplican' las formulaciones normativas: los jueces, pero obviamente también la Administración pública y los supremos órganos constitucionales. Dicho con otras palabras: aunque existan diferentes interpretaciones de las formulaciones normativas – del mismo modo que diferentes construcciones de normas implícitas – siempre (bueno, tal vez casi siempre) existen sincrónicamente interpretaciones y construcciones jurídicas generalmente aceptadas y dominantes. Utilizando la expresión del Tribunal constitucional italiano: el 'derecho viviente'."; Ver, também, CARVALHO, Paulo de Barros. Op. Cit., 2018, p. 197 e seguintes.

16. ROBLES MORCHÓN, Gregorio. *Teoría del derecho – fundamentos de teoría comunicacional del derecho*. Vol. I. Tercera edición. Pamplona: Civitas/Thomson Reuters, 2010, p. 96.

17. CARVALHO, Paulo de Barros. *Curso de direito tributário*. 30ª edição São Paulo: Saraiva, 2019, p. 40: "[...] o direito positivo está vertido numa linguagem que é seu modo de expressão. E essa camada de linguagem, como construção do homem, se volta para a disciplina do comportamento humano, no quadro de suas relações de intersubjetividade".

18. ROBLES MORCHÓN, Gregorio. Op. Cit., 2010, p. 87.

proibido, permitido ou obrigado pelo ordenamento jurídico e quais serão as consequências em caso de descumprimento. Conforme Aurora Tomazini de Carvalho,

> Não há outra maneira a ser utilizada pela sociedade para direcionar relações inter-humanas, que não seja por atos de comunicação. Impor formas normativas ao comportamento social só é possível, nesse sentido, mediante um processo comunicacional, com a produção de uma linguagem própria, que é a linguagem das normas.[19]

Essas mensagens são, *lato sensu, normas jurídicas*. Legisladores – leia-se o termo em sentido material, incluindo juízes, autoridades administrativas, particulares etc.,[20] – já em obediência a mensagens jurídicas anteriores das quais são destinatários,[21] enunciam conteúdos prescritivos que apresentam a característica ontológica de texto (no mais das vezes, texto escrito). Sujeita-se, o texto legal, à *interpretação*, antes da qual não há que se falar em norma jurídica em sentido estrito.[22] É

---

19. CARVALHO, Aurora Tomazini de. *Curso de teoria geral do direito*: o constructivismo lógico-semântico. 5ª ed. São Paulo: Noeses, 2016, p. 182.

20. Sentido utilizado, por exemplo, por GUASTINI, Riccardo. Op. cit., 2014, p. 197.

21. ROBLES MORCHÓN, Gregorio. *Op. Cit.*, 2010, p. 124: "Generado, el ordenamiento jurídico mediante la implantación de una constitución, pueden comenzar las autoridades o poderes establecidos (los 'actores constitucionales') a tomar decisiones. A partir del momento en que la constitución ha sido acordada, todas las decisiones que se produzcan dentro de su marco son decisiones intrasistémicas o intraordinamentales. La decisión constituyente ha creado la constitución. Una vez establecida ésta, las demás decisiones que se vayan produciendo serán decisiones constituidas, dentro del ordenamiento."

22. GRAY, John Chipman. *The Nature and Sources of the Law*. 2ª edição. New York: R. Gray, 1948, p. 124 e seguintes e 170: "After all, it is only words that the legislature utters; it is for the courts to say what these words mean; that is it is for them to interpret legislative acts. [...] And this is the reason why legislative acts, statutes, are to be dealt with as sources of Law, and not as a part of the Law itself. [...] The courts put life into the dead words of the statute; [...] It may be urged that if the Law of a society be the body of rules applied by its courts, then statutes should be considered as being part of the Law itself, and not merely as being a source of the Law; that they are rules to be applied by the courts directly, and should not be regarded as fountains from which the courts derive their own rules. [...] And if statutes interpreted themselves, this would be true; but statutes do not interpret themselves; their meaning is declared by the courts, and it is with the meaning declared by the

o destinatário da mensagem jurídica quem cria o conteúdo da prescrição de condutas que lhe foi enviada. E nessa atitude criativa, costuma verificar, em termos gerais e abstratos, que a mensagem prescreve uma consequência jurídica caso venha a se concretizar uma hipótese legalmente prevista. Trata-se daquela estrutura "H → C" (Hipótese → Consequência) de que fala Hans Kelsen.[23]

Para se chegar a essa estrutura hipotético-condicional é preciso, assim, realizar atividade de atribuição de sentido aos textos de lei.[24] Tanto a enunciados legais caracterizados como regras, quanto a enunciados principiológicos.

---

courts, and with no other meaning, that they are imposed upon the community as Law." Em tradução livre: "Afinal, são apenas palavras que o legislador pronuncia; cabe aos tribunais dizer o que essas palavras significam; isto é, compete a eles interpretar atos legislativos. [...] E é por essa razão que os atos legislativos, estatutos, devem ser tratados como fontes do Direito, e não como parte do próprio Direito. [...] Os tribunais colocam vida nas palavras mortas do estatuto; [...] Poder-se-ia insistir que, se a lei de uma sociedade é o conjunto de regras aplicadas por seus tribunais, os estatutos devem ser considerados como parte da própria lei, e não apenas como fonte da lei; que são regras a serem aplicadas diretamente pelos tribunais e não devem ser consideradas fontes das quais os tribunais derivam suas próprias regras. [...] E se os estatutos interpretassem a si mesmos, isso seria verdade; mas os estatutos não interpretam a si mesmos; seu significado é declarado pelos tribunais, e é com o significado declarado pelos tribunais, e não com outro significado, que eles são impostos à comunidade como Direito.".

23. KELSEN, Hans. *Teoria pura do direito*. São Paulo: Martins Fontes, 1985, *passim*. Ver, também, VILANOVA, Lourival. *Causalidade e relação no direito*. 5ª edição. São Paulo: Noeses, 2015, *passim* e CARVALHO, Paulo de Barros. *Teoria da norma tributária*. 5ª edição. São Paulo: Quartier Latin, 2009, p. 50-59.

24. Veja-se, como exemplo do que estamos a tratar, o percurso gerador de sentido pensado por Paulo de Barros Carvalho: Por esse caminho, baseado na ciência que estuda os signos linguísticos, para construir a norma jurídica o intérprete toma contato com o suporte físico (primeiro subsistema - S1), o dado material que contém o texto legal. Interpretando aquelas marcas de tinta no papel, ele constrói enunciados linguísticos e lhes outorga sentido, formando proposições (segundo subsistema – S2). O sujeito cognoscente conjuga, entre si, as proposições formadas, montando estruturas prescritivas de condutas num conjunto de significações proposicionais (terceiro subsistema – S3). As unidades prescritivas construídas passam por um filtro formado por proposições com finalidade axiológica clara (proposições-princípios), a fim de verificar se estão de acordo com os valores prestigiados pelo direito. O percurso de geração de sentido se completa quando o intérprete incursiona pelo sistema a procura de elementos de coordenação e subordinação das proposições construídas (quarto subsistema – S4). Ver mais em CARVALHO, Paulo de Barros.

Apenas de passagem, digamos que *princípios jurídicos* são enunciados legais (expressados ou não no texto) positivados, caracterizados por seu altíssimo grau de indeterminabilidade e aos quais se atribui superior hierarquia axiológica por funcionar como vetor de interpretação e aplicação de inúmeros outros enunciados legais, menos indeterminados, chamados de *regras*. Regras e princípios, interpretados, jogam papel na composição da norma jurídica em sentido estrito, já mencionada.

Como dissemos acima, interpretar é uma atitude criativa, uma decisão. O sentido não está no objeto, mas na mente do intérprete. É este que, verificando os possíveis sentidos atribuíveis àquilo que interpreta, realiza *operações mentais* de compreensão e decide o que ele significa.[25]

E o termo interpretação pode qualificar diversas atividades, muitas vezes distintas entre si. Após ter contato com o texto a ser interpretado, o intérprete da mensagem jurídica, em atitude cognoscitiva, pode, por exemplo, se limitar a identificar os possíveis sentidos atribuíveis ao produto legislado, realizando

---

Direito tributário - Fundamentos jurídicos da incidência. 8ª edição. São Paulo: Saraiva, 2010, p. 104.

25. GUASTINI, Riccardo. *Op. Cit.*, 2014: "[...] los textos normativos requieren de interpretación. Esto equivale a decir que es una ingenuidad y una indebida simplificación identificar sin más el derecho con los textos normativos. Si una determinada formulación normativa puede ser entendida, por ejemplo, tanto en el sentido N1 (su significado literal *prima facie*) como en el sentido N2 (correspondiente a una supuesta intención de la autoridad normativa), ¿cuál es el derecho: N1 o N2? Diremos por tanto que el derecho no es propiamente un conjunto de textos normativos sino más bien el conjunto de los significados – es decir, de las normas – que se desprenden de los textos normativos mediante la interpretación. Pero también, como ya sabemos, mediante la construcción jurídica." "[...] Dicho brevemente: todo texto normativo admite interpretaciones – en abstracto y/o en concreto – que sincrónicamente chocan entre sí y/o que son diacrónicamente cambiantes. Ello implica que muchas (tal vez no todas, pero sí muchas) controversias y, más en general, muchas (tal vez no todas, pero sí muchas) 'cuestiones jurídicas' admiten soluciones diferentes en competición. Estando así las cosas, parece obvio que los enunciados interpretativos – en abstracto ('El enunciado normativo E expresa la norma N') y en concreto ('El caso x recae en el ámbito de aplicación de la norma N') – son fruto de elecciones y decisiones, no de conocimiento. Es decir, los enunciados interpretativos tienen carácter ya no descriptivo (o cognitivo) sino adscriptivo y, en cuanto tales, carecen de valores de verdad."

aquilo que Riccardo Guastini denomina *interpretação cognitiva*. Pode, ainda, como ocorre mais frequentemente, *decidir* por algum dos sentidos identificados, atribuindo o significado escolhido ao texto interpretado (*interpretação decisória*). E, não raramente, pode também *construir* um sentido completamente novo, antes não atribuível diretamente ao produto enunciado pelo legislador,[26] como se costuma dar, por exemplo, na criação de princípios "implícitos" no ordenamento ou na explicitação de normas não expressadas[27] (*construção jurídica*).

Não se trata de tarefa simples. O direito positivo, enquanto objeto a ser interpretado, é, como sabemos, duplamente indeterminado. Não se sabe quais normas pertencem a seu conjunto (equivocidade dos textos), nem muito menos quais

---

26. GUASTINI, Riccardo. *Interpretación y construcción jurídica*. Revista Isonomía nº 43. Ciudad del Mexico: ITAM, 2015, p. *passim*: "La interpretación cognitiva consiste en identificar, en un texto normativo, los diversos posibles significados (teniendo en cuenta las reglas de la lengua, las diversas técnicas interpretativas en uso, las tesis dogmáticas difundidas en la doctrina etc.) sin escoger ninguno. (ii) La interpretación decisoria consiste en escoger un significado determinado, que se pretende 'correcto', descartando los restantes. Evidentemente, la interpretación cognitiva es (como el nombre sugiere) acto de conocimiento, mientras que la interpretación decisoria es acto de voluntad, y entonces acto discrecional. Por supuesto, puede ser (meramente) cognitiva la interpretación doctrinal, pero no puede no ser (también) decisoria la interpretación judicial. La interpretación cognitiva –'La disposición D puede ser interpretada en los sentidos S1, o S2, o S3'– consiste en enumerar los diversos significados que plausiblemente se pueden atribuir a un texto normativo según se emplee uno u otro método interpretativo, según se adopte una u otra tesis dogmática; o bien, desde otro punto de vista, consiste en enumerar los diversos significados que previsiblemente serán atribuidos a un texto normativo. La interpretación decisoria presupone lógicamente (no psicológicamente) la interpretación cognitiva. La interpretación cognitiva arroja luz, si se nos permite decirlo así, sobre la indeterminación del sistema jurídico, es decir la equivocidad de los textos normativos; la interpretación decisoria la resuelve. [...] La actividad de construcción jurídica incluye una vasta serie de operaciones inferenciales características de la doctrina (principalmente de la doctrina, pero, claro está, también de la jurisprudencia), de las que sería difícil realizar un elenco completo. Sin embargo, se pueden mencionar (al menos) las siguientes: (i) construcción de lagunas (normativas y axiológicas); (ii) construcción de jerarquías axiológicas; (iii) construcción de excepciones implícitas; y sobre todo (iv) construcción de normas implícitas."

27. As diferentes formas de interpretação aqui mencionadas serão relevantes para nossas pretensões descritivas, especialmente no que se refere à demonstração dos fundamentos e dos limites das atribuições de deveres instrumentais tributários a terceiros.

são os casos que recaem sob o âmbito de aplicação de cada norma (vagueza).[28] Alguns tipos de equivocidade dos textos e vagueza das normas do direito são explorados por Riccardo Guastini, dando-nos uma ideia do tamanho do desafio conferido ao intérprete:

> (a) *Ambigüedad*. A veces, un texto normativo es (sintáctica o semánticamente) ambiguo en sentido estricto: nos preguntamos si expresa la norma N1 o expresa *en cambio* la norma N2. [...]
>
> (b) *Complejidad*. A veces, se acuerda que el texto normativo T expresa la norma N1, pero nos preguntamos si dicha disposición expresa *también* la norma N2. [...]
>
> (c) *Implicación*. A veces, se acuerda que el texto normativo T expresa la norma N1, pero nos preguntamos si N1, a su vez, implica, o no, la norma N2. [...]
>
> (d) *Derrotabilidad*. A veces se está de acuerdo en que el texto normativo T expresa la norma N1, pero nos preguntamos si tal norma es "derrotable" (*defeasible*), es decir, sujeta a excepciones *implícitas* no especificadas. [...]
>
> La vaguedad, la trama abierta – a diferencia de la equivocidad – es una propiedad objetiva del lenguaje y no solo del lenguaje jurídico: todos los predicados en sentido lógico comparten (al menos potencialmente) esta propiedad. La vaguedad no depende, por tanto, de las técnicas interpretativas o de la dogmática: no puede ser suprimida (aunque pueda reducirse por medio de definiciones).
>
> La vaguedad de las expresiones usadas en el lenguaje de las fuentes –que no se resuelve con la interpretación en abstracto– hace que el intérprete, frente a un caso "marginal", es decir a un caso que cae en los márgenes de la "trama" –en el "área de penumbra", como se suele decir–, pueda decidir discrecionalmente si el caso en examen debe o no debe ser incluido en el ámbito de aplicación de la norma en cuestión[29]

As operações mentais de compreensão realizadas sobre o texto legal, assim como seu objeto, apresentam relevância jurídica quando *enunciadas*, ou seja, após argumentadas

---

28. Cfr., GUASTINI, Riccardo. *Op. Cit.*, 2015, p. 15.
29. GUASTINI, Riccardo. *Op. Cit.*, 2015, p. 21-25.

e, assim, transformadas em texto. É necessária, desse modo, a realização de um ato de fala (o resultado enunciado de uma interpretação jurídica em sentido amplo) sobre um ato de fala previamente elaborado no contexto do ordenamento jurídico.[30] Eis, aí, a interpretação jurídica completa: compreensão mais argumentação.[31]

A atividade interpretativa completa, realizada em cumprimento a uma determinação do próprio ordenamento jurídico, nos moldes exigidos e pelas pessoas (órgãos) previstas, caracterizará *aplicação*. Aplicação de normas *gerais e abstratas*.[32] Pode estar ligada ao cumprimento de uma *norma de competência* (ou de *estrutura*), que é aquela que permite ou obriga alguém a produzir novos textos legais,[33] ou a uma *nor-*

---

30. "Con la palabra 'interpretación' nos referimos algunas veces a una actividad (o a un proceso), y otras al resultado o producto de tal actividad (Tarello, 1976)." GUASTINI, Riccardo. *Op. Cit.*, 2015, p. 13.

31. *Autopoiese*, na metáfora explicativa (com perdão do pleonasmo) utilizada por José Maria Arruda de Andrade, com base na teoria biológica do conhecimento elaborada por Humberto Maturana Romesín e Francisco José Varela García (MATURANA ROMESÍN, Humberto; VARELA GARCÍA, Francisco José. *A árvore do conhecimento*. Campinas: Psy, 1995; *De máquinas e seres vivos – autopoiese*: a organização do vivo. Porto Alegre: Artes Médicas, 1997), posteriormente adaptada aos sistemas sociais por Niklas Luhmann e ao sistema jurídico por Gunther Teubner. Interessante notar a sensível diferença entre a reconstrução de José Maria Arruda de Andrade em relação aos trabalhos desses dois últimos autores: "Para encerrar esse tópico, convém, mais uma vez, ressaltar que a abordagem da autopoiese aqui proposta deve ser considerada ortodoxa e distinta dos construtos sociojurídicos de Niklas Luhmann ou Gunther Teubner, já que entendemos que apenas o *intérprete* do texto normativo é um sistema autopoiético (de terceira ordem) e não o direito (subsistema social)." (ANDRADE, José Maria Arruda de. *Interpretação da norma tributária*. São Paulo: MP Editora/APET, 2006, p. 149)

32. CARVALHO, Paulo de Barros, *Op. Cit.*, 2018, p. 147-148: "A norma abstrata e geral adota o termo abstrato, em seu antecedente, no bojo do qual preceitua enunciado hipotético descritivo de um fato, e geral, em seu consequente, onde repousa a regulação de conduta de todos aqueles submetidos a um dado sistema jurídico. [...] a norma geral e abstrata, para alcançar o inteiro teor de sua juridicidade, reivindica, incisivamente, a edição de norma individual e concreta. Uma ordem jurídica não se realiza de modo efetivo, motivando alterações no terreno da realidade social, sem que os comandos gerais e abstratos ganhem concreção em normas individuais."

33. Por exemplo, o já mencionado art. 146, da Constituição Federal, que determina a elaboração de lei complementar para o tratamento de determinadas matérias.

ma de conduta, que se volta a permitir, obrigar ou proibir determinado agir humano em prol do direito de outrem.

A atividade interpretativa é, assim, o caminho para a *incidência* da previsão geral e abstrata. Aplicar ou fazer incidir uma previsão geral e abstrata pode significar a produção de conteúdo prescritivo também geral e abstrato, como nos casos em que se cumpre uma norma de estrutura que imponha a elaboração de uma lei complementar ou de uma lei ordinária (pensemos na atribuição de competências para instituição de tributos), ou ainda de um conteúdo prescritivo individual e concreto, como nas situações em que se concretiza a previsão do evento em fato jurídico tributário e se faz instaurar a relação jurídica entre dois sujeitos de direito.[34]

Há toques de prescritividade estruturante nas normas de conduta, na medida em que o direito somente se concretiza a níveis de aplicação através da elaboração de outras normas jurídicas. Há, também, toques de prescritividade comportamental nas normas de estrutura, uma vez que está sempre presente a figura do ser humano cujo agir é regrado, mesmo nos casos de criação de mais conteúdos normativos.

GAMA, Tácio Lacerda. *Competência tributária – fundamentos para uma teoria da nulidade*. 2ª Ed. São Paulo: Noeses, 2011, p. 53, diz que os elementos da norma de competência (ou de estrutura) são: "i) qualificação do sujeito que pode criar normas; ii) indicação do processo de criação das normas, sugerindo todos os atos que devem ser preordenados para o alcance desse fim; iii) indicação das coordenadas de espaço em que a ação de criar normas deve se realizar; iv) indicação das condições de tempo em que esta ação deve ser desempenhada; v) estabelecimento do vínculo que existe entre quem cria a norma e quem deve se sujeitar à sua prescrição, segundo as condições estabelecidas pelo próprio direito; vi) modalização da conduta de criar outra norma, se obrigatória, permitida ou proibida; e viii) estabelecimento da programação material da norma inferior que é feita segundo quatro variáveis – sujeito, espaço, tempo e comportamento". Mencionamos, no texto, apenas os modais permitido e obrigado, pois, nos referimos à atividade de interpretação imposta em obediência a normas existentes, não fazendo sentido incluir, naquela passagem, o modal proibido, em que pese aplicável às normas de estrutura.

34. Rigorosamente falando, o resultado da aplicação de norma geral e abstrata, em que pese poder gerar mais conteúdo geral e abstrato, como no exemplo mencionado no texto, carregará consigo generalidade e concretude. Ver CARVALHO, Paulo de Barros. *Op. Cit.*, 2010, p. 56.

Em outros termos, àqueles que elaboram textos que, uma vez interpretados, se afiguram como normas gerais e abstratas, atribui-se *competência* para inclusão de novos conteúdos normativos no conjunto do ordenamento jurídico vigente, do mesmo modo que, àqueles que elaboram textos que, interpretados, se afiguram como *normas individuais e concretas*, atribui-se o mesmo tipo de competência.

Nem toda interpretação é aplicação do direito. Mas não há aplicação do direito sem interpretação. E não há, por óbvio, necessária identidade entre destinatário da norma cuja conduta se pretende regular e aquele que realiza o processo de interpretação e argumentação que resultará na incidência do respectivo comando legal. Basta nos lembrarmos dos órgãos cuja função é a prestação da tutela jurisdicional, para comprovarmos a assertiva. Há, porém, necessária identidade entre destinatário da norma de competência e aquele que deve aplicar, após interpretar e argumentar, a norma jurídica, pois, o conteúdo da norma de competência é, justamente, um comando legal de criação de mais direito positivo.[35] Em outros torneios, não pode aplicar o direito aquele que não tem competência para incluir novos conteúdos normativos no ordenamento jurídico.

Fazer incidir a norma jurídica é aplicá-la, positivando o ordenamento e satisfazendo, assim, sua finalidade de regulação do comportamento das pessoas entre pessoas. Gabriel

---

35. CARVALHO, Aurora Tomazini de. *Curso de teoria geral do direito*. 5ª edição. São Paulo: Noeses, 2016, p. 463: "Para se produzir uma linguagem jurídica, necessariamente se aplica uma regra de estrutura, que estabelece o procedimento adequado para produzir tal linguagem e a pessoa apta a realizá-lo. Uma prova disso é que todo e qualquer documento normativo contém marcas, indicando a série de atos realizados para sua criação (procedimento) e quem os realizou (pessoa competente), ou seja, a juridicização do fato de sua produção pré-estabelecido por uma norma de estrutura. Pode ser que, para a criação de uma linguagem jurídica, sejam aplicadas apenas normas de estrutura, o que ocorre, por exemplo, na produção de preceitos gerais e abstratos ou, então, podem ser aplicadas normas de estrutura e de comportamento, o que se verifica, por exemplo, quando são produzidas normas individuais e concretas. Mas, em qualquer caso de produção de linguagem jurídica, necessariamente, deparamo-nos com a aplicação das denominadas regras de estrutura."

Ivo ensina que "é a aplicação, portanto, que dá o sentido da incidência."[36]

Paulo de Barros Carvalho defende que

> O intérprete instaura, desse modo, o fato jurídico e relata seus efeitos prescritivos, consubstanciados no laço obrigacional que vai atrelar os sujeitos da relação, como órgãos habilitados para o seu exercício. E tal atividade, que consiste na expedição de uma norma individual e concreta, somente será possível se houver outra norma, geral e abstrata, que lhe sirva de fundamento de validade.[37]

Invariavelmente, o consequente das normas de conduta gerais e abstratas prevê que deverá ser instaurada uma *relação entre dois sujeitos de direito* diante da ocorrência de um evento considerado relevante pelo ordenamento jurídico, desde que reduzido a linguagem reconhecida como válida por este, ou seja, desde que traduzido o evento em fato jurídico.[38] Por exemplo, caso alguém venha a auferir rendimentos tributáveis, deverá pagar o imposto sobre a renda (IR) ao fisco federal; caso alguém realize operação de circulação de mercadorias, deverá estar em relação com o fisco estadual para pagamento do imposto sobre operações de circulação de mercadorias e prestação de serviços (ICMS); caso alguém seja contribuinte do imposto sobre serviços de qualquer natureza (ISSQN), deverá constituir o próprio débito tributário no interesse da fiscalização e deverá pagar o tributo sem prévio

---

36. IVO, Gabriel. *Norma jurídica, produção e controle*. São Paulo: Noeses, 2007, p. 62.

37. CARVALHO, Paulo de Barros. *Op. Cit.*, 2018, p. 159.

38. DIAS, Karem Jureidini. *Fato tributário – revisão e efeitos jurídicos*. 2ª Ed. São Paulo: Noeses, 2019, p. 9: "Um evento corresponde a um fato jurídico se vertido em linguagem competente, introduzida no ordenamento jurídico por procedimento e formalidade legal. Um evento adquire qualificação de fato jurídico com a norma. Na norma, a partir do fato jurídico, por meio de linguagem prescritiva, determina-se a consequência jurídica, representada por uma relação modalizada deonticamente, a qual corresponde aos efeitos jurídicos do fato: se A, então deve ser B. O direito é, assim, objeto cultural que se manifesta por intermédio de linguagem prescritiva, conforme o princípio da imputação: dado o fato, deve ser a relação jurídica."

exame de autoridade administrativa no interesse da arrecadação tributária etc.

É assaz importante, assim, o papel da interpretação para a delimitação dos contornos gerais e abstratos da relação jurídica tributária. Inegável, também, sua importância para a própria *concretização da relação*. Afinal, é com a interpretação que se chega à aplicação (e, portanto, à incidência) da norma geral e abstrata e se instaura, *in concreto*, a relação jurídica. E, para os fins desta investigação, isso é especialmente relevante, na medida em que *as relações entre os administrados e a administração tributária, muitas vezes, terão suas configuração e concretização dependentes da atitude criativo-decisória dos primeiros*.

Relação jurídica é o vínculo que, a partir das prescrições normativas, é criado entre as pessoas cujas condutas se pretendem regrar, impondo, pela imputação normativa (causalidade artificial), que um sujeito de direito (chamado sujeito passivo) se comporte de modo a satisfazer uma pretensão protegida pelo ordenamento de titularidade de outro sujeito de direito (chamado sujeito ativo). Esse liame abstrato,[39] assim, estrutura-se de modo que o titular do direito subjetivo possa exigir do titular do dever jurídico um determinado conteúdo valorado, atingível pela *prestação* a ser cumprida por este último. É bem verdade, como teremos oportunidade de demonstrar, que a configuração das relações como cooperativas e informadas pela boa-fé impõe condutas não somente ao sujeito passivo, mas, também, ao sujeito ativo, devendo as pessoas presentes em ambos os polos das relações jurídicas atuar em conjunto para a concretização do direito buscado, não havendo mais que se falar em antagonismos contraproducentes em âmbito jurídico, nem mesmo em âmbito jurídico-tributário.

Em sede de normas gerais e abstratas, não há relação jurídica propriamente dita.[40] Há, apenas, a previsão de sua ins-

---

39. CARVALHO, Paulo de Barros. *Op. Cit.*, 2019, p. 320-324.
40. CARVALHO, Paulo de Barros. *Direito tributário* – fundamentos jurídicos da incidência. 8ª edição. São Paulo: Saraiva, 2010, p. 199-200.

tauração; uma relação jurídica *in abstracto*, digamos. Relação jurídica *in concreto* se verá somente após a aplicação daquela estrutura hipotético-condicional. Em outros termos, é com a incidência da norma geral e abstrata realizada pela criação da norma individual e concreta que se verifica, propriamente, a relação jurídica em todos os seus contornos. Por exemplo, aquele que auferiu rendimentos tributáveis declara referido evento, reduzindo-o a fato jurídico em sua declaração de rendimentos, positivando a norma geral e abstrata em norma individual e concreta, instaurando, assim, sua relação com a União em razão da qual deverá pagar o tributo devido; o fisco, verificando ser, determinado sujeito, proprietário de imóvel localizado em zona urbana do município e não destinado economicamente a atividades rurais, produz o fato jurídico que demonstra a incidência do imposto sobre propriedade territorial urbana (IPTU), enunciando norma individual e concreta para a exigência do tributo (via "carnê do IPTU"), instaurando, assim, a respectiva relação tributária de pagamento da exigência municipal.

Assim, diante da ocorrência do evento que o texto legal previu como passível de gerar a consequência jurídica de instauração de uma relação intersubjetiva voltada a prescrever a obrigatoriedade, a permissão ou a proibição de uma conduta humana, o sujeito a quem o ordenamento jurídico atribuiu competência para enunciar atos de fala capazes de gerar novos conteúdos prescritivos reduz a ocorrência dada no mundo fenomênico a uma linguagem reconhecida como válida pelo ordenamento, constituindo o fato jurídico necessário à incidência normativa, numa atitude de positivação das previsões gerais e abstratas a níveis individuais e concretos.

E por reduzir a previsão abstrata da instauração da relação jurídica a níveis concretos, produz fato jurídico que determina os elementos da relação concretizada. A relação jurídica *in concreto* também é, desse modo, fato jurídico, dependente, assim, do intérprete, e das respectivas interpretação e argumentação, para sua existência.

Relações jurídicas tributárias são, portanto, resultado das operações intelectuais realizadas pelos intérpretes das mensagens jurídico-prescritivas. Operações, essas, voltadas à interpretação do quanto previsto no ordenamento jurídico com a finalidade de aplicação/incidência normativa, tendo em vista a função pragmática de regulação de condutas intersubjetivas. Interpretações jurídicas enunciadas, portanto, nos moldes permitidos pelo direito, ou seja, pela pessoa competente, pela forma determinada e com conteúdo que não contribua para a erosão do sistema.[41]

Interessante notar, com Gregorio Robles Morchón, que a ideia de *sistema jurídico* depende do labor dos juristas. Quer isso significar que o direito visto como integralidade, conjunto coerente e uniforme, depende, para sua qualificação, da ciência do direito. Sistema jurídico, assim, seria o resultado da (re)construção do ordenamento – entendido como conjunto de textos legais – pelos juristas.[42]

Conforme Riccardo Guastini, para além de sua caracterização como conjunto de textos legais e conjunto de normas jurídicas válidas, o direito também costuma ser descrito como conjunto de normas jurídicas vigentes, no sentido de aplicadas no passado e, provavelmente, aplicáveis no futuro.[43] Nes-

---

41. GUASTINI, Riccardo. *Distinguiendo – estúdios de teoria y metateoría del derecho*. Barcelona: GEDISA, 1999, p. 324: "La clase de las normas sobre la producción jurídica, entendida lato sensu, incluye (al menos) cinco subclases: 1) normas que confieren una competencia normativa; 2) normas que regulan el ejercicio de una competencia normativa; 3) normas que circunscriben el objeto de una competencia normativa; 4) normas que reservan una competencia normativa; 5) normas que limitan el posible contenido normativo de una competencia."

42. Ver ROBLES MORCHÓN, Gregorio. *Op. Cit.*, 2010, p. 159: "[...] en primer lugar, la tesis de que la ciencia jurídica es una ciencia *constructiva*, y no descriptiva, pues las normas no vienen dadas de antemano en el ordenamiento, sino que se insertan en el sistema, el cual, como queda dicho, es resultado de la construcción. En segundo término, la tesis de que la ciencia jurídica es una ciencia práctica, puesto que, como consecuencia de la construcción del sistema, es ella la que produce las normas completas en su sentido, las verdaderas normas jurídicas que reflejan el ordenamiento y, al mismo tiempo, lo completan."; Ver, em sentido diverso, CARVALHO, Paulo de Barros. *Op. Cit.*, 2018, p. 142.

43. GUASTINI, Riccardo. *Op. Cit.*, 2014: "Es importante insistir en que, normalmente, la corriente o tendencia dominante es el producto no solo de la

se nível de compreensão do fenômeno jurídico, assim como para Gregorio Robles Morchón, acima mencionado, a ideia de sistema ganha relevância. A noção do direito enquanto conjunto de normas aplicadas e aplicáveis, com base em uma visão mais pragmática da dinâmica de imposição de relações jurídicas, inclui a importância dos papéis, não só dos aplicadores do direito, mas, sobretudo, dos juristas.

Do modo como enxergamos, resulta, daí, o necessário reconhecimento de uma *comunidade interpretativo-argumentativa do direito* cuja função termina por ser a de restringir subjetividades aberrantes eventualmente advindas do processo de construção dos sentidos das normas jurídicas. Uma comunidade que busca criar e aplicar aquilo que João Maurício Adeodato denomina *relatos vencedores*[44] e, desse modo, dizer qual é a "realidade jurídica".

Resulta daí, também, que, na medida em que se não pode aplicar a norma (fazê-la incidir) sem construí-la via compreensão e argumentação, interpretação jurídica completa é um dever jurídico.[45] O primeiro dentre aqueles a que se sujeitam as pessoas obrigadas ou permitidas a incluir novos conteúdos de prescrição de condutas no ordenamento. *Atividade complexa*, dependente de atitude de preservação do sistema, devendo

---

jurisprudencia (todavía en sentido amplio) – como piensan algunos realistas ingenuos – sino también (y tal vez sobre todo) de la doctrina. Los juristas siempre contribuyen a la creación del derecho vigente (el "derecho" en este tercer sentido de la palabra). También es importante insistir – dado que no es en absoluto obvio – en el hecho de que una gran parte del derecho vigente está constituido por normas formuladas *extra ordinem*, que no provienen de las autoridades normativas sino de los jueces y (quizás sobre todo) de los juristas teóricos. Normas, alguien podría decir, "formalmente inválidas" dado que ni los jueces ni los juristas (en muchos ordenamientos jurídicos) están autorizados a crear normas 29. Por tanto, normas inválidas, pero que, pese a ello, son normas de hecho vigentes; esto es, normas aplicadas en pasado y que previsiblemente serán aplicadas en el futuro."

44. ADEODATO, João Maurício Leitão. *Uma teoria retórica da norma jurídica e do direito subjetivo*. 2ª edição. São Paulo: Noeses, 2014, *passim*.

45. Gregorio Robles Morchón e Riccardo Guastini, a nosso sentir, são realistas jurídicos. Pensamos que a assertiva agora realizada não encontraria aceitação por parte do realismo jurídico, uma vez que carregada de prescritividade.

levar em consideração não só o texto legislado, mas as elaborações das diversas doutrinas jurídicas e da jurisprudência.

Tudo o que se disse até aqui se aplica, na íntegra, às relações tributárias instrumentais (deveres instrumentais tributários) e, no contexto deste trabalho, será possível verificar que é realidade presente a constante atribuição de competência interpretativa e aplicadora da legislação tributária a sujeitos distintos de contribuintes e responsáveis, em um, aparentemente, irrefreável deslocamento de funções do fisco para *administrados*, transfiguradas em deveres.

2.2 Múltiplas relações tributárias e o Código Tributário Nacional

As relações jurídicas mudam conforme variam seus elementos. Em outras palavras, distintos os *objetos – imediatos e mediatos* – das relações (critério prestacional) ou os sujeitos das relações (critério subjetivo), distintos são os próprios liames intersubjetivos. *Objeto imediato* de uma relação jurídica é a conduta esperada do sujeito passivo pelo sujeito ativo (dar, fazer ou não fazer); a *prestação*. *Objeto mediato* é o conteúdo da conduta aguardada (o bem ou o serviço esperado pelo credor, por exemplo).[46] Assim, obrigação de pagar tributo é conteúdo de uma relação jurídica diferente daquela que contém obrigação de pagar penalidade pecuniária, ou daquela configurada como dever de recolhimento apenas (e não de pagamento), por exemplo. A obrigação do contribuinte de pagar tributo é relação jurídica distinta da obrigação do responsável de pagar tributo, em outro exemplo.

---

46. CARVALHO, Paulo de Barros. *Op. Cit.*, 2010, p. 209: "Distinguem os civilistas o objeto imediato da relação jurídica, consubstanciado na prestação, que é prática de ato positivo (dar ou fazer) ou negativo (não fazer), do objeto mediato, representado pelo comportamento do dar, do fazer ou do não fazer. É o pensamento de Giovanni Pacchioni e, entre nós, de Caio Mário da Silva Pereira e Maria Helena Diniz. O comportamento de pagar o valor do aluguel, realizado pelo locatário, seria o objeto imediato, ao passo que a quantia em dinheiro entregue ao credor, o objeto mediato." Destaque-se que o autor prefere denominar o último como objeto da prestação.

Apesar disso, o tratamento dado pelo Código Tributário Nacional à matéria agrupa múltiplas relações jurídicas tributárias sob dois nomes: "obrigação principal" e "obrigação acessória". E assim o faz porque o critério legislativo de separação dos tipos de relações tributárias parece ter levado em conta, apenas, as distinções entre os objetos imediatos (a prestação/conduta esperada pelo credor), tratando de modo uniforme distintos objetos mediatos (o conteúdo da prestação: tributo ou penalidade pecuniária, no caso da obrigação principal) e tratando como irrelevantes para a identificação de algumas relações as diferenças entre os sujeitos obrigados a dar, fazer ou não fazer.

Assim é que o Código Tributário Nacional, quando prescreve ser, a obrigação principal, aquela que impõe a conduta de pagamento (objeto imediato) de tributo ou penalidade pecuniária (objeto mediato) e diz serem, os sujeitos passivos dessa relação a se instaurar *in concreto*, os contribuintes ou os responsáveis; bem como, quando determina, em tom de resumo, que deveres instrumentais serão as *demais prestações* que não configurem pagamento e devidas por *pessoas*, termina por diminuir a amplitude possível do tratamento legislativo expresso sobre a matéria, tornando indispensáveis produções doutrinárias e jurisprudenciais que identifiquem os exatos contornos da imposição de relações jurídicas em matéria tributária escondidos nas sombras da incompletude do direito positivo.

A advertência é necessária, pois, do modo como percebemos, é possível identificar, pelo menos, as seguintes relações tributárias disfarçadas pelos nomes de "obrigação principal" e "obrigação acessória": 1) relação tributária principal – tem por finalidade o pagamento de tributo ao fisco pelo contribuinte; 2) relação tributária sancionatória do contribuinte – tem por finalidade o pagamento de penalidade pecuniária ao fisco pelo contribuinte; 3) relação tributária de responsabilidade – tem por finalidade o pagamento de tributo ao fisco pelo responsável tributário;[47] 4) relação tributária sancionatória do responsável – tem por objetivo o pagamento de penalidade pecuniária ao fisco pelo responsável tributário; 5) relação tributária instrumental do contribuinte – tem por objetivo prestações que não configuram pagamento, realizadas pelo contribuinte no interesse da arrecadação e da fiscalização tributárias; 6) relação tributária instrumental do responsável – tem por objetivo prestações que não configuram pagamento, realizadas pelo responsável tributário no interesse da arrecadação e da fiscalização tributárias; 7) relação tributária instrumental de terceiros – tem por finalidade prestações que não configuram pagamento, realizadas por terceiros no interesse da arrecadação e da fiscalização dos tributos; 8) relação tributária sancionatória do terceiro – tem por finalidade o pagamento de penalidade pecuniária ao fisco pelos terceiros.[48]

Em que pese mencionarmos, ao longo do trabalho, todos esses tipos de relações jurídicas tributárias, já que o tratamento legislativo as aproxima, tornando, muitas vezes, as respectivas prescrições definitórias relevantes para a compreensão de todas e cada uma delas, o foco de nossas preocupações descritivas é a atribuição de relação tributária instrumental a terceiros que é técnica muito importante de gestão do sistema tributário nacional, mas, ainda, pouco investigada doutrinariamente.[49]

---

47. Teremos oportunidade de abordar os casos em que o que se exige do responsável pode caracterizar sanção por ato ilícito e, assim, não se enquadrar no conceito de tributo.

48. Se levássemos em conta apenas o critério do objeto imediato (tipo de prestação) dividido entre pagamento ou não pagamento, diríamos que relações jurídicas principais envolvem contribuintes e responsáveis, quando estes tenham que pagar tributo ou penalidade pecuniária, e terceiros, quando estes tenham que pagar penalidade pecuniária; e relações jurídicas instrumentais envolvem contribuintes, responsáveis e terceiros quando tenham que dar, fazer ou não fazer algo distinto de pagamento no interesse da arrecadação e da fiscalização dos tributos. Importante reforçar que a lista com oito tipos de relações identificáveis é exemplificativa. Não mencionamos, por exemplo, as relações que envolvem repetições de indébitos, também previstas no Código Tributário Nacional.

49. Será para não desviarmos do caminho traçado e com objetivos didáticos que,

2.3 Características dos deveres instrumentais tributários

Veremos com mais vagar no capítulo III que pagamento é tipo de prestação exigida naquelas relações tributárias que o Código Tributário Nacional denomina obrigações principais, sendo o *conceito central da diferenciação destas para os deveres instrumentais tributários*.

Estes se caracterizam por serem as demais prestações exigidas dos sujeitos passivos em suas relações com o fisco, impostas, pela legislação tributária, no interesse da arrecadação e da fiscalização dos tributos.[50]

E, por serem exigidos em torno desse "interesse da arrecadação e da fiscalização dos tributos", os deveres instrumentais tributários são, como se costuma dizer, um *meio*: existem para tornar possível a apuração, o conhecimento, o controle e a arrecadação dos valores devidos por alguém a título de tributos. Mas não só isso: existem, também, para o conhecimento e o controle das razões pelas quais alguém não deve se sujeitar a exigências tributárias. Além disso, existem para permitir conhecimento e controle quanto a outros deveres instrumentais. Relatam, em linguagem competente, "os eventos do mundo social sobre os quais o direito atua",[51] assumindo importante função de constituição do próprio fato jurídico tributário justificador da exigência fiscal, ou daquele outro

---

por vezes, faremos referência à obrigação principal e aos deveres instrumentais tributários com base no critério diferenciador trazido pelo Código Tributário Nacional. Mas, quando necessário, a advertência do tratamento insuficiente de múltiplas relações tributárias será relembrada.

50. BRASIL. Lei nº 5.172, de 25 de outubro de 1966. Código Tributário Nacional. Diário Oficial da União (DOU) de 27.10.1966: "Art. 113. A obrigação tributária é principal ou acessória. § 1º. A obrigação principal surge com a ocorrência do fato gerador, tem por objeto o pagamento de tributo ou penalidade pecuniária e extingue-se juntamente com o crédito dela decorrente. § 2º. A obrigação acessória decorre da legislação tributária e tem por objeto as prestações, positivas ou negativas, nela previstas no interesse da arrecadação ou da fiscalização dos tributos. § 3º. A obrigação acessória, pelo simples fato da sua inobservância, converte-se em obrigação principal relativamente à penalidade pecuniária."

51. CARVALHO, Paulo de Barros. *Op. Cit.*, 2018, p. 520.

justificador da impossibilidade de tributação,[52] ou ainda de quaisquer fatos jurídicos importantes à realização de materialidades normativas que fundamentem o surgimento de relações entre fisco e administrados.[53] Expedir notas fiscais, elaborar declarações tributárias, realizar registros e cadastros, emitir faturas, reter tributos na fonte, exibir livros contábeis, suportar fiscalizações, abster-se de transportar mercadorias desacompanhadas de nota fiscal etc., são exemplos de deveres instrumentais tributários.[54]

Todos esses são exemplos de conteúdos de relações tributárias cujo objeto não é, diretamente, o pagamento do tributo, mas, sim, prestações que, de variadas maneiras, apresentam o papel de auxiliar na verificação do cumprimento adequado da legislação tributária ou ainda permitir maior *eficiência* arrecadatória.

Têm, assim, a característica instrumental que o nome revela, envolta no contexto de colaboração entre sujeitos passivos e Administração Tributária. Instrumentalidade, essa, imposta pela legislação tributária e ligada ao interesse da arrecadação e da fiscalização dos tributos, como dito.

É interessante notar que os deveres de que tratamos são relações jurídicas com função de instrumentos de organização e esclarecimento e, invariavelmente, referem-se a outras relações jurídicas. Têm a finalidade de organizar ao identificar os destinatários das leis impositivas tributárias enquanto

---

52. TAKANO, Caio Augusto. *Deveres instrumentais dos contribuintes* – fundamentos e limites. São Paulo: Quartier Latin, 2017, p. 28: "De fato, somente por meio do cumprimento de tais deveres é que o fato jurídico tributário é vertido na linguagem própria do Direito, permitindo que o Poder Público tenha conhecimento das informações necessárias para a realização de fins arrecadatórios ou extrafiscais. [...] Seja como for, é pelo intermédio desses deveres que se permite não apenas uma arrecadação mais eficiente, como também possibilita que a carga tributária seja distribuída, o mais próximo possível, em conformidade com a vontade da Constituição Federal."

53. Ver MELO, José Eduardo Soares de. *Direito tributário empresarial*. São Paulo: Quartier Latin, 2009, p. 572.

54. CARRAZZA, Roque Antonio. *Reflexões sobre a obrigação tributária*. São Paulo: Noeses, 2010, p. 210-212.

sujeitos passivos das respectivas relações (por exemplo, nos deveres de cadastramento ou registro de atividades) e, também, de esclarecer como se realizou a atividade de interpretação da legislação tributária e sua consequente aplicação.

Sua referibilidade, enquanto instrumento, não está ligada apenas a relações jurídicas tributárias principais (de pagamento), como se costuma considerar. Liga-se, por óbvio, também, a relações de imunidade, de isenção, de não incidência (a teor, por exemplo, do parágrafo único do art. 194, do Código Tributário Nacional[55]). Liga-se, também – já menos obviamente – a outras relações tributárias instrumentais. Pensemos no exemplo do prestador de serviços que emite dez notas fiscais no valor somado de R$ 100.000,00 (cem mil reais). O cumprimento de seu dever instrumental de emissão de notas fiscais irá informar seu outro dever instrumental que lhe exige realizar a escrituração da prestação de serviços em livro próprio, demonstrando o recebimento de exatos R$ 100.000,00 (cem mil reais). Qualquer equívoco em que incorra permitirá ao credor não só vincular as informações à obrigação principal, mas, também, identificar o descumprimento de um dos deveres instrumentais em questão. Por sua vez, a escrituração da prestação de serviços em livro próprio irá permitir o cumprimento de outro dever instrumental, que é o de encerramento eletrônico da escrituração digital. Pensemos, ainda, no exemplo da retenção de tributos pela fonte pagadora. O cumprimento desse dever instrumental de retenção também está a serviço do esclarecimento do conteúdo de outro dever instrumental a ser atendido pelo beneficiário dos valores sobre os quais se realizou a retenção, que se verá na incumbência de

---

55. BRASIL. Lei n° 5.172, de 25 de outubro de 1966. Código Tributário Nacional. Diário Oficial da União (DOU) de 27.10.1966: "Art. 194. A legislação tributária, observado o disposto nesta Lei, regulará, em caráter geral, ou especificamente em função da natureza do tributo de que se tratar, a competência e os poderes das autoridades administrativas em matéria de fiscalização da sua aplicação. Parágrafo único. A legislação a que se refere este artigo aplica-se às pessoas naturais ou jurídicas, contribuintes ou não, inclusive às que gozem de imunidade tributária ou de isenção de caráter pessoal."

declarar ao fisco exatamente os mesmos valores informados pela fonte pagadora, caso corretos.

A instrumentalidade dos deveres tributários vista em sua especificidade atinente às relações jurídicas atribuídas a *terceiros* estará ligada principalmente a alheios liames abstratos de intersubjetividade. Em outros termos, os sujeitos passivos dessas relações referentes (ou instrumentais) serão, destacadamente, distintos dos sujeitos passivos das relações referidas (ou instrumentalizadas). A instrumentalidade da relação dos *terceiros* é, especialmente, voltada às obrigações tributárias e aos deveres tributários de outras pessoas (contribuintes e responsáveis tributários), a exemplo das declarações passadas pelos bancos ao fisco sobre movimentações financeiras de outros sujeitos de direito através da "e-financeira".[56] Apesar de poderem se referir a outras relações jurídicas dos próprios *terceiros*, os deveres instrumentais a eles atribuídos têm, fundamentalmente, finalidade de atender ao interesse da arrecadação e da fiscalização dos tributos no que se liga ao cumprimento da legislação tributária por parte de contribuintes e responsáveis.

> *Exemplos de deveres instrumentais tributários: expedir notas fiscais, elaborar declarações tributárias, realizar registros e cadastros, emitir faturas, reter tributos na fonte, exibir livros contábeis, suportar fiscalizações, abster-se de transportar mercadorias desacompanhadas de nota fiscal etc.*

---

56. A "e-financeira" é dever instrumental tributário integrado à plataforma do Sistema Público de Escrituração Digital (SPED) e tem por finalidade a obtenção de dados e informações financeiras dos contribuintes e responsáveis tributários diretamente das instituições financeiras ou equiparadas. Ver JANINI, Tiago Cappi. A e-financeira, o direito de fiscalização e os direitos fundamentais dos contribuintes. Revista Brasileira de Direito Vol. 13, n. 2, maio-agosto de 2017. Passo Fundo: IMED, 2017, p. 256-272; Ver, também, BRASIL. Receita Federal do Brasil. Instrução Normativa RFB nº 1.571, de 02 de julho de 2015. Dispõe sobre a obrigatoriedade de prestação de informações relativas às operações financeiras de interesse da Secretaria da Receita Federal do Brasil (RFB). DOU de 03 de julho de 2015.

3. RELEVÂNCIA DOS TERCEIROS E SUAS RELAÇÕES INSTRUMENTAIS

Assim como nos casos de contribuintes e responsáveis tributários, o ordenamento jurídico impõe a *terceiros* relações jurídicas nas quais ocuparão o polo passivo, enquanto, no polo ativo, estará o fisco.

Essas relações são, inicialmente, apenas previstas, em termos gerais e abstratos, como uma consequência normativa a ser instaurada diante do acontecimento de uma situação valorada como relevante pelo direito.

Como é, já há bastante tempo, a regra, o dever de aplicação dessas prescrições gerais e abstratas voltadas aos *terceiros* compete a eles mesmos, significando dizer que a eles cabe o dever de interpretação e argumentação, enunciando ao fisco o resultado de seu labor de incidência normativa. Recebem a mensagem legislada e decidem qual o sentido que ela apresenta, concretizando o comando normativo e instaurando a relação jurídica nos moldes como puderam compreender a comunicação do ordenamento jurídico.

Os *terceiros* afiguram-se, assim, sujeitos competentes a incluir novos conteúdos ao conjunto do direito positivo, transformando a mensagem geral e abstrata em normas individuais e concretas.

OS TERCEIROS NA SUJEIÇÃO PASSIVA TRIBUTÁRIA
E O *ALTERLANÇAMENTO*

Não são, porém, chamados a compor e concretizar relações tributárias de pagamento. A eles é imposta a condição de colaboradores. Auxiliam, ao cumprir seus deveres, a que se verifique o modo como contribuintes e responsáveis estão a interpretar e aplicar a legislação tributária. Auxiliam, também, a que a arrecadação tributária seja realizada de modo eficiente, ao cumprirem deveres de retenção e recolhimento, como veremos.[57]

São, dessa maneira, sujeitos passivos de relações tributária instrumentais, impostas pela legislação tributária no interesse da arrecadação e da fiscalização dos tributos. E não podem ser obrigados a realizar prestações que configurem obrigação principal (pagamento) – com exceção das hipóteses de sanção pelo descumprimento de seus deveres instrumentais, ocasião em que deverão pagar penalidade pecuniária.

O "interesse original" – se podemos dizer assim – do ordenamento jurídico pelos *terceiros*, portanto, está voltado à colaboração, ao fornecimento de informações e dados sobre contribuintes e responsáveis tributários (e suas respectivas atividades), e ao auxílio em atividades arrecadatórias das receitas tributárias.

A instrumentalidade de suas relações tributárias é primordialmente voltada a relações jurídicas (principais ou não) alheias.

Demonstrado, até aqui, ainda que em caráter inicial, o que são os "deveres instrumentais tributários" que acreditamos atribuídos a sujeitos que não se afiguram contribuintes e nem responsáveis tributários e o significado que carrega o

---

57. Em análise dos deveres instrumentais tributários, Roque Antonio Carrazza diz: "[...] se relacionam com a atividade administrativa tributária. Embora, na maioria dos casos, seus destinatários sejam os contribuintes, nada impede recaiam sobre pessoas públicas ou privadas, estranhas à obrigação tributária, que reúnam condições de cooperar com o Estado na descoberta dos fatos imponíveis, na precaução contra possíveis fraudes, enfim, no perfeito funcionamento do sistema tributário." (CARRAZZA, Roque Antonio. O regulamento no direito tributário brasileiro. São Paulo: RT, 1981, p. 30).

termo *terceiros* enquanto espécie do gênero "sujeição passiva tributária", passaremos, agora, a argumentar sobre os fundamentos da imposição de deveres instrumentais tributários a quem não integra a relação jurídica tributária principal e os modos como isso costuma ser realizado para, em seguida, dispor sobre os tipos de deveres instrumentais a que estão sujeitos os *terceiros*.

Capítulo II
FUNDAMENTOS DA ATRIBUIÇÃO DE DEVERES INSTRUMENTAIS TRIBUTÁRIOS A TERCEIROS

1. DEVERES DE TERCEIROS COMO DIREITO VIGENTE

(i) Tomadores de serviços tributáveis pelo imposto sobre serviços de qualquer natureza (ISSQN) são exigidos a emitir e escriturar documentos fiscais que demonstrem a aquisição do *facere* contratado dos prestadores, bem como a realizar o encerramento da escrituração eletrônica dos livros fiscais, a exemplo da imposição advinda da leitura conjugada do art. 64 com o art. 73, inciso III, alíneas *a* e *d*, da Lei Complementar Municipal de São José do Rio Preto nº 178/2003.[58]

---

[58] SÃO JOSÉ DO RIO PRETO. Lei Complementar nº 178 de 29 de dezembro de 2003. Dispõe sobre a instituição do imposto sobre serviços de qualquer natureza (ISSQN). Diário Oficial do Município (DOM) de 30.12.2003: "Art. 64. Ficam o sujeito passivo do Imposto sobre Serviços de Qualquer Natureza - ISSQN e o tomador de serviços tributáveis, pessoas jurídicas, estabelecidas ou que prestem serviços neste Município, obrigados a prestar informações de interesse dos sistemas de tributação, arrecadação e controle daquele imposto, nos prazos, periodicidade e demais condições fixadas em regulamento."; [...] "Art. 73. O descumprimento das obrigações principal e acessórias, instituídas pela legislação do Imposto Sobre Serviços de Qualquer Natureza - ISSQN, fica sujeita às seguintes penalidades: [...]III - infrações relativas a livros fiscais: a) falta de escrituração de documento relativo a prestação de serviço no livro fiscal próprio - multa equivalente a 1% (um por cento) do valor constante dos documentos, **aplicável tanto ao prestador quanto ao tomador de serviços**. [...] d) falta de encerramento de escrituração eletrônica e consequente transmissão, ainda que não haja imposto devido - multa equivalente a R$ 200,00 (duzentos reais), por mês não encerrado, **aplicável tanto ao prestador quanto ao tomador dos serviços**." (grifo nosso)

Não realizam o fato previsto na hipótese de incidência da norma tributária, pois, afinal, não prestam serviço algum. Não são, portanto, contribuintes do ISSQN, não possuem relação pessoal e direta com o fato jurídico a ponto de lhes ser exigido o pagamento do tributo municipal. Também não são, a não ser em situações específicas, responsáveis tributários, não recaindo sobre eles a obrigação de pagamento do ISSQN por imposição legal. São, meramente, contratantes de serviços. Compõem, porém, o polo passivo de relações tributárias instrumentais que têm o fisco municipal no extremo oposto. Devem emitir notas fiscais de serviços tomados, devem escriturar referidas notas em livro eletrônico próprio e devem encerrar a escrituração mensalmente, sob pena de multa.

(ii) *Exchanges* de criptoativos[59] são exigidas a repassar, periodicamente, informações ao fisco federal sobre operações realizadas *com* seus clientes e, também, sobre operações realizadas *por* seus clientes ou *entre* os seus clientes, incluindo-se datas, tipos, titularidades e valores das operações, as espécies e quantidades de criptoativos envolvidos, o saldo de moedas fiduciárias e de criptoativos de seus clientes, o custo que estes tiveram para a aquisição de referidos ativos, entre outros

---

59. Definindo o que vem a ser *exchange* e criptoativos, a Instrução Normativa RFB nº 1.888/2019 prevê: "Art. 5º. Para fins do disposto nesta Instrução Normativa, considera-se: I - criptoativo: a representação digital de valor denominada em sua própria unidade de conta, cujo preço pode ser expresso em moeda soberana local ou estrangeira, transacionado eletronicamente com a utilização de criptografia e de tecnologias de registros distribuídos, que pode ser utilizado como forma de investimento, instrumento de transferência de valores ou acesso a serviços, e que não constitui moeda de curso legal; e II - exchange de criptoativo: a pessoa jurídica, ainda que não financeira, que oferece serviços referentes a operações realizadas com criptoativos, inclusive intermediação, negociação ou custódia, e que pode aceitar quaisquer meios de pagamento, inclusive outros criptoativos. Parágrafo único. Incluem-se no conceito de intermediação de operações realizadas com criptoativos, a disponibilização de ambientes para a realização das operações de compra e venda de criptoativo realizadas entre os próprios usuários de seus serviços." (BRASIL. Receita Federal do Brasil. Instrução Normativa nº 1.888 de 03 de maio de 2019. Institui e disciplina a obrigatoriedade de prestação de informações relativas às operações realizadas com criptoativos à Secretaria Especial da Receita Federal do Brasil [RFB]. Diário Oficial da União [DOU] de 07.05.2019).

dados de relevância para o fisco, de acordo com o quanto exigido pela normatização infralegal da matéria.[60]

Quando não realizam, elas mesmas (as *exchanges*), as operações com criptoativos, não se afiguram contribuintes de eventuais tributos federais que, em razão de referidas operações, poderiam incidir. Não são, também, responsabilizadas por lei pelo pagamento desses tributos, já que atuam como meras intermediárias dos negócios praticados por seus clientes. Ainda assim, sobre as *exchanges* de criptoativos pesam deveres instrumentais voltados a informar o fisco federal acerca de atividades alheias que, caso descumpridos, justificam a aplicação de penalidades.

(iii) Fundos de Investimentos em Participações (FIP), em que pese não possuírem personalidade jurídica e não estarem sujeitos à tributação – mesmo nos casos em que se relacionam com investidores não residentes cujos investimentos estão voltados ao mercado financeiro e de capitais e que, por isso, também não estão sujeitos à tributação sobre os ganhos daí advindos[61] – são exigidos a realizar prestações que não configuram pagamento de tributos, a exemplo do dever de transmitir informações sobre os cotistas para a administração pública federal.[62]

---

60. BRASIL. Receita Federal do Brasil. Instrução Normativa nº 1.888 de 03 de maio de 2019. Institui e disciplina a obrigatoriedade de prestação de informações relativas às operações realizadas com criptoativos à Secretaria Especial da Receita Federal do Brasil (RFB). Diário Oficial da União (DOU) de 07.05.2019: "Art. 6º **Fica obrigada à prestação das informações a que se refere o art. 1º: I - a exchange de criptoativos domiciliada para fins tributários no Brasil;** [...]" – grifo nosso.

61. BRASIL. Lei nº 11.312, de 27 de junho de 2006. Reduz a zero as alíquotas do imposto de renda e da Contribuição Provisória sobre Movimentação ou Transmissão de Valores e de Créditos e Direitos de Natureza Financeira - CPMF nos casos que especifica; altera a Lei nº 9.311, de 24 de outubro de 1996; e dá outras providências. DOU de 28.06.2006.

62. Nos termos da Instrução Normativa RFB nº 1.863/2018: "Art. 8º As informações cadastrais relativas às entidades empresariais e às entidades a que se referem os incisos V, XV, XVI e XVII do caput do art. 4º devem abranger as pessoas autorizadas a representá-las, bem como a cadeia de participação societária, até alcançar as pessoas naturais caracterizadas como beneficiárias finais ou qualquer das

OS TERCEIROS NA SUJEIÇÃO PASSIVA TRIBUTÁRIA
E O *ALTERLANÇAMENTO*

Suas relações tributárias instrumentais, assim como as outras acima descritas, não se referem primordialmente ao *seu* relacionamento com o fisco. A instrumentalidade de seus deveres tributários é claramente voltada a informar relações alheias, entre administração tributária e investidores, permitindo, àquela, saber se os titulares dos ganhos escapam lícita ou ilicitamente à incidência tributária.[63]

(iv) Pessoas diligenciadas durante procedimentos de fiscalização – ou mesmo antes de investigações fiscais instauradas[64] – são exigidas a atender às notificações dos auditores-fiscais, entregando determinados documentos e informações sobre contribuintes ou responsáveis tributários fiscalizados quanto ao cumprimento das obrigações tributárias destes. Pensemos no exemplo de uma instituição financeira que, em

---

entidades mencionadas no § 3º. [...] § 3º Excetuam-se do disposto no *caput*: [...] V - **os fundos de investimento nacionais regulamentados pela Comissão de Valores Mobiliários (CVM), desde que seja informado à RFB, na e-Financeira, o Cadastro de Pessoas Físicas (CPF) ou o CNPJ dos cotistas de cada fundo por eles administrado;** [...]" – grifo nosso - (BRASIL. Receita Federal do Brasil. Instrução Normativa nº 1.863, de 27 de dezembro de 2018. Dispõe sobre o Cadastro Nacional da Pessoa Jurídica [CNPJ]. DOU de 28.12.2018)

63. Tanto é assim que, não conseguindo informar ao fisco o real beneficiário dos ganhos, cogita-se da incidência de 35% (trinta e cinco por cento) de imposto sobre a renda exclusivamente na fonte em razão de beneficiário não identificado. BRASIL. Lei nº 8.981, de 20 de janeiro de 1995. Altera a legislação federal e dá outras providências. DOU de 23.01.1995: "Art. 61. Fica sujeito à incidência do Imposto de Renda exclusivamente na fonte, à alíquota de trinta e cinco por cento, todo pagamento efetuado pelas pessoas jurídicas a beneficiário não identificado, ressalvado o disposto em normas especiais."

64. Lembremos que, no Estado de São Paulo, empresas administradoras de cartões de débito e crédito são exigidas pela legislação tributária – de duvidosa constitucionalidade – a enviar, mensalmente, ao fisco paulista, informações sobre operações realizadas pelos contribuintes do ICMS sem que haja, necessariamente, procedimento fiscalizatório em andamento contra estes últimos. Ver SÃO PAULO (Estado). Portaria CAT nº 87, de 18 de outubro de 2006. Disciplina a entrega de arquivo eletrônico pela empresa administradora de cartões de crédito ou débito, relativamente às operações ou prestações realizadas por contribuinte. Diário Oficial do Estado (DOE) de 19.10.2006: "Art. 1º - **A empresa administradora de cartões de crédito ou débito entregará à Secretaria da Fazenda, até o dia 20 de cada mês, as informações relativas a operações de crédito ou de débito realizadas, no mês anterior, pelos estabelecimentos de contribuintes do ICMS localizados neste Estado.**" – grifo nosso.

razão de uma Requisição de Informações sobre Movimentações Financeiras (RMF),[65] se vê em relação tributária instrumental com o fisco através da qual deve fornecer informações sobre contribuinte investigado quanto a uma possível omissão de rendimentos tributáveis.

A instituição financeira em questão não é contribuinte nem mesmo responsável tributária no que se refere ao quanto está sendo informado, mas, ainda assim, deverá atender a pretensões que não configuram pagamento em razão do interesse da fiscalização e da arrecadação dos tributos.

Essas são apenas algumas das – inúmeras e extremamente comuns – relações jurídicas instrumentais impostas a terceiros na dinâmica da aplicação do sistema tributário nacional. Pessoas que não praticaram o fato jurídico tributário previsto como materialidade da norma de incidência; que não estão obrigadas ao pagamento de tributos por imposição legal (responsabilidade tributária); postas em relações tributárias com função primordial de servir de instrumento de verificação ou garantia de cumprimento de relações tributárias alheias.

---

65. BRASIL. Receita Federal do Brasil. Instrução Normativa nº 2.047, de 26 de novembro de 2014. Dispõe sobre solicitação e emissão da Requisição de Informações sobre Movimentação Financeira – RMF, instituída pelo Decreto nº 3.724, de 10 de janeiro de 2001. DOU de 27.11.2014. Ver, também, BRASIL. Decreto nº 3.724, de 10 de janeiro de 2001. Regulamenta o art. 6º da Lei Complementar nº 105, de 10 de janeiro de 2001, relativamente à requisição, acesso e uso, pela Secretaria da Receita Federal, de informações referentes a operações e serviços das instituições financeiras e das entidades a elas equiparadas. DOU de 11.01.2001.

2. DO ATO ADMINISTRATIVO AO ATO DO ADMINISTRADO

Atribuir deveres instrumentais tributários a terceiros é atitude que está envolta no contexto de transformação dos paradigmas de estratégia de gestão tributária,[66] iniciada já há muitas décadas e primeiramente voltada ao papel dos contribuintes e responsáveis no que se refere à exequibilidade do sistema tributário informada pela eficiência da administração pública.

No Brasil, assim como em outros países, o conjunto de normas jurídicas aplicável às relações tributárias configurou as principais funções[67] de constituição e cobrança do crédi-

---

66. A expressão "gestão tributária" é, por nós, utilizada de modo a abarcar as atividades de execução das leis tributárias, ou seja, liquidação, fiscalização, arrecadação e revisão. Em sentido mais estrito é o uso dado pela doutrina espanhola à mesma expressão: "Son diversas las acepciones del término 'gestión' [...], por último, de un sentido estricto, que identifica la gestión tributaria con el procedimiento de liquidación, en cuanto opuesto a la fase de recaudación, siendo ésta la acepción adoptada mayoritariamente por la doctrina y a la que nosotros también nos adherimos. Importa indicar, además, que la denominación 'procedimiento de liquidación' designa el procedimiento de aplicación de los tributos y no únicamente el acto final del mismo, debiendo ser considerado, en este sentido, como un 'procedimiento de procedimientos', en terminología acuñada por el Profesor Berliri." (SÁNCHEZ LÓPEZ, María Esther. *Los deberes de información tributaria desde la perspectiva constitucional*. Madrid: Centro de Estudios Políticos y Constitucionales, 2001, p. 53-54).

67. Sobre a noção de "função" no sentido aqui utilizado, ver, por exemplo, HORVATH, Estevão. *Lançamento Tributário e "Autolançamento"*. 2ª edição. São Paulo: Quartier Latin, 2010, p. 102-110. Funzione pubblica come potestà tributaria, ver em

to tributário, em uma primeira versão, como pertencentes à competência da administração pública e, assim, dependentes da elaboração de atos administrativos. Basta pensarmos o que prescrevem os arts. 3º, 7º e 142, do Código Tributário Nacional, promulgado na década de 1960, no sentido de que os tributos são *cobrados mediante atividade administrativa*; a competência tributária é indelegável, mas as *funções de arrecadar e fiscalizar tributos* podem ser atribuídas a outrem; e a *constituição do crédito pelo lançamento* é competência privativa de autoridade administrativa.[68]

O protagonismo do ato administrativo na gestão do sistema tributário foi cedendo espaço à participação cada vez mais destacada dos destinatários das normas tributárias pelas mais variadas razões, destacando-se, entre elas, o aumento da quantidade e da complexidade, tanto das pessoas, quanto das condutas a que o direito pretende atingir – denunciando o descompasso entre as estruturas burocráticas aplicadas aos desígnios tributários e o ritmo das alterações das relações econômicas de interesse para o direito fiscal, diretamente proporcional à velocidade do trânsito de informações que se dá na pangeia linguística que caracteriza o mundo globalizado

---

ALESSI, Renato; STAMMATI, Gaetano. *Istituzioni di Diritto Tributario*. Torino: UTET, 1965, p. 28-43. Sobre função da administração pública, ver DI PIETRO, Maria Sylvia Zanella. *Direito administrativo*. 29ª edição. São Paulo: Forense, 2016, p. 81-90.

68. BRASIL. Lei nº 5.172, de 25 de outubro de 1966. Código Tributário Nacional. Diário Oficial da União (DOU) de 27.10.1966: "Art. 3º Tributo é toda prestação pecuniária compulsória, em moeda ou cujo valor nela se possa exprimir, que não constitua sanção de ato ilícito, instituída em lei e cobrada mediante atividade administrativa plenamente vinculada. [...] Art. 7º A competência tributária é indelegável, salvo atribuição das funções de arrecadar ou fiscalizar tributos, ou de executar leis, serviços, atos ou decisões administrativas em matéria tributária, conferida por uma pessoa jurídica de direito público a outra, nos termos do § 3º do artigo 18 da Constituição. [...] Art. 142. Compete privativamente à autoridade administrativa constituir o crédito tributário pelo lançamento, assim entendido o procedimento administrativo tendente a verificar a ocorrência do fato gerador da obrigação correspondente, determinar a matéria tributável, calcular o montante do tributo devido, identificar o sujeito passivo e, sendo caso, propor a aplicação da penalidade cabível." Somemos a esses dispositivos, para reforçar o exemplo, os arts. 194 a 200, do Código Tributário Nacional, que tratam da fiscalização como atividade da Administração Tributária.

– e o processo de massificação[69] da gestão dos tributos iniciado após a segunda metade do século XX.

Paulo de Barros Carvalho avalia que

> O tamanho tendencialmente estável dos aparatos administrativos, em proporção ao crescimento acentuado do universo de sujeitos passivos, vem determinando que as legislações atribuam aos contribuintes a "competência" para expedir o ato de linguagem responsável pela introdução da norma individual e concreta no sistema do direito positivo. Desse modo, crescem os deveres instrumentais ou formais cometidos ao devedor do tributo, aumentando, correlativamente, o dever de vigilância do Poder Público.[70]

Nas palavras de José Luis Saldanha Sanches e João Taborda Gama, "passámos de um regime baseado no *acto tributário* para um regime sustentado nos *deveres de cooperação* dos particulares."[71]

---

69. *Massenverwaltung*, na expressão de SEER, Roman. *Der Vollzug sur Steuergesetzen unter den Bedingungen einer Massenverwaltung*. 32. Jahrestagung der Deutschen Steuerjuristischen Gesellshaft. Band 31. Stuttgart, 2008, p. 7-36. Ver, também, XAVIER, Alberto. *Do lançamento no direito tributário brasileiro*. 3ª ed. Rio de Janeiro: Forense, 2005, p. 13: "[...] o sistema tributário brasileiro vigente se reveste das características de massificação e automação, raramente surgindo o lançamento como momento necessário na dinâmica da obrigação tributária que, a maior parte das vezes, pode ser espontaneamente cumprida sem a prática prévia do referido ato."

70. CARVALHO, Paulo de Barros. *Op. Cit.*, 2018, p. 531: "No modelo atual, seu papel [lançamento tributário] tende a concentrar-se nas circunstâncias em que o Fisco exerce competências controladoras da atividade do poder privado, deparando-se com eventos que denotem a possibilidade de direitos subjetivos da Fazenda Pública. [...] O quadro está amplamente generalizado nos países de cultura ocidental, constituindo tema de constantes reivindicações. Penso, contudo, que a marcha é inexorável. Não há como inverter a situação: os sujeitos passivos verão aumentar, gradativa, mas substancialmente, sua participação na determinação dos créditos tributários."

71. SALDANHA SANCHES, José Luis; TABORDA GAMA, João. *Sigilo bancário – crónica de uma morte anunciada*. In SARAIVA FILHO, Oswaldo Othon de Pontes; Guimarães, Vasco Branco (coord). Sigilos bancário e fiscal – homenagem ao jurista José Carlos Moreira Alves. 2ª edição. Belo Horizonte: Fórum, 2015, p. 245: "Os contribuintes – ou, melhor dizendo, os sujeitos passivos do imposto – são, pois, sobretudo por razões de praticabilidade, investidos numa série de *deveres de cooperação* que vêm substituir, em grande medida, a actividade que antes cabia à Administração Fiscal desempenhar. Os contribuintes deixaram de estar simplesmente obrigados à prestação pecuniária do imposto. Antes, estes apenas pagavam o tributo; agora, declaram os factos que estão na base dos impostos e, muitas vezes, procedem ao

OS TERCEIROS NA SUJEIÇÃO PASSIVA TRIBUTÁRIA
E O *ALTERLANÇAMENTO*

Aos administrados [mais do que aos particulares] passou-se a atribuir deveres dos mais variados, que perpassam toda a dinâmica do sistema de tributação, começando pela interpretação da legislação tributária e terminando pela aplicação da mesma, percurso onde se contêm, quando o caso, a constituição do fato jurídico tributário, da relação jurídica *in concreto* e, assim, do crédito tributário e também a sua extinção, seja por pagamento, recolhimento, compensação, ou quaisquer outras hipóteses.

A esse fenômeno de recuo da administração para uma zona de controle fiscal[72] dos atos dos administrados, Ruy Barbosa Nogueira chamou "burocratização da iniciativa privada"[73] e José Juan Ferreiro Lapatza nominou "privatização da gestão tributária".[74]

Sérgio André Rocha lembra que

> [...] no estágio atual da tributação cabe aos contribuintes liquidar suas obrigações fiscais e recolher os tributos devidos, de acordo com sua autoliquidação, aos cofres públicos. Cabe-lhes, ainda, arrecadar tributos para o Estado, proliferando-se as hipóteses de retenção na fonte, e fiscalizar o comportamento de outros

---

cálculo e ao seu pagamento, ou ao pagamento do imposto de terceiros. Nasceram, um pouco por todo o mundo, inúmeros deveres de cooperação, os quais assumem uma enorme importância na relação tributária, aparecendo em conexão com a obrigação principal – e mesmo independentemente dela, em certos casos."

72. José Luis Saldanha Sanches e João Taborda Gama falam em um "[...] confinamento do *acto tributário* ao desempenho de funções excepcionais, normalmente na zona patológica da relação jurídica tributária, e a entrega aos particulares de actividades materiais que são essenciais à liquidação do imposto." (SALDANHA SANCHES, José Luis; TABORDA GAMA, João. Op. Cit., 2015, p. 244-245)

73. NOGUEIRA, Ruy Barbosa. *Teoria do lançamento tributário*. São Paulo: Resenha Tributária, 1973, pp. 229-230.

74. FERREIRO LAPATZA, José Juan. La privatización de la gestión tributaria y las nuevas competencias de los Tribunales Económico-Administrativos. *Revista Española de Derecho Financiero*, n. 37. Madrid: Civitas, 1983, pp. 81-94. Em sentido contrário à ideia de privatização da gestão tributária ver, entre outros, SAINZ MORENO, Javier. *Teoría del procedimiento fiscal*. Madrid: Dykinson, 2015, p. 34.

contribuintes, multiplicando-se os casos de responsabilidade tributária.[75]

Para além dos contribuintes, os terceiros têm comparecido com cada vez maior relevância no cumprimento desses deveres construídos pelo ordenamento de modo a permitir a mais eficiente exequibilidade das normas tributárias, possibilitando ao fisco arrecadar mais tributos (ou deixar de arrecadar menos) e, no geral, verificar o adequado cumprimento da legislação tributária, configurando verdadeira técnica de gestão do sistema tributário, destacadamente ligada à praticabilidade das funções de fiscalização e arrecadação tributárias.[76]

---

75. ROCHA, Sérgio André. *Reconstruindo a confiança na relação fisco-contribuinte*. Revista de direito tributário atual 39. São Paulo: IBDT, 2018, p. 515. Importante destacarmos que o autor se refere a responsabilidade tributária de modo distinto em relação ao que pensamos, o que ficará claro durante os próximos capítulos.

76. O Código Tributário Nacional já estava pronto para o protagonismo dos terceiros desde sua elaboração. Nos idos de 1971, Fábio Fanuchi ensinava, por exemplo, que: "O lançamento por homologação, também chamado de autolançamento, ocorre sempre que o sujeito passivo **ou mesmo terceiro**, deva se antecipar a qualquer providência da autoridade administrativa, calculando e recolhendo o tributo devido." (FANUCHI, Fábio. *Curso de direito tributário brasileiro*. Volume I. São Paulo: Resenha Tributária, 1971, p. 148-151).

3. OS TERCEIROS EM AUXÍLIO DA TRANSPARÊNCIA

Se voltarmos nossos olhares, apenas por um segundo, ao que se passa com as administrações tributárias pelo mundo, veremos que a importância da figura dos terceiros para as relações tributárias de toda sorte aparece mais evidenciada a partir da virada do século XXI, principalmente com o chamado "fim da era do sigilo bancário"[77] e diante da irrefreável busca por maior transparência nas relações fisco-administrado, a exemplo do surgimento, no ano 2000, do Fórum Global sobre

---

77. *London Summit – Leaders' Statement*: "[...] 15. To this end we are implementing the Action Plan agreed at our last meeting, as set out in the attached progress report. We have today also issued a Declaration, Strengthening the Financial System. In particular we agree: [...] to take action against non-cooperative jurisdictions, including tax havens. We stand ready to deploy sanctions to protect our public finances and financial systems. **The era of banking secrecy is over.** We note that the OECD has today published a list of countries assessed by the Global Forum against the international standard for exchange of tax information; [...]" (OECD. *London Summit – Leaders' Statement. Londres*, 2009. Disponível em https://www.oecd.org/g20/summits/london/G20-Action-Plan-Recovery-Reform.pdf, acessado em 02.01.2019) – grifo nosso. Em tradução livre: "[...] 15. Para esse fim, estamos implementando o Plano de Ação acordado em nossa última reunião, conforme estabelecido no relatório de progresso em anexo. Hoje também emitimos uma Declaração, Fortalecendo o Sistema Financeiro. Em particular, concordamos: [...] tomar medidas contra jurisdições não cooperantes, incluindo paraísos fiscais. Estamos prontos para aplicar sanções para proteger nossas finanças públicas e sistemas financeiros. A era do sigilo bancário acabou. Observamos que a OCDE publicou hoje uma lista de países avaliados pelo Fórum Global em relação ao padrão internacional para troca de informações fiscais; [...]".

OS TERCEIROS NA SUJEIÇÃO PASSIVA TRIBUTÁRIA
E O *ALTERLANÇAMENTO*

Transparência e Troca de Informações para Fins Fiscais, da Organização para Cooperação e Desenvolvimento Econômico (OCDE), no âmbito do qual se impõe às jurisdições participantes, por exemplo, o uso do *Common Reporting Standard* (CRS) – aprovado em 2014 – para que os governos obtenham, *de terceiros* (no caso, instituições financeiras), informações sobre administrados e, periódica e automaticamente, troquem entre si referidos dados.[78]

Mencionemos, também, o *Foreign Account Tax Compliance Act* (FATCA), lei norte-americana cuja implantação se iniciou no ano de 2010 e que, com abrangência mundial, obriga bancos e entidades assemelhadas (*terceiros*) a revelar informações de cidadãos daquele país ao *Internal Revenue Service* (IRS), buscando evitar evasão fiscal.[79]

E, por fim, como mais um exemplo da relevância dos terceiros perante as administrações tributárias por todo o mundo, lembremos o projeto anti-*BEPS* (*Base Erosion and Profit Shifting*), também da OCDE, que, através de seu Plano de Ação, tem por objetivo declarado[80] auxiliar no combate às fraudes fiscais – perpetradas via erosão de bases tributáveis e

---

78. O Brasil é aderente ao *Common Reporting Standard*. Ver BRASIL. Receita Federal do Brasil. Instrução Normativa nº 1.680, de 28 de dezembro de 2016. Dispõe sobre a identificação das contas financeiras em conformidade com o Padrão de Declaração Comum (Common Reporting Standard - CRS). Diário Oficial da União (DOU) de 29.12.2016.

79. O respectivo acordo bilateral entre Estados Unidos da América e Brasil foi internalizado pelo Decreto nº 8.506/2015 e de seus termos consta que também cidadãos brasileiros estão sujeitos a que suas informações sejam transmitidas pelo *Internal Revenue Service* (IRS) à Receita Federal do Brasil (RFB).

80. ROTHMANN, Gerd Willi. *Prefácio*. In OLIVEIRA, Phelippe Toledo Pires de. *A obrigação de divulgação de planejamentos tributários agressivos no ordenamento brasileiro – uma análise à luz do projeto BEPS da OCDE/G20*. São Paulo: Quartier Latin/IBDT, 2018, p. 23: "O intuito do Projeto BEPS, longe de querer melhorar as relações entre fisco e contribuinte, é, simplesmente, arrecadatório. Para tanto, sugere aos estados-membros da OCDE e/ou do G20 uma série de medidas a serem adotadas como esta, objeto da presente obra: *a obrigação de divulgação de planejamentos tributários 'agressivos'*. O próprio qualificativo de *'agressivo'*, que não é um conceito jurídico, nem no Brasil nem em nenhum outro país, já mostra o caráter belicoso da medida."

transferência de lucros para jurisdições de tributação favorecida – ao estabelecer relações de confiança e cooperação entre fiscos e administrados, inicialmente denominadas *enhanced relationships* (relacionamentos "aprimorados"), às quais hoje se faz referência como *cooperative compliance* (conformidade via cooperação).[81]

Interessante notar que deriva de um dos relatórios da OCDE que trata da influência de terceiros (chamados "intermediários tributários" naquele contexto) sobre o uso de planejamentos tributários por contribuintes – que, por sua vez, tem origem na "Declaração de Seul", de 2006, que mencionou a necessidade de se abordar o papel dos terceiros na promoção de estratégias de minimização tributária – a noção atualmente empregada de *cooperative compliance*, desaguando, por exemplo, na Ação 12 do Projeto anti-*BEPS* que, elevando a ideia de transparência fiscal a outro patamar, propõe a obrigação de divulgação, por parte dos administrados, de planejamentos tributários que tenham por consequência uma economia tributária relevante.[82]

As administrações tributárias mundo afora, mais distantes do protagonismo de outrora na atividade de constituição de seus créditos tributários, têm buscado jogar luz sobre as atividades de sujeitos passivos de obrigações tributárias, na tentativa de compreender se, e como, estes se evadem do pagamento dos tributos, quando deveriam, solidariamente, suportar a carga fiscal necessária ao financiamento do estado. Aos terceiros

---

81. Para informações detalhadas sobre a evolução do tratamento internacional do princípio da transparência fiscal e da troca de informações, ver ROCHA, Sérgio André. *Troca internacional de informações para fins fiscais*. São Paulo: Quartier Latin, 2015, p. 21-33. Ver, também, sobre o assunto, SCHOUERI, Luís Eduardo. *The BEPS Project: still a military approach*. In PISTONE, Pasquale; WEBER, Dennis (Ed.). The implementation of anti-BEPS rules in the EU: a comprehensive study. IBFD, 2018, p. 15-36.

82. Sobre a Declaração de Seul, os relatórios *Study into the role of tax intermediaries* e *Tackling agressive tax planning through improved transparency and disclosure*, ambos da OCDE, bem como as motivações, origens, desenvolvimento e resultados do Projeto anti-BEPS, ver OLIVEIRA, Phelippe Toledo Pires de. Op. Cit., 2018, p. 39-137.

é dado o papel de ajudar a tornar transparente o contribuinte translúcido,[83] na medida em que devem cumprir deveres com função instrumental no que se refere às relações dos sujeitos passivos das obrigações tributárias de pagamento com o fisco.

Na proporção do uso da técnica de gestão tributária de atribuição de deveres instrumentais a contribuintes, responsáveis e terceiros, para interpretação e aplicação do sistema tributário, cresce a necessidade de obtenção e utilização de dados e informações sobre o que fazem os administrados. Nos tempos atuais, o cumprimento dos deveres instrumentais se dá em ambientes virtuais e eletrônicos, sendo que os dados e informações transmitidos ao fisco são tratados, praticamente, em tempo real devido ao uso de *softwares* de inteligência artificial,[84] último estágio do desenvolvimento tecnológico obtido pelas administrações tributárias desde quando reconheceram a necessidade de automatizar o recebimento, seleção e utilização de toda a linguagem enviada pelos administrados.[85] Cada vez

---

83. Não se limitam – como, nos parece, deveriam – as administrações tributárias a buscar tornar translúcido o contribuinte opaco. Veja-se, por exemplo, BARRETO, Paulo Ayres; TAKANO, Caio Augusto. *Os desafios do planejamento tributário internacional na era pós-BEPS*. In SOUZA, Priscila de (Org.); CARVALHO, Paulo de Barros (Coord.). 50 anos do Código Tributário Nacional. São Paulo: Noeses, 2016, p. 989-1028.

84. A exemplo do Sistema de Seleção Aduaneira por Aprendizado de Máquina (SISAM), utilizado pela Receita Federal do Brasil. Sobre o SISAM, ver mais em JAMBEIRO FILHO, Jorge Eduardo de Schoucair. *Inteligência artificial no sistema de seleção aduaneira por aprendizado de máquina*. In BRASIL. Ministério da Fazenda. Secretaria da Receita Federal. Administração Pública. Prêmio de Criatividade e Inovação da RFB. 14º Prêmio RFB 2015. Brasília: SRF, 2016, p. 9-64.

85. Em 1983, o *Centro Interamericano de Administradores Tributarios* (CIAT) se reuniu em Curazao para sua XVII Assembleia, tendo, à época, por Presidente do Conselho Diretivo, Osiris de Azevedo Lopes Filho. A preocupação central do encontro era tratar do impacto da aplicação da nova tecnologia na administração tributária. Durante a palestra de abertura, o então encarregado do Internal Revenue Service (IRS) norte-americano, James I. Owens, demonstrava a inevitabilidade da automatização dos sistemas de controle fiscal: "La decisión de automatizar los sistemas en la mayoría de los casos no es una decisión de selección. Generalmente, no se trata de si lo haremos o no, sino más bien de cuándo o cuan pronto, cómo o mediante qué métodos y medios. No es cuestión de que si traerá mayores beneficios a una organización; sino de el modo de operar o de 'realizar las tareas'. El imperativo, en este estado de cosas, ha sido doble. Primeramente, la tecnología como resultado de la 'revolución del computador' en las últimas décadas. En segundo lugar, está la economía o edad de la información, si se

mais, essa tecnologia permite o chamado cruzamento de dados,[86] que se apresenta como uma estratégia de otimização do uso da superabundância[87] de informações recebidas. O fisco, assim, dedica mais de seu tempo a analisar, controlar e conferir os atos de fala enunciados pelos administrados, lançando mão de meios que permitam acessá-los com rapidez, em estratégia voltada à exigência de eficiência dos atos administrativos.[88]

---

quiere, causada primordialmente por la tecnología misma. Cada una de ellas parece alimentarse de la otra, de modo que el progreso en cada área promueve mayores avances en la otra – sin ningún final a la vista. [...] De acuerdo con las tasas actuales de crecimiento, tanto de la tecnología de computador como de la economía de información, cualquier demora en la automatización o modernización aumenta la dificultad para llevar a cabo el trabajo. [...] En este contexto, el objetivo o propósito inicial de la organización se hace evidente – volverse más eficaz y eficiente conjuntamente con el uso de la nueva tecnología – el uso óptimo de la automatización." (OWEN, James I. *Importancia de la nueva tecnología para mejorar la administración tributaria*. In GNAZZO, Edison. *El impacto de la aplicación de nueva tecnología en la administración tributaria*. Madrid: Centro Interamericano de Administradores Tributarios (CIAT)/ Instituto de Estudios Fiscales (IEF), 1984, p. 12-18).

86. Ver CORRADINE, Jorge Eduardo; et al. *Tecnología aplicada para incrementar la recaudación de los ingresos gubernamentales*. In GNAZZO, Edison. *Op. Cit.*, 1984, p. 32-35: "En el área específica de la recaudación tributaria, el control del contribuyente comprende los procedimientos destinados a que los mismos cumplan en forma y plazo el pago de sus deudas [...]. Creemos que en esta área del control del contribuyente, son realmente importantes las posibilidades que la tecnología informática ofrece para que dicho control se cumpla de una manera eficiente. La existencia de computadoras con gran capacidad y flexibilidad, la tecnología de base de datos, el teleprocesamiento, el procesamiento distribuido, los lenguajes de muy alto nivel, los generadores automáticos de sistemas y los sistemas de captura de información, constituyen los elementos básicos de apoyo de esta tecnología computacional disponible también para el administrador tributario. [...] El módulo de cruces de información para control fiscal, constituido por métodos y procedimientos para la sistemática recolección, ordenamiento y verificación de fuentes distintas de información, que deben producir resultados compatibles si la declaración hecha por los contribuyentes es veraz. Este principio de cruces de información es aplicable en aquellas actividades económicas en que es posible disponer de por lo menos dos fuentes distintas de información, como en el caso de empleado y empleador, arrendatarios y arrendador, por citar algunos ejemplos. Por lo general, el volumen de datos involucrados en este tipo de proceso es considerable. Sin embargo, con la operación de un buen sistema de registro de contribuyentes y el apoyo del proceso automático de datos, el impacto que este control puede tener sobre los evasores reales y potenciales, suele ser muy grande."

87. O termo "superabundância" foi utilizado por OWEN, James I. *Op. Cit.*, 1984, p. 12.

88. SALDANHA SANCHES, José Luis; TABORDA GAMA, João. Op. Cit., 2015, p. 246: "[...] se é nesta tarefa em que o Fisco se concentra nos nossos dias, a

OS TERCEIROS NA SUJEIÇÃO PASSIVA TRIBUTÁRIA
E O *ALTERLANÇAMENTO*

---

determinação dos meios de controlo que a Administração Fiscal pode utilizar é um aspecto essencial. Estabelecer um regime de liquidação e cobrança baseado na declaração e não oferecer ao Fisco os meios necessários para o seu controlo equivale a estabelecer uma presunção absoluta de veracidade dessa declaração – ou, por outras palavras, a perguntar ao contribuinte se quer pagar e quanto quer pagar ...". Em diferente contexto, mas semelhante racionalidade, ver HOFFMANN, Susy Gomes. *Princípio constitucional da publicidade aplicado ao processo administrativo fiscal e garantia constitucional do sigilo de dados.* In ROCHA, Valdir de Oliveira (Coord.). Processo Administrativo Fiscal. 5º Volume. São Paulo: Dialética, 2000, p. 143: "Consoante nossa análise, a proteção irrestrita a todos os atos relativos aos cidadãos impede a informação e sem informação não há controle."

4. O PODER-DEVER DE ARRECADAÇÃO

É fácil perceber que a sobrevivência mesma dos Estados contemporâneos depende da arrecadação dos tributos, sua fonte de receita mais importante. O Brasil não foge a essa regra. A organização político-jurídica do Estado democrático de direito brasileiro, configurado como uma democracia constitucional, que traz em sua Carta Inaugural previsões de proteção a direitos e garantias fundamentais tão amplas e minuciosas como as nossas, atribuindo ao poder público funções de destaque na promoção da dignidade humana[89] (saúde, educação, segurança, cultura, lazer etc.), termina por estabelecer um estado fiscal[90] que busca o financiamento necessário ao

---

89. Cfr. CASTRO, Anna Lucia Malerbi de. *O princípio da dignidade da pessoa humana e a norma jurídica tributária*. São Paulo: Noeses, 2019, p. 105-115.

90. Estado Fiscal Social em transição para Estado de Segurança, conforme SCHOUERI, Luís Eduardo: "Não deixa de ser um Estado Fiscal, quando se tem em conta sua principal fonte de financiamento, mas já não se cogita um Estado mínimo. Ao contrário, o Estado avoluma-se e igualmente cresce enormemente sua necessidade de recursos. A carga tributária agiganta-se para sustentar o Estado Social. (...) O Estado Fiscal social cede espaço para o Estado do Século XXI, denominado 'Estado Democrático e Social de Direito' (...). Marcam-no uma diminuição de tamanho e restrição a seu intervencionismo. É Estado Fiscal, ainda de maneira mais marcante, uma vez que as privatizações diminuem os recursos provenientes de seus esforços." (in Direito Tributário. 9ª edição. São Paulo: Saraiva, 2019, pp. 28 e 29). Ver, também, NABAIS, José Casalta. Por um estado fiscal suportável – estudos de direito fiscal. Coimbra: Almedina, 2005, p. 24: "Pois bem, olhando para o suporte financeiro do estado contemporâneo, o que vemos é um estado fiscal, um estado que tem nos impostos o seu principal suporte financeiro. O que, atenta a razão de ser do estado, que é a realização da pessoa humana, a realização da pessoa no respeito pela sua

cumprimento dos deveres constitucionalmente exigidos através da obtenção de receitas tributárias.

Diante da importância da arrecadação tributária e da escolha do fisco por uma posição de mero controle dos atos dos destinatários tributários, enquanto técnica de gestão do sistema, a criação de deveres instrumentais tributários se torna cada vez mais relevante, já que possibilita a adequada identificação, por parte da administração tributária, do correto cumprimento das obrigações tributárias pelos administrados, garantindo, assim, que os valores necessários ao financiamento do estado sejam eficaz e eficientemente obtidos.[91]

Ao contrário do que se pode imaginar, porém, não é corolário (no sentido de derivação lógico-dedutiva válida) de um estado fiscal a existência de um poder geral de fiscalização tributária e, consequentemente, a existência de um dever geral de sujeição a fiscalizações por parte dos administrados.

Não seria impossível visualizar ordenamento jurídico onde, apesar da importância dos tributos como suporte financeiro dos desígnios estatais, não se exigisse de contribuintes comprovações do cumprimento de suas obrigações de pagamento.[92] Por exemplo, um determinado estado fiscal poderia, diante de um contexto de boa aceitação social das normas exacionais e ausência de sonegação fiscal, em razão da

---

eminente dignidade humana, o estado fiscal não pode deixar de se configurar como um instrumento dessa realização."

91. Nesse sentido é que se diz que deveres instrumentais são "o instrumento de que dispõe o Estado-Administração para o acompanhamento e consecução dos seus desígnios tributários" (CARVALHO, Paulo de Barros. *Curso de Direito Tributário*. 30ª edição. São Paulo: Saraiva, 2019, p. 327).

92. Em sentido diverso, VELLOSO, Andrei Pitten. *Sigilo bancário, fiscalização tributária e reserva de jurisdição: proposta de harmonização dinâmica*. In GRUPENMACHER, Betina Treiger (Coord.). Tributação: democracia e liberdade – em homenagem à Ministra Denize Arruda Martins. São Paulo: Noeses, 2014, p. 340: "De outro lado, o poder-dever de fiscalização tributária encontra assento nos princípios do interesse público e da isonomia tributária, constituindo, outrossim, uma decorrência lógica do poder de tributar; pois *não há falar em tributação sem fiscalização*, baseada estritamente na lealdade e boa-fé dos contribuintes."

percepção da inexistência de corrupção e da efetiva transparência da gestão dos tributos recolhidos, optar por dedicar-se, simplesmente, à aplicação do produto arrecadado, confiando na conformidade tributária voluntária dos contribuintes.

As atividades de instituição, fiscalização e arrecadação de tributos, tradicionalmente vistas como o que caracteriza o direito tributário,[93] não decorrem "naturalmente" da configuração de uma determinada comunidade política enquanto estado fiscal. É justamente o oposto: porque há normas jurídicas que permitem ou obrigam a criação de relações jurídicas voltadas à instituição, à fiscalização e à arrecadação dos tributos, é que se tem estado fiscal que, aliás, manteria suas características caso não existisse permissão de fiscalização do cumprimento das obrigações tributárias.

O estado fiscal brasileiro, organizado como uma democracia constitucional, funciona através de atribuições de competências advindas do texto legal de maior nível hierárquico.[94] Competências, essas, que resultam da interpretação de determinadas formulações legais que permitem a instituição de tributos por parte dos entes tributantes: União, Estados, Distrito Federal e Municípios.[95]

---

[93]. NOGUEIRA, Ruy Barbosa. *Curso de direito tributário*. 9ª edição. São Paulo: Saraiva, 1989, p. 30: "Para maior facilidade didática podemos assim resumir: o Direito Tributário é a disciplina da relação entre fisco e contribuinte, resultante da imposição, arrecadação e fiscalização dos impostos, taxas e contribuições."

[94]. Sobre o axioma da hierarquia, ver, por exemplo, CARVALHO, Paulo de Barros. *Op. Cit.*, 2018, p. 226-227: "O sistema do direito oferece uma particularidade digna de registro: suas normas estão dispostas numa estrutura hierarquizada, regida pela fundamentação ou derivação que se opera tanto no aspecto material quanto no formal ou processual, o que lhe imprime possibilidade dinâmica, regulando, ele próprio, sua criação e suas transformações. Examinando o sistema de baixo para cima, cada unidade normativa se encontra fundada, material e formalmente, em normas superiores. Invertendo-se o prisma de observação, verifica-se que das regras superiores derivam, material e formalmente, regras de menor hierarquia. A Carta Magna exerce esse papel fundamental na dinâmica do sistema, pois nela estão traçadas as características dominantes das várias instituições que a legislação comum posteriormente desenvolverá."

[95]. Esse é o conteúdo, por exemplo, dos artigos 153 a 156, da Constituição Federal.

OS TERCEIROS NA SUJEIÇÃO PASSIVA TRIBUTÁRIA
E O *ALTERLANÇAMENTO*

Ao dizer que, por exemplo, a União poderá criar imposto sobre a renda,[96] a mensagem enunciada desde o altiplano constitucional se volta a atribuir competência para que o legislador preveja, em termos gerais e abstratos, que deverá surgir uma relação jurídica tributária entre aquele que auferir o rendimento e o fisco federal. Do mesmo modo, ao enunciar que os Estados poderão instituir imposto sobre as operações de circulação de mercadorias e determinadas prestações de serviço,[97] a Constituição Federal atribui competência para a criação de relação jurídica tributária, *in abstracto*, entre o fisco estadual e aquele que possa vir a realizar referidas operações.

Essas relações jurídicas tributárias de pagamento de tributos se concretizarão quando da prática do quanto previsto como materialidade da incidência tributária.[98] Auferida a renda, o titular dessa manifestação econômica deverá cumprir uma prestação de dar valor pecuniário (pagamento de tributo) ao fisco federal. Do mesmo modo, realizada a operação de circulação de mercadoria, o praticante do verbo deverá pagar o imposto devido ao fisco estadual em razão da relação jurídica prevista com autorização constitucional.[99]

---

96. BRASIL. [Constituição (1988)]. Constituição da República Federativa do Brasil. Brasília, DF. Congresso Nacional, 1988: Art. 153. Compete à União instituir impostos sobre: [...] III - renda e proventos de qualquer natureza; [...]."

97. BRASIL. [Constituição (1988)]. Constituição da República Federativa do Brasil. Brasília, DF. Congresso Nacional, 1988: Art. 155. Compete aos Estados e ao Distrito Federal instituir impostos sobre: [...] II - operações relativas à circulação de mercadorias e sobre prestações de serviços de transporte interestadual e intermunicipal e de comunicação, ainda que as operações e as prestações se iniciem no exterior; [...]"

98. Em outros termos, quando da prática do evento jurídico tributário previsto na regra-matriz de incidência tributária, em seu critério material (daí "materialidade"), transformado em fato jurídico tributário pelo uso de linguagem competente. Cfr. CARVALHO, Paulo de Barros. Op. Cit., 2018, p. 155-157.

99. Discussões quanto ao sujeito ativo da obrigação tributária e, consequentemente, quanto à competência tributária e respectiva função arrecadatória são bastante comuns, a exemplo do que se pode apreender da decisão do Supremo Tribunal Federal do Tema nº 708, de Repercussão Geral. Vide BRASIL. Supremo Tribunal Federal. Recurso Extraordinário nº 1.016.605/MG. Relator Ministro Marco Aurélio. Relator para o acórdão Min. Alexandre de Moraes. Julgado em 16.09.2020.

As relações tributárias de pagamento, como é possível verificar, contêm, além do elemento subjetivo (credor e devedor), o elemento prestacional, que traduz o comportamento dos sujeitos que compõem os polos relacionais. São voltadas ao adimplemento e, por isso, pressupõem o cumprimento das prestações, em coerência com a função pragmática do direito, que é a regulação de condutas intersubjetivas.

É lícito, portanto, considerar que o dever de adimplemento (no caso, pagamento), esse sim, é corolário do poder de tributar. Se a Constituição Federal prescreve a criação (previsão), em normas gerais e abstratas, de relações jurídicas que contenham prestações de pagamento de tributos, prescreve também (o que nos parece uma derivação lógico-dedutiva válida) a necessidade de efetividade das pretensões fiscais. Assim, o poder de arrecadar está diretamente ligado ao estado fiscal.[100]

Não seria preciso, dessa forma, a existência de previsões constitucionais expressas no sentido de autorizar a criação de normas gerais e abstratas voltadas à criação de relações jurídicas tributárias que contenham prestações voltadas a satisfazer o direito de arrecadação, na medida em que o cumprimento das prestações previstas nas relações jurídicas de pagamento já atingiria o objetivo.[101]

---

100. Notemos que o Código Tributário Nacional destaca a função de arrecadação da competência tributária, nos termos do art. 7º: "A competência tributária é indelegável, salvo atribuição das funções de arrecadar ou fiscalizar tributos, ou de executar leis, serviços, atos ou decisões administrativas em matéria tributária, conferida por uma pessoa jurídica de direito público a outra, nos termos do § 3º do art. 18 da Constituição. [...] § 3º Não constitui delegação de competência o cometimento, a pessoas de direito privado, do encargo ou da função de arrecadar tributos." (BRASIL. Lei nº 5.172, de 25 de outubro de 1966. Código Tributário Nacional. Diário Oficial da União [DOU] de 27.10.1966). Lembremos, nesse sentido, a existência da chamada Rede Arrecadadora de Receitas Federais (RARF), conjunto de instituições financeiras conveniadas à Receita Federal do Brasil para arrecadar os tributos de competência da União. (BRASIL. Receita Federal do Brasil. Portaria SRF nº 2.609, de 20 de setembro de 2001. Disciplina as atividades da Rede Arrecadadora de Receitas Federais. Diário Oficial da União [DOU] de 25.09.2001).

101. Nesta visão, seria desnecessária a prescrição do art. 30, da Constituição Federal, que atribui competência aos municípios para arrecadar os tributos que instituírem. Referido art. deve ser lido, porém, como reforço à previsão constitucional da

OS TERCEIROS NA SUJEIÇÃO PASSIVA TRIBUTÁRIA
E O *ALTERLANÇAMENTO*

Interessante notar que a competência para tributar é uma ordem constitucional. É, além de um poder justificador de um direito subjetivo do credor tributário, um dever (um poder-dever, como se costuma dizer). Havendo um dever de tributar há, também, um dever de arrecadar, já que arrecadação, como dissemos, é componente da relação tributária sob o ponto de vista do credor fiscal e necessária à sobrevivência do Estado. E a noção que daí decorre, no sentido de que ao fisco não é dado não arrecadar quando assim pode fazê-lo, vai influenciar todo o regramento tributário, passando pelas previsões de vinculação e obrigatoriedade da atuação das autoridades administrativas,[102] até a criação de hipóteses de responsabilidade tributária voltadas a garantir, ainda que de sujeito que não praticou o fato jurídico tributável, a arrecadação das receitas necessárias ao funcionamento do Estado. Entrará nesse contexto, também, a atribuição de deveres instrumentais de *recolhimento* de tributos – algo diverso do pagamento – para terceiros. É por isso que se pode afirmar que o dever de arrecadação auxilia na configuração da noção de interesse público em matéria tributária que, veremos aqui, tem, também, função na construção da norma de competência que fundamenta a atribuição de deveres instrumentais tributários a administrados.

> A arrecadação é necessária à sobrevivência do Estado e auxilia na configuração da noção de interesse público.

---

autonomia municipal. BRASIL. [Constituição (1988)]. Constituição da República Federativa do Brasil. Brasília, DF. Congresso Nacional, 1988: "Art. 30. Compete aos Municípios: [...] III - instituir e arrecadar os tributos de sua competência, bem como aplicar suas rendas, sem prejuízo da obrigatoriedade de prestar contas e publicar balancetes nos prazos fixados em lei; [...]".

102. A exemplo do parágrafo único do art. 142, do Código Tributário Nacional: BRASIL. Lei nº 5.172, de 25 de outubro de 1966. Código Tributário Nacional. Diário Oficial da União (DOU) de 27.10.1966: "Art. 142. [...] Parágrafo único. A atividade administrativa de lançamento é vinculada e obrigatória, sob pena de responsabilidade funcional."

5. O PODER-DEVER DE FISCALIZAÇÃO

Mas a mesma decorrência lógica acima demonstrada não se dá – conforme pensamos – com as relações jurídicas voltadas a regular condutas intersubjetivas no contexto das atividades de *fiscalização tributária*. Em outras palavras, não é das previsões constitucionais que prescrevem competências para *instituição de tributos* que se pode retirar, via raciocínio lógico-dedutivo, a atribuição automática de competências para fiscalizar os sujeitos passivos das relações tributárias e suas respectivas atividades.

As relações jurídicas de pagamento de tributos, objeto de autorização constitucional que configura a chamada competência tributária, não contêm, necessariamente, a obrigação de sujeição à fiscalização do credor. É preciso, assim, construir, a partir do texto constitucional, a norma de competência que fundamenta a sujeição dos administrados ao cumprimento de deveres instrumentais em matéria tributária, especialmente os terceiros, que ocuparão a maior parte de nossa atenção.

5.1 Características do ordenamento brasileiro quanto ao tema

Antes de iniciarmos referida construção, é importante deixar consignadas três características relevantes do ordenamento jurídico brasileiro que circundam o tema: *(i)* a pré-existência, à Constituição Federal, do Código de normas gerais e abstratas em matéria tributária; *(ii)* a racionalidade fiscalizatória que perpassa as previsões constitucionais não relacionadas à temática tributária; e *(iii)* a existência de formulações normativas expressas – mas insuficientes a fundamentar todos os casos – sobre fiscalização em matéria tributária na Constituição Federal.

(i) O Código Tributário Nacional não era um estranho para o legislador constituinte de 1988. Este conhecia as prescrições de lá constantes, advindas da década de 1960, sobre fiscalização e arrecadação de tributos. Portanto, não devemos olvidar que a Constituição Federal de 1988 teve sua elaboração influenciada pela existência do Código de normas gerais e abstratas em matéria tributária, já vigente à época e ainda hoje. O Código Tributário Nacional realiza, especialmente em seus arts. de 194 a 200, o tratamento legal da matéria "fiscalização tributária" e, quando da elaboração do texto constitucional, não havia grande necessidade em tornar as previsões superiores ainda mais minuciosas em matéria tributária, incluindo questões sobre fiscalização dos tributos de modo destacado.

(ii) Também é possível visualizar uma espécie de racionalidade fiscalizatória no conjunto normativo-constitucional brasileiro. Imposições de verificabilidade do cumprimento das previsões legais perpassam todo o texto constitucional, a exemplo da competência fiscalizadora do Congresso Nacional sobre os atos do poder Executivo; das competências expressamente atribuídas à União para fiscalizar produção de material bélico e as operações de natureza financeira relacionadas às reservas cambiais do país; ou ainda, aquela atribuída de modo concorrente a todos os entes federativos para fiscalização de concessões de direitos de pesquisa e exploração de recursos hídricos e minerais; ou aquela atribuída aos municípios para fiscalizar, com fins de proteção, o patrimônio histórico-cultural local; isso sem mencionar os Tribunais de Conta, com função específica de fiscalização contábil, financeira, orçamentária, operacional e patrimonial.[103]

---

103. Na ordem da exposição, as previsões estão nos artigos 49, inciso X; 21, incisos VI e VIII; 23, inciso XI; 30, inciso IX; e 70 (no caso do Tribunal de Contas da União), da Constituição Federal de 1988.

Destaquemos o art. 174, da Constituição Federal, que atribui ao Estado função de fiscalização (além de incentivo e planejamento), quando da regulação da atividade econômica, em reforço da racionalidade fiscalizatória extratributária mencionada.[104]

(iii) Em matéria tributária, essa racionalidade fiscalizatória se confirma de duas formas: *(a)* pela previsão de espécies tributárias baseadas em materialidades com características de verificabilidade, a exemplo da taxa cobrada em razão do exercício do poder de polícia (art. 145, II) e da contribuição imposta no interesse das categorias profissionais e econômicas (art. 149) e *(b)* pelas previsões constantes, a *fonte*, do §1º do art. 145 e do art. 237, da Constituição Federal.[105]

O §1º do art. 145 traz atribuição de competência às administrações tributárias de todos os entes federativos para a criação de *legislação tributária*[106] em busca de informações

---

104. BRASIL. [Constituição (1988)]. Constituição da República Federativa do Brasil. Brasília, DF. Congresso Nacional, 1988: "Art. 174. Como agente normativo e regulador da atividade econômica, o Estado exercerá, na forma da lei, as funções de fiscalização, incentivo e planejamento, sendo este determinante para o setor público e indicativo para o setor privado." Ver, também, a Lei nº 13.874/2019: "Art. 1º Fica instituída a Declaração de Direitos de Liberdade Econômica, que estabelece normas de proteção à livre-iniciativa e ao livre exercício de atividade econômica e disposições sobre a atuação do Estado como agente normativo e regulador, nos termos do inciso IV do caput do art. 1º, do parágrafo único do art. 170 e do caput do art. 174 da Constituição Federal. [...] 3º O disposto nos arts. 1º, 2º, 3º e 4º desta Lei **não se aplica ao direito tributário e ao direito financeiro**, ressalvado o inciso X do *caput* do art. 3º. [...]" (BRASIL. Lei nº 13.874, de 20 de setembro de 2019. Institui a Declaração de Direitos de Liberdade Econômica; estabelece garantias de livre mercado; e dá outras providências. DOU de 20 de setembro de 2019) - grifo nosso.

105. BRASIL. [Constituição (1988)]. Constituição da República Federativa do Brasil. Brasília, DF. Congresso Nacional, 1988: "Art. 145. A União, os Estados, o Distrito Federal e os Municípios poderão instituir os seguintes tributos: [...] § 1º Sempre que possível, os impostos terão caráter pessoal e serão graduados segundo a capacidade econômica do contribuinte, **facultado à administração tributária, especialmente para conferir efetividade a esses objetivos, identificar, respeitados os direitos individuais e nos termos da lei, o patrimônio, os rendimentos e as atividades econômicas do contribuinte.** [...]; Art. 237. **A fiscalização e o controle sobre o comércio exterior**, essenciais à defesa dos **interesses fazendários nacionais**, serão exercidos pelo Ministério da Fazenda." (grifos nossos).

106. "Legislação tributária" no sentido do art. 96 do Código Tributário Nacional: "Art. 96. A expressão 'legislação tributária' compreende as leis, os tratados e as

quanto ao patrimônio, os rendimentos e as atividades econômicas do *contribuinte dos impostos*, com a especial finalidade de garantir que estes apresentem caráter pessoal e respeitem a capacidade contributiva daquele de quem são exigidos. Em que pese o dispositivo legal em questão se afigurar como uma norma de estrutura que permite a busca pela transparência do contribuinte – e, portanto, que fundamenta a criação de deveres instrumentais tributários –, a referência a *impostos* o torna, visto isoladamente, insuficiente para servir de fundamento para a imposição de deveres instrumentais que abranjam outros tributos.

O art. 237, por sua vez, foi elaborado com o intuito de atribuir competência ao então Ministério da Fazenda (hoje, Ministério da Economia) para regular questões sobre o comércio exterior, visto como área essencial ao interesse da Fazenda Nacional. Também não serve, isoladamente, portanto, a fundamentar, de maneira ampla e geral, todos os deveres instrumentais tributários criados em nosso ordenamento.[107]

---

convenções internacionais, os decretos e as normas complementares que versem, no todo ou em parte, sobre tributos e relações jurídicas a eles pertinentes." (BRASIL. Lei nº 5.172, de 25 de outubro de 1966. Código Tributário Nacional. Diário Oficial da União [DOU] de 27.10.1966).

107. É certo que, após o ano de 2003, adicionou-se à Constituição Federal de 1988 mais componentes de racionalidade fiscalizatória em matéria tributária, quando se passou a prever, no parágrafo único, inciso IV, do art. 146, que arrecadação, **fiscalização** e cobrança dos tributos exigidos de microempresas e empresas de pequeno porte poderiam ser compartilhadas entre os entes federados. Tal previsão, porém, se refere ao cadastro único do regime simplificado de recolhimento (SIMPLES Nacional) constante da alínea d, do inciso III, do art. 146, da Constituição Federal, e, dessa maneira, também se apresenta insuficiente para fundamentar toda a gama de deveres instrumentais tributários exigidos dos administrados em geral. Além disso, inclui-se o inciso III, no §4º, do art. 153, permitindo aos municípios realizarem fiscalização e cobrança de imposto sobre propriedade territorial rural (ITR), de competência instituidora da União. Previsão referente a um determinado imposto e, também, insuficiente como fundamento constitucional da imposição de deveres instrumentais tributários. Por fim, a Emenda Constitucional nº 42/2003 incluiu o inciso XXII ao art. 37 (que trata dos deveres da administração pública), determinando que as administrações tributárias, configuradas como essenciais ao funcionamento do estado, deverão atuar de forma integrada e compartilhar informações fiscais na forma da lei ou convênio, tendo, inclusive, alterado a redação do art. 167 para prever que a receita de arrecadação dos impostos pode ser destinada para a

Surge dessas características do ordenamento jurídico brasileiro em relação à matéria aqui investigada a afirmação de que não é possível atribuir sentido plausível aos citados enunciados legais que justifique a amplitude do dever de colaboração exigido dos administrados, que chega a atingir terceiros, que não praticaram a materialidade da norma padrão de incidência e nem estão obrigados ao pagamento dos tributos por responsabilidade. Em outros termos, referidas formulações legais não são suficientes para significar a norma constitucional de competência que buscamos identificar.

---

realização das atividades da administração tributária. As duas últimas previsões (artigos 37, XXII e 167) confirmam a existência e importância das atividades de fiscalização e cobrança de tributos, mas também são insuficientes para justificar o dever de colaboração em sua inteireza. Ver BRASIL. [Constituição (1988)]. Constituição da República Federativa do Brasil. Brasília, DF. Congresso Nacional, 1988: "Art. 146. Cabe à lei complementar: [...] III - estabelecer normas gerais em matéria de legislação tributária, especialmente sobre: [...] d) definição de tratamento diferenciado e favorecido para as microempresas e para as empresas de pequeno porte, inclusive regimes especiais ou simplificados no caso do imposto previsto no art. 155, II, das contribuições previstas no art. 195, I e §§ 12 e 13, e da contribuição a que se refere o art. 239. [...] Parágrafo único. A lei complementar de que trata o inciso III, d, também poderá instituir um regime único de arrecadação dos impostos e contribuições da União, dos Estados, do Distrito Federal e dos Municípios, observado que: [...] **IV - a arrecadação, a fiscalização e a cobrança poderão ser compartilhadas pelos entes federados,** adotado cadastro nacional único de contribuintes."; "Art. 153. Compete à União instituir impostos sobre: [...] VI - propriedade territorial rural; [...] § 4º. O imposto previsto no inciso VI do caput: [...] III - **será fiscalizado e cobrado** pelos Municípios que assim optarem, na forma da lei, desde que não implique redução do imposto ou qualquer outra forma de renúncia fiscal."; "Art. 37. A administração pública direta e indireta de qualquer dos Poderes da União, dos Estados, do Distrito Federal e dos Municípios obedecerá aos princípios de legalidade, impessoalidade, moralidade, publicidade e eficiência e, também, ao seguinte: [...] XXII - as administrações tributárias da União, dos Estados, do Distrito Federal e dos Municípios, atividades essenciais ao funcionamento do Estado, exercidas por servidores de carreiras específicas, terão recursos prioritários para a realização de suas atividades e atuarão de forma integrada, inclusive com o **compartilhamento de cadastros e de informações fiscais**, na forma da lei ou convênio."; "Art. 167. São vedados: [...] IV - a vinculação de receita de impostos a órgão, fundo ou despesa, ressalvadas a repartição do produto da arrecadação dos impostos a que se referem os arts. 158 e 159, a destinação de recursos para as ações e serviços públicos de saúde, para manutenção e desenvolvimento do ensino e **para realização de atividades da administração tributária**, como determinado, respectivamente, pelos arts. 198, § 2º, 212 e 37, XXII, e a prestação de garantias às operações de crédito por antecipação de receita, previstas no art. 165, § 8º, bem como o disposto no § 4º deste artigo; [...]" (grifos nossos).

5.2 Fundamentos constitucionais

Passam a apresentar papel de relevância, neste contexto, ideias como as de interesse público, eficiência dos atos da administração pública, coerência sistêmica e praticabilidade tributária, para ficarmos com algumas.

A necessidade de fiscalização em matéria tributária busca justificativa no fato de que, sendo o pagamento de tributos um corolário do estado fiscal, indispensável à concretização das exigências advindas do programa constitucional, o ingresso da maior quantidade possível de receitas é de interesse da coletividade, daquela comunidade que compõe, detém e se beneficia do próprio Estado. A verificabilidade da arrecadação, assim, surge como instrumento possível de concretização de um *interesse público*[108] voltado à própria continuidade da estrutura e do funcionamento do Estado. O interesse público aqui mencionado não está voltado apenas à arrecadação, mas, principalmente, à finalidade da arrecadação tributária. Trata-se, por isso, do que os administrativistas denominam interesse público primário.[109]

---

108. Cfr., MELLO, Celso Antônio Bandeira de. *A noção jurídica de interesse público*. In Grandes temas de direito administrativo. São Paulo: Malheiros, 2009, p. 183: "[...] o interesse público deve ser conceituado como o interesse resultante do conjunto dos interesses que os indivíduos pessoalmente têm quando considerados **em sua qualidade de membros da sociedade e pelo simples fato de o serem**" (grifos no original). Confira-se, também: "A defesa do interesse público corresponde ao próprio fim do Estado. O Estado tem que defender os interesses da coletividade. Tem que atuar no sentido de favorecer o bem-estar social. Para esse fim, tem que fazer prevalecer o interesse público em detrimento do individual, nas hipóteses agasalhadas pelo ordenamento jurídico. Negar a existência do princípio da supremacia do interesse público é negar o próprio papel do Estado." (DI PIETRO, Maria Sylvia Zanella. Discricionariedade administrativa na Constituição de 1988. 3ª edição. São Paulo: Atlas, 2012, p. 229-261). Ver, em sentido diverso, ÁVILA, Humberto. Repensando o '*princípio da supremacia do interesse público sobre o particular*'. RTDP 24. São Paulo: Malheiros, 1998, p. 159-180.

109. "O interesse público primário é a razão de ser do Estado, e sintetiza-se nos fins que cabe a ele promover: justiça, segurança e bem-estar social. Estes são os interesses de toda a sociedade. O interesse público secundário é o da pessoa jurídica de direito público que seja parte em uma determinada relação jurídica – quer se trate da União, do Estado-membro, do Município ou das suas autarquias. Em ampla medida, pode ser identificado como o interesse do erário, que é o de maximizar a

É importante lembrarmos que interesse público não se confunde com interesse da administração pública. Maria Sylvia Zanella di Pietro, sobre isso, ensina:

> [...] não se pode dizer que o interesse público seja sempre aquele próprio da Administração Pública; embora o vocábulo *público* seja equívoco, pode-se dizer que, quando utilizado na expressão *interesse público*, ele se refere aos beneficiários da atividade administrativa e não aos entes que a exercem. A Administração Pública não é a titular do interesse público, mas apenas sua guardiã; ela tem que zelar pela sua proteção. Daí a *indisponibilidade* do interesse público.[110]

Em conjugação com a exigência constitucional de proteção ao interesse público na finalidade da arrecadação dos tributos, a ***eficiência***[111] dos atos da administração pública, expressamente determinada pelo art. 37,[112] da Constituição Federal, também justifica a imposição de deveres instrumentais voltados àquela verificabilidade acima mencionada. Nesse sentido, uma administração tributária eficiente será aquela que tiver êxito em obter a maior quantidade de receitas para o Estado lançando mão da menor quantidade de despesas.[113]

---

arrecadação e minimizar as despesas." (BARROSO, Luís Roberto. *Prefácio*. In SARMENTO, Daniel. *Interesses públicos versus interesses privados*: desconstruindo o princípio da supremacia do interesse público. Rio de Janeiro: Lumen Juris, 2005).

110. DI PIETRO, Maria Sylvia Zanella. *Discricionariedade administrativa na Constituição de 1988*. 3ª edição. São Paulo: Atlas, 2012, p. 253.

111. Sobre a eficiência enquanto princípio, Maria Sylvia Zanella Di Pietro diz que: "[...] apresenta, na realidade, dois aspectos: pode ser considerado em relação ao modo de atuação do agente público, do qual se espera o melhor desempenho possível de suas atribuições, para lograr os melhores resultados; e em relação ao modo de organizar, estruturar, disciplinar a Administração Pública, também com o mesmo objetivo de alcançar os melhores resultados na prestação do serviço público." (DI PIETRO, Maria Sylvia Zanella. Direito administrativo. 29ª edição. Rio de Janeiro: Forense, 2016, p. 114).

112. "Art. 37. A administração pública direta e indireta de qualquer dos Poderes da União, dos Estados, do Distrito Federal e dos Municípios obedecerá aos princípios de legalidade, impessoalidade, moralidade, publicidade e eficiência e, também, ao seguinte: [...]" (BRASIL. [Constituição (1988)]. Constituição da República Federativa do Brasil. Brasília, DF. Congresso Nacional, 1988).

113. GNAZZO, Edison. Presentación. In *Op. Cit.*, 1984, p. 5: "Concebido el objeto

A eficiência, vista como técnica de diminuição de custos e aumento de resultados, se mostra, inclusive, determinante para a escolha do Estado em atribuir aos administrados os deveres tributários mais importantes e em manter-se apenas na posição de controle de referidos atos. Aplica-se, portanto, a todos os procedimentos da administração voltados à arrecadação de tributos e também à elaboração de atos infralegais de caráter normativo, como instruções normativas, portarias, resoluções etc., previstos como legislação tributária pelo Código Tributário Nacional e considerados, pela jurisprudência e por boa parte da doutrina, como válidos à introdução de normas gerais e abstratas que imponham, aos administrados, relações jurídicas tributárias instrumentais.

Outro fundamento que pode ser mencionado para a verificação da autorização constitucional para a criação de deveres instrumentais tributários é a chamada *coerência sistêmica*.[114] Dissemos, mais acima, que há uma racionalidade fiscalizatória que permeia a Constituição Federal, havendo até mesmo previsões expressas em matéria tributária, relacionadas a impostos, ao regime simplificado SIMPLES Nacional e à proteção do comércio exterior. Do modo como pensamos, não há autorização constitucional para que a aplicação do sistema tributário se dê de modo irracional e incoerente. Quer isso significar que, apesar de não haver formulações textuais-constitucionais expressas em relação a todos os casos de atribuição de deveres instrumentais, a Constituição Federal não deve ser interpretada como se negasse autorização à ati-

---

básico de la administración tributaria como el de procurar el máximo de recuadación de tributos al mínimo costo, dentro de las normas jurídicas establecidas, surge claro que la evasión representa el obstáculo fundamental que aquélla debe enfrentar a los fines de cumplir con su objetivo esencial."

114. A ideia de coerência do sistema jurídico está envolta naquela atitude de não erosão sistemática que mencionamos no capítulo anterior quando tratamos da interpretação jurídica completa, que deve levar em conta a função pragmática do conjunto de mensagens prescritivas de condutas humanas. Ver, também, CASALTA NABAIS, José. *O dever fundamental de pagar impostos* – contributo para a compreensão constitucional do estado fiscal contemporâneo. Coimbra: Almedina, 2015, p. 599-619.

vidade de fiscalização de tributos distinta das hipóteses que menciona.[115]

A ideia aqui exposta aparece reforçada pela noção de **praticabilidade tributária**,[116] que impõe a exequibilidade do ordenamento de modo a que sejam concretizadas as normas impositivas de exações fiscais. A praticabilidade tributária dá contornos ao dever de pagar tributos (e a seu oposto: o poder de tributar), na medida em que exige a execução das previsões constitucionais que autorizam o exercício da instituição de tributos. É verdadeiro instrumento possibilitador do próprio estado fiscal. E, por impor também a exequibilidade das prescrições relacionadas ao interesse público na finalidade da arrecadação tributária, à eficiência administrativa em matéria tributária e à racionalidade fiscalizatória do ordenamento vigente, a praticabilidade tributária permite ao Estado concretizar a escolha pela técnica de gestão do sistema tributário realizada.

5.3 Dever de colaboração

Combinados todos esses dados, é possível dizer que a Constituição Federal prevê uma norma – não expressada – de competência (ou de estrutura), que serve de fundamento de validade para a elaboração de normas gerais e abstratas que, por sua vez, prescrevem hipóteses de instauração de relações jurídicas de caráter instrumental entre fisco e administrados, diante da necessidade de controle dos atos de interpretação e

---

115. Ver CASTRO, Carlos Roberto de Siqueira. *O devido processo legal e a razoabilidade das leis na nova Constituição do Brasil*. Rio de Janeiro: Forense, 1989; AVILA, Humberto. *O 'postulado do legislador coerente' e a não cumulatividade das contribuições*. In ROCHA, Valdir de Oliveira (Coord.). Grandes questões atuais de direito tributário. Vol. 11. São Paulo: Dialética, 2007, p. 175-183.

116. "O princípio da praticabilidade ou praticidade tributária pode ser apresentado com a seguinte formulação: as leis tributárias devem ser exequíveis, propiciando o atingimento dos fins de interesse público por elas objetivado, quais sejam, o adequado cumprimento de seus comandos pelos administrados, de maneira simples e eficiente, bem como a devida arrecadação dos tributos." (COSTA, Regina Helena. *Curso de direito tributário – Constituição e Código Tributário Nacional*. 8ª edição. São Paulo: Saraiva, 2018, p. 99).

aplicação do sistema tributário nacional, realizados pelos últimos, **incluídos os terceiros**.

Dever de colaboração, do ponto de vista dos administrados, portanto, é uma sujeição ao poder-dever de fiscalização, advinda da norma constitucional implícita que atribui competência ao fisco para a criação de relações tributárias instrumentais, em razão da importância concedida, por exemplo, às noções de interesse público, eficiência administrativa, coerência com a racionalidade fiscalizatória e praticabilidade tributária.

De todo modo, essa norma, que resulta de construção jurídica,[117] em que pese implícita, é direito vigente: aplicada no passado, aplicável no futuro. Relato vencedor que demonstra que, nesse assunto, sob a óptica do credor fiscal, prevalece o dever-poder de fiscalização sobre direitos e garantias individuais de cada cidadão isoladamente considerado, como intimidade, sigilo, propriedade privada etc., na medida em que deve sobressair aos mesmos o poder-dever de arrecadação de tributos.

Trata-se de uma atribuição de sentido mais restritiva à expressão "dever de colaboração".[118] Primeiramente, porque identifica o dever de colaboração como conteúdo de uma norma jurídica positivada, afastando-o de qualquer sentido moralista ou altruísta que a expressão possa sugerir.[119] Em segundo lugar, porque se liga exclusivamente à atividade de fiscalização tributária, apresentando maior utilidade e aplicabilidade, em nossa concepção. Visualizar o dever de colaboração de modo

---

117. Afinal, para que o resultado da interpretação das formulações constitucionais seja o quanto aqui apresentado, é necessário, entre outras coisas, lançar mão de técnicas de construção de princípios implícitos (supremacia do interesse público, coerência sistêmica, praticabilidade), de reconhecimento de hierarquias normativas e fazer uso de considerações da ciência do direito para argumentar sobre a existência da norma de competência implícita em questão. Ver, GUASTINI, Riccardo. *Interpretación y construcción jurídica*. Revista Isonomía nº 43. Ciudad del México: ITAM, 2015, p. 11-48.

118. Em sentido mais amplo, ver, por exemplo, COSTA, Regina Helena. *Op. Cit.*, 2018, p. 104 (onde a autora trata de solidariedade contributiva).

119. Com razão Estevão Horvath, ao mencionar que o dever de colaboração não deve ser lido no sentido altruísta, mas, sim, legal. (HORVATH, Estevão. *Lançamento tributário e "Autolançamento"*. 2ª edição. São Paulo: Quartier Latin, 2010, p. 151-152).

a fazê-lo alcançar, também, o pagamento dos tributos ou, até mesmo, a aceitação das normas instituidoras de exações fiscais, seria atitude de amplificação de sentido suficiente a permitir considerarmos dever de colaboração o dever de atendimento às normas jurídicas em geral e, desse modo, à própria finalidade pragmática do direito. Por certo, colaboram com o Estado aqueles que pagam os tributos devidos, mas, esses, colaboram em sentido amplíssimo, pouco útil e, por isso, bastante ingênuo. Preferimos, por isso, o sentido mais restrito da expressão. Dever de colaboração, assim, é o que percebem os administrados – incluídos os terceiros – quando visualizam a norma de competência implícita,[120] advinda da Constituição, que permite sejam colocados em relações tributárias instrumentais com a finalidade de permitir ao fisco a verificação das corretas interpretação e aplicação das normas tributárias.

---

120. Não vislumbramos nenhum problema em se falar de norma de competência implícita no âmbito do direito público. A máxima de que à administração pública só é lícito fazer o que a lei autoriza não é mitigada pelo argumento apresentado, pois, afinal, a norma implícita é, também, direito posto.

6. FUNÇÃO *VERSUS* DEVER

Quando a Constituição Federal atribui competência para criação de liames intersubjetivos *in abstracto* entre fisco e administrados com finalidades instrumentais, não exige, necessariamente, que as atividades de fiscalização e cobrança sejam tarefas "indelegáveis" do Estado. O texto constitucional não configura a busca ativa por informações e o auxílio para a aplicação adequada do sistema tributário nacional uma função estatal exclusiva, em que pese as previsões constitucionais atribuírem a possibilidade da prática dessa atividade ao Estado e, assim, uma função (não exclusiva, frisemos). O mesmo se dá com relação à busca pela concretização da arrecadação tributária (atividade de cobrança).

A fiscalização, por exemplo, pensada em sua configuração de poder de polícia, pode, realmente, ser uma atividade estatal. Denuncia essa característica o fato de poder ser remunerada por taxa quando praticada pelo ente público, com fundamento no art. 145,[121] da Constituição Federal. Vem sendo tratada, porém, como um serviço de interesse coletivo e não

---

121. "Art. 145. A União, os Estados, o Distrito Federal e os Municípios poderão instituir os seguintes tributos: [...] II - taxas, em razão do exercício do poder de polícia ou pela utilização, efetiva ou potencial, de serviços públicos específicos e divisíveis, prestados ao contribuinte ou postos a sua disposição; [...]" (BRASIL. [Constituição (1988)]. Constituição da República Federativa do Brasil. Brasília, DF. Congresso Nacional, 1988).

como um serviço público em sentido estrito.[122] A cobrança, do mesmo modo, é função que pode ser atribuída a outrem, nos termos do já transcrito art. 7º do Código Tributário Nacional.

Referidas "delegações" de funções estatais de fiscalização e cobrança deveriam, em rigor, ser realizadas via convênios, permitindo a respectiva remuneração àqueles que passam a atuar para o Estado, como se dá no caso da já mencionada Rede de Arrecadação de Receitas Federais (RARF).[123] Visualizando, no entanto, que isso seria ineficiente do ponto de vista financeiro, o que temos visto é a criação, pelo Estado, de deveres instrumentais tributários, muitas vezes disfarçados como se fossem hipóteses de responsabilidade tributária, possibilitando o argumento de que, aquilo que fazem os administrados, é simplesmente o cumprimento de um dever e não uma função estatal a eles transferida. É o caso – que exploraremos em maiores detalhes mais a frente – das atribuições de deveres de constituição do crédito tributário e respectiva cobrança na fatura de energia elétrica às concessionárias dos serviços de iluminação pública em relação à contribuição para o custeio da iluminação pública (COSIP).

---

122. Serviços de interesse coletivo são atividades privadas reconhecidas como de interesse público mas não atribuídas, pela Constituição Federal, de maneira privativa ao estado. Ver BRASIL. Supremo Tribunal Federal. Tema nº 569. Recurso Extraordinário nº 789.874. *Os serviços sociais autônomos integrantes do denominado Sistema "S" não estão submetidos à exigência de concurso público para contratação de pessoal, nos moldes do art. 37, II, da Constituição Federal.* Dje de 12.11.2014.

123. A menção encontra-se na nota de rodapé nº 100.

7. FUNDAMENTOS NO CÓDIGO TRIBUTÁRIO NACIONAL

Complementando o texto constitucional em razão da autorização dada pelo art. 146, transcrito anteriormente, o Código Tributário Nacional traz previsões importantes a respeito das relações tributárias instrumentais que podem ser criadas com base no ordenamento jurídico brasileiro, buscando fundamento naquela norma implícita de competência, acima estudada, e passando a servir, ele mesmo, também como fundamento de validade – desta vez, infraconstitucional – das normas gerais e abstratas elaboradas sobre a matéria.

A legislação tributária que cria deveres instrumentais no Brasil, desse modo, deve respeito tanto à norma constitucional, que fundamenta o dever de colaboração, quanto às previsões do Código Tributário Nacional, que estão espalhadas por todo o diploma.

Além de configurar os deveres instrumentais como quaisquer outras prestações que não se afigurem como pagamento, o Código de normas gerais sobre legislação tributária prescreve que referidos deveres devem estar *previstos pela legislação tributária no interesse da arrecadação e da fiscalização dos tributos*. Referido *interesse* é, assim, fundamento da atribuição de deveres instrumentais tributários e estará configurado quando presente a necessidade de sua exigência para a verificação do adequado cumprimento da legislação tributária pelos destinatários do ordenamento jurídico.[124]

Destaquemos, também, o tratamento dado pelo Código Tributário Nacional à fiscalização tributária, com contornos previstos, especialmente, nos arts. 194 a 200, donde se podem retirar mais fundamentos para a atribuição de deveres instrumentais a terceiros, que serão, ao longo do trabalho, mencionados.

A título de ilustração, referidos artigos preveem caber às leis, aos tratados e convenções internacionais, aos decretos e às normas complementares a esses instrumentos legais, tratar de competências e poderes de fiscalização; dizem que estarão a isso sujeitos contribuintes ou não contribuintes; impedem qualquer previsão que limite, indevidamente, o poder de fiscalizar; permitem a intimação de terceiros para prestação de informações sobre contribuintes; prescrevem a possibilidade de intercâmbio, entre as administrações tributárias, de informações sigilosas a respeito dos fiscalizados, bem como a possibilidade de permuta de dados e a mútua assistência, entre outras coisas.

Esses são os fundamentos geralmente utilizados pela administração pública para fazer valer seu poder-dever de fiscalização sobre os administrados e, especialmente, sobre os terceiros. A partir de uma norma de competência, construída a partir de sentidos atribuídos a previsões – expressas, mas, também, implícitas – do texto constitucional, a que chamamos "dever de colaboração", conjugando-a a prescrições do Código Tributário Nacional, argumenta estar autorizada ao controle dos atos dos destinatários do sistema tributário nacional, aplicando técnica de gestão tributária voltada a fazer cumprir o dever de pagamento dos tributos. Veremos, mais adiante neste trabalho, que a atribuição de deveres instrumentais tributários a terceiros também encontra importantes limites no

---

124. TAKANO, Caio Augusto. *Deveres instrumentais dos contribuintes*: fundamentos e limites. São Paulo: Quartier Latin, 2017, p. 174.

ordenamento jurídico brasileiro, o que significará que, diante dos casos concretos, a possibilidade de chamamento dos terceiros em auxílio da transparência e da arrecadação pode não ser aplicável.

Por agora, trataremos de identificar os tipos de relações tributárias instrumentais que podem ser constituídas em face dos administrados.

Capítulo III
PARA UMA NOVA TIPOLOGIA DOS DEVERES INSTRUMENTAIS TRIBUTÁRIOS

1. PAGAMENTO E DEVERES INSTRUMENTAIS EM MATÉRIA TRIBUTÁRIA

As próximas linhas têm por objetivo demonstrar a relevância que o termo *pagamento* apresenta para a configuração da obrigação tributária principal. Conforme será possível verificar, acreditamos que a correta compreensão do alcance que referido conceito apresenta no contexto do direito tributário, permite, entre outras coisas, i) visualizar, com maior exatidão, quais os objetos possíveis dos deveres instrumentais tributários; ii) em consequência, perceber que muitas relações tributárias, hoje em dia consideradas principais, são, em verdade, relações tributárias instrumentais; iii) garantir posição de maior importância aos deveres instrumentais tributários em âmbito doutrinário; iv) fundamentar, tecnicamente, a existência do estado de desconfiança recíproca instaurado entre Estado e contribuintes.

Pode parecer estranha a reflexão aqui proposta, já que, como alertamos anteriormente, não é nosso intuito o estudo das obrigações tributárias principais, sendo nossa preferência a descrição dos deveres instrumentais tributários. A presença da análise sobre as características da obrigação principal, assim, precisa ser justificada.

OS TERCEIROS NA SUJEIÇÃO PASSIVA TRIBUTÁRIA
E O *ALTERLANÇAMENTO*

1.1 Interdependência das prescrições definitórias sobre obrigação tributária e deveres instrumentais

É o direito positivo, mais especificamente o quanto prescrito no Código Tributário Nacional, que justifica a necessidade de falarmos sobre obrigação tributária principal a fim de adequadamente compreender a exata configuração dos deveres instrumentais tributários.

Isso porque, a definição legal de dever instrumental em matéria de tributos depende da definição legal de obrigação principal. E se é um de nossos objetivos considerar como objeto de nossas descrições o direito positivo brasileiro, em que pese passível de críticas voltadas às técnicas legislativas utilizadas, referências ao que nele está contido não podem ser dispensadas.

Por ordem do art. 146, inciso III, da Constituição Federal de 1988,[125] tem-se que a competência para tratar legislativamente sobre o tema das obrigações em matéria tributária (relações tributárias), "norma geral", é da lei complementar nacional pressuposta pelo dispositivo constitucional mencionado (Lei nº 5.172/66 – Código Tributário Nacional).[126]

Como se sabe, o Código Tributário Nacional dispõe que aquilo que denomina obrigação acessória tem por objetos, não o pagamento de tributo ou penalidade pecuniária, mas outros tipos de prestações, positivas ou negativas, legalmente exigidas no interesse da arrecadação e da fiscalização dos tributos.[127]

---

125. BRASIL. [Constituição (1988)]. Constituição da República Federativa do Brasil. Brasília, DF. Congresso Nacional, 1988: "Art. 146. Cabe à lei complementar: [...] III - estabelecer normas gerais em matéria de legislação tributária, especialmente sobre: a) definição de tributos e de suas espécies, bem como, em relação aos impostos discriminados nesta Constituição, a dos respectivos fatos geradores, bases de cálculo e contribuintes; b) obrigação, lançamento, crédito, prescrição e decadência tributários; [...]."

126. Os fundamentos constitucionais dos deveres instrumentais tributários estão demonstrados no capítulo II deste trabalho.

127. BRASIL. Lei nº 5.172, de 25 de outubro de 1966. Código Tributário Nacional. Diário Oficial da União (DOU) de 27.10.1966: "Art. 113. A obrigação tributária é principal ou acessória.

Chega mesmo, o diploma de regras gerais tributárias, a impor que dever instrumental seja toda "prática ou abstenção de ato que não configure obrigação principal".[128] Referidas prestações são decorrentes, não da realização de um fato jurídico tributário em sentido estrito,[129] mas de uma exigência advinda da legislação tributária. E, em contrapartida, caracteriza obrigação principal como aquela que tem por objeto o *pagamento* de tributo decorrente da realização do fato jurídico tributário, ou da penalidade pecuniária.

Há, assim, uma prescrição definitória pela negativa trazida pela legislação nacional. O que configura obrigação principal, dessa maneira, é o objeto *pagamento* cuja obrigatoriedade advém da prática do "fato imponível" ou da imposição de uma penalidade pecuniária. O que configura dever instrumental, de outro modo, são objetos *distintos de pagamento exigível em razão da prática do "fato imponível"*, sendo que esses "objetos distintos de pagamento" serão sempre prestações, positivas ou negativas, no interesse da arrecadação e da fiscalização dos tributos.

O sujeito passivo da obrigação tributária principal, portanto, possuirá sempre o dever de pagamento do tributo ou da penalidade. O sujeito passivo do dever instrumental tributário nunca possuirá o dever de pagamento do tributo ou da penalidade.[130]

---

§ 1º. A obrigação principal surge com a ocorrência do fato gerador, tem por objeto o pagamento de tributo ou penalidade pecuniária e extingue-se juntamente com o crédito dela decorrente.
§ 2º. A obrigação acessória decorre da legislação tributária e tem por objeto as prestações, positivas ou negativas, nela previstas no interesse da arrecadação ou da fiscalização dos tributos.
§ 3º. A obrigação acessória, pelo simples fato da sua inobservância, converte-se em obrigação principal relativamente à penalidade pecuniária."
128. BRASIL. Lei nº 5.172, de 25 de outubro de 1966. Código Tributário Nacional. Diário Oficial da União (DOU) de 27.10.1966: "Art. 115. Fato gerador da obrigação acessória é qualquer situação que, na forma da legislação aplicável, impõe a prática ou a abstenção de ato que não configure obrigação principal."
129. CARVALHO, Paulo de Barros. *Direito tributário, linguagem e método*. 7ª edição, São Paulo: Noeses, 2018, p. 512; ATALIBA; Geraldo. *Hipótese de incidência tributária*. São Paulo: RT, 1973 (fato imponível).
130. Remetemos às nossas advertências sobre relações tributárias sancionatórias

OS TERCEIROS NA SUJEIÇÃO PASSIVA TRIBUTÁRIA
E O *ALTERLANÇAMENTO*

Para compreendermos o que vem a ser *pagamento* e, assim, identificarmos as diferenças entre os objetos configuradores da obrigação principal e dos deveres instrumentais, se faz interessante compartilharmos ensinamentos da teoria geral do direito, em especial pelo modo como apreendidos pela ciência do direito civil, mais especificamente, na teoria das obrigações, para a descrição das relações obrigacionais neste momento relevantes.

Justifiquemos essa decisão metodológica:

1.2 Unidade do direito e o compartilhamento de dados gerais sobre conceitos jurídicos entre ramos distintos

Ruy Barbosa Nogueira, em 1954, já afirmava:

> Não há compartimento estanque no saber humano. As ciências são instrumentos de pesquisa da verdade e como têm todas o mesmo objetivo de alcançar o conhecimento da verdade, cada ciência compreende, por assim dizer, o estudo de uma face do grande problema do conhecimento. Acontece, entretanto, que dado a face ou setor de seus estudos, depara-se cada ciência com vizinhos; são as ciências que estudam aspectos afins. Dessa forma, vamos, no Direito Tributário, encontrar articulações íntimas especialmente com a Ciência das Finanças, com a Economia, com a Contabilidade, com a Tecnologia, com a Merceologia etc., **e mais íntimas ainda, com os demais ramos do Direito.**[131] (grifo nosso)

Os chamados "ramos do direito" são apenas divisões didaticamente informadas para permitir maior aprofundamento científico relacionado a cada corte metodológico realizado sobre o objeto descrito, que é o direito positivo.[132]

(exigência de pagamento de penalidades pecuniárias) no capítulo I.

131. NOGUEIRA, Ruy Barbosa. *O direito tributário e suas relações com outras disciplinas*. Revista de Direito Administrativo Vol. 37. Rio de Janeiro: FGV, 1954, p. 517; Na mesma linha, PESCATORE, Pierre. *Introduction à la Science Du Droit*. Luxemburgo: Centre Universitaire de l'État, 1960, p. 45 (*apud* COSTA, Alcides Jorge. *Direito tributário e direito privado*. In MACHADO, Brandão [Coord.]. Direito Tributário – Estudos em homenagem ao Professor Ruy Barbosa Nogueira. São Paulo: Saraiva, 1984, p. 221).

132. Em que pese concluir pela ausência de autonomia científica do direito

Em que pese referido aprofundamento científico realizado sobre o objeto ontologicamente uniforme significar variações semânticas e pragmáticas sobre a experiência, não se mostra suficiente a desqualificar o direito como objeto uno e indivisível.[133]

À teoria geral do direito cabe, entre outras funções, o trato científico dos "conceitos fundamentais" mencionados por Lourival Vilanova,[134] aplicáveis à multiplicidade dos ramos jurídicos específicos e auxiliares à identificação da unidade do sistema a que pertencem.[135]

---

tributário, Regina Helena Costa manifesta: "A autonomia científica de uma disciplina jurídica, por seu turno, revela-se mediante a formação de institutos e princípios próprios. [...] Forçoso admitir a existência de institutos peculiares ao Direito Tributário, tais como o lançamento, a denúncia espontânea, a isenção, dentre outros, bem como princípios que lhe são próprios, como os da capacidade contributiva, da vedação da utilização de tributo com efeito de confisco, da anterioridade da lei tributária, da uniformidade geográfica, da não discriminação de pessoas ou bens em razão de sua procedência ou destino, todos, por certo, desdobramentos do princípio maior da segurança jurídica." COSTA, Regina Helena. *Curso de direito tributário. Constituição e Código Tributário Nacional*. 8ª edição. São Paulo: Saraiva, 2018, p. 43.

133. HORVATH, Estevão. *Direito financeiro versus direito tributário – uma dicotomia desnecessária e contraproducente*. In HORVATH, Estevão; CONTI, José Maurício; SCAFF, Fernando Facury. Direito financeiro, econômico e tributário – estudos em homenagem a Regis Fernandes de Oliveira. São Paulo: Quartier Latin, 2014, p. 159: "Penso poder sustentar, com fulcro nas lições acima, que os conceitos de sistema, ordenamento, interpretação sistemática e unidade do Direito encontram-se umbilicalmente ligados. Não importando o autor que tenha cuidado do assunto, nem a sua própria terminologia, a conclusão converge para o mesmo ponto, qual seja o de que o Direito é uno, valendo a observação de Eros Grau de que 'cada norma é parte do todo, de modo que não podemos conhecer a norma sem conhecer o sistema, o todo no qual estão integradas.'"

134. VILANOVA, Lourival. *Causalidade e relação no direito*. 5ª edição. São Paulo: Noeses, 2015, p. 194-195: "Conceito fundamental é aquele sem o qual não é possível ordenamento jurídico. O mero conceito geral (*Allgemeiner Begriff*) se encontra nos subdomínios do direito, mas dele se pode prescindir. O conceito fundamental (*Grundbegriff*), este é *condição da possibilidade do direito positivo e da Ciência do Direito positivo*, para dizermos em léxico bem kantiano. Assim, temos os conceitos de norma, de fato jurídico, de sujeito de direito, de relação jurídica, de objeto, de fonte técnica ou formal (modo de produção de normas), de hipótese fáctica, de efeito jurídico, de causalidade jurídica, de norma primária e de norma secundária, de direito subjetivo e de dever subjetivo (dever jurídico): todos esses conceitos pertencem ao nível da *Teoria Geral do Direito*. Em nível de *abstração formalizadora*, alcançamos as contrapartes lógicas de tais conceitos."

135. Considerações desse jaez podem ser rastreadas até o "mapa benthamiano do

OS TERCEIROS NA SUJEIÇÃO PASSIVA TRIBUTÁRIA
E O *ALTERLANÇAMENTO*

Assim, pensado o conceito *obrigação* enquanto relação jurídica e como termo juridicamente cunhado para ser aplicado a todo e qualquer escaninho de prescrições voltadas à regulação das condutas intersubjetivas, o intercâmbio de dados entre a ciência do direito tributário e a ciência do direito civil, desde que gerais e, assim, buscados dos ensinamentos da teoria geral das obrigações, se mostra de todo possível.

Agora, mesmo que não se considere que o termo *obrigação* seja de competência descritiva da teoria geral do direito,[136] fato é que o compartilhamento do mesmo entre setores do conhecimento jurídico permite-nos acessar as considerações advindas da ciência do direito civil sobre o tema, na medida em que é daquele campo o destaque nas aplicações da chamada teoria das obrigações, o que não poderia ser diferente dadas as características do direito civil positivado sobre o tratamento da matéria, rico em prescrições a ela referentes no Código Civil.[137]

Respeitaremos, no entanto, as diferenças fundamentais entre direito privado e direito público, evitando o tratamento inadequado da matéria em âmbito tributário por indevido

---

saber jurídico", mencionado por CHIASSONI, Pierluigi (In O enfoque analítico na filosofia do direito: de Bentham a Kelsen. TORRES, Heleno Taveira; MELLO, Henrique (Trad.). São Paulo: Contracorrente, 2017, p. 32 em diante). Ao distinguir entre uma local jurisprudence e uma universal jurisprudence, Bentham considerava esta última como as análises terminológicas voltadas a algumas palavras utilizadas em leis de todas as nações, quaisquer que sejam, e não somente em leis desta ou daquela nação: "[...] entre as palavras que são apropriadas ao campo do direito, existem algumas que em todas as linguagens correspondem quase exatamente umas às outras [...]. São desse tipo, por exemplo, as palavras que correspondem às palavras poder, direito subjetivo (right), obrigação, liberdade, e muitas outras (entre elas, sobretudo, law, no sentido genérico de 'lei' ou 'norma jurídica') [...]. Para ser suscetível de uma aplicação universal, tudo do que um livro do gênero expositivo pode se ocupar consiste no significado de tais palavras: para ser, estritamente falando, universal, isso deve limitar-se à terminologia." (apud CHIASSONI, Pierluigi. Op. Cit., 2013, 2017, p. 36).

136. BORGES, José Souto Maior. *Obrigação tributária – uma introdução metodológica*. São Paulo: Saraiva, 1984, p. 15-21.

137. A título de exemplo, há todo um livro (Livro I) na Parte Especial do Código Civil brasileiro sobre Direito das Obrigações. Artigos 233 em diante. E o que será, também, muito importante para nossas considerações, há todo um título (Título III) sobre Adimplemento e Extinção das Obrigações, além de um capítulo específico (Capítulo I desse Título III) sobre Pagamento.

sincretismo metodológico, atentando-nos, inclusive, para as eventuais diferenças específicas que o direito tributário positivado traz quando da utilização da noção de *obrigação* em seu campo de atuação.[138]

A autonomia didática e científica dos ramos do direito não pode significar um fechamento à possibilidade de utilização de estudos realizados em ramo diverso sobre conceitos compartilhados entre os campos jurídicos, como é o caso de *obrigação*. Especialmente nos casos, como o presente, em que aquilo que se compartilha são os dados gerais do conceito empregado, aplicáveis tanto em um quanto noutro ramo jurídico sem alterações.

O Código Tributário Nacional utiliza-se desse conceito fundamental para o direito[139] a fim de prescrever os elementos estruturais da relação tributária e a dinâmica das relações entre fisco e sujeitos passivos tributários em sentido amplo.

---

138. Deve-se sempre ter em conta o alerta de DERZI, Misabel Abreu Machado (O planejamento tributário e o buraco do real – contraste entre a completabilidade do direito civil e a vedação da completude no direito tributário. PALMA, Cloilde Celorico; FERREIRA, Eduardo Paz; TORRES, Heleno Taveira. Estudos em homenagem ao Professor Doutor Alberto Xavier. Lisboa: Almedina, 2013, p. 411): "Como se vê, a mera transposição de regras e cláusulas gerais, sem observância dos princípios gerais e superiores da Constituição - Estado de Direito e garantias fundamentais - de um ramo jurídico para o outro, causam desvios e aberrações. Se nem mesmo no próprio Direito privado, as lacunas e sua complementabilidade têm aplicação homogênea, são errôneos os empréstimos feitos por alguns juristas dos institutos e regras civilistas, com que pretendem criar tributo por analogia, a fim de coibir o planejamento tributário e a economia de imposto."

139. ÁVILA, Humberto. Eficácia do novo Código Civil na legislação tributária. In GRUPENMACHER, Betina Treiger (Coord.). Direito Tributário e o novo Código Civil. São Paulo: Quartier Latin, 2004, p. 63: "[...] várias questões são tratadas na legislação tributária com base em conceitos fundamentais de Direito Privado, de que são exemplo os conceitos de 'obrigação', de 'crédito', de 'responsabilidade', de 'solidariedade', sendo todos eles conceitos de base do Direito Privado."; VILANOVA, Lourival. Op. Cit., 2015, p. 194: "O conceito de relação jurídica é um dos conceitos fundamentais, por isso que o seu estudo compete à Teoria Geral do Direito. Não é um conceito só específico do direito privado, ou só específico do direito público; atravessa universalmente todos os subdomínios do direito positivo. Sobre ele convergem as denominadas 'partes gerais' de cada subcampo (do direito civil, do direito processual, do direito penal etc.)."

OS TERCEIROS NA SUJEIÇÃO PASSIVA TRIBUTÁRIA
E O *ALTERLANÇAMENTO*

Em que pese os distintos âmbitos de aplicabilidade (direito público e direito privado, compulsoriedade *ex lege* e autonomia de vontades), em termos gerais não há diferença entre o conteúdo de significação do conceito *obrigação* do direito civil e do direito tributário, ou de qualquer outro ramo do direito.[140]

Roque Antonio Carrazza já teve oportunidade de manifestar que

> A obrigação tributária não difere, em sua estrutura básica, das obrigações em geral. Por não ter características particularizantes, não é uma obrigação *sui generis*, até porque, em Direito, as coisas ou são ou não são; ou existem ou não existem: *tertium non datur*. Não há *minotauros jurídicos*, na saborosa expressão de Santi Romano.[141]

Pensada como relação jurídica,[142] a obrigação, tanto no direito civil quanto no direito tributário, tem a mesma estrutu-

---

140. GIANNINI, Achile Donato. Istituzioni di diritto tributario. Milano: Giuffrè, 1974, p. 100-101: "Si può quindi concludere che il debito d'imposta non è soltanto affine all'obbrligazione del diritto civile ma è la medesima obbligazione, utilizzata dall'ordinamento giuridico nella materia dei tributi, il che trova la sua essenziale giustificazione logica nel fatto che non esiste nella nostra dommatica giuridica una figura del obbligazione pecuniaria propria del diritto pubblico." Em tradução livre: "Portanto, pode-se concluir que a obrigação tributária não é apenas semelhante à obrigação de direito civil, mas é a mesma obrigação, utilizada pelo sistema jurídico em matéria tributária, que encontra sua justificativa lógica essencial no fato de que não existe em nossa dogmática jurídica uma figura de obrigação pecuniária própria do direito público". Em outro sentido, PÉREZ ROYO, F. El pago de la deuda tributaria por un tercero. Revista Española de Derecho Financiero nº 6. Madrid: Civitas, 1975, p. 275.

141. CARRAZZA, Roque Antonio. *Reflexões sobre a obrigação tributária*. São Paulo: Noeses, 2010, p. 185; Ver, também, FERREIRO LAPATZA, José Juan. La extinción de la obligación tributaria. Revista de Derecho Financiero y de Hacienda Pública nº 77, 1968, p. 1016: "[...] la obligación tributaria es una especie de un género más amplio, el de obilgación, al que pertenece también la obligación de derecho privado."

142. Nesse sentido, TORRES, Heleno Taveira. *Direito tributário e direito privado – autonomia privada, simulação, elusão tributária*. São Paulo: RT, 2003, p. 47. Ver também, JARACH, Dino. El hecho imponible – teoria general del derecho tributario sustantivo. 2ª Ed. Buenos Aires: Abeledo Perrot, 1971, p. 73: "La obligación tributaria en general, desde el punto de vista jurídico, es una relación jurídica ex lege, en virtud de la cual una persona (sujeto pasivo principal, contribuyente o responsable), está obligada hacia el Estado u otra entidad pública, al pago de una suma de dinero, en cuanto se verifique el presupuesto de hecho determinado por la ley. [...]

ra,[143] exigindo, portanto, para sua correta compreensão, estudos voltados a identificar, do ponto de vista externo, seus elementos constitutivos (sujeitos, objeto, vínculo) e, do ponto de vista da dinâmica interna do programa obrigacional, a sua finalidade, que é o *adimplemento*, e os respectivos princípios que a informam.

Desde este punto de vista, la obligación tributaria en general y la impositiva en particular se parecen a todas las otras obligaciones legales, cuyo nacimiento siempre es subordinado a la verificación de un hecho jurídico, sea éste un hecho lícito o ilícito, un delito civil o penal".

143. Cfr., BOTALLO, Eduardo Domingos. *Alguns reflexos do Código Civil no direito tributário*. In GRUPENMACHER, Betina Treiger (Coord.). Op. Cit., 2004, p. 176: "Detendo-nos no exame dessa definição, verificamos que o tributo não apresenta nenhuma diferença essencial em relação às obrigações de natureza privada. A 'prestação pecuniária, em moeda ou em valor que nela se possa exprimir', não difere daquela que se faz, e.g., em favor de um Banco ao qual, em momento anterior, foi solicitado um empréstimo. A única diferença é que, no campo das relações privadas, a fonte da obrigação, em regra, é o contrato, ao passo que, no campo tributário, a fonte da obrigação é a lei.". Ver também GOMES, ORLANDO. Obrigações. Edvaldo Brito (Atualizador). 19ª Ed. Rio de Janeiro: Forense, 2019, p. 11: "Conquanto a obrigação stricto sensu seja disciplinada numa das partes especiais do Direito Civil, isso não significa que se esgota nesse capítulo de tal ramo do Direito. Obrigações estruturam-se no Direito das Coisas, no Direito de Família e no Direito das Sucessões, como no Direito Comercial, no Direito do Trabalho e no Direito Público. Importa assinalar tais projeções, para advertir que se sujeitam, ordinariamente, aos princípios gerais que os Códigos estatuem no livro do Direito das Obrigações."

2. ESTRUTURANDO OS ELEMENTOS EM TORNO DA FINALIDADE

Estruturalmente, o vínculo abstrato surgido entre dois sujeitos de direito, um credor, outro devedor, em razão da prática de um fato previsto em hipótese normativa, envolvidos em torno de um objeto é o que caracteriza a relação jurídica. Os elementos necessários ao surgimento da relação são, assim, o subjetivo e o prestacional, já que credor e devedor estão implicados em direitos e deveres jurídicos um com o outro, norteados por um fim específico, que é o cumprimento de uma prestação.

Esse fim traduz a conduta intersubjetiva regulada pelo direito, modalizada, sempre, como obrigatória, proibida ou permitida.

Adicionados os traços de patrimonialidade à relação, passa-se, tradicionalmente, a se referir a essa como obrigação, razão pela qual se considera que a obrigação tributária (principal, nos dizeres do Código) é, assim, a relação jurídica patrimonial, ou a relação obrigacional, que impõe o cumprimento daquela prestação pecuniária prevista no art. 3º do Código Tributário Nacional a contribuintes e responsáveis em favor do titular da capacidade tributária ativa ou ainda o pagamento de penalidades pecuniárias.

Nesse sentido, Paulo de Barros Carvalho afirma que:

> A obrigação tributária, enquanto relação jurídica de cunho patrimonial (envolvendo um sujeito ativo, titular do direito subjetivo de exigir a prestação, e um sujeito passivo, cometido do dever de cumpri-la), é nexo lógico que se instala a contar de um enunciado factual, situado no consequente de u'a norma individual e concreta, juntamente com a constituição do fato jurídico tributário descrito no suposto da mesma norma.[144]

Em matéria tributária, aquele que tem capacidade de arrecadação de tributo pode figurar no polo ativo da obrigação principal.[145] É, este, o titular do crédito, ou seja, titular do direito subjetivo de exigir a prestação pecuniária de contribuintes ou responsáveis. Na maior parte das vezes, é o próprio titular da competência tributária, podendo, porém, ser a pessoa a quem se delegou a capacidade ativa, nos termos do art. 7º do Código Tributário Nacional, como, por exemplo, nos casos de parafiscalidade.[146]

Os sujeitos passivos possíveis da obrigação tributária principal são, nos termos do já mencionado art. 121 do Código Tributário Nacional,[147] contribuintes e responsáveis, aos

---

144. CARVALHO, Paulo de Barros. *Op. Cit.*, 2018, p. 514.

145. O art. 119 do Código Tributário Nacional fala em "pessoa jurídica de direito público, titular da competência para exigir o seu cumprimento." (BRASIL. Lei nº 5.172, de 25 de outubro de 1966. Código Tributário Nacional. DOU de 27.10.1966).

146. Cfr., CARRAZZA, Roque Antonio. *Reflexões sobre a obrigação tributária.* São Paulo: Noeses, 2010, p. 156-158. BRASIL. Lei nº 5.172, de 25 de outubro de 1966. Código Tributário Nacional. Diário Oficial da União (DOU) de 27.10.1966: "Art. 7º. A competência tributária é indelegável, salvo atribuição das funções de arrecadar ou fiscalizar tributos, ou de executar leis, serviços, atos ou decisões administrativas em matéria tributária, conferida por uma pessoa jurídica de direito público a outra, nos termos do § 3º do art. 18 da Constituição. § 1º. A atribuição compreende as garantias e os privilégios processuais que competem à pessoa jurídica de direito público que a conferir. § 2º. A atribuição pode ser revogada, a qualquer tempo, por ato unilateral da pessoa jurídica de direito público que a tenha conferido. § 3º Não constitui delegação de competência o cometimento, a pessoas de direito privado, do encargo ou da função de arrecadar tributos."

147. BRASIL. Lei nº 5.172, de 25 de outubro de 1966. Código Tributário Nacional. DOU de 27.10.1966: "Art. 121. Sujeito passivo da obrigação principal é a pessoa obrigada ao pagamento de tributo ou penalidade pecuniária.
Parágrafo único. O sujeito passivo da obrigação principal diz-se:

quais acrescentamos os terceiros. Nos ocuparemos dos pormenores da sujeição passiva tributária em outro momento neste livro, sempre com foco nos deveres instrumentais. Por agora, cumpre-nos continuar analisando os detalhes das obrigações principais em busca de nossos objetivos de esclarecimento sobre os objetos possíveis dos deveres instrumentais.

2.1 Sobre os objetos do vínculo intersubjetivo

Tendo por finalidade sistêmica a regulação de condutas dos destinatários, o direito positivo, ao impor o surgimento de uma relação obrigacional, o faz para que algo se realize, se cumpra. Impõe, assim, juntamente com a relação e os sujeitos, os objetos esperados pelo ordenamento.

O primeiro objeto esperado, também denominado *objeto imediato da obrigação* é a própria prestação, ou seja, a conduta que pode o sujeito ativo exigir do sujeito passivo para que sua pretensão seja concretizada satisfatoriamente. O segundo objeto esperado, chamado *objeto mediato* é aquilo que a conduta deve entregar (em sentido amplo), o bem, o serviço ou a omissão aguardados pelo credor.[148]

É do *objeto imediato* da obrigação principal que fala o art. 113, §1º, do Código Tributário Nacional ao mencionar ter, esta, "por objeto o pagamento". Em outros termos, a prestação esperada, do sujeito passivo pelo sujeito ativo, é a de pagamento.

Prestações podem ser *positivas* ou *negativas*. Essa afirmação, aliás, é corroborada pelo próprio Código Tributário Nacional no mesmo art. 113, mas, dessa vez, no §2º. As prestações *positivas* são as de *dar* e as de *fazer* (*dare, facere*), enquanto as prestações *negativas* são as de *não fazer* (ou de suportar ou permitir).[149]

I - contribuinte, quando tenha relação pessoal e direta com a situação que constitua o respectivo fato gerador;
II - responsável, quando, sem revestir a condição de contribuinte, sua obrigação decorra de disposição expressa de lei."

148. GOMES, Orlando. *Op. Cit.*, 2019, p. 13-14.

149. Idem, p. 33: "São três os modos da conduta humana que podem constituir o objeto da prestação: dar, fazer ou não fazer."

No que se refere às obrigações tributárias principais, portanto, só há um objeto imediato exigido pela legislação tributária: trata-se de uma prestação positiva, da espécie *prestação de dar*.

O objeto mediato, ou seja, o bem esperado dessa prestação de dar é também muito claro nos termos da legislação: valores pecuniários qualificados como tributo ou penalidade pecuniária.

Utilizou-se, o legislador tributário, do termo *pagamento* para nomear o objeto imediato da relação obrigacional, exigindo, assim, que o sujeito passivo busque cumprir seu dever jurídico com o titular da capacidade arrecadatória de tributos ao concretizar uma prestação positiva de dar aquilo que a legislação define como o objeto mediatamente buscado (tributo ou penalidade pecuniária).

O termo *pagamento* contido no §1º do art. 113, do Código Tributário Nacional deve ser lido em seu sentido técnico, ou seja, como *adimplemento em sentido estrito*. Isso é assim não porque o legislador do Código Tributário Nacional se destaque por sempre se utilizar dos sentidos mais técnicos dos termos empregados, mas porque no contexto aqui tratado, veremos, o sentido não poderia ser outro. Não são raras as críticas a ele direcionadas pela doutrina, na grande maioria das vezes, acertadamente, como nos exemplos dos empregos de expressões e termos que vão desde *tributo*, passando por *fato gerador, crédito tributário, responsabilidade, lançamento*, e até mesmo *obrigação*. Isso não se aplica aqui.

Vejamos com mais vagar a questão do sentido técnico do termo empregado.

2.2 Adimplemento e cooperação

À visão estática estrutural do liame abstrato, que leva em conta os sujeitos da relação obrigacional e o objeto da mesma, se adiciona uma visão dinâmica que, por conceder relevância à noção de cooperação,[150] faz ascender em importância a figu-

---

150. BETTI, Emilio. *Teoria geral das obrigações*. BRUNO, Francisco José Galvão

ra do *adimplemento* para a própria definição do conceito de relação jurídica e, assim, de obrigação.

Isso é assim porque toda obrigação surge para ser cumprida. Esse é o modo de funcionamento do ordenamento jurídico: impõe relações entre as pessoas para que, em razão de um reconhecimento prévio (valoração) de que há um direito titularizado a ser tutelado, deem, façam ou não façam algo, em condutas modalizadas como proibidas, permitidas ou obrigatórias.

A finalidade da relação obrigacional, portanto, é o adimplemento e, este, é a forma como o devedor deve concretizar (satisfazer) a pretensão ou o interesse da outra parte a que está ligada juridicamente.[151]

Para que a função pragmática do direito não se perca, espera-se a adequação da conduta regrada à prescrição constante do consequente normativo que prevê a instauração da relação intersubjetiva. Ocorrido o fato previsto na hipótese normativa, deve ser o surgimento da relação entre dois sujeitos de direito e o conteúdo dessa relação instaurada pressupõe atendimento e, assim, pressupõe que seja levado em conta, com boa-fé, o interesse tutelado da parte contrária.

Em que pese o ordenamento jurídico prever sanções em caso de descumprimento dos termos relacionais, fato é que o direito serve para ser atendido. E, no mais das vezes, o é. Os destinatários das prescrições jurídicas mais as cumprem do

---

(Trad.). Campinas: Bookseller, 2006, p. 295-303: "Em qualquer caso, o que o devedor deve é um comportamento de cooperação – em geral positivo, às vezes também negativo –, sempre destinado, porém, a produzir certo efeito socialmente apreciável e desejado pelo credor: um comportamento de cooperação, cujo escopo imanente é levar à esfera de interesses do credor uma vantagem típica da vida de relações, como cooperação desenvolvida no interesse alheio, idônea para conferir a outrem uma utilidade típica" (p. 297).

151. É bem verdade que não são somente os sujeitos passivos das relações que têm deveres. As relações consideradas em sua totalidade geralmente são complexas o suficiente a ponto de impor direitos e deveres correlatos e que transitam de um polo a outro da relação com frequência.

que as descumprem (basta considerarmos, por exemplo, as estimativas de arrecadação tributária e compará-las àquelas de inadimplência fiscal, anualmente realizadas por entidades ligadas à temática tributária).[152]

Emilio Betti ensina que a conduta prestacional teria dois momentos: um subjetivo e outro objetivo. O primeiro se refere a uma *conduta de cooperação* imputada ao devedor. O segundo se refere à *utilidade* que a prestação é chamada a trazer ao credor.[153] A conjugação desses momentos conduz ao *adimplemento*, finalidade da relação.[154]

Destaque-se que a ideia de cooperação perpassa qualquer liame obrigacional, seja de direito privado ou de direito público, sendo um pressuposto do cumprimento dos deveres impostos pela relação jurídica. Aquele que descumpre um contrato sem justificativa ou aquele que não paga um tributo indevidamente age contrariamente à noção de colaboração inter-relacional. Por outro lado, aquele que cumpre os deveres, adéqua sua conduta à previsão normativa e satisfaz o interesse da contraparte, age cooperativamente, com boa-fé (na feição boa-fé objetiva, veremos).[155]

---

152. A Associação Comercial de São Paulo, a Fecomercio RS (Federação do Comércio de Bens e Serviços do Rio Grande do Sul), a FACESP (Federação das Associações Comerciais do Estado de São Paulo) e o IBPT (Instituto Brasileiro de Planejamento Tributário), por exemplo, divulgam que em 2018 o Brasil arrecadou R$ 2.388.541.448.792,42 (dois trilhões, trezentos e oitenta e oito bilhões, quinhentos e quarenta e um milhões, quatrocentos e quarenta e oito mil, setecentos e noventa e dois reais e quarenta e dois centavos) com tributos, enquanto que, de acordo com o SINPROFAZ (Sindicato Nacional dos Procuradores da Fazenda Nacional), os sujeitos passivos tributários teriam sonegado o equivalente a R$ 548.602.428.783,58 (quinhentos e quarenta e oito bilhões, seiscentos e dois milhões, quatrocentos e vinte e oito mil, setecentos e oitenta e três reais e cinquenta e oito centavos), no mesmo período. Informações disponíveis, respectivamente, em www.impostometro.com.br e www.quantocustaobrasil.com.br.

153. BETTI, Emilio. *Op. Cit.*, 2006, p. 297.

154. Conforme MARTINS-COSTA, Judith. *Comentários ao novo Código Civil. Do direito das obrigações. Do adimplemento e da extinção das obrigações.* Volume V. Tomo I. Arts. 304 a 388. 2ª tiragem. TEIXEIRA, Sálvio de Figueiredo (Coord.). Rio de janeiro: Forense, 2005, p. 24.

155. MENEZES CORDEIRO, A. M. *Direito das obrigações.* Vol. I. Lisboa: Associação

E, assim, a relevância do adimplemento deixa de estar apenas em constituir causa extintiva, e passa a estar, principalmente, no fato de ser elemento decisivo na própria formulação do conceito de relação obrigacional.[156]

Se o débito é o dever de prestação e a prestação é um ato de cooperação, então, a expectativa do credor (inclusive do credor tributário) é uma expectativa à satisfação e, assim, uma expectativa à prestação, à cooperação. Coopera-se adimplindo e, por esse motivo, toda relação é estruturada para o adimplemento. O adimplemento joga papel fundamental na configuração da própria obrigação, em sua feição dinâmica.

Acadêmica da Faculdade de Direito de Lisboa, 1980, p. 142-143 (apud MARTINS--COSTA, Judith. Op. Cit., 2005, p. 25-26): "Se em toda a ordem jurídica a cooperação é pressuposto abstrato e geral, no Direito das Obrigações, centrado na noção de prestação como conduta humana devida, a cooperação é nuclear, pois através da relação obrigacional 'o interesse de uma pessoa é prosseguido por meio da conduta doutra pessoa', de modo que a 'colaboração entre sujeitos de ordem obrigacional – a colaboração intersubjetiva – é uma constante intrínseca das situações'. Desse modo, diferentemente de conotar uma 'visão excessivamente romântica de que os contratantes devem colaborar entre si', o dever de colaboração está no núcleo da conduta devida, servindo para possibilitar, mensurar e qualificar o adimplemento. A colaboração possibilita o adimplemento porque, para que este seja eficazmente atingido, é necessário que as partes atuem, ambas, em vista do interesse legítimo do alter."

156. MARTINS-COSTA, Judith. Op Cit., 2005, p. 82.

3. PAGAMENTO EM SENTIDO ESTRITO

Vimos falando de adimplemento e de sua importância como elemento caracterizador do próprio conceito de obrigação. Cumpre-nos definir com maiores detalhes o que vem a ser esse modo esperado de atendimento dos deveres relacionais para, em seguida, demonstrarmos a leitura que reputamos mais adequada do termo *pagamento* utilizado pelo Código Tributário Nacional.

Ao exato cumprimento daquelas prestações que configuram o objeto imediato das relações obrigacionais (dar, fazer, não fazer), sem perder de vista os objetos mediatos esperados (bens ou serviços decorrentes das prestações de dar, fazer e não fazer), se denomina, tecnicamente, *adimplemento*.[157]

---

157. CARVALHO, Aurora Tomazini de. *Curso de teoria geral do direito* – O constructivismo lógico-semântico. 5ª edição. São Paulo: Noeses, 2016, p. 614: "A prestação configura-se como objeto da relação jurídica e é identificada por um verbo e um complemento (ex. pagar indenização; ultrapassar a velocidade de 100 km/h; dirigir veículo automotor etc.), sobre os quais incidem os modalizadores deônticos: obrigatório, proibido, permitido (ex. obrigado pagar indenização; proibido ultrapassar a velocidade de 100 km/h; permitido dirigir veículo automotor etc.). A doutrina civil trabalha com a diferença entre objeto imediato e objeto mediato da relação jurídica. O primeiro consubstanciado na prática de um ato positivo ou negativo (ex: dar, fazer ou não fazer), o que para nós se configura como o verbo do elemento prestacional e o segundo representado pelo complemento do ato. A ação de pagar o valor da indenização, por exemplo, seria o objeto imediato, enquanto o valor pago ao lesado, o objeto mediato."

O termo *adimplemento, em sentido técnico e estrito*, indica o cumprimento, pelo devedor, da prestação devida, de modo voluntário, exato e segundo a boa-fé, com a satisfação do credor. De outro lado, quando há *satisfação do credor* não pelo cumprimento da prestação com as características ora mencionadas, mas por outro modo de prestação, diz-se não se tratar de adimplemento propriamente dito.[158]

Isso porque norteiam a definição de *adimplemento*, ao menos, quatro princípios, que são o da boa-fé objetiva, o da correspondência, o da exatidão e o da integralidade (ou não divisibilidade).[159]

3.1 Princípios informadores da noção de adimplemento

Trataremos com mais detalhes sobre a boa-fé objetiva nas relações jurídicas no capítulo VII. Por ora, basta aludirmos a que a boa-fé é a medida da intensidade da obrigação de adimplir. Em outras palavras, é ela que permite identificar os limites da cooperação esperada e pressuposta na relação obrigacional, valendo lembrar que deve ser pensada para ambos os polos do liame abstrato e não somente como uma exigência para o devedor.[160]

Já o princípio da correspondência (também conhecido como identidade ou pontualidade) exige que a conduta reproduza, em termos qualitativos, substanciais, aquele figurino abstrato de comportamento humano previsto na norma jurídica e que configura os termos do binômio "direito de exigir-dever de prestar".[161]

---

158. Nesse sentido, ver MARTINS-COSTA, Judith. *Op. Cit.*, 2005, p. 88. E também p. 83: "O adimplemento, aí, é qualificadamente entendido como atuação completa e exata do conteúdo da relação obrigacional que, ao mesmo tempo, realiza o fim da obrigação, satisfazendo e liberando."

159. MARTINS-COSTA, Judith. *Op. Cit.*, 2005, p. 93-98.

160. Idem, p. 93-94.

161. Idem, p. 95. A expressão "figurino abstrato de comportamento humano" é da autora citada. A expressão "binômio 'direito à prestação-dever de prestar'" é de ME-

O princípio da exatidão é entendido como uma especificação do princípio da correspondência em seu viés formal. Por ele, assim como no caso anterior, a prestação deve ser adimplida exatamente como contraída para que o adimplemento em sentido estrito se configure.[162] Há, em relação à exatidão, uma tolerabilidade para o atingimento de uma maior elasticidade do critério, tendo em vista a ideia de boa-fé e de necessidade de colaboração. Nesse caso, porém, o adimplemento se configurará em sentido mais amplo.

Por fim, o princípio da integridade (ou da não divisibilidade) carrega os mesmos toques dos anteriores, na medida em que, em termos quantitativos, exige que a prestação se efetue integralmente, sendo vedada alteração por parte do devedor desprovida de previsão anterior.[163]

3.2 Pagamento como adimplemento em sentido técnico

Com as noções precedentes em mente, é possível afirmar, portanto, que *adimplemento mesmo*, em sentido técnico, somente ocorre quando todos os detalhes de tempo, espaço, quantia, modo e pessoa são atendidos voluntariamente pelo sujeito passivo da relação. Adimple o devedor que cumpre, ele mesmo, exatamente a prestação esperada.

Corrobora essa visão o ensinamento de Orlando Gomes:

> *Adimplemento* é o exato cumprimento da obrigação pelo devedor. De regra, o interesse do credor atende-se com o cumprimento, pelo devedor, da obrigação, mas pode ser satisfeito do mesmo modo se *terceiro* paga a dívida. Neste caso, diz-se que há *satisfação do crédito*, e não *adimplemento* propriamente dito,

---

NEZES CORDEIRO, A.M. Op. Cit., 1980, p. 187.

162. MARTINS-COSTA, Judith. *Op. Cit.*, 2005, p. 96-97.

163. Idem, p. 97. Por sua vez, aos princípios mencionados até aqui, adiciona DINIZ, Maria Helena, como requisitos essenciais, a pré-existência do vínculo obrigacional, o animus solvendi e as presenças do solvens e do accipiens. Ver em DINIZ, Maria Helena. Curso de direito civil brasileiro. 34ª edição. Vol. 2. São Paulo: Saraiva, 2019, p. 239-251.

porque o credor obtém o resultado querido ao receber o objeto devido, mas não há estritamente *adimplemento* porque o *terceiro não é devedor, nem está obrigado a pagar*.[164]

Pagamento, no contexto da obrigação tributária principal, é *adimplemento em sentido estrito*. No caso do Código Tributário Nacional, o termo *pagamento* previsto no §1º do art. 113 denota, como visto, o nome dado ao objeto imediato da obrigação tributária principal. *Pagamento* é o signo utilizado pelo legislador, nesse dispositivo e em outros (mas não em todos), para identificar o modo como se dá o *adimplemento* da prestação contida na relação obrigacional de direito tributário.

Aquele que pretenda *adimplir* a obrigação tributária principal precisa, assim, realizar uma conduta bastante específica, que é a conduta de *pagamento*, uma prestação de dar cujo objeto será um valor pecuniário.[165]

3.3 Pagamento como adimplemento de débito próprio

O adimplemento em sentido técnico está sempre ligado, desse modo, ao cumprimento de uma prestação própria.

---

164. GOMES, Orlando. *Op. Cit.*, 2019, p. 92. Em sentido próximo, MARTINS-COSTA, Judith. Op. Cit., 2005, p. 81: "O pagamento, adimplemento ou cumprimento é a realização, pelo devedor, da prestação concretamente devida, satisfatoriamente, ambas as partes tendo observado os deveres derivados da boa-fé que se fizeram instrumentalmente necessários para o atendimento do escopo da relação, em acordo ao seu fim e às suas circunstâncias.".

165. DINIZ, Maria Helena. *Op. Cit.*, 2019, p. 238: "O termo pagamento pode ser empregado em sentido: [...] 2º) restrito, para indicar certo meio de extinção da obrigação, significando a execução voluntária e exata, por parte do devedor, da prestação devida ao credor, no tempo, forma e lugar previstos no título constitutivo. Ter-se-á, então, o pagamento quando o devedor – por iniciativa própria ou atendendo solicitação do credor, desde que não seja compelido – cumprir exatamente a prestação devida, sem nenhuma modificação relevante fundada em lei e sem quaisquer alterações na substância do vínculo obrigacional. Assim sendo, pagamento seria uma espécie do gênero adimplemento, ou melhor, um meio direto e voluntário de extinguir a obrigação." Ver, também, GONZÁLEZ MÉNDEZ, Amelia. El pago de la obligación tributaria. Madrid: Instituto de Estudios Fiscales, 1988, p. 13: "El pago es el medio extintivo por excelencia de la obligación tributaria, pues ésta nace precisamente para ser cumplida a través de la entrega por el sujeto pasivo de una determinada cantidad de dinero al Estado o ente público acreedor."

Informado por boa-fé, correspondência, exatidão e integralidade, a concretização perfeita de todos os termos da relação impõe, subjetivamente, a presença do próprio devedor através de comportamento prestacional que o libere de seu débito ao mesmo tempo em que satisfaça o credor.

Assim o é para todos os tipos de relações abstratas entre dois sujeitos de direito. O adimplemento, do ponto de vista subjetivo, só se dá quando aquele que está em posição passiva, devendo satisfazer um direito daquele que está em posição ativa, cumpre, ele mesmo, a prestação esperada em todos os seus termos.

Por exemplo, só haverá adimplemento em sentido estrito de um dever instrumental tributário se aquele que se encontra previsto na norma geral e abstrata que impõe referido dever, como sujeito passivo da relação, cumprir a prestação dele esperada.[166]

Débito próprio, portanto, é um pressuposto do adimplemento em sentido estrito e, assim, também do pagamento.[167]

No caso de prestações pecuniárias (como é a obrigação tributária principal), por ser próprio o débito, a diminuição patrimonial correspondente ao cumprimento da conduta de entregar dinheiro ao credor se refere ao próprio devedor. Em outros termos, é o patrimônio do próprio sujeito passivo da obrigação principal que se vê diminuído para satisfação da pretensão do credor.

---

166. GOMES, Orlando. *Op. Cit.*, 2019, p. 99: "Quem deve pagar. Incumbe ao devedor satisfazer a prestação. Cumpre-lhe, por outras palavras, pagar. É o normal."; Ver, também, GONZÁLEZ MÉNDEZ, Amelia-Paz. Op. Cit., 1988, p.61: "Como conclusión, podemos conceptuar el cumplimiento como la realización por el deudor, de la prestación objeto de la obligación, que produce la extinción de ésta. Por cuanto es preciso tener en cuenta en sede de cumplimiento los tres elementos que acoge esta definición: el dato objetivo de la realización efectiva de la prestación, el elemento personal de realización de esta actividad por el deudor y el efecto producido por el cumplimiento en la misma obligación: su extinción, como fin necesario e ineludible."

167. BETTI, Emilio. *Op. Cit.*, 2006, p. 294 e 296: "[...] o débito como tal, ou seja, como dever de prestação de uma pessoa determinada – como dever de realizar um 'ato próprio' –, não se realizaria senão com a prestação efetiva por parte do 'próprio' devedor."; "[...] se – como se mencionou há pouco – uma terceira pessoa, em lugar do devedor, executa de forma inatacável a prestação devida, deve-se dizer que – embora não tenha sido, em rigor, adimplido o débito – a expectativa do credor de qualquer forma foi satisfeita, sempre que não existe um legítimo interesse em que o devedor execute pessoalmente a prestação."

OS TERCEIROS NA SUJEIÇÃO PASSIVA TRIBUTÁRIA
E O *ALTERLANÇAMENTO*

Assim, ao adimplir em sentido estrito, pelo pagamento, a obrigação tributária principal, contribuintes e responsáveis tributários atuam sobre débitos próprios, tendo os seus próprios patrimônios diminuídos em prol da arrecadação tributária.[168] Pagar, em matéria tributária, é termo que carrega, pressuposta, a identidade entre o titular do dever jurídico de realizar a conduta prevista para cumprimento dos termos relacionais e o titular do patrimônio utilizado para essa finalidade. Em sentido estrito, ninguém paga dívida tributária exclusivamente alheia no Brasil.

Eventual ausência de identidade entre as pessoas titulares do débito e do patrimônio afasta a situação da noção de pagamento como adimplemento em sentido estrito, exigida pelo Código Tributário Nacional como essencial para a configuração da obrigação principal e dos respectivos sujeitos passivos.[169]

Pensemos rapidamente, apenas para auxiliar a compreensão do que dissemos, nas demais relações jurídicas abrangidas pela definição legal de obrigação principal, melhor vistas no capítulo I. O sujeito obrigado a adimplir penalidade pecuniária (relação tributária sancionatória) é obrigado

---

168. Os reflexos deste capítulo para a temática da sujeição passiva tributária é objeto do capítulo seguinte. Também veremos as implicações do quanto afirmado para a noção de capacidade contributiva.

169. Veremos no capítulo seguinte os limites da teoria dualista da obrigação para o estudo da matéria aqui explorada. Por ora, citemos MARTINS-COSTA, Judith. Op. Cit., 2005, p. 83: "Tem-se aí suposto o conceito de relação obrigacional total e complexa, tal qual versado na Introdução a estes comentários, isto é, daquela que unifica, ontológica e funcionalmente, os seus dois momentos polares, o da Schuld e o da Haftung, o do débito e o da responsabilidade, ou garantia."; Ver, também, GONZÁLEZ MÉNDEZ, Amelia. Op. Cit., 1988, p. 60: "Por todo ello, sigue Beltrán [de Heredia], las expresiones 'satisfacción del derecho del acreedor' y 'cumplimiento de las obligaciones', no se identifican, puesto que si aquella satisfacción no se obtiene por medio del deudor, no hay verdadero y completo cumplimiento, ya que, además de ser el deudor parte esencial de la relación obligatoria, se constituye en la via idónea de realización de la prestación, según se ha previsto de algún modo en el momento de la propia constitución de la obligación: el deudor ha adquirido un compromiso, un deber jurídico frente al acreedor, que ostenta aquella titularidad activa. A este respecto alude Beltrán a lo que Heck denomina 'programa de prestación', y que significa que para que pueda consumarse el cumplimiento es precisa la exacta realización de todos los puntos previstos en ese programa."

a pagar, em sentido estrito, débito próprio e se utilizará do próprio patrimônio para realizar a prestação pecuniária em questão. Pensemos na estrutura formal da norma geral e abstrata: Deve ser que, se o sujeito passivo não atender ao consequente da norma X, surja relação jurídica pela qual referido infrator será titular do dever jurídico de pagar penalidade pecuniária ao credor titular do direito subjetivo de receber o valor. Ou ainda, o responsável tributário obrigado a adimplir o tributo por ter sido colocado, pela lei, no polo passivo da relação, ainda que não tenha praticado o fato jurídico tributário. Por exemplo, a seguinte estrutura formal da respectiva norma de responsabilidade: Deve ser que, havendo débitos não quitados sobre imóvel adquirido, o adquirente seja sujeito titular do dever jurídico de pagar os tributos ao credor titular do direito subjetivo de receber o valor (art. 130 do CTN).

Referidos pagamentos serão, assim como nos casos das obrigações principais propriamente ditas, adimplementos em sentido estrito, sendo que, tanto no exemplo do infrator quanto no exemplo do responsável, estaremos diante de débitos próprios dos respectivos devedores que utilizam seus próprios patrimônios para quitá-los.

A ideia da correspondência entre o patrimônio e o débito é importante para entendermos a distinção entre *recolhimento* e *pagamento*. Se determinado sujeito de direito está a cumprir obrigação de levar dinheiro aos cofres públicos sem que os valores estejam a diminuir seu patrimônio, o débito pecuniário em questão é alheio. Não se trata de dívida própria e, por isso, não se trata de pagamento. Descreve melhor, tecnicamente, a hipótese o termo *recolhimento*.

4. RAZÕES PARA A LEITURA DO TERMO *PAGAMENTO* COMO *ADIMPLEMENTO* EM SENTIDO TÉCNICO

São, pelo menos, quatro as razões para defendermos que o sentido do termo *pagamento* constante do §1º do art. 113 do Código Tributário Nacional é estrito e, portanto, equivalente a *adimplemento*.

A primeira razão, já antecipada alhures, está no fato de que, como vimos, o adimplemento, na visão dinâmica das relações obrigacionais, se converte em elemento integrante da própria definição do conceito de obrigação. Em decorrência disso, como estamos diante de um dispositivo legal que prescreve uma definição normativa do conceito em questão, ou seja, buscando dizer, com foros de prescritividade, o que vem a ser a obrigação tributária principal, a previsão do objeto da relação como pagamento somente pode fazer referência à noção estrita do modo direto e esperado de cumprimento e extinção da mesma.

Caso contrário, e já entrando na segunda razão, se considerarmos que o termo pagamento foi utilizado no §1º do art. 113 de maneira ampla e, portanto, impropriamente, entendendo, por decorrência, que o objeto imediato da obrigação principal poderia abarcar qualquer forma de extinção da relação tributária, chegar-se-ia ao absurdo de se poder afirmar que aquilo que configura a obrigação pode ser remissão, compensação, decadência, prescrição, dação em pagamento, transação, decisões administrativas ou judiciais, enfim, institutos que, sabemos, são outros modos de extinção da obrigação tributária sem que, no entanto, configurem *pagamento em sentido estrito*. Alguns deles possuem efeito de pagamento, nada mais.

A terceira razão para defendermos o sentido estrito do termo *pagamento* no §1º do art. 113, leva em conta a fenomenologia da incidência da norma. Por ela, ocorrido o fato previsto na hipótese normativa da regra-matriz de incidência (já que estamos falando de obrigação principal), instaura-se a relação tributária principal. Prescreve-se um dever para o sujeito passivo, calculado o tributo sobre uma base de cálculo referida à materialidade, aplicada determinada alíquota. Sem olvidar da conjugação necessária às prescrições de forma e prazo de pagamento presentes em outros enunciados. A fenomenologia da incidência reforça a presença de todos os elementos caracterizadores da prestação enquanto adimplemento em sentido estrito.

Em outros termos, com a realização da incidência da norma tributária pela atividade humana de interpretação, em atitude sistematizada, verifica-se a presença da relação jurídica completa, com todos os seus elementos, permitindo, assim, sejam conhecidos todos os detalhes que permitirão configurar o adimplemento propriamente dito, ou pagamento (no caso da obrigação principal), como a forma esperada de atendimento do quanto ali prescrito.

A quarta razão está no fato de que, sempre que possível, deve a doutrina descrever seu objeto de análise de maneira técnica, levando em conta os seculares ensinamentos da teoria geral do direito, da filosofia do direito, das produções de seu próprio âmbito do conhecimento, dos intercâmbios interdisciplinares possíveis e úteis às suas pretensões e, no caso, da teoria geral das obrigações, inclusive como garantia de segurança ao sistema do direito positivo. Também é verdade que, sempre que necessário, visto ter laborado o legislador em equívoco técnico-terminológico, é dever da ciência do direito apontar os erros para, entre outros fins, garantir coerência ao conjunto normativo.

Nesse sentido, é certo que não é a todo momento que o Código Tributário Nacional se utiliza do termo *pagamento* em seu sentido mais técnico, a exemplo do que ocorre no art. 184,[170] que dispõe sobre caso de pagamento em situação de garantia patrimonial, considerada em razão de prévio inadimplemento; ou, também, a previsão do art. 138,[171] que trata de denúncia espontânea acompanhada de pagamento em sentido amplo; ou ainda no art. 150,[172] que prevê hipótese de ex-

---

170. BRASIL. Lei nº 5.172, de 25 de outubro de 1966. Código Tributário Nacional. Diário Oficial da União (DOU) de 27.10.1966: "Art. 184. Sem prejuízo dos privilégios especiais sobre determinados bens, que sejam previstos em lei, responde pelo pagamento do crédito tributário a totalidade dos bens e das rendas, de qualquer origem ou natureza, do sujeito passivo, seu espólio ou sua massa falida, inclusive os gravados por ônus real ou cláusula de inalienabilidade ou impenhorabilidade, seja qual for a data da constituição do ônus ou da cláusula, excetuados unicamente os bens e rendas que a lei declare absolutamente impenhoráveis."

171. BRASIL. Lei nº 5.172, de 25 de outubro de 1966. Código Tributário Nacional. Diário Oficial da União (DOU) de 27.10.1966: "Art. 138. A responsabilidade é excluída pela denúncia espontânea da infração, acompanhada, se for o caso, do pagamento do tributo devido e dos juros de mora, ou do depósito da importância arbitrada pela autoridade administrativa, quando o montante do tributo dependa de apuração."

172. BRASIL. Lei nº 5.172, de 25 de outubro de 1966. Código Tributário Nacional. Diário Oficial da União (DOU) de 27.10.1966: "Art. 150. O lançamento por homologação, que ocorre quanto aos tributos cuja legislação atribua ao sujeito passivo o dever de antecipar o pagamento sem prévio exame da autoridade administrativa, opera-se pelo ato em que a referida autoridade, tomando conhecimento da atividade assim exercida pelo obrigado, expressamente a homologa.
§ 1º. O pagamento antecipado pelo obrigado nos termos deste artigo extingue o crédito, sob condição resolutória da ulterior homologação ao lançamento.
§ 2º. Não influem sobre a obrigação tributária quaisquer atos anteriores à homologação, praticados pelo sujeito passivo ou por terceiro, visando à extinção total ou parcial do crédito.
§ 3º. Os atos a que se refere o parágrafo anterior serão, porém, considerados na apuração do saldo porventura devido e, sendo o caso, na imposição de penalidade, ou sua graduação.
§ 4º. Se a lei não fixar prazo a homologação, será ele de cinco anos, a contar da ocorrência do fato gerador; expirado esse prazo sem que a Fazenda Pública se tenha pronunciado, considera-se homologado o lançamento e definitivamente extinto o

tinção do crédito tributário e, consequentemente da própria obrigação, após a homologação do pagamento, sendo certo que o termo aí é mais amplo do que o sentido técnico comporta, já que outros modos de extinção da obrigação podem dar ensejo à homologação pretendida.[173]

Por outro lado, na maior parte das aparições de referido termo no Código Tributário Nacional, o sentido técnico de adimplemento prevalece.[174]

---

crédito, salvo se comprovada a ocorrência de dolo, fraude ou simulação."

173. A Lei Federal sobre transação em matéria tributária traz interessantes reflexos sobre a temática aqui mencionada. Vide BRASIL. Lei nº 13.988, de 14 de abril de 2020. Dispõe sobre a transação nas hipóteses que especifica; e altera as Leis nos 13.464, de 10 de julho de 2017, e 10.522, de 19 de julho de 2002. DOU de 14 de abril de 2020.

174. Vejam-se, exemplificativamente, os arts. 156 a 163, do Código Tributário Nacional.

5. OBJETOS DOS DEVERES INSTRUMENTAIS COMO COMPORTAMENTOS DISTINTOS DE PAGAMENTO

Vimos até aqui que o objeto imediato possível das obrigações tributárias principais é uma *prestação de dar valores pecuniários* (tributos ou penalidades) *bastante específica*. Uma forma técnica de adimplemento denominada pelo direito positivo de *pagamento*.

De outro lado, pela negativa, o diploma de normas gerais em matéria tributária exige que os objetos imediatos das relações instrumentais não se confundam com o tipo de adimplemento previsto para as obrigações principais. Ou seja, o adimplemento em sentido estrito dos deveres instrumentais não pode ser o mesmo adimplemento em sentido estrito das relações tributárias obrigacionais.

Vale lembrar que a leitura conjunta do §2º do art. 113 e do art. 114, do Código Tributário Nacional, determina que a "obrigação acessória" tenha por objetos outras prestações positivas ou negativas cujo modo de adimplemento seja distinto do pagamento, uma vez que, este, configura a obrigação principal.

Vejamos, em seguida, as implicações que a identificação exata dos limites do termo pagamento apresenta para a disciplina dos deveres instrumentais tributários.

6. NOVA TIPOLOGIA DOS DEVERES INSTRUMENTAIS TRIBUTÁRIOS

Há um objeto imediato impossível juridicamente para os deveres instrumentais tributários. Trata-se do pagamento (adimplemento em sentido estrito da prestação pecuniária que caracteriza a obrigação principal). E a impossibilidade jurídica decorre da prescrição definitória constante das normas gerais em matéria tributária.

Isso, certamente, diminui o espectro de objetos possíveis das relações tributárias instrumentais, permitindo visualizarmos com maior precisão as configurações das prestações esperadas dos sujeitos passivos desse tipo de dever. A questão, porém, resta ainda bastante aberta, uma vez que o texto legislado não qualifica por signos específicos as prestações atinentes à relação instrumental.

Os modos de adimplemento dos deveres instrumentais tributários, portanto, não foram nomeados, ao contrário do que ocorreu pela definição legal de obrigação principal, que nomeou o modo esperado de adimplemento de *pagamento*.

Ocorre que, diferentemente do que costuma considerar a maior parte da doutrina, pensamos que a exclusão da possibilidade do pagamento figurar como objeto possível dos deveres instrumentais tributários não significa, necessariamente, que, a estes últimos, somente restem deveres de fazer ou não fazer como seus identificadores.[175]

Não estamos autorizados a considerar, pela leitura do direito positivo, que os objetos das relações de deveres instrumentais sejam, exclusivamente, prestações de fazer ou de não fazer.

---

175. Dissentimos, neste ponto, exemplificativamente, de: SCHOUERI, Luís Eduardo. Direito tributário. 9ª edição. São Paulo: Saraiva, 2019, p. 510: "O artigo 113, acima transcrito, não abrange apenas a obrigação de pagar. Apresenta duas categorias de 'obrigações', a obrigação principal e a acessória. Em síntese: a primeira contempla o 'dar', enquanto a última trataria do 'fazer' ou 'não fazer'."; TAKANO, Caio Augusto. Deveres instrumentais dos contribuintes – fundamentos e limites. São Paulo: Quartier Latin, 2017, p. 65: "O mesmo não ocorre no sistema tributário brasileiro, em que o legislador optou por adotar uma classificação dúplice, tendo como parâmetro o conteúdo patrimonial de sua prestação. Assim, se o seu objeto consistir em uma prestação de 'dar', com conteúdo econômico (pagamento de tributo ou de penalidade pecuniária), então, será uma 'obrigação principal', ao passo que, se o seu objeto for destituído de conteúdo econômico, ou seja, se constituir em uma prestação de 'fazer' ou 'não fazer', restará caracterizado o dever instrumental ('obrigação acessória').": COSTA, Regina Helena. Op. Cit., 2018, p. 204: "As obrigações acessórias constituem, portanto, condutas comissivas ou omissivas exigíveis dos contribuintes no intuito de assegurar o cumprimento da obrigação principal. Compreendem, sempre, um 'fazer' ou um 'não fazer', voltados às atividades de controle e arrecadação tributária."; CARVALHO, Paulo de Barros. Curso de Direito tributário. 30ª edição. São Paulo: Saraiva, 2019, p. 325: "Ladeando a obrigação tributária, que realiza os anseios do Estado, enquanto entidade tributante, dispõe a ordem jurídica sobre comportamentos outros, positivos ou negativos, consistentes num fazer ou não fazer, que não se explicam em si mesmos, preordenados que estão a facilitar o conhecimento, o controle e a arrecadação da importância devida como tributo."; CARRAZZA, Roque Antonio. O regulamento no direito tributário brasileiro. São Paulo: RT, 1981, p. 30: "Os comportamentos previstos como objeto de tais deveres podem ser, como mencionamos, positivos (fazer) ou negativos (não fazer ou suportar)."; ZOCKUN, Maurício. Regime jurídico da obrigação tributária acessória. São Paulo: Malheiros, 2005, p. 118-119: "O art. 113, §2º, do CTN determina que a ocorrência do evento previsto no antecedente da norma jurídica geral e abstrata faz surgir no mundo fenomênico, após a produção de uma norma individual e concreta, uma relação jurídica que tem por objeto o adimplemento, pelo sujeito passivo, de uma conduta (de fazer ou de não fazer) que possibilite à administração tributária tomar o conhecimento da ocorrência de um fato jurídico tributário ou outro que seja 'no interesse da arrecadação ou da fiscalização dos tributos'."; MACHADO, Hugo de Brito. Algumas questões a respeito da obrigação tributária acessória. In Teoria Geral da Obrigação Tributária – estudos em homenagem ao Professor José Souto Maior Borges. Coord. TORRES, Heleno Taveira. São Paulo: Malheiros, 2005, p. 295: "Obrigação tributária acessória, na verdade, é um dever jurídico de fazer, de não fazer ou de tolerar alguma coisa, previsto na legislação tributária no interesse da arrecadação dos tributos."

Em outras palavras, o pagamento – objeto específico da obrigação principal – é uma *prestação positiva, da espécie prestação de dar, da subspécie prestação de dar valor pecuniário*. Esse valor pecuniário deve ser próprio do titular do patrimônio aplicado para entregá-lo ao credor, na medida em que estamos diante de adimplemento em sentido técnico.

Outras prestações positivas de dar que não configuram adimplemento de valor pecuniário existem. E outras, ainda, também positivas de dar valor pecuniário, podem não configurar pagamento de tributo ou penalidade.

Afinal, prestações positivas de dar são as denominadas *prestações de coisas* (em contrapartida às *prestações de fatos*, que são as prestações positivas de fazer). Consistem, elas, na entrega de um bem (ou de um objeto), seja para transferir a propriedade, seja para ceder a posse, seja para restituir a coisa.[176]

Orlando Gomes esclarece que:

> A distinção entre as *obrigações de dar* e as *de fazer* deve ser traçada em vista do interesse do credor, porquanto as prestações de coisas supõem certa atividade pessoal do devedor e muitas prestações de fatos exigem dação. Nas *obrigações de dar*, o que interessa ao credor é a coisa que lhe deve ser entregue, pouco lhe importando a atividade do devedor para realizar a entrega. Nas *obrigações de fazer*, ao contrário, o fim é o aproveitamento do serviço contratado. Se assim não fosse, toda obrigação de dar seria de fazer, e *vice-versa*.[177]

Não nos parece razoável pressupor, somente pelo fato de que os objetos imediatos dos deveres instrumentais, por imposição legal, não podem ser daquele tipo específico de prestação positiva de dar valor pecuniário (pagamento de dívida de valor

---

176. RODRIGUES, SILVIO. *Direito civil – parte geral das obrigações*. Vol. 2. 26ª Ed. São Paulo, Saraiva, 1998, p. 19-45.

177. GOMES, ORLANDO. *Op. Cit.*, 2019, p. 36-39. Ver, também, DINIZ, Maria Helena. Op. Cit., 2019, p. 118: "A prestação, na obrigação de dar, consiste na entrega de um objeto, sem que tenha de fazê-lo previamente, e, na de fazer, na realização de um ato ou confecção de uma coisa, para depois entregá-la ao credor."

própria), que não poderia haver relação tributária instrumental, cujo objeto seja uma prestação positiva de dar. Aliás, nos dedicaremos a demonstrar exemplos ainda neste capítulo.

Corrobora a assertiva a previsão do §2º do art. 113, do Código Tributário Nacional, ao prever "prestações, positivas ou negativas" como objetos do que denomina "obrigação acessória". Veja-se que a expressão é empregada de forma ampla, já que, como visto, prestações positivas abarcam tanto aquelas de dar quanto as de fazer. Nenhuma restrição, portanto, no mencionado dispositivo legal às prestações positivas de fazer ou não fazer.

Veremos mais abaixo que alguém pode estar submetido a um dever específico de entregar algo ao fisco, como nos casos de entrega de determinadas informações ou documentos, ou ainda de valores pecuniários de outrem, configurando, assim, prestação de dar completamente distinta da prestação de dar própria do pagamento da obrigação principal. Uma prestação de dar como objeto de dever instrumental, portanto.

6.1 Alguns deveres instrumentais tributários com base na nova tipologia

Adotando, assim, o critério do objeto imediato da relação, levando em conta, também, o sujeito passivo a ela referente, podemos afirmar que a tipologia dos deveres instrumentais tributários é mais ampla e, portanto, distinta do que se costuma defender em âmbito doutrinário.

Ao contrário da conduta esperada do devedor da relação tributária principal, que é exclusivamente uma prestação de dar especial,[178] as condutas humanas esperadas dos sujeitos

---

178. DINIZ, Maria Helena. *Op. Cit.*, 2019, p. 103: "A obrigação de solver dívida em dinheiro é uma espécie de obrigação de dar que, pelas suas peculiaridades, merece um exame especial."; GOMES, Orlando. Op. Cit., 2019, p. 43: "Posto que a entrega ou restituição de uma coisa seja o objeto das *obrigações de dar*, há prestações desse gênero que merecem consideração especial, devido a importantes particularidades. São as prestações consistentes em dinheiro, reparação de danos e pagamentos de juros, todas de curso frequente e ponderável interesse no comércio jurídico."

passivos das relações tributárias instrumentais são as de *dar*, *fazer ou não fazer*.

Esquema 2: Condutas dos sujeitos passivos das relações tributárias

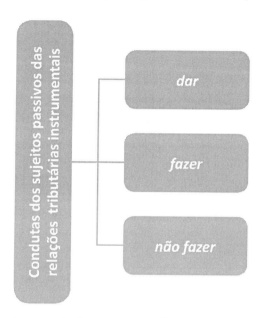

Não seria possível esgotar a demonstração de todas as específicas prestações de que tratamos. Isso porque variam em razão de cada tributo ou ainda em função de cada objetivo buscado pela Administração Tributária. Todavia, alguns exemplos podem ser trazidos a lume a fim de ilustrar cada tipo de prestação que mencionamos alhures. Comecemos pelas mais conhecidas.

São exemplos de prestação de *fazer* no âmbito do cumprimento de deveres instrumentais:

1) constituir o crédito tributário através do *autolançamento*, a exemplo do quanto retirado do art. 150 do Código Tributário Nacional.

2) constituir crédito tributário alheio através do *alterlançamento*, figura também fundamentada no art. 150, do Código Tributário Nacional.

3) escriturar operações nos moldes exigidos pela legislação tributária, a exemplo do que se extrai do parágrafo único do art. 195 do Código Tributário Nacional.[179]

4) cadastrar-se como contribuinte e manter as informações cadastrais atualizadas, a exemplo de CNPJ, CPF, endereço do estabelecimento ou da residência, como podemos retirar dos arts. 19, do Decreto nº 45.490/2000 (Regulamento do ICMS do Estado de São Paulo), e 18, da Lei Complementar Municipal nº 178/2003 (lei que institui o ISS no município de São José do Rio Preto).[180]

5) emitir documentos fiscais, dever que inclui emissão de notas fiscais, documentos auxiliares, conhecimentos de transporte etc.

6) elaborar declarações (sobre situações próprias ou de terceiros), como nos casos de declaração de ajuste anual do imposto sobre a renda das pessoas físicas, ou de "declaração negativa" (nome dado às comunicações de não ocorrência) para o Conselho de Controle de Atividades Financeiras (COAF), ou ainda as declarações sobre terceiros impostas às *exchanges* acerca de operações com *criptoativos* (Instrução Normativa da Receita Federal do Brasil nº 1.888/2019) etc.

---

[179]. Aplica-se às escriturações no ambiente do Sistema Público de Escrituração Digital (SPED), EFD Contribuições, EFD ICMS IPI, ECF etc.

[180]. SÃO PAULO (Estado). Decreto nº 45.490, de 30 de novembro de 2000. Aprova o Regulamento do Imposto sobre Operações Relativas à Circulação de Mercadorias e sobre Prestações de Serviços de Transporte Interestadual e Intermunicipal e Comunicação – RICMS. Diário Oficial do Estado (DOE) de 1º.12.2000: "Art. 19. Desde que pretendam praticar com habitualidade operações relativas à circulação de mercadoria ou prestações de serviço de transporte interestadual ou intermunicipal ou de comunicação, deverão inscrever-se no Cadastro de Contribuintes do ICMS mantido pela Secretaria da Fazenda, antes do início de suas atividades: [...]"; SÃO JOSÉ DO RIO PRETO. Lei Complementar nº 178, de 29 de dezembro de 2003. Dispõe sobre a instituição do imposto sobre serviços de qualquer natureza – ISSQN. Diário Oficial do Município (DOM) de 30.12.2003: "Art. 18. Devem inscrever-se no Cadastro Municipal Mobiliário, antes do início de suas atividades, todos aqueles que pretenderem exercer atividade prevista na Classificação Nacional de Atividades Econômicas - CNAE, inclusive quando imunes ou isentos do imposto."

7) realizar operações acompanhadas de documentos fiscais, como especialmente exigido nos casos em que haja movimentação, física ou fictícia, de bens, mercadorias e produtos.

8) realizar o encerramento de apurações, inclusive eletrônicas, como exigido por entes municipais que se utilizam de *softwares* para controle e gestão das informações dos contribuintes (exemplo do chamado *GISS On-Line*).

9) manter determinadas tecnologias e equipamentos (*softwares* e ECF, por exemplo), exigência decorrente da necessidade de transmissão de informações em ambiente digital (SPED, GISS On-Line, Posto Fiscal Eletrônico etc.), ou ainda exigência de equipamentos como máquinas de emissão de cupom fiscal (ECF) ou o antigo Sistema de Medição de Vazão (SMV), para indústrias específicas, como de bebidas frias.

10) aplicar recursos para manutenção de seus objetivos integralmente no país (no caso de entidades imunes), como se extrai do inciso II do art. 14 do Código Tributário Nacional.

11) reter tributos, como nos casos da contribuição previdenciária ao INSS e do Imposto sobre a renda Retido na Fonte (IRRF).

12) reembolsar-se antecipadamente de valores alheios a serem entregues ao fisco, como se dá nas hipóteses de dever de repassar no preço do bem objeto de mercancia o montante do tributo.

13) cadastrar-se como não contribuinte, como no caso dos denominados Cadastros de Prestadores de Outros Municípios (CPOM).

14) verificar a regularidade fiscal de fornecedores e clientes, a exemplo da exigência advinda da Lei nº

1.320/2018, do Estado de São Paulo, que instituiu o denominado Programa de Estímulo à Conformidade Tributária – "Nos Conformes".

15) exigir comprovantes, como se impõe aos tabeliães, escrivães e demais serventuários de ofício, sob pena de responsabilidade pelo crédito tributário não pago, conforme art. 134, VI, do Código Tributário Nacional.

São exemplos de prestação de *não fazer*:

1) sujeitar-se a fiscalizações, como se extrai dos arts. 194 a 200 do Código Tributário Nacional.

2) sujeitar-se a diligências, espécie de procedimento de investigação sem caráter fiscalizatório contra o diligenciado, a exemplo daquele formalizado através do denominado Termo de Distribuição de Procedimento Fiscal - Diligência (TDPF-D), da Receita Federal do Brasil.[181]

3) não embaraçar os trabalhos fiscais, como se extrai do art. 200 do Código Tributário Nacional.

4) não desacatar a autoridade fiscal, dever também retirado do art. 200 do Código Tributário Nacional, por exemplo.

5) não eliminar livros obrigatórios de escrituração e comprovantes antes de ocorrida a prescrição dos

---

181. BRASIL. Receita Federal do Brasil. Portaria nº 6.478, de 29 de dezembro de 2017. Dispõe sobre o planejamento das atividades fiscais e estabelece normas para a execução de procedimentos fiscais relativos ao controle aduaneiro do comércio exterior e aos tributos administrados pela Secretaria da Receita Federal do Brasil. DOU de 02.01.2018: "Art. 2º Os procedimentos fiscais relativos a tributos administrados pela RFB e ao controle aduaneiro do comércio exterior serão instaurados e executados pelos Auditores-Fiscais da Receita Federal do Brasil, na forma prevista no art. 7º do Decreto nº 70.235, de 6 de março de 1972, observado o disposto nos seguintes documentos de gestão administrativa: I - Termo de Distribuição de Procedimento Fiscal de Fiscalização (TDPF-F), para instauração de procedimento de fiscalização; II - Termo de Distribuição de Procedimento Fiscal de Diligência (TDPF-D), para realização de diligência; e III - Termo de Distribuição de Procedimento Fiscal Especial (TDPF-E), para prevenção de risco de subtração de prova."

respectivos créditos tributários, conforme parágrafo único do art. 195 do Código Tributário Nacional.

6) não distribuir parcela de patrimônio ou renda (no caso de entidades imunes), conforme inciso III do art. 14 do Código Tributário Nacional.

São exemplos de relações tributárias instrumentais cujo objeto é uma prestação de *dar*:

1) prestar informações sobre bens, negócios ou atividades de terceiros, como nos casos de atendimento a ordens advindas de autoridades fiscais.

2) entregar ou transmitir documentos fiscais.

3) recolher valores de terceiros aos cofres públicos.

Demonstremos porque as três hipóteses destacadas acima podem ser visualizadas como exemplos de relações tributárias instrumentais configuradas como *prestações de dar*.

Não são raras as vezes em que um particular diligenciado, sujeitado a procedimento de investigação para apuração do cumprimento de obrigações tributárias por parte de um contribuinte com quem manteve contato através de negócios jurídicos, é exigido a entregar informações sobre bens, negócios e atividades desse terceiro.

Nessas situações, o interesse do credor está na entrega da informação ou do documento que revele dados úteis às investigações fiscais. Não requer, o credor, a elaboração da informação ou do documento. Seu interesse não está no *facere*, como se dá nos casos de escrituração de livros fiscais. Imaginemos que o diligenciado tenha elaborado contrato escrito para resguardar seus direitos em relação ao negócio jurídico realizado com o contribuinte, mas, sem que haja exigência legal de que referido instrumento particular fosse elaborado (ou seja, o negócio poderia ter sido verbalmente acordado). O fisco, no exemplo, não poderia esperar um *facere* por parte do diligenciado. Porém, diante da informação da existência do documento, pode se interessar no *dare*, que será a entrega do contrato para fins de fiscalização. Um exemplo de prestação de dar enquanto dever instrumental tributário.

O segundo destaque de prestação de dar como objeto de dever instrumental é um tanto distinto. Sabemos que os particulares são compelidos a *fazer* declarações, elaborar documentos, entre outros deveres, que possuam informações relevantes ao controle das obrigações tributárias pelo fisco. Mas, por vezes, as leis fiscais preveem não somente o dever instrumental de declarar ou elaborar (*fazer* as declarações e demais documentos), mas outro dever instrumental de entregar ou transmitir essas declarações. E dizemos ser outro dever instrumental nas hipóteses em que há punições distintas pelos descumprimentos respectivos. Veja-se o exemplo da alínea z, do inciso IV, do art. 527,[182] do Decreto estadual paulista nº 45.490/2000, que prevê punição tanto pela falta de registro eletrônico de documento fiscal (um *facere*), quanto (alternativamente) pela falta de transmissão do documento fiscal. No caso, a penalização pode ocorrer pelo descumprimento da prestação de dar (entregar/transmitir) o documento, mesmo que tenha sido cumprido o *facere*, ou seja, mesmo havendo o registro eletrônico exigido. Ou ainda o exemplo, retirado do mesmo Decreto nº 45.490/2000, na alínea e, inciso V, do art.

---

182. SÃO PAULO (Estado). Decreto nº 45.490, de 30 de novembro de 2000. Aprova o Regulamento do Imposto sobre Operações Relativas à Circulação de Mercadorias e sobre Prestações de Serviços de Transporte Interestadual e Intermunicipal e Comunicação – RICMS. Diário Oficial do Estado (DOE) de 1º.12.2000: "Art. 527 - O descumprimento da obrigação principal ou das obrigações acessórias, instituídas pela legislação do Imposto sobre Circulação de Mercadorias e sobre Prestações de Serviços, fica sujeito às seguintes penalidades: [...] IV - infrações relativas a documentos fiscais e impressos fiscais: [...] z) falta de Registro Eletrônico de Documento Fiscal - REDF ou de transmissão de documento fiscal ou de autorização de uso de documento fiscal, quando exigidos pela legislação - multa equivalente a 50% (cinquenta por cento) do valor da operação ou prestação indicada no documento fiscal, nunca inferior a 15 (quinze) UFESPs por documento; no caso de solicitação após transcurso do prazo regulamentar, multa equivalente a 1% (um por cento) do valor da operação ou prestação constante do documento, nunca inferior a 6 (seis) UFESPs, por documento ou impresso; [...]".

527,[183] prevendo penalidade pela falta de entrega de documento auxiliar de escrituração fiscal, também alternativamente à punição pela falta de elaboração do referido documento. Em outros termos, o contribuinte pode ter cumprido o *facere* de elaborar o documento auxiliar em questão, mas descumprido o dever de entregá-lo à autoridade administrativa, ocasião em que será penalizado. A prestação de fazer foi cumprida, nesses exemplos, elaborou-se o registro ou o documento auxiliar. Fácil verificar que se há punição pela ausência de entrega, esse *dare* é dever instrumental que, descumprido, ensejará a aplicação da penalidade pecuniária. Um dever instrumental distinto. Mais uma prova do acerto da tipologia aqui proposta.

Por fim, há os casos de recolhimento, dever instrumental que (como veremos mais abaixo) não se confunde com o pagamento. Se limita a uma entrega de valores ao fisco, sem que esse tenha qualquer interesse em um *facere* prévio ao recolhimento, com exceção de outros deveres instrumentais como o de constituição do crédito tributário e o de retenção, que com o recolhimento, no entanto, não se confundem.

6.1.1 Deveres instrumentais tributários atribuídos a terceiros

Dos deveres instrumentais tributários exemplificativamente destacados mais acima, vários costumam ser atribuídos àqueles que designamos de terceiros neste trabalho, ou seja, a pessoas estranhas à relação tributária obrigacional por não serem contribuintes nem responsáveis.

---

183. SÃO PAULO (Estado). Decreto n° 45.490, de 30 de novembro de 2000. Aprova o Regulamento do Imposto sobre Operações Relativas à Circulação de Mercadorias e sobre Prestações de Serviços de Transporte Interestadual e Intermunicipal e Comunicação – RICMS. Diário Oficial do Estado (DOE) de 1°.12.2000: "Art. 527 - O descumprimento da obrigação principal ou das obrigações acessórias, instituídas pela legislação do Imposto sobre Circulação de Mercadorias e sobre Prestações de Serviços, fica sujeito às seguintes penalidades: [...] V - infrações relativas a livros fiscais, contábeis e registros magnéticos: [...] e) falta de elaboração de documento auxiliar de escrituração fiscal ou sua não exibição ao fisco - multa equivalente a 1% (um por cento) do valor das operações ou prestações que nele devam constar; [...]".

Pensamos ser interessante destacar, neste momento, ao menos três tipos de deveres instrumentais atribuídos a terceiros que, no contexto desta investigação, reforçam o papel de relevância que, cada vez mais, esses administrados vêm ganhando no auxílio à gestão do sistema tributário.

6.1.1.1 Dever de constituição do crédito tributário

Desenvolveremos, a partir do capítulo V, a figura do *alterlançamento*, que serve para demonstrar justamente o dever instrumental de constituição do crédito tributário atribuído a terceiros.

Por ele, pessoas estranhas à relação tributária principal são chamadas a realizar operações de interpretação da norma tributária geral e abstrata relativa a outrem e a incidir referida norma, muitas vezes instaurando, *in concreto*, a relação jurídica alheia e liquidando (no sentido de tornar líquido, constituir) o respectivo valor devido aos cofres públicos.

Como teremos oportunidade de comprovar, geralmente, casos de retenção na fonte, de substituição tributária para frente, entre outros, pressupõem o tipo de dever de constituição do crédito tributário exigido de terceiros aqui mencionado.

6.1.1.2 Deveres de retenção e de reembolso antecipado

Reter e reembolsar-se antecipadamente são deveres instrumentais atribuídos a terceiros. Isso porque, como os terceiros não realizam pagamento (como veremos abaixo, apenas recolhem), há verdadeira exigência legal para que a distinção entre o patrimônio que responde pelo débito e o patrimônio do terceiro fique patente, a fim de se manter como sujeitos passivos da relação tributária obrigacional o contribuinte e o responsável tributário.

A ausência de retenção, por exemplo, pode significar aplicação de penalidade, pois, refletirá na base de cálculo apurada e, consequentemente, significará que o recolhimento foi realizado a menor. O reembolso antecipado, da mesma forma, também é imposição legal, permitindo manter o terceiro a salvo de questões de afronta à capacidade contributiva, por exemplo.

A fonte pagadora, quando retém o montante a ser recolhido ao fisco, cumpre dever instrumental tributário. E a fonte pagadora é terceiro justamente porque o dever de retenção – que, ao mesmo tempo em que é dever, configura técnica apta a permitir a identificação do real sujeito passivo da obrigação – afasta seu patrimônio do objeto levado aos cofres do Estado. Ou seja, garante que o débito continue sendo apenas do sujeito passivo da relação principal (contribuinte ou responsável). O mesmo se dá no caso de reembolso antecipado, que distancia o patrimônio do terceiro do débito tributário, evitando que referido débito seja próprio do substituto tributário, continuando a ser, apenas, do substituído.

6.1.1.3 *Dever de recolhimento*

Do modo como vemos o direito tributário positivo brasileiro, recolher é um dever legalmente estipulado de entregar ao credor de outrem o objeto da prestação de dar que este último (o *alter*) possui perante o primeiro, em razão de uma relação previamente estabelecida entre eles (a exemplo da tributação exclusiva na fonte pelo imposto sobre a renda).

Ou ainda, diante da criatividade em matéria tributária do legislador nacional, recolher é um dever legalmente estipulado de entregar àquele que, muito provavelmente, será credor de outrem, algo que, muito provavelmente, significará o objeto da prestação de dar que o *alter* possuirá perante o primeiro em razão de uma relação a ser estabelecida entre eles (a exemplo da substituição tributária progressiva ou para frente).

Em casos de prestações pecuniárias como o da obrigação de pagar tributo prevista no art. 113, §1º, do Código Tributário Nacional, recolher é entregar ao fisco o valor pecuniário que é o objeto da prestação de dar que este exige ou exigirá do sujeito passivo da obrigação de pagamento (contribuinte ou responsável).

OS TERCEIROS NA SUJEIÇÃO PASSIVA TRIBUTÁRIA
E O *ALTERLANÇAMENTO*

A relação tributária instrumental de recolhimento exige, como pensamos, uma prestação de dar e não uma prestação de fazer.[184] Isso porque o que o credor espera do "recolhedor" não é uma elaboração prévia de algo que, posteriormente, lhe será entregue. A prestação esperada pelo credor é justamente a entrega do objeto, um *dare* que não é mera consequência de um *facere* especificado. Conforme Washington de Barros Monteiro,

> O *substractum* da diferenciação está em verificar se o *dar* ou o *entregar* é ou não consequência do *fazer*. Assim, se o devedor tem de dar ou entregar alguma coisa, não tendo, porém, de fazê-la, previamente, a obrigação é de dar; todavia, se, primeiramente, tem ele de confeccionar a coisa, para depois entregá-la, se tem ele de realizar algum ato, do qual será o mero corolário o de dar, tecnicamente, a obrigação é de fazer.[185]

Essa prestação de dar se refere à entrega de valor pecuniário que não se confunde com pagamento, pois, não se trata de débito próprio o objeto levado ao credor de outrem. O valor pecuniário em questão, que é o tributo devido pelo *alter* (contribuinte ou responsável) ao fisco, não sai do patrimônio daquele que deve cumprir o dever instrumental de recolhimento, em razão de retenção na fonte ou de reembolso antecipado, deveres que configuram verdadeiras técnicas voltadas a garantir que o patrimônio atingido seja o do devedor da obrigação principal.

No caso do direito tributário, o credor do sujeito passivo do dever instrumental de recolhimento é o mesmo credor do sujeito passivo da obrigação principal, ou seja, o fisco. Mas, as prestações, em que pese de mesma natureza (*dare*) e, em termos gerais, com objetos semelhantes (valor pecuniário), não

---

184. Em sentido diverso, MACHADO, Brandão. *Notas de direito comparado – tributação na fonte e substituição tributária*. In Direito Tributário – Homenagem a Alcides Jorge Costa. Coord. Luís Eduardo Schoueri. Vol. I. São Paulo: Quartier Latin, 2003, p. 90, para quem, apesar de haver realmente diferença entre pagar e recolher, a última é obrigação de fazer.

185. MONTEIRO, Washington de Barros. *Das modalidades das obrigações*. São Paulo, 1959, p. 99 (apud RODRIGUES, Silvio. Op. Cit., 1998, p. 35).

se confundem, seja pelos sujeitos passivos distintos, seja pela distinta titularidade do objeto levado à caixa do Estado.

O adimplemento em sentido estrito *recolhimento* é distinto, portanto, do adimplemento em sentido estrito *pagamento*. Este último configura obrigação principal, atribuível apenas a contribuintes e responsáveis tributários. O primeiro configura dever instrumental tributário, atribuível apenas a terceiros não contribuintes e não responsáveis.[186]

---

186. Em reforço à caracterização do recolhimento como prestação de dar e não prestação de fazer, basta lembrarmos que não há maiores dúvidas ou discussões acerca do tipo de prestação que envolve a atitude de entrega de valor pecuniário pelo contribuinte ou pelo responsável (pagamento): um dare. Ora, assim como a entrega de dinheiro realizada pelo devedor do tributo aos cofres públicos é uma prestação de dar, o mesmo tipo de "movimento" realizado por terceiro não pode configurar prestação de outra espécie que não uma prestação de *dar*. Em outras palavras, recolher é *dare* assim como pagar é *dare*.

7. PRESTAÇÃO DE DAR VALOR PECUNIÁRIO A CARGO DE TERCEIROS – EM BUSCA DE UM NOVO PATAMAR PARA OS DEVERES INSTRUMENTAIS TRIBUTÁRIOS

Pudemos ver até aqui que os deveres instrumentais tributários envolvem três tipos de prestações – *dar, fazer e não fazer* – e não apenas dois tipos – *fazer e não fazer*. Nenhum desses três tipos de prestações pode ser pagamento, pois, este modo de adimplemento em sentido estrito é próprio das chamadas obrigações principais.

No pagamento, o débito tributário é próprio e o patrimônio que se utiliza para quitá-lo é do próprio contribuinte ou responsável, sujeitos que podem figurar no polo passivo das relações tributárias obrigacionais.

> *O pagamento é modo de adimplemento próprio das chamadas obrigações principais.*

Ao incluirmos as prestações de dar como tipo de conduta passível de se exigir de sujeitos passivos de deveres instrumentais e, ao mesmo tempo, visualizarmos a noção de adimplemento em sentido estrito como a necessidade do próprio devedor cumprir a sua obrigação junto ao credor, possibilitou-se a distinção mais clara entre pagamento e recolhimento, demonstrando, assim, indícios de que muitas relações até agora consideradas como principais são, em verdade, relações de deveres instrumentais tributários.

À continuação, trataremos do tema da sujeição passiva tributária, agora com as influências do quanto trazido neste capítulo, a fim de auxiliar a demonstrar o que estamos a afirmar e transformar mencionados indícios em provas de que terceiros têm um papel na gestão da arrecadação e da fiscalização tributária mais importante do que se costuma defender.

Capítulo IV
REFLEXOS DA NOVA TIPOLOGIA PARA A TEMÁTICA DA SUJEIÇÃO PASSIVA TRIBUTÁRIA

1. INFLUENCIANDO CONCEITOS

Visto no capítulo anterior que as prestações passíveis de imposição no interesse da arrecadação e da fiscalização tributária podem envolver, também, um *dare* distinto de pagamento, modifica-se o horizonte cognoscitivo não só das espécies de deveres instrumentais tributários, ao incluir na classe de objetos algo antes não considerado pela doutrina tradicional, mas, também, do tema da sujeição passiva tributária, já que permite identificar, com maior precisão, aquilo que são exigidas a realizar as pessoas colocadas pelas normas jurídicas no polo passivo das relações com o fisco.

Cuidaremos, neste momento de nossa argumentação, de demonstrar como influencia a definição de conceitos como *contribuinte, responsável tributário* (inclusive *substituto tributário*) e *terceiros*, a correta identificação do alcance do termo pagamento em sua relação com a prescrição definitória de obrigação tributária principal[187] e seu papel para a imposição legal do que seja dever instrumental tributário.

---

187. O capítulo deve ser lido com os cuidados indicados pela ressalva constante do capítulo I sobre o tratamento de múltiplas relações tributárias pelo Código Tributário Nacional com o nome "obrigação principal". Para o Código, lembremos, toda relação jurídica em que alguém está em situação passiva, em relação ao fisco, de realizar prestação de dar valor pecuniário qualificado ou como tributo ou como penalidade, é tratada como obrigação principal. Tecnicamente (e em termos gerais), obrigação principal é a relação jurídica que tem tributo como objeto do pagamento, sendo que a obrigação que tem como objeto do pagamento uma penalidade pecuniária deve ser vista como relação sancionatória.

2. SUJEIÇÃO PASSIVA TRIBUTÁRIA SOB O VIÉS DA FINALIDADE E DA CAUSA PRÓXIMA DAS RELAÇÕES

Dissemos no capítulo I deste trabalho que não é só de contribuintes e responsáveis tributários que é formado o universo de sujeitos de direito que podem ser colocados em posição de débito tributário (dever jurídico de satisfazer um interesse legítimo da administração tributária) nos liames abstratos normativa e artificialmente criados para a concretização dos valores protegidos e buscados pelas prescrições do sistema tributário brasileiro.

É a crença nessa afirmação que justifica a própria existência deste labor investigativo, voltado a estudar e descrever os fundamentos e limites da atribuição de deveres instrumentais em matéria tributária a pessoas distintas de contribuintes e responsáveis.

A Constituição Federal de 1988, muito em razão da manutenção de uma coerência normativa mínima em relação à proteção da capacidade contributiva, volta-se a dispor mais atentamente sobre a espécie de sujeitos passivos tributários denominada, *in abstracto, contribuinte*, em que pese referir-se, também ao *responsável tributário* (§7º do art. 150, por exemplo) e – como que em reconhecimento da influência indireta da doutrina tributária italiana sobre a legislação brasileira por conta de sua influência direta sobre a doutrina tributária nacional[188] – ao *substituto tributário* (alínea b, do inciso XII, do art. 155, por exemplo).

Vale lembrar que, antes da promulgação do texto constitucional do final dos anos oitenta, já vigia em nosso ordenamento jurídico o Código Tributário Nacional, recepcionado pela Constituição com *status* de lei complementar com a tarefa de, entre outras funções, tratar sobre normas gerais em matéria de legislação tributária, incluídas aí as prescrições pertinentes às relações jurídicas tributárias (art. 146, inciso III), o que significa, como consequência, a recepção constitucional da definição constante do Código de normas gerais tributárias acerca da sujeição passiva em matéria fiscal.

O Código Tributário Nacional, por sua vez, traz os já comentados arts. 121 e 122,[189] dispondo, em prescrição definitória

---

188. Para uma aprofundada compreensão do caminho de desenvolvimento dos estudos sobre substituição tributária que mais influenciaram a doutrina brasileira, desde BLUMENSTEIN, Ernst (Die Bedeutung zivilrechtlicher Begriffe für das moderne Steuerrecht, 1919; Schweizerisches Steuerrecht, 1926), GIANINI, Achile Donato (Il rapporto giurídico d'imposta, 1937; Istituzioni di diritto tributario, 1968; I concetti fondamentali di diritto tributario, 1956), PUGLIESE, Mario (Diritto tributario del lavoro, 1935), UCKMAR, Antonio (Del sostituto d'imposta, 1940), BETTI, Emilio (Teoria generale delle obbligazioni, 1955), COCIVERA, Benedetto (Il sostituto d'imposta, 1959), D'AMATI, Nicola (La sostituzione tributaria, 1956), PARLATO, Andrea (Il sostituto d'imposta, 1969), MAFFEZONI, Federico (Contributo alla teoria del presuposto di fatto nell'imposta generale sull'entrata prelevata col sistema una tantum, 1957), FANTOZZI, Augusto (La solidarietà nel diritto tributario, 1968), VANONI, Ezio (Elementi di diritto tributario, 1962), ALLORIO, Enrico (Diritto processuale tributario, 1969), ver MACHADO, Brandão. Notas de direito comparado – tributação na fonte e substituição tributária. In Direito Tributário – Homenagem a Alcides Jorge Costa. Coord. Luís Eduardo Schoueri. Vol. I. São Paulo: Quartier Latin, 2003, p. 73-94; Ver, também, RODRIGUES, Walter Piva. Substituição tributária. São Paulo: Quartier Latin, 2004.

189. BRASIL. Lei nº 5.172, de 25 de outubro de 1966. Código Tributário Nacional. Diário Oficial da União (DOU) de 27.10.1966: "Art. 121. Sujeito passivo da obrigação principal é a pessoa obrigada ao pagamento de tributo ou penalidade pecuniária. Parágrafo único. O sujeito passivo da obrigação principal diz-se:
I - contribuinte, quando tenha relação pessoal e direta com a situação que constitua o respectivo fato gerador;
II - responsável, quando, sem revestir a condição de contribuinte, sua obrigação

dependente, quem são os sujeitos passivos do que denomina obrigações tributárias (lembrando que, para o Código, os deveres instrumentais são obrigações acessórias).

Dizemos "prescrição definitória dependente" porque mencionados arts. 121 e 122 não podem ser compreendidos sem referência à outra prescrição definitória constante dos arts. 113, 114 e 115 do mesmo diploma legal, respeitante as figuras da obrigação tributária principal e dos deveres instrumentais tributários.

Ao prescrever quem pode figurar como sujeito passivo da obrigação principal, o art. 121 não somente se refere, em termos genéricos, à relação obrigacional tributária, mas expressamente impõe a verificação da conduta esperada pelo sujeito devedor como indispensável à sua configuração. O mesmo se dá com o art. 122, que qualifica normativamente o sujeito passivo dos deveres instrumentais em relação à conduta dele esperada para satisfação das prestações a que está obrigado.

Referem-se, os arts. 121 e 122 do diploma em comento, aos objetos, mediato e imediato, das relações tributárias respectivas, impondo a nomenclatura da classificação legal utilizada de acordo com o que devem cumprir os sujeitos. Eis o motivo pelo qual apresenta relevância a compreensão proposta no capítulo precedente, a respeito dos objetos possíveis das obrigações tributárias e dos deveres instrumentais, bem como do sentido técnico do termo pagamento, à temática da sujeição passiva tributária.

Referidos artigos somam ao critério objetivo (critério de finalidade) mencionado – ou seja, à consideração dos objetos da relação na identificação do sujeito – um critério de causa, em especial para o reconhecimento da diferença específica entre os dois tipos expressamente reconhecidos de sujeitos passivos da obrigação principal.

---

decorra de disposição expressa de lei."; "Art. 122. Sujeito passivo da obrigação acessória é a pessoa obrigada às prestações que constituam o seu objeto."

OS TERCEIROS NA SUJEIÇÃO PASSIVA TRIBUTÁRIA
E O *ALTERLANÇAMENTO*

Essa causa próxima, digamos, se refere ao motivo pelo qual determinado sujeito de direito é colocado em posição de cumprir um interesse de outro sujeito de direito. Conforme exploraremos mais adiante, se a causa de se encontrar diante da necessidade de realizar um pagamento de um tributo for a prática do fato previsto na hipótese de incidência, o sujeito será chamado contribuinte; se, por outro lado, não tiver praticado esse fato imponível, mas estiver em posição de pagamento por ter relação indireta com dita prática, o sujeito será chamado responsável.[190]

Um breve parêntese: A – poderíamos dizer – causa remota da colocação de alguém em relações jurídicas pelas quais tenha que pagar ou recolher tributos e penalidades pecuniárias, bem como fazer ou não fazer algo no interesse da arrecadação e da fiscalização tributária, já apresenta referência a normas constitucionais, especialmente princípios (como os do interesse público, solidariedade, capacidade contributiva, praticabilidade, eficiência etc.). Neste específico momento, nosso esforço descritivo estará mais voltado aos critérios utilizados pelo Código Tributário Nacional, quais sejam, os de causa próxima e de finalidade (objetos mediato e imediato da relação), sendo, a causa remota, utilizada posteriormente no trabalho para confirmar a validade das noções apresentadas em relação ao sistema tributário brasileiro.

Pois, bem. O Código de normas gerais em matéria de legislação tributária vincula ao reconhecimento de um sujeito de direito enquanto sujeito passivo de relações tributárias

---

190. Em relação às relações tributárias sancionatórias (nas quais o objeto do pagamento será penalidade pecuniária e não tributo), os nomes se mantêm. Tratadas pelo Código também como obrigações principais, se a exigência de pagamento da penalidade se der sobre aquele que pratica fato jurídico tributário, se mantém a designação de contribuinte. Se a exigência se der sobre quem paga tributo sem ter praticado o fato imponível, se mantém a denominação de responsável. Por fim, se a exigência da penalidade pecuniária se der sobre quem não pode ser obrigado ao pagamento do tributo devido por outrem, se mantém o nome de terceiro. O problema do terceiro enquanto sujeito passivo da obrigação de pagamento de penalidade pecuniária será explorado mais adiante neste capítulo.

principais, uma finalidade e, prescrevendo a existência de duas categorias possíveis de sujeitos passivos da obrigação principal, uma causa. A função da causa é servir de demonstração da diferença específica positivamente imposta entre as figuras de contribuintes e responsáveis tributários, já que a finalidade deve ser a mesma para os dois tipos de sujeitos.

A função da finalidade na prescrição definitória da sujeição passiva tributária é servir de diferença específica entre a categoria de sujeitos passivos da obrigação principal e a categoria de sujeitos passivos dos deveres instrumentais tributários.

A finalidade legalmente imposta diz com os objetos da relação, sobre os quais falamos anteriormente neste trabalho. Compõem a ideia de finalidade aqui defendida, como diferença específica entre sujeitos passivos da obrigação tributária e sujeitos passivos de deveres instrumentais, o objeto imediato da respectiva relação – que é o tipo de prestação exigida do devedor – e o objeto mediato – que é o conteúdo da prestação exigida.

A obrigação principal apresentará, sempre, um único tipo de prestação: *prestação de dar*. E o conteúdo dessa prestação será sempre um: *valor pecuniário*. Esse valor pecuniário é qualificado pela lei como tributo ou penalidade, em que pese a impropriedade técnica da equiparação. É o que diz o Código Tributário Nacional no art. 113, §1º, ao prescrever que *a obrigação principal tem por objeto o pagamento de tributo ou penalidade pecuniária*.

A conjugação desses objetos, imediato e mediato, da relação tributária obrigacional, forma o modo típico de adimplemento esperado pelo credor para satisfação de seu direito subjetivo: *pagamento*, uma prestação de dar valor pecuniário equivalente ao quanto exigido a título de tributo ou penalidade pecuniária pelo fisco.

Não esqueçamos aquilo que já foi definido no capítulo precedente, no sentido de que, visto o pagamento como adimplemento em sentido estrito, a presença do próprio sujeito de quem aquele é exigido é fundamental. Tanto o débito quanto o patrimônio atingido se referem à pessoa do devedor. E o regramento do Código sobre quem pode ser devedor da obrigação principal confirma a assertiva.

Os deveres instrumentais, por sua vez, apresentarão três tipos de prestação: *dar, fazer e não fazer*. E os conteúdos dessas prestações variam desde *valor pecuniário, documentos, apuração, dados, informações*, até *condutas ilícitas específicas*. É o que diz o Código no art. 113, §2°, ao prescrever que as *"obrigações acessórias" têm por objeto prestações positivas ou negativas no interesse da arrecadação e da fiscalização dos tributos*.

Os deveres instrumentais podem apresentar como objeto imediato uma *prestação de dar* e, como conteúdo dessa prestação, *valor pecuniário*. Essa prestação de dar valor pecuniário não pode, no entanto, configurar *pagamento*, nos termos do que exige o art. 115, do Código Tributário Nacional, ao prever que *a prática ou abstenção de ato imposta em decorrência do dever instrumental não deve configurar obrigação principal*.

Para que isso ocorra, o *dar valor pecuniário* dos deveres instrumentais não pode ser realizado por aqueles legalmente obrigados ao pagamento em sentido estrito. O que desconfigurará o objeto da obrigação principal, nesses casos, portanto, será a presença de um sujeito de direito diverso dos contribuintes e responsáveis realizando um *dar valor pecuniário* que não signifique adimplemento de débito próprio. A prestação em questão será um *recolhimento* e não um *pagamento*.

O critério da finalidade (ou seja, o que se espera da outra parte da relação), dessa maneira, divide os destinatários das normas tributárias postos em relações com o fisco-credor em, inicialmente, sujeitos passivos de obrigação principal e sujeitos passivos de deveres instrumentais.

Os primeiros são *as pessoas obrigadas ao pagamento de tributo ou penalidade pecuniária*, conforme reza o art. 121. Os segundos *são as pessoas obrigadas às prestações de dar (que não configurem pagamento), fazer e não fazer (que, por óbvio, não configurarão pagamento), todas impostas no interesse da arrecadação e da fiscalização*, conforme arts. 122, 115 e 113, §2º.[191]

O critério da causa próxima (ou seja, o motivo pelo qual determinada pessoa está no polo passivo da relação tributária) apresenta-se útil para diferençar os tipos de sujeitos passivos da obrigação principal admitidos pela ordem nacional. Está ligado à prática do fato previsto na hipótese normativa da regra de incidência tributária.

Como determina o art. 113, §1º, do Código Tributário Nacional, a obrigação principal surgirá, sempre, em razão da prática do fato jurídico tributário por alguém, atraindo o dever de cumprir a prestação de dar valor pecuniário (pagamento) ou ao próprio sujeito que praticou referido fato, a quem se denominará contribuinte, ou a sujeito diverso ali colocado por imposição legal, a quem se designará responsável.[192]

Ambos têm o dever de pagamento. Devem adimplir, em sentido estrito, débito próprio utilizando de seu próprio patrimônio. É o Código, no art. 121, que assim o expressa, ao prescrever que *sujeito passivo da obrigação principal é a pessoa obrigada ao pagamento de tributo ou penalidade pecuniária*.

Em relação aos deveres instrumentais tributários, o critério da causa próxima não apresenta a mesma utilidade na diferenciação entre subtipos de sujeitos passivos, uma vez que a legislação se utiliza de expressão ampla e genérica, designando-os, simplesmente, *pessoas obrigadas às prestações*

---

191. Na ordem do raciocínio, BRASIL. Lei nº 5.172, de 25 de outubro de 1966. Código Tributário Nacional. Diário Oficial da União (DOU) de 27.10.1966: "Art. 122. Sujeito passivo da obrigação acessória é a pessoa obrigada às prestações que constituam o seu objeto."; "Art. 115. Fato gerador da obrigação acessória é qualquer situação que, na forma da legislação aplicável, impõe a prática ou a abstenção de ato que não configure obrigação principal."; "Art. 113. A obrigação tributária é principal ou acessória. [...]. § 2º. A obrigação acessória decorre da legislação tributária e tem por objeto as prestações, positivas ou negativas, nela previstas no interesse da arrecadação ou da fiscalização dos tributos."

192. Lembrando que nos casos de penalidade pecuniária, os nomes se mantêm.

que constituam seu objeto (art. 122). A causa, nesses casos, será sempre a mesma para qualquer sujeito de dever instrumental: o motivo de ser colocado no polo passivo da relação com o fisco é uma previsão legal imposta no interesse da arrecadação e da fiscalização dos tributos. Não é necessário ter praticado o fato jurídico tributário, assim como não é indispensável afigurar-se como contribuinte ou responsável em outra relação tributária. O motivo é sempre o de verificação do adequado cumprimento da legislação tributária, próprio ou alheio, aplicável a todos os administrados.

Chegamos, desse modo, ao cenário da sujeição passiva tributária assim configurado no Código Tributário Nacional: os sujeitos passivos em geral são divididos conforme tenham que pagar ou não tenham que pagar. Obrigados a pagar, são sujeitos passivos da obrigação principal. Obrigados a realizar algo distinto de pagamento, são sujeitos passivos de deveres instrumentais tributários. Obrigados a pagar tendo praticado o fato jurídico tributário, são contribuintes. Obrigados a pagar não tendo praticado o fato jurídico tributário, são responsáveis.

Esquema 3: Classificação dos sujeitos passivos quanto ao pagamento

2.1 Esclarecimento necessário sobre a teoria dualista da obrigação e a sujeição passiva tributária

A adequada compreensão das figuras de contribuinte e responsável enquanto espécies da classe de sujeitos passivos da obrigação tributária principal, não raramente, fica prejudicada por uma incompleta consideração da influência da teoria dualista da obrigação sobre a matéria. A tentativa de aplicação da teoria dualista da obrigação sobre questões de sujeição passiva tributária sem o cuidado necessário parece, mesmo, turvar a visão do cientista que busca definir o conceito que caracteriza aqueles que devem pagar o débito tributário, como se remexendo águas rasas fizesse perder, o objeto, sua transparência.[193]

Talvez porque a sujeição passiva seja assunto elementar ao estudo das relações jurídicas e, assim, das obrigações de todo tipo, somando-se a isso o fato de se atribuir à pessoa obrigada o pagamento de tributo ou penalidade pecuniária sem ter praticado o fato jurídico tributário o nome de *responsável* (termo aceito como tradução de *Haftung*, do alemão, utilizado pela referida teoria), pode-se cair na armadilha de equiparar os sujeitos passivos da obrigação tributária aos elementos da relação jurídica obrigacional identificados pela teoria dualista.[194]

---

193. Para aprofundamento, ver COSTA, Alcides Jorge. *Contribuição ao estudo da obrigação tributária*. São Paulo: IBDT, 2003.

194. A nosso sentir, exemplo de aplicação imprópria da teoria dualista da obrigação à interpretação do Código Tributário Nacional é feita por LACOMBE, Américo Masset. Obrigação tributária. São Paulo: RT, 1977. O autor chega a criticar a – por ele considerada – inversão terminológica dos elementos identificados pela teoria dualista da obrigação pelo Código Tributário Nacional ao dispor sobre crédito tributário no sentido de obligatio e sobre obrigação tributária no sentido de debitum. Devemos alertar, porém, que, bem vistas as coisas, obligatio não é sinônimo de obrigação e debitum não é sinônimo de débito tributário, ao contrário do que as expressões podem levar a crer. Debitum (Schuld) e obligatio (Haftung), pela teoria dualista da obrigação, fazem parte da relação obrigacional. Nesse sentido, ver BETTI, Emilio. Teoria Geral das Obrigações. Trad. Francisco José Galvão Bruno. Campinas: Bookseller, 2006, p. 270-277. Ver, também, a crítica de Marçal Justen Filho à tentativa de adaptação do Código Tributário Nacional à teoria dualista: JUSTEN

OS TERCEIROS NA SUJEIÇÃO PASSIVA TRIBUTÁRIA
E O *ALTERLANÇAMENTO*

Como sabemos, referida teoria tem o mérito de identificar a complexidade analítica da estrutura obrigacional,[195] tendo pretendido, nesse caminho, se considerassem diferentes e inconfundíveis entre si *Schuld* e *Haftung*, em uma clara retomada das considerações romanistas sobre *debitum* e *obligatio*, adaptando-as ao sistema do direito privado alemão do fim do século XIX, início do século XX.[196]

Por essa teoria, relembremos, à figura de *Schuld (debitum)* corresponde o dever de realizar a conduta esperada pelo credor, considerado em sua visão estática e, portanto, em sua posição lógica na relação obrigacional.[197] Já à de *Haftung (obligatio)* corresponde a ideia de sujeição (ou submissão) ao poder de intervenção do credor.[198] O termo alemão *Haftung* é tradu-

---

FILHO, Marçal. Sujeição passiva tributária. Belém: CEJUP, 1986, p. 53-54.

195. Conforme MARTINS-COSTA, Judith. *Op. Cit.*, 2003, p. 19.

196. Não sendo nosso objetivo, aqui, esgotar o tema da teoria dualista da obrigação e a história de seu desenvolvimento doutrinário, indicamos, para estudo aprofundado sobre como Brinz repensou a estrutura romana da obrigação, aplicando-a ao direito alemão em nova perspectiva, bem assim o modo como a teoria daí resultante foi levada à Itália e, consequentemente, a forma como o Brasil dela se apropriou: COMPARATO, Fábio Konder. Essai d'Analyse Dualiste de L'Obligation en Droit Privé. Paris: Dalloz, 1964; BRINZ. Kritische Blätter. Erlanger, 1853; BRINZ. Grünhut's Zeitschrift. Der Begriff Obligatio. Vol. I, 1874, p. II-40; BRINZ. Obligation und Haftung. Archiv für die Civilistiche Praxis 70, 1886, p. 371 (apud COMPARATO, Fábio Konder. *Op. Cit.*, 1964); VON GIERKE, Otto. Schuldrecht. III, §174, I, 1 (apud HATTENHAUER, Hans. Conceptos fundamentales del derecho civil. Trad. Pablo Salvador Coderch. Barcelona: Ariel, 1987); BETTI, Emilio. *Op. Cit.*, 2006.

197. BETTI, Emilio. *Op. Cit.*, 2006, p. 272-274 (em nota de rodapé nº 60): "[...] Esta qualificação, que reflete a de 'direito de crédito', é, a nosso ver, muito apropriada para exprimir a relação lógica que, na relação de obrigação, ocorre entre o débito 'em si considerado' – abstraído da concomitante responsabilidade – e a obrigação de prestar, em que o débito e a responsabilidade se concretizam e se especificam. Na figura 'normal' – a que corresponde a 'primeira' aplicação do significado técnico do termo – o débito não é mais que um 'momento lógico' da obrigação jurídica de prestar, já que esta é exatamente a obrigação do débito (Schuldpflitcht): é o momento do 'dever' considerado em si. Todavia, se, 'estaticamente', ele sempre se pode distinguir da obrigação, dinamicamente ele se identifica com esta, com a qual é uno. Donde decorrer que, na prática, efetivamente 'não se distingue' o débito da obrigação do débito. [...]"

198. MARTINS-COSTA, Judith. *Op. Cit.*, 2003, p. 17: "Assim, visualizou-se a existência de uma distinção analítica entre a dívida (Schuld) e a garantia (Haftung)

zido e compreendido, às vezes, como responsabilidade, outras como sujeição, garantia e outras, ainda, como vínculo.[199]

Não está, a teoria dualista bem entendida, a defender que a relação obrigacional comporta duas pessoas distintas, sendo, a primeira, titular de *Schuld* ou do *debitum*, chamando-se, assim, *devedor*, e a segunda, titular de *Haftung* ou da *obligatio*, denominando-se *responsável*. O que a teoria dualista da obrigação tenta revelar é que a relação patrimonial entre dois sujeitos de direito contém, analiticamente, não só o objeto buscado pelo credor através da imposição de uma prestação ao devedor, mas, também, um direito a obter a satisfação pretendida via agressão patrimonial (uma expectativa do credor), o que significa para o sujeito passivo, além do dever de adimplir, a sujeição à pretensão do credor.

O sujeito passivo da obrigação, seja ele o devedor ou o responsável, pode possuir *Schuld (debitum)* e *Haftung (obligatio)*, não sendo, assim, necessário à sua definição como o primeiro ou como o segundo a titularidade do débito ou da responsabilidade, respectivamente. Em outros termos, a regra é a do devedor-responsável e do responsável-devedor, em que pese possa haver devedor não responsável e responsável sem dívida.[200]

---

conferida ao seu cumprimento, daí nascendo a relação de responsabilidade. Quando constituída a obrigação, o devedor restaria induzido ao dever de efetuar determinada prestação. Esse dever, no entanto, por si só, não permitiria ao credor exigir, coativamente, a sua execução. Esta pertenceria ao campo da Haftung, ou responsabilidade (ou, também, garantia), pela qual a pessoa do devedor ou de terceiro ficam sujeitos à agressão patrimonial do credor, em caso de inadimplemento."

199. MARTINS-COSTA, Judith. Op. Cit., 2003, p. 16. Confira-se, também, o alerta de Emilio Betti sobre o equívoco da tradução do termo Haftung, para o italiano, como "responsabilidade", em BETTI, Emilio. Op. Cit., 2006, p. 247-260. Engagement (vínculo) é o termo preferido por Fábio Konder Comparato (COMPARATO, Fábio Konder. Essai d'Analyse Dualiste de L'Obligation en Droit Privé. Paris: Dalloz, 1964).

200. Fábio Konder Comparato traz, nesse sentido, os exemplos da dívida prescrita, da obrigação natural (também mencionada por Emilio Betti como exemplo de débito sem responsabilidade) e da responsabilidade do fiador. Ver COMPARATO, Fábio Konder. Essai d'Analyse Dualiste de L'Obligation en Droit Privé. Paris: Dalloz, 1964, p. 216-228. Pensamos que, ao menos para o direito tributário brasileiro, dívida prescrita não pode ser exemplo, já que prescrição é modo de extinção do crédito tributário e da própria obrigação, não subsistindo nem débito nem responsabilidade.

OS TERCEIROS NA SUJEIÇÃO PASSIVA TRIBUTÁRIA
E O *ALTERLANÇAMENTO*

O Código Tributário Nacional prevê no art. 121 dois possíveis titulares de *Schuld* (*debitum*) em relação à obrigação tributária principal: contribuinte e responsável tributário. É importante que reforcemos a advertência: o responsável tributário no sistema jurídico brasileiro não é pessoa que possua, exclusivamente, titularidade de *Haftung* (*obligatio*), como se fosse um garantidor do *debitum* do "devedor principal". O responsável tributário, nos moldes como desenhado pelo Código Tributário Nacional, é também devedor. Possui, ele mesmo, *debitum* e *obligatio*.

Em alguns casos, o sujeito que justifica o surgimento do crédito tributário pela prática da materialidade da norma tributária padrão pode não ser colocado no polo passivo da obrigação tributária e, assim, pode não se tornar contribuinte em sentido concreto (sentido que esclareceremos abaixo). Os únicos *debitum* e *obligatio* relevantes, então, serão aqueles que ajudam a compor a estrutura obrigacional dos responsáveis tributários (conforme autoriza o art. 128, do Código Tributário Nacional).

O mesmo se dá naqueles casos em que a responsabilização é pessoal em razão da prática de atos ilícitos ou, especificamente, de crimes e infrações contra a ordem tributária (arts. 135 e 137, do Código Tributário Nacional). Deve ser constituído o crédito tributário diretamente contra quem agiu ilicitamente, possuindo, esse responsável tributário, desde o início, o *debitum* e não somente a *obligatio*.

Nas hipóteses de responsabilidade solidária (art. 134, do Código Tributário Nacional, por exemplo), *Haftung* (*obligatio*) e *Schuld* (*debitum*) são titularizados tanto por contribuintes quanto pelos responsáveis tributários, pois, será contra ambos que poderá o fisco buscar fazer valer o seu direito de receber a prestação pecuniária devida. Fosse somente o responsável aquele que possui *a sujeição de seu patrimônio ao credor*, o contribuinte não poderia ser cobrado nessas situações.

O direito reconhece, é certo, situações de distinção subjetiva entre *debitum* e *obligatio*. A essas situações, Fábio Konder Comparato chama "situações anômalas", equiparando aos casos de responsabilidade por atos ilícitos.[201] Consideramos, no entanto, que nessas hipóteses, especificamente no direito tributário positivo brasileiro, o que ocorre é o dever de prestação originalmente exigido do sujeito denominado responsável (art. 137, por exemplo, já mencionado).[202]

Paulo de Barros Carvalho compreendeu bem as figuras de *Schuld* e *Haftung* como resultados da decomposição lógica do liame obrigacional, tendo inclusive se manifestado no sentido de que esses elementos analíticos estariam em qualquer relação, obrigacional ou não.

São dele as palavras:

> Parece intuitivo que em toda e qualquer relação jurídica podemos divisar a existência da dualidade de vínculos. Mesmo aquelas em que não responde pelo descumprimento do dever o patrimônio econômico do sujeito passivo, mas outros bens de seu patrimônio jurídico, tal como o direito de liberdade. Ainda aqui é indisfarçável a coexistência dos dois liames, em que pese a formar-se a relação de garantia (*Haftung*), mediante a sujeição de bem incorpóreo do devedor, qual seja o direito de liberdade.
>
> Onde quer que encontremos relação jurídica ser-nos-á possível promover a decomposição lógica do vínculo, em dois outros liames, estudando-os apartadamente. A diferença repousa em que, nas obrigações, garantem o adimplemento da prestação devida os bens patrimoniais do devedor, ao passo que, em outras figuras, de estrutura não obrigacional, outros bens, que não economicamente apreciáveis, poderão aparecer como garantia da realização do dever.[203]

---

201. COMPARATO, Fábio Konder. Op. Cit., 1964, p. 226. Para Comparato, o engagement (Haftung) surge simultaneamente com o dever, integrando-se na estrutura da relação obrigacional. Por isso, para ele, "não se pode dissociar totalmente a dívida da responsabilidade".

202. Consignemos a advertência de que, a seu tempo, trataremos da possível compreensão de algumas hipóteses de responsabilidade tributária como sanção jurídica e seus reflexos para o que estamos a defender.

203. CARVALHO, Paulo de Barros. Teoria da norma tributária. 5ª edição. São Paulo: Quartier Latin, 2009, p. 161. Em sentido diverso, Ângela Maria da Motta Pacheco: "O Estado não pode, porém, com referência à obrigação tributária, ficar sem garantidor. Na vida privada há, para cada tipo de contrato, um terceiro que assume a responsabilidade pelo cumprimento da prestação, quase sempre o pagamento se

OS TERCEIROS NA SUJEIÇÃO PASSIVA TRIBUTÁRIA
E O *ALTERLANÇAMENTO*

Alfredo Augusto Becker, da mesma forma, é categórico:

> Desde logo, cumpre fixar este ponto: não é juridicamente possível distinguir entre débito e responsabilidade, isto é, considerar que o responsável estaria obrigado a satisfazer débito de outro. O *responsável sempre é devedor de débito próprio*. O dever que figura como conteúdo da relação jurídica que vincula o Estado (sujeito ativo) ao responsável legal tributário (sujeito passivo) é dever jurídico *do próprio responsável legal tributário* e não de outra pessoa.[204]

Consideramos, assim, que a teoria dualista da obrigação, em que pese manter sua inegável relevância para os estudos vinculados às relações jurídicas e sua configuração enquanto entidades analiticamente complexas, não deve ser utilizada buscando a definição dos conceitos de contribuinte e responsável tributário para o fim específico de equipará-los a titulares respectivos de *Schuld* (*debitum*) e *Haftung* (*obligatio*), pois, em verdade, as relações jurídicas desses dois sujeitos passivos tributários possuem os elementos lógicos mencionados, podendo, o contribuinte, ver seu patrimônio agredido nos casos de descumprimento de seu dever de prestação e, da mesma forma, o responsável, ver seus bens patrimoniais sujeitos à execução da satisfação do credor não só em situações de inadimplemento do contribuinte, mas nas hipóteses

---

o devedor originário não cumpri-lo. [...] É com o fim de assegurar o pagamento que o legislador coloca, ao lado do sujeito passivo típico – o contribuinte – outros, os sujeitos passivos atípicos – os responsáveis –, que deverão cumprir a obrigação se o primeiro não o fizer, ou por ter desaparecido do mundo ou por uma circunstância que o impediu de realizar o pagamento." (PACHECO, Ângela Maria da Motta. O destinatário legal tributário da obrigação tributária substancial. In Teoria geral da obrigação tributária – estudos em homenagem ao Professor José Souto Maior Borges. Coord. Heleno Taveira Torres. São Paulo: Malheiros, 2005, p. 348).

204. BECKER, Alfredo Augusto. *Teoria geral do direito tributário*. 7ª Ed. São Paulo: Noeses, 2018, p. 596; Ver, também, BETTI, Emilio. Op. Cit., 2006, p. 295: "É arbitrário restringir (como Brinz) o conceito de responsabilidade unicamente à responsabilidade que tem por função assegurar ao credor uma satisfação 'objetivamente diferente' da prestação devida. Responsabilidade não é apenas a que deixa o credor em condições de conseguir uma sub-rogação ou o ressarcimento do inadimplemento do débito, mas também a que lhe permite obter a própria prestação que lhe é devida. Isso quer dizer que, em tal caso, a responsabilidade será perfeitamente 'adequada ao débito', considerado em sua consistência objetiva."

de inadimplemento próprio, pois, é próprio o *debitum* do responsável tributário.

2.2 Contribuintes

Contribuinte é aquele que tem o dever jurídico de cumprir a prestação de dar valor pecuniário, nos moldes como esperada pelo titular do direito subjetivo correspondente, uma vez tendo, ele mesmo, praticado o fato jurídico tributário.[205]

Em sentido estrito, só se pode falar em contribuinte após a incidência da regra-matriz tributária e a consequente instauração, *in concreto*, da relação jurídica obrigacional. Não é assim, porém, que o termo costuma ser empregado, tanto pela legislação, quanto pela doutrina.[206]

É bastante comum o uso do termo tanto em sentido mais abstrato, quanto em sentido mais concreto (estrito). Exemplo do uso abstrato do termo contribuinte na legislação está na Constituição Federal, onde as referências à figura passiva mencionada, muitas vezes, não se ligam à noção de uma relação jurídica já instaurada, ou ainda nas leis instituidoras de cada tributo.[207]

A norma geral e abstrata, que traz os critérios mínimos para a verificação da ocorrência do fato imponível e a

---

205. Em sentido próximo ao aqui empregado, ver FERRAGUT, Maria Rita. Responsabilidade tributária e o Código Civil de 2002. São Paulo: Noeses, 2002, p. 29-30; DARZÉ, Andréa M. Responsabilidade tributária – solidariedade e subsidiariedade. São Paulo: Noeses, 2010, p. 67-71; CARVALHO, Paulo de Barros. Op. Cit., 2018, p. 654; QUEIROZ, Luis César Souza de. Sujeição passiva tributária. Rio de Janeiro: Forense, 1998, p. 180: "Sujeito passivo tributário ou contribuinte – é o sujeito de direito titular do polo passivo de uma relação jurídica tributária (determinada e individualizada)".

206. Ver, por exemplo, BECHO, Renato Lopes. Sujeição passiva e responsabilidade tributária. São Paulo: Dialética, 2000, p. 85: "Por contribuintes temos as pessoas que realizam a materialidade descrita na regra-matriz de incidência tributária."

207. Por exemplo, art. 5º da Lei federal nº 10.833/2003: "Art. 5º O contribuinte da COFINS é a pessoa jurídica que auferir as receitas a que se refere o art. 1º." (BRASIL. Lei nº 10.833, de 29 de dezembro de 2003. Altera a legislação tributária federal e dá outras providências. DOU de 30 de dezembro de 2003).

necessidade de se fazer instaurar relação jurídica em que figuram, de um lado, o fisco enquanto titular do direito de receber valores pecuniários, e de outro, o administrado enquanto titular do dever jurídico de pagar referidos valores, geralmente prevê, *in abstracto*, a pessoa que realizar a materialidade da norma (aqueles "verbo e complemento" que justificam a imposição) como o devedor tributário, ou seja, como figura jurídica a ser obrigada a satisfazer a pretensão do credor.

Por exemplo, na norma que prevê a instituição do imposto sobre serviços (ISS), o que geralmente se tem é a previsão de que prestar serviços de qualquer natureza, não contidos na competência estadual, em determinado momento e em determinado local, fará surgir uma relação jurídica em razão da qual *aquele que prestou serviços* precisará pagar o ISS ao município competente, tendo por base de cálculo o valor da receita bruta obtida com a prestação, à qual se aplicará determinada alíquota.

Abstratamente, portanto, o termo contribuinte costuma ser empregado para designar a pessoa prevista como realizadora da materialidade da regra-matriz de incidência tributária, uma vez que *poderá ser* colocada como elemento integrante do liame abstrato que exigirá uma prestação de dar valor pecuniário, por dívida própria, como a conduta esperada pelo credor para sua satisfação.

No exemplo apresentado, contribuinte *será* o prestador de serviços, uma vez vindo a ser colocado em relação tributária obrigacional com o fisco. Mas, *in abstracto*, ninguém é obrigado a pagar tributos.

Pensado em termos concretos e, em nossa opinião, tecnicamente mais adequados, contribuinte é a pessoa que, tendo praticado a materialidade da norma geral e abstrata, compõe a relação jurídica obrigacional já instaurada pela aplicação da regra-matriz, em posição passiva e sob exigência de realizar o pagamento da dívida tributária.

Contribuinte, portanto, é o nome que se dá àquele que, tendo praticado verbo e complemento do antecedente da norma impositiva, está *concretamente* obrigado ao pagamento do tributo.

E aqui há uma referência direta à noção de adimplemento em sentido estrito. O sujeito passivo em questão é obrigado ao pagamento em sentido técnico, porque ele mesmo é elemento que compõe o figurino legalmente desenhado para o surgimento da relação, não se olvidando dos princípios da exatidão, não divisibilidade, correspondência e boa-fé objetiva, mencionados no capítulo precedente.

Compondo a relação jurídica concreta, o contribuinte deve pagar débito próprio nos exatos termos ordenados pelos elementos da obrigação tributária. E o débito é próprio porque é dele, contribuinte, que se exige o adimplemento em sentido estrito da prestação pecuniária compulsória, e não por ter relação pessoal e direta com a prática da materialidade da norma de incidência. A diferença é sutil, mas importante. O débito tributário é do contribuinte porque ele foi colocado como a pessoa a adimplir em sentido estrito a obrigação. E a ele se chama contribuinte por ter praticado o fato imponível ao mesmo tempo em que necessita pagar a dívida tributária.

Para comprovar a assertiva, pensemos nos casos em que se atribui responsabilidade exclusiva a uma terceira pessoa vinculada ao fato jurídico tributário sem, no entanto, qualquer atribuição de supletividade ou subsidiariedade do cumprimento da prestação pelo sujeito praticante da materialidade da norma tributária. Nesses casos, o sujeito realizador do verbo e do complemento da hipótese normativa jamais será contribuinte em sentido concreto, não possuindo débito próprio para adimplir.

2.2.1 Solidariedade

Os arts. 124 e 125 do Código Tributário Nacional preveem casos de mais de um contribuinte na prática de uma só materialidade, utilizando-se da expressão "interesse comum" para justificar a instauração da relação tributária obrigacional contra todos eles, ou ainda, casos de imposição legal para o compartilhamento do polo passivo da relação principal enquanto contribuintes. Esses casos de solidariedade são aplicáveis aos contribuintes e não aos responsáveis tributários, já que por terem – os responsáveis – relação apenas indireta com a prática da materialidade (não se falando, assim, em interesse comum na situação que a configura) e por possuírem regras de solidariedade específicas dispostas em outros artigos do Código, não se afiguram destinatários dos dois artigos acima mencionados.[208]

Contribuintes em situação de solidariedade são, todos e ao mesmo tempo, obrigados a adimplir seus débitos tributários, sendo certo que a extinção do crédito tributário obtida por qualquer um deles aproveitará aos demais, assim como as interrupções do prazo de prescrição.

Possuem, todos eles, portanto, o dever de adimplir a obrigação principal via pagamento de débito próprio. Débito titularizado por vários contribuintes, todos eles s sujeitos a agressão patrimonial.

---

208. Em sentido contrário, ver DARZÉ, Andréa M. Op. Cit., 2010, p. 236. Para a autora, a solidariedade do art. 124 se aplica à responsabilidade tributária. Ver, SCHOUERI, Luís Eduardo. Direito tributário. 9ª edição. São Paulo: Saraiva, 2019, p. 588: "Interesse comum só têm as pessoas que estão no mesmo polo da situação que constitui o fato jurídico tributário. Assim, por exemplo, condôminos têm 'interesse comum' na propriedade; se esta dá azo ao surgimento da obrigação de recolher o IPTU, são solidariamente responsáveis pelo pagamento do imposto todos os condôminos. Note-se que o débito é um só, mas todos os condôminos se revestem da condição de sujeitos passivos solidários. Não constituem 'interesse comum', por outro lado, as posições antagônicas em um contrato, mesmo quando em virtude deste surja um fato jurídico tributário. Assim, comprador e vendedor não têm 'interesse comum' na compra e venda: se o vendedor é contribuinte do ICMS devido na saída da mercadoria objeto da compra e venda, o comprador não será solidário com tal obrigação. [...] Mesmo que duas partes em um contrato fruam vantagens por conta do não recolhimento de um tributo, isso não será, por si, suficiente para que se aponte um 'interesse comum'. Eles podem ter 'interesse comum' em lesar o Fisco. Pode o comprador, até mesmo, ser conivente com o fato de o vendedor não ter recolhido o imposto que devia. Pode, ainda, ter tido um ganho financeiro por isso, já que a inadimplência do vendedor poderá ter sido refletida no preço. Ainda assim, comprador e vendedor não têm 'interesse comum' no fato jurídico tributário."

2.3 Responsáveis tributários

Responsável tributário é aquele que tem o dever jurídico de cumprir a prestação de dar valor pecuniário, nos moldes como esperada pelo titular do direito subjetivo correspondente, *não tendo, ele mesmo, praticado o fato jurídico tributário*.[209]

Assim como o termo contribuinte é utilizado em, pelo menos, dois sentidos, sendo um mais abstrato e outro mais concreto (e, para nós, mais correto), a expressão *responsabilidade tributária* e o termo correlato *responsável* não são empregados de maneira muito técnica pelo legislador e pela doutrina.

Além de faltar, à lei e à ciência, a devida atenção à diferença entre os sentidos abstrato e concreto da figura do *responsável tributário* – que só existe, *in concreto*, no âmbito de uma relação jurídica já instaurada pela aplicação da norma geral e abstrata – tende-se a desconsiderar que o direito tributário positivo brasileiro impõe que o responsável seja alguém obrigado ao adimplemento em sentido estrito da obrigação principal (inciso II, do parágrafo único, do art. 121, do Código Tributário Nacional).

Em outras palavras, o responsável tributário é titular de um débito próprio. Não é obrigado legalmente a pagar dívida (exclusivamente) alheia, mas, sim, a adimplir obrigação sua surgida não porque tenha praticado a materialidade da regra-matriz de incidência tributária, mas por imposição legal.[210]

Comprovam esse raciocínio as hipóteses de responsabilidade tributária prescritas no Código Tributário Nacional e

---

209. Será demonstrada, mais adiante, uma leitura possível – em que pese, para nós, inadequada – de hipóteses de responsabilidade tributária em que o responsável poderia ser visto como praticante do fato jurídico tributário.

210. Em outro sentido, ver CARRAZZA, Roque Antonio. Op. Cit., 2010, p. 163: "[...] 'responsável tributário' (sujeito passivo indiretamente relacionado com o fato imponível, que a lei coloca na contingência de pagar o tributo em nome e por conta do contribuinte)."; SOUSA, Rubens Gomes de. Sujeito passivo das taxas, responsabilidade por transferência e substituição. Revista de Direito Público. Vol. 16. São Paulo: RT, 1971, p. 347.

que veremos adiante. A análise de cada uma delas demonstra que o responsável tributário é exigido a adimplir em sentido estrito a obrigação tributária, a realizar, em outra expressão, pagamento em sentido técnico de tributo ou penalidade. Se nos for permitido dizê-lo de modo mais informal: a tirar dinheiro do próprio bolso para adimplir a obrigação pecuniária.

Como adverte Paulo de Barros Carvalho,[211] a relação de responsabilidade tributária é outro liame abstrato se em comparação com a obrigação principal do contribuinte, em que pese o Código tratar ambas com o mesmo nome. Possuem elementos subjetivos distintos, a denunciar a ausência de identidade entre as relações.

Porém, é importante não olvidarmos que os objetos, imediato e mediato, de ambas são idênticos (com a exceção dos casos de responsabilidade-sanção que traremos abaixo).[212] Nas duas relações, a conduta esperada é uma prestação de dar e o objeto dessa conduta é o mesmo valor pecuniário qualificado pela lei como tributo ou penalidade. Conforme pensamos, não se espera do responsável tributário o recolhimento de um valor *equivalente* ao que seria devido pelo contribuinte. Espera-se do responsável o pagamento do tributo ou da penalidade devidos por ele mesmo, em que pese possa, em algumas situações, o adimplemento apresentar efeitos de extinção do débito do contribuinte.

2.3.1 Função do art. 128 do Código Tributário Nacional

Inaugurando o tratamento legal específico do Código de regras gerais de legislação de tributos sobre a responsabilidade

---

211. CARVALHO, Paulo de Barros. *Op. Cit.*, 2018, p. 658-668. Ou ainda, TOMÉ, Fabiana Del Padre. Considerações sobre a responsabilidade tributária de empresas pertencentes a grupos econômicos. In Revista de Direito tributário contemporâneo nº 3, Ano 1. São Paulo: Thomson Reuters, 2016, p. 19-20.

212. DARZÉ, Andréa M. *Op. Cit.*, 2010, p. 86 (em nota de rodapé nº 148): "Em se tratando de responsabilidade sancionatória, o que o responsável paga não é propriamente tributo, mas pena cujo valor corresponde exatamente ao valor da dívida tributária, acrescido de outras penalidades cabíveis (multa e juros)."

tributária, o art. 128[213] tem uma função importante: tornar exemplificativo o rol de hipóteses de responsabilidade tributária previsto nos artigos 129 a 138.

Referido diploma legal trata, nos citados artigos, de hipóteses de responsabilidade de sucessores, responsabilidade "de terceiros" e responsabilidade por infrações, das quais falaremos em seguida.

O art. 128 comparece para prescrever que aquelas hipóteses de responsabilidade tributária não são as únicas passíveis de serem criadas no sistema tributário nacional. Prevê, assim, a possibilidade de que, em outras situações, também se possa atribuir a alguém a condição de sujeito passivo da obrigação principal e, assim, a obrigatoriedade de pagamento do tributo ou da penalidade pecuniária.[214]

Não se trata, no entanto, de simples abertura do rol, mas, sobretudo, de importantes limites. Eventual nova hipótese de responsabilidade tributária: *i)* deve ser atribuída por lei; *ii)* deve estar expressamente prevista nessa lei; *iii)* deve prever sujeito passivo vinculado à prática do fato jurídico tributário; *iv)* pode ser pessoal e exclusiva do responsável; *v)* pode ser subsidiária ("supletiva") para aquele que pratica o fato jurídico tributário.

Cada uma das normas de responsabilidade que seguem ao art. 128 traz, como veremos, atribuição de titularidade do débito tributário às pessoas que menciona, sujeitando-os ao comportamento de realizar prestação de dar valor pecuniário para adimplir a obrigação própria.

---

213. BRASIL. Lei nº 5.172, de 25 de outubro de 1966. Código Tributário Nacional. Diário Oficial da União (DOU) de 27.10.1966: "Art. 128. Sem prejuízo do disposto neste capítulo, a lei pode atribuir de modo expresso a responsabilidade pelo crédito tributário a terceira pessoa, vinculada ao fato gerador da respectiva obrigação, excluindo a responsabilidade do contribuinte ou atribuindo-a a este em caráter supletivo do cumprimento total ou parcial da referida obrigação."

214. Em outro sentido, ver CARRAZZA, Roque Antonio. *Op. Cit.*, 2010, p. 165.

2.3.2 Responsabilidade tributária por sucessão, "de terceiros" e por infrações

Tratando da responsabilidade tributária daqueles a quem denomina sucessores, o Código prescreve, em seu art. 130,[215] que os adquirentes de imóveis passam a ser sujeitos passivos das obrigações principais relativas aos impostos, às taxas e às contribuições de melhoria incidentes sobre os bens adquiridos e que não tenham sido adimplidos pelo proprietário anterior.

Prescreve, também, já no art. 131,[216] que é pessoal a responsabilidade de adquirentes e remitentes (pelos tributos devidos sobre os bens adquiridos ou remidos); de sucessores a qualquer título e de cônjuges meeiros (pelos tributos devidos pelo *de cujus* até a partilha); e do espólio (pelos tributos devidos pelo *de cujus* até a abertura da sucessão).

A responsabilidade por sucessão prevista no art. 132[217] já está voltada à atribuição de obrigação de pagamento dos

---

215. O art. 129 se volta a esclarecer o alcance da aplicação da seção sobre responsabilidade tributária dos sucessores no que se refere a créditos tributários definitivamente constituídos, em curso de constituição ou ainda não constituídos. Por sua vez, o dispositivo imediatamente posterior está assim redigido: "Art. 130. Os créditos tributários relativos a impostos cujo fato gerador seja a propriedade, o domínio útil ou a posse de bens imóveis, e bem assim os relativos a taxas pela prestação de serviços referentes a tais bens, ou a contribuições de melhoria, subrogam-se na pessoa dos respectivos adquirentes, salvo quando conste do título a prova de sua quitação. Parágrafo único. No caso de arrematação em hasta pública, a sub-rogação ocorre sobre o respectivo preço." (BRASIL. Lei nº 5.172, de 25 de outubro de 1966. Código Tributário Nacional. Diário Oficial da União [DOU] de 27.10.1966)

216. BRASIL. Lei nº 5.172, de 25 de outubro de 1966. Código Tributário Nacional. Diário Oficial da União (DOU) de 27.10.1966: "Art. 131. São pessoalmente responsáveis:
I - o adquirente ou remitente, pelos tributos relativos aos bens adquiridos ou remidos;
II - o sucessor a qualquer título e o cônjuge meeiro, pelos tributos devidos pelo de cujus até a data da partilha ou adjudicação, limitada esta responsabilidade ao montante do quinhão do legado ou da meação;
III - o espólio, pelos tributos devidos pelo de cujus até a data da abertura da sucessão."

217. BRASIL. Lei nº 5.172, de 25 de outubro de 1966. Código Tributário Nacional. Diário Oficial da União (DOU) de 27.10.1966: "Art. 132. A pessoa jurídica de direito privado que resultar de fusão, transformação ou incorporação de outra ou em outra

tributos devidos por empresas fusionadas, transformadas ou incorporadas às pessoas jurídicas resultantes de referidos negócios privados.

Fechando a seção que trata da responsabilidade tributária dos sucessores, prescreve o art. 133[218] que a obrigação de pagamento do crédito tributário passa a ser dos adquirentes de fundo de comércio ou estabelecimento empresarial quando referidos adquirentes continuarem a exploração da atividade. A responsabilidade será exclusiva quando os alienantes cessarem a exploração do comércio, indústria ou serviço, ou

---

é responsável pelos tributos devidos até à data do ato pelas pessoas jurídicas de direito privado fusionadas, transformadas ou incorporadas. Parágrafo único. O disposto neste art. aplica-se aos casos de extinção de pessoas jurídicas de direito privado, quando a exploração da respectiva atividade seja continuada por qualquer sócio remanescente, ou seu espólio, sob a mesma ou outra razão social, ou sob firma individual."

218. BRASIL. Lei nº 5.172, de 25 de outubro de 1966. Código Tributário Nacional. Diário Oficial da União (DOU) de 27.10.1966: "Art. 133. A pessoa natural ou jurídica de direito privado que adquirir de outra, por qualquer título, fundo de comércio ou estabelecimento comercial, industrial ou profissional, e continuar a respectiva exploração, sob a mesma ou outra razão social ou sob firma ou nome individual, responde pelos tributos, relativos ao fundo ou estabelecimento adquirido, devidos até à data do ato:
I - integralmente, se o alienante cessar a exploração do comércio, indústria ou atividade;
II - subsidiariamente com o alienante, se este prosseguir na exploração ou iniciar dentro de seis meses a contar da data da alienação, nova atividade no mesmo ou em outro ramo de comércio, indústria ou profissão.
§ 1º. O disposto no caput deste art. não se aplica na hipótese de alienação judicial:
I – em processo de falência;
II – de filial ou unidade produtiva isolada, em processo de recuperação judicial.
§ 2º. Não se aplica o disposto no § 1o deste art. quando o adquirente for:
I – sócio da sociedade falida ou em recuperação judicial, ou sociedade controlada pelo devedor falido ou em recuperação judicial;
II – parente, em linha reta ou colateral até o 4º. (quarto) grau, consanguíneo ou afim, do devedor falido ou em recuperação judicial ou de qualquer de seus sócios; ou
III – identificado como agente do falido ou do devedor em recuperação judicial com o objetivo de fraudar a sucessão tributária.
§ 3º. Em processo da falência, o produto da alienação judicial de empresa, filial ou unidade produtiva isolada permanecerá em conta de depósito à disposição do juízo de falência pelo prazo de 1 (um) ano, contado da data de alienação, somente podendo ser utilizado para o pagamento de créditos extraconcursais ou de créditos que preferem ao tributário."

ainda subsidiária caso os alienantes prossigam na atividade (ou iniciem em seis meses nova atividade empresarial).

Fácil de ver que em todos os casos de responsabilidade de sucessores dispostos no Código, em regra, não comparece mais o sucedido como a pessoa de quem se exige o pagamento da dívida tributária (a exceção é o caso da responsabilidade subsidiária dos alienantes, prevista no art. 133). Pela incidência das normas de responsabilidade mencionadas, os sucessores são quem deve adimplir em sentido estrito as obrigações. Obrigações que passam a ser deles diante das causas previstas nos artigos mencionados.

Destaque-se a impossibilidade de, em alguns casos de responsabilidade por sucessão, sequer se poder cogitar da figura do sujeito que pratica o fato jurídico tributário, em razão de seu desaparecimento (morte da pessoa natural ou extinção da pessoa jurídica). Os responsáveis, portanto, pagam débito próprio. E se não pagarem terão o próprio patrimônio utilizado como garantia do credor.

A doutrina mais tradicional chama esse tipo de responsabilidade de espécie de sujeição passiva indireta por transferência.[219]

Os arts. 134 e 135 do Código Tributário Nacional prescrevem hipóteses de responsabilidade tributária "de terceiros", sendo que o primeiro se volta a ditar as características de uma responsabilidade subsidiária e, em seus limites, solidária, e o segundo traz previsão de responsabilidade pessoal e exclusiva.

A responsabilidade subsidiária do art. 134[220] está vinculada aos casos em que, impossibilitada a exigência dos tributos

---

219. SOUSA, Rubens Gomes. Compêndio de legislação tributária. 3ª edição. Rio de Janeiro: Ed. Financeiras S.A., 1960, p. 71-72. Para uma crítica da expressão "sujeição passiva indireta" ver, por todos, CARVALHO, Paulo de Barros. Op. Cit., 2018, p. 667-668, e BECKER, Alfredo Augusto. Op. Cit., 2018, p. 657 e seguintes.

220. BRASIL. Lei nº 5.172, de 25 de outubro de 1966. Código Tributário Nacional. Diário Oficial da União (DOU) de 27.10.1966: "Art. 134. Nos casos de impossibilidade de exigência do cumprimento da obrigação principal pelo contribuinte, respondem

da pessoa que praticou o fato jurídico tributário, exigir-se-á, solidariamente, de pais (em relação aos tributos devidos pelos filhos menores), tutores e curadores (em relação aos tributos devidos por tutelados e curatelados), administradores de bens de terceiros (em relação aos tributos devidos pelos donos dos bens administrados), inventariante (pelos tributos devidos pelo espólio), síndico e comissário (pelos tributos devidos pela massa falida ou concordatário), tabeliães, escrivães e oficiais (pelos tributos devidos sobre os atos praticados por ou perante eles), sócios (no caso de liquidação de sociedade de pessoas), limitando-se a responsabilidade aos atos em que intervierem e às omissões de que forem "responsáveis".

Veja-se que a responsabilidade do art. 134 surge em razão de atos e omissões das pessoas lá mencionadas e limita-se a estes, denunciando claramente a atribuição de uma obrigação própria ao responsável, em que pese subsidiária e solidária. Ou seja, tendo praticado determinados atos ou se omitido de determinada maneira reprovada pelas previsões legais, se não for possível obter o adimplemento pelo contribuinte, buscar-se-á o adimplemento pelo responsável, de maneira solidária em relação ao praticante da materialidade da norma tributária. O débito, nesse caso, também será próprio, e a obrigação está vinculada especificamente ao agir do terceiro responsabilizado. Pensemos no caso do inventariante, que se omite em concretizar o cumprimento das obrigações tributárias do

---

solidariamente com este nos atos em que intervierem ou pelas omissões de que forem responsáveis:
I - os pais, pelos tributos devidos por seus filhos menores;
II - os tutores e curadores, pelos tributos devidos por seus tutelados ou curatelados;
III - os administradores de bens de terceiros, pelos tributos devidos por estes;
IV - o inventariante, pelos tributos devidos pelo espólio;
V - o síndico e o comissário, pelos tributos devidos pela massa falida ou pelo concordatário;
VI - os tabeliães, escrivães e demais serventuários de ofício, pelos tributos devidos sobre os atos praticados por eles, ou perante eles, em razão do seu ofício;
VII - os sócios, no caso de liquidação de sociedade de pessoas.
Parágrafo único. O disposto neste artigo só se aplica, em matéria de penalidades, às de caráter moratório."

espólio. Ficará, o responsável mencionado, diante da omissão, obrigado ele mesmo, ao pagamento. Pagamento de um débito seu, em razão da aplicação da norma de responsabilidade, e não de um débito do espólio apenas.

A responsabilidade pessoal e exclusiva do art. 135[221] se liga às hipóteses de atos praticados com excesso de poderes, infração à lei, contrato social ou estatuto, que resultem no surgimento de obrigações principais e, consequentemente, de créditos tributários diretamente atribuíveis aos responsáveis, que serão as pessoas referidas no art. 134, além dos mandatários, prepostos ou empregados, ou ainda, os diretores, gerentes ou representantes de empresas.

Aqui, a titularidade do débito tributário do responsável é ainda mais clara. Praticando os atos irregulares descritos no artigo, o responsável "faz surgir obrigações tributárias" a ele mesmo atribuíveis. Os créditos tributários respectivos devem, inclusive, ser constituídos já contra os responsáveis do art. 135. São chamados, assim, a adimplir em sentido estrito débitos próprios, extinguindo a obrigação principal.

As hipóteses de responsabilidade tributária por infrações são trazidas nos arts. 136 a 138, sendo o primeiro deles voltado a explicitar que esse tipo de responsabilidade independe da intenção do agente infrator responsabilizado e o último deles voltado a trazer hipótese de exclusão da responsabilidade pela denúncia espontânea da infração.[222]

---

221. BRASIL. Lei n° 5.172, de 25 de outubro de 1966. Código Tributário Nacional. Diário Oficial da União (DOU) de 27.10.1966: "Art. 135. São pessoalmente responsáveis pelos créditos correspondentes a obrigações tributárias resultantes de atos praticados com excesso de poderes ou infração de lei, contrato social ou estatutos:
I - as pessoas referidas no art. anterior;
II - os mandatários, prepostos e empregados;
III - os diretores, gerentes ou representantes de pessoas jurídicas de direito privado."

222. BRASIL. Lei n° 5.172, de 25 de outubro de 1966. Código Tributário Nacional. Diário Oficial da União (DOU) de 27.10.1966: "Art. 136. Salvo disposição de lei em contrário, a responsabilidade por infrações da legislação tributária independe da intenção do agente ou do responsável e da efetividade, natureza e extensão dos

O art. 137[223] prescreve "responsabilidade pessoal ao agente" nos casos de prática de crimes e contravenções legalmente previstos, nas hipóteses de infrações para as quais o dolo específico seja elementar e, para as que decorram direta e exclusivamente de um agir doloso específico; selecionando, novamente, as pessoas listadas no art. 134 (quando agirem contra as pessoas por quem respondem), os mandatários, prepostos ou empregados (quando agirem contrariamente aos mandantes, preponentes ou empregadores) e os diretores, gerentes ou representantes de empresas (em atitude contrária a estas).

O mesmo que dissemos sobre a clareza da titularidade do débito tributário nos casos do art. 135 aplica-se ao art. 137. Em outras palavras, ao prescrever uma responsabilidade *pessoal ao agente* pela prática de ilícitos e contravenções, o único a ser exigido do pagamento em sentido estrito será, nesses casos, o infrator. Citemos o exemplo do diretor de uma empresa que enriquece ilicitamente ao deixar de repassar, ao fisco, os valores retidos dos funcionários da empresa que comanda a título de contribuição previdenciária. A empresa e os funcionários, no exemplo, são vítimas do agente criminoso. Somente ele

---

efeitos do ato."; "Art. 138. A responsabilidade é excluída pela denúncia espontânea da infração, acompanhada, se for o caso, do pagamento do tributo devido e dos juros de mora, ou do depósito da importância arbitrada pela autoridade administrativa, quando o montante do tributo dependa de apuração. Parágrafo único. Não se considera espontânea a denúncia apresentada após o início de qualquer procedimento administrativo ou medida de fiscalização, relacionados com a infração."

223. BRASIL. Lei nº 5.172, de 25 de outubro de 1966. Código Tributário Nacional. Diário Oficial da União (DOU) de 27.10.1966: "Art. 137. A responsabilidade é pessoal ao agente:
I - quanto às infrações conceituadas por lei como crimes ou contravenções, salvo quando praticadas no exercício regular de administração, mandato, função, cargo ou emprego, ou no cumprimento de ordem expressa emitida por quem de direito;
II - quanto às infrações em cuja definição o dolo específico do agente seja elementar;
III - quanto às infrações que decorram direta e exclusivamente de dolo específico:
a) das pessoas referidas no artigo 134, contra aquelas por quem respondem;
b) dos mandatários, prepostos ou empregados, contra seus mandantes, preponentes ou empregadores;
c) dos diretores, gerentes ou representantes de pessoas jurídicas de direito privado, contra estas."

estará na incumbência de pagar, em seu nome, o débito tributário surgido de seu agir ilícito. Débito próprio do responsável tributário também neste caso.

2.3.3 Substituição tributária

Tema árduo o da substituição tributária, especialmente diante da enorme divergência doutrinária que circunda sua natureza jurídica, havendo significativa dissensão sobre descrever o fenômeno enquanto espécie de responsabilidade tributária (em sentido amplo), de dever instrumental, ou ainda caracterizando sujeição passiva direta sem qualquer participação do contribuinte, para mencionarmos apenas alguns pontos de conflito interpretativo entre os cultores do direito tributário.

Cabe-nos, aqui, nos limites de nossa investigação, consignar os reflexos da nova tipologia de deveres instrumentais proposta no capítulo precedente, ligada à noção técnica de pagamento, sobre a substituição tributária, o que, a nosso sentir, poderia solucionar muitas das divergências existentes em torno da matéria.

Como vimos de ver, responsável tributário pensado em sentido amplo (enquanto sujeito passivo da obrigação principal), do qual seria espécie o substituto tributário para boa parte da doutrina,[224] é pessoa obrigada a pagamento de débi-

---

224. Rubens Gomes de Sousa, pode-se dizer, ainda tem o "relato vencedor" - para utilizarmos da expressão de João Maurício Adeodato (ADEODATO, João Maurício Leitão. Uma teoria retórica da norma jurídica e do direito subjetivo. 2ª Ed. São Paulo: Noeses, 2014) – sobre a matéria, decorrente de seu ethos de autor do anteprojeto de Código Tributário Nacional, integrante da Comissão constituída para sua elaboração, discípulo de Ezio Vanoni e mestre de inúmeros professores de direito tributário no Brasil (não se negando os pathos e logos de seu discurso). Lembremos que Rubens Gomes de Sousa visualiza as figuras da sujeição passiva direta (contribuintes) e da sujeição passiva indireta, subdivididas em dois tipos, "por substituição" e "por transferência". Para o referido autor, é nesta última espécie (sujeição passiva indireta por transferência) que está contida a responsabilidade em sentido estrito. (SOUSA, Rubens Gomes de. Op. Cit., 1960, p. 72). Ver a substituição tributária contida numa visão ampla de responsabilidade, ainda que tecendo considerações sobre a sujeição indireta de Rubens Gomes de Sousa, COSTA, Regina Helena. Op. Cit., 2018, p. 238, 241-242.

to próprio por ter sido colocado, por imposição legal, no polo passivo da relação tributária obrigacional mesmo não tendo realizado o fato previsto na regra-matriz de incidência.

Desde Achile Donato Gianini, passando por Benedetto Cocivera, Ezio Vanoni e chegando a Rubens Gomes de Sousa, aqueles que defendem a substituição tributária como espécie de sujeição passiva da obrigação principal tendem a afirmar que o substituto tributário é colocado, *ab initio*, no lugar do contribuinte para cumprir, ele mesmo, a obrigação tributária.[225]

Pensamos, no entanto, que a configuração normativa efetiva de hipóteses a que se costuma designar "substituição tributária", se não em todos os casos, na maior parte das vezes, se refere a situações de imposição de deveres instrumentais e, inclusive, deveres instrumentais tributários atribuídos a terceiros.

Com isso – por respeito ao pensamento de grandes tributaristas de hoje e de outrora – não queremos negar a possibilidade de existência de hipóteses de substituição tributária, pensadas aquelas situações em que a obrigação principal já nasce diretamente para o substituto tributário, devendo pagar seu débito com o fisco.[226] Os limites da imposição desses

---

225. Excluímos, propositalmente, do início da breve lista de nomes Ernst Blumenstein, alegado por Gianini como referência para suas lições, pela razão de que, como demonstra Brandão Machado, não há como, bem vistas as coisas, equiparar as considerações de Blumenstein sobre substituição tributária à adaptação de suas ideias ao direito italiano feita por A. D. Gianini. (MACHADO, Brandão. Notas de direito comparado – tributação na fonte e substituição tributária. In Direito Tributário – Homenagem a Alcides Jorge Costa. Coord. Luís Eduardo Schoueri. Vol. I. São Paulo: Quartier Latin, 2003, p. 77-78). Também, não mencionamos João Martins de Oliveira, considerado o primeiro a produzir doutrina sobre a figura do substituto tributário no Brasil, pois, diferentemente de Rubens Gomes de Sousa, para ele o substituto seria um agente indireto do fisco. Há, ainda, aqueles que consideram a substituição tributária como forma de sujeição passiva "direta", já que a obrigação sequer chegaria a surgir contra o "contribuinte" (COELHO, Sacha Calmon. Curso de direito tributário brasileiro. 17ª edição. Rio de Janeiro: Forense, 2020, p. 457-467).

226. Poderiam ser exemplo de substituição tributária alguns casos de diferimento da constituição do crédito de determinado tributo (substituição tributária retrospectiva ou para trás). Pensemos no diferimento do "lançamento" do ICMS paulista nas operações de circulação de pescados (art. 391, do Decreto estadual nº 45.490/2000). Nesse caso, a constituição do crédito tributário (e o pagamento) não é

tipos de obrigação encontram-se no já mencionado art. 128 do Código Tributário Nacional. É preciso que o substituto possua relação indireta com a situação que constitui a materialidade da regra-matriz de incidência tributária.

Ocorre que há inúmeros casos tratados como substituição tributária, mas que, em verdade, são imposições de deveres instrumentais tributários de recolhimento. Referidos deveres, em geral, são acompanhados de outros da mesma natureza, como, por exemplo, dever de constituição de crédito tributário, dever de retenção, dever de declaração etc.

Não são, estritamente, imposições de obrigação de pagamento.

Como sabemos, a doutrina brasileira costuma considerar três formas de substituição tributária: concomitante (ou substituição tributária propriamente dita), retrospectiva (ou para trás) e prospectiva (ou para frente). Exemplo do primeiro caso seria o da "tributação exclusiva na fonte", em que o imposto sobre a renda da pessoa que recebeu rendimentos tributáveis é calculado e recolhido pela fonte pagadora da renda no momento da remuneração ao beneficiário, sem possibilidade de ajustes posteriores. Exemplo do segundo caso seria o do diferimento do lançamento do ICMS em determinadas operações, devendo o tributo em tese devido por pessoa do início da cadeia de comercialização ser constituído apenas nas etapas finais, calculado e recolhido pelos últimos contribuintes da cadeia econômica. E exemplo do terceiro caso seria o do ICMS Substituição Tributária, calculado e recolhido por contribuinte localizado no início da cadeia de comercialização em

---

feita pelo pescador e pelo piscicultor que realizam as primeiras operações de saída do produto, devendo ser realizada somente quando, por exemplo, o varejista realizar a sua operação de venda, ocasião em que estará sujeito a pagar, além do ICMS próprio, o ICMS que seria devido pelo pescador e pelo piscicultor que, por suas vezes, não se afigurarão, em sentido concreto, como contribuintes do ICMS (não se instaura contra eles qualquer obrigação principal de pagamento). O crédito tributário, aí, apesar de se referir às primeiras etapas da cadeia de comercialização, é, em verdade, do próprio substituto (varejista, no exemplo), que, inclusive, não tem como se ressarcir do montante gasto para a satisfação do credor.

referência ao tributo que presumidamente virá a ser devido pelos demais contribuintes até a venda ao consumidor final.[227]

A substituição tributária tende a ser estruturada nos chamados regimes de retenção e reembolso antecipado,[228] o que, em nossa opinião, faz toda a diferença para a identificação da real natureza do dever imposto normativamente ao destinatário das regras tributárias. Isso porque, ao levar dinheiro aos cofres públicos após ter cumprido um dever instrumental de retenção, o administrado não paga débito próprio, mas recolhe débito alheio, cumprindo, assim, outro dever instrumental tributário.[229] O mesmo se diga quando realiza o recolhimento de valor de terceiro por reembolsar-se, antecipadamente, do montante entregue ao fisco.

O desenho normativo-tributário brasileiro, se levarmos em conta a diferença entre quem paga e quem recolhe, é mais próximo, assim, de um dever instrumental tributário de recolhimento. Atribui-se aos administrados o dever de cumprir uma prestação que não configura obrigação principal, fazendo-o, certamente, pela imposição de norma que, uma vez incidida, fará surgir uma relação tributária instrumental.

---

227. COSTA, Regina Helena. Op. Cit., 2018, p. 238-241.

228. O ICMS Substituição Tributária do Estado de São Paulo, por exemplo, é estruturado no regime de antecipação de pagamento por retenção. Interessante notar que, na Itália, a figura é da ritenuta di rivalsa, um dever jurídico em sentido estrito que obriga a fonte pagadora a se reembolsar antecipadamente através da retenção (retenção e reembolso, assim, são concomitantes), o que torna esse dever algo distinto do consequente dever de recolhimento. Apesar disso, a maior parte da doutrina italiana prefere reconhecer a substituição tributária como hipótese de sujeição passiva do substituto pelo crédito tributário mesmo. (POTITTO, Enrico. Enciclopedia del diritto. Vol. XLII, Milano, 1990, s.v. soggeto pasivo d'imposta).

229. Cfr. as considerações de HORVATH, Estevão. Deveres instrumentais e seus limites. In BARRETO, Aires Fernandino et al. Interpretação e Estado de Direito. São Paulo: Noeses, 2006, p. 219-220: "Vejo isso como um tipo de obrigação tributária, também incluída no rol dos deveres de colaboração do cidadão para com o Fisco. Trata-se de obrigação de terceira pessoa (diferente daquela que praticou o fato imponível) de levar aos cofres públicos uma quantia em dinheiro a título de um tributo que tem como contribuinte o substituído, mas que, exatamente por força de comando normativo, corresponde (a obrigação) àquela pessoa (o substituto)."

Suíça e Alemanha têm desenhos normativos acerca do assunto mais voltados a acentuar o caráter de dever de recolhimento do que, propriamente, de substituição do sujeito passivo nos casos de retenção na fonte pagadora (os casos de tributação na fonte são tradicionalmente utilizados pela doutrina alienígena para descrever hipóteses de substituição tributária). Como nos ensina Brandão Machado, em aprofundado estudo comparado,[230] a doutrina suíça qualifica juridicamente a tributação na fonte como *Entrichtungspflicht* (um dever de recolhimento do imposto). Também a Alemanha, onde não há substituição tributária entendida como sujeição passiva do substituto ao crédito tributário para a maior parte da doutrina,[231] a execução da tarefa útil de recolhimento (um dever, *Hilfspflichtige*) não torna, o executor, devedor do imposto, mas um administrado a exercer tarefa administrativa.[232]

Em que pese – diferentemente de nós – visualizando a conduta de levar dinheiro alheio à caixa do estado como uma obrigação de fazer e filiando-se à doutrina alemã sobre o tema, Brandão Machado reconhece a necessidade de se distinguir pagamento de recolhimento:

---

230. MACHADO, Brandão. *Op. Cit.*, 2003, p. 84-90.

231. Em outro sentido, PAULSEN, Leandro, para quem o direito alemão possui "diversos casos de substituição tributária estabelecidos pelas leis que cuidam de cada imposto, em alguns dos quais a retenção cumpre função de simples antecipação do pagamento (Steuervorauszahlung) relativamente a tributo sujeito a posterior liquidação." (*Responsabilidade e substituição tributárias*. Porto Alegre: Livraria do Advogado Editora, 2012, p. 65)

232. Para uma introdução às considerações das doutrinas suíça e alemã sobre tributação na fonte, ver MACHADO, Brandão. Op. Cit., 2003, p. 73-94, em especial as descrições dos posicionamentos de BLUMENSTEIN, Ernst (e sua hesitação sobre o tema); MYRBACH-RHEINFEL, Franz Freiherr Von (fonte pagadora como órgão da administração); SCHRANIL, Rudolf (retentor como auxiliar do fisco); BÜHLER, Ottmar (na revisão de STRICKROTT, Georg); BÜRGER, Hans (sobre o sujeito obrigado ao recolhimento); IPSEN, Hans Peter (particular como executor de tarefas administrativas); FORST-HOFF, Ernst (admitindo a tese de IPSEN); SCHÄFER, Horst (retentor exercendo função pública administrativa disciplinada pelo direito tributário).

> Os bancos, quando recolhem ao tesouro público dinheiro de imposto dos seus clientes, operam como simples órgão de arrecadação. A sua obrigação de recolher o dinheiro à caixa do Governo é de *fazer*, não *dar*, pois os bancos funcionam como agentes de arrecadação. Assim funciona a fonte retentora do imposto. Pode-se dizer que *pagamento* é algo diferente de *recolhimento*.[233]

Ainda que a consideração de um administrado executor de tarefas administrativas (função pública administrativa) por autorização do Estado não possa ser transplantada para a realidade brasileira sem considerações cuidadosas sobre as diferenças do regime de direito público alemão para o regime de direito público do Brasil, cremos relevante a visualização da diferença existente entre pagamento e recolhimento, que independe de aceitação de qualquer doutrina estrangeira, vinculada que está, unicamente, à interpretação do Código Tributário Nacional.

---

233. MACHADO, Brandão. Op. Cit., 2003, p. 90. Ver também p. 75: "O Estado, como credor dos impostos, é quem deveria cobrá-los diretamente dos devedores, os contribuintes. Contudo, nem todos os impostos são recolhidos pelos órgãos do governo. Há impostos cuja cobrança é efetuada por um terceiro a quem o Estado impõe a obrigação de cobrar o imposto e recolhê-lo aos cofres públicos. É o que acontece com o imposto de renda retido na fonte."; Na mesma linha de raciocínio, confira-se MACHADO, Brandão. Direito Tributário – Estudos em homenagem ao Prof. Ruy Barbosa Nogueira. São Paulo: Saraiva, 1984, p. 76-77: "O Código brasileiro concede o direito à restituição exclusivamente ao sujeito passivo, assim conceituada a pessoa obrigada ao pagamento do tributo (art. 121), que tanto pode ser o contribuinte, isto é, a pessoa a quem se imputa o fato gerador da obrigação (art. 121, parágrafo único, I), como o responsável, isto é, a pessoa que, sem assumir a posição de contribuinte, faz as suas vezes por força de lei (art. 121, parágrafo único, II). Como no conceito de sujeito passivo estão, assim, incluídos os conceitos de contribuinte e de responsável, é razoável indagar se é também parte legítima para repetir o indébito tributário o responsável que se limitou, apenas, a descontar e reter, como fonte, a título de imposto, parcela de prestação devida a terceiro, e a recolhê-la aos cofres do Estado, ou se parte legítima é o terceiro que sofreu na fonte o desconto do imposto. (...) Embora alguns autores vejam na fonte a figura do substituto, quer quando a retenção do imposto é feita como antecipação, quer quando é efetivada como tributação exclusiva, a verdade é que a fonte, retendo e recolhendo o imposto, não exerce função de substituto; limita-se a uma atividade meramente administrativa, cumpre uma obrigação legal diversa da obrigação tributária, pois sujeito passivo dessa obrigação continua sendo, a despeito da retenção, o beneficiário do rendimento."

OS TERCEIROS NA SUJEIÇÃO PASSIVA TRIBUTÁRIA
E O *ALTERLANÇAMENTO*

Lembremos o que já teve oportunidade de ensinar Paulo de Barros Carvalho sobre o assunto:

> Quando se faz referência a entregas de dinheiro ao Estado, comportamento que realiza a prestação pecuniária, é sumamente importante salientar que a quantia entregue deve sair do patrimônio do sujeito passivo. Do contrário, não teremos tributo, mas outro tipo de relação jurídica. É o caso do chamado "imposto de renda na fonte". Não cremos existir relação jurídica tributária entre a União e a empresa que retém, mas tão somente uma obrigação estabelecida pelo legislador federal, com a finalidade de facilitar o cumprimento da prestação, a cargo do verdadeiro sujeito passivo (a pessoa física que teve parte de seu dinheiro retido na fonte pagadora). É por isso que é dever, de conteúdo patrimonial, há penalidades pecuniárias que garantem ao Estado o cumprimento dessa prestação por parte das pessoas jurídicas que devam promover a retenção. É curioso notar que quase todos os autores se referem a esse tipo de vínculo como sendo de índole tributária.[234]

Assim, tenhamos em mente que os casos de "substituição tributária" estruturados sob os regimes de retenção e reembolso antecipado não se afiguram verdadeira espécie de responsabilidade tributária e nem de "sujeição passiva direta", mas, sim, de dever instrumental, muitas vezes atribuído a terceiros estranhos à relação principal. Deixemos, desde agora, consignado que alguns exemplos de deveres instrumentais tributários atribuídos a terceiros, antes considerados hipóteses de substituição tributária, serão demonstrados no capítulo VI.[235]

---

234. CARVALHO, Paulo de Barros. *Teoria da norma tributária*. 5ª edição. São Paulo: Quartier Latin, 2009, p. 90 (em nota de rodapé nº 48).

235. Alguém poderia nos indagar: se responsabilidade tributária e substituição tributária (propriamente ditas) devem ser vistas como modos de atribuição de sujeição passiva tributária por débito próprio (necessidade de pagamento, conforme art. 121, do Código Tributário Nacional), como as respectivas normas seriam constitucionais, uma vez que nem responsáveis nem substitutos praticam aquele "fato-signo presuntivo de riqueza" (BECKER, Alfredo. Op. Cit., 2018, p. 300, 529-542) e, assim, não são os "destinatários constitucionais da carga tributária" (ATALIBA, Geraldo. Substituição e responsabilidade tributária. Revista de Direito Tributário. Ano 13. Nº 49. São Paulo: RT, 1989, p. 73-96), não apresentando capacidade contributiva? A imposição jurídica de "repercussão econômica" ("repercussão jurídica" para BECKER, Alfredo. Op. Cit., 2018, p. 567-594), como vimos, caracterizará o

2.4 Uma breve e necessária advertência: responsabilidade enquanto sanção

Para uma adequada compreensão do que dissemos mais acima sobre ser o responsável tributário obrigado a pagamento de débito próprio, é importante que tenhamos em mente que não pressupomos haver dois tipos de relação tributária, estritamente consideradas, exclusivamente porque o Código Tributário Nacional tratou assim a questão em seus artigos. De fato, o diploma se equivoca, tecnicamente, ao equiparar

dever instrumental de recolhimento de débito alheio aos cofres públicos, não configurando pagamento e, por isso, não estando ligada às hipóteses de responsabilidade e substituição. Pensamos que as hipóteses de responsabilidade tratadas expressamente no Código Tributário Nacional (artigos 129 a 138) e a cláusula de abertura prevista no art. 128, se justificam por uma prévia ponderação realizada no campo político entre o princípio da capacidade contributiva e o dever fundamental de pagar tributos (interesse público e solidariedade), com a prevalência deste último. É importante lembrar que a relativa proximidade de responsáveis e substitutos em referência aos "contribuintes" possibilitaria aos primeiros reduzir a – poderíamos dizer – sensação de injustiça através da inauguração de relações privadas de ressarcimento que, no entanto, podem ou não existir. Não há um dever legal para que o adquirente de um imóvel busque se ressarcir, em face do alienante, do tributo pago sobre o imóvel adquirido (aliás, a aquisição do imóvel com dívida tributária pode ser do interesse do adquirente, para favorecê-lo na negociação, o que não deve ser confundido com ressarcimento antecipado). Não há, do mesmo modo, um dever legal para que o varejista busque se ressarcir, junto ao pescador, do tributo que pagou sobre a revenda do pescado adquirido com diferimento (não devendo se confundir o fato do tributo não ter integrado, em tese, o preço da mercadoria como forma de ressarcimento antecipado). E também não é indispensável uma relação "indireta" com a situação configuradora do fato jurídico tributário para que se possibilite a busca do ressarcimento de quem quer que seja (a relação indireta com o "fato gerador" é indispensável para a criação de normas de responsabilidade ou de substituição tributária, o que é diferente). Nosso ordenamento jurídico permite a qualquer pessoa, estando em relação próxima, distante ou sem qualquer relação com outro sujeito que lhe causou prejuízo indevido, indenizar-se através dos trâmites legalmente previstos. A própria ideia de ressarcimento ou indenização, nesses casos, nos soa absurda, pois, estaria, o Estado, causando, proposital e normativamente, uma relação de prejuízo, justificando sua postura em razão de um interesse público e relegando aos administrados a resolução dos problemas que ele, Estado, causou. Por isso, pensamos não ser a "repercussão econômica" ou "translação econômica" nem a "repercussão jurídica" o que constitucionaliza hipóteses de responsabilidade tributária e substituição tributária. A estruturação normativa do regime de retenção e antecipação por reembolso serve para diferençar recolhimento de pagamento, servindo, assim, para caracterizar hipóteses de atribuição de deveres instrumentais tributários (prestações que não configuram obrigação principal).

relações cujos elementos são distintos e, assim, relações distintas, como exploramos no capítulo I.

Sob o nome de obrigações principais, o Código inclui: *i)* obrigações dos contribuintes de pagar tributos; *ii)* obrigações dos contribuintes de pagar penalidades pecuniárias; *iii)* obrigações dos responsáveis de pagar tributos; *iv)* obrigações dos responsáveis de pagar penalidades pecuniárias. Portanto, relações tributárias propriamente ditas, relações de responsabilidade, relações sancionatórias.

Além disso, impõe deveres instrumentais, como estamos a demonstrar neste trabalho, a terceiros estranhos às relações tributárias de contribuintes e responsáveis, mas não os prevê como sujeitos passivos do que denomina obrigação principal. Se levarmos em conta o fato de que esses terceiros, descumprindo os seus deveres instrumentais, serão punidos com penalidades pecuniárias, a nomenclatura prescrita pelo Código Tributário Nacional a eles não será aplicável, deixando-os sem designação diante da obrigação de pagamento de suas multas, pois, não serão nem contribuintes nem responsáveis.

A falta de técnica do diploma mencionado no tratamento da matéria da sujeição passiva tributária e das relações tributárias, ao mesmo tempo em que não deve ser aceita sem críticas pelo jurista para que suas descrições do objeto não sejam contaminadas negativamente, também não pode justificar preconceitos que signifiquem o abandono de dados relevantes retirados do produto legislado, como é o caso, pensamos, da importância da correta compreensão do termo pagamento na configuração das relações tributárias de que tratamos.

Dito isso, acreditamos que mesmo nos casos em que o responsável tributário seja obrigado ao pagamento de valores ao fisco porque praticou atos ilícitos (por exemplo, art. 135 e art. 137, acima mencionados), a prestação pecuniária que se lhe exige é própria, colocando-o como sujeito passivo de obrigação "principal".

De fato, a norma de responsabilidade é diversa da regra--matriz de incidência tributária. Esta última prevê os dados mínimos a caracterizar fato que, uma vez praticado, dará ensejo ao surgimento da relação tributária principal. O Código Tributário Nacional diz o mesmo ao prescrever que a obrigação principal surge com a ocorrência do "fato gerador". Por sua vez, a previsão geral e abstrata de uma hipótese de responsabilidade prevê situações que, uma vez ocorridas, darão ensejo ao surgimento da relação de responsabilidade pela qual alguém que não praticou o "fato gerador" deverá pagar o tributo ou a penalidade.

Lembremos que o art. 3º do Código Tributário Nacional define tributo como a prestação pecuniária *que não constitua sanção de ato ilícito*.

Como defender, assim, que a prática de um ato ilícito por alguém que não realiza a materialidade da norma de incidência pode colocá-lo na situação de ser exigido do pagamento do tributo, sem malferir o próprio conceito prescrito pelo art. 3º? Há, pelo menos, três modos de ver a questão, especialmente no que se refere às hipóteses de responsabilidade tributária previstas nos arts. 135 e 137 (responsabilidade pessoal e exclusiva).

O primeiro deles é considerar que as pessoas prejudicadas pelos agentes mencionados nos dispositivos legais em comento apenas formalmente praticaram a materialidade tributária. Em verdade, os responsáveis é que teriam realizado verbo e complemento, causando uma incidência indevida da norma tributária sobre os seus representados (em sentido amplo) por conta de seus atos ilícitos. Teriam os responsáveis, desse modo, feito surgir a obrigação principal em prejuízo de suas vítimas, devendo, assim, adimplir o tributo propriamente dito. Seriam casos de responsáveis colocados no polo passivo da relação tributária principal por terem, eles mesmos, praticado a materialidade da norma padrão de incidência.

Como vimos, isso não se coaduna com a nossa definição de sujeitos passivos e não está de acordo, também, com o modo como prescreve a matéria o Código Tributário Nacional. Não só estaríamos diante de uma situação *sui generis* em que a obrigação teria surgido mesmo sem ter o sujeito passivo constante da regra-matriz de incidência praticado as condutas previstas no antecedente da norma, mas, também, de caso em que o tributo se constituiria sanção por ato ilícito.

O segundo modo de ver o problema seria interpretar a equívoca e criticável expressão "fato gerador" da obrigação principal como a prática do quanto previsto em norma geral e abstrata suficiente para fazer nascer uma relação tributária na qual se exige o pagamento de valor pecuniário, independentemente da natureza do montante exigido (se tributo ou penalidade), o que justificaria o agir ilícito dos responsáveis tributários como sendo esse "fato gerador" da obrigação de pagar e, assim, sua sujeição passiva em uma relação tributária obrigacional, mesmo que não ligada a tributo.

O terceiro modo de ver a questão – e, para nós, o mais correto – seria reconhecer que o Código prevê hipóteses em que a incidência da norma de responsabilidade é justificada pela prática de atos ilícitos, o que configuraria, nesses casos, uma sanção jurídica. A incidência da norma de responsabilidade estaria prevista como consequência do descumprimento de uma norma anterior que exigisse determinada conduta lícita ou vedasse determinado agir por parte das pessoas citadas nos art. 135 e 137.[236]

Nesses casos, o que surgiria para os responsáveis mencionados não seria um dever de pagar tributo, mas uma obrigação de pagar penalidade pecuniária, tratada pelo Código Tributário Nacional como obrigação principal. Não deveria subsistir dever de pagamento de tributo para a pessoa prejudicada. Não é assim, porém, que a jurisprudência vem decidindo, cobrando, nos casos dos arts. 135 e 137 tanto o tributo do contribuinte prejudicado quanto o valor (para nós, penalidade) do responsável pelo ato ilícito, permitindo a

---

236. Sobre o caráter sancionatório de algumas hipóteses de responsabilidade tributária (art. 134 em diante), ver CARVALHO, Paulo de Barros. Op. Cit., 2018, p. 673-675.

possibilidade de extinção do liame pelo pagamento realizado pelo responsável.[237]

Por isso, aqueles pessoalmente responsabilizados pelo pagamento de valores pecuniários ao fisco em razão da prática de atos ilícitos devem adimplir débito próprio, em que pese referido pagamento apresentar efeitos de extinção do tributo "devido" pelo contribuinte.

De todo modo, o reconhecimento da existência de responsabilidade tributária aplicável como sanção de ato ilícito não prejudica o que estamos a afirmar, no sentido de que o responsável tributário é alguém obrigado ao pagamento daquilo que o Código Tributário Nacional denomina obrigação principal, não por ter realizado a materialidade da regra-matriz de incidência, mas por ter sido colocado no polo passivo da relação por imposição legal, devendo adimplir débito próprio.

---

237. O quanto dito neste momento ajuda, inclusive, a fundamentar a necessidade de revisão de lançamentos tributários realizados pela Receita Federal do Brasil que, diante da prática dos atos previstos nos arts. 135 e 137, interpretam presente a figura do interesse comum na situação configuradora do fato jurídico tributário, exigindo tributos solidariamente de pessoas jurídicas e agentes praticantes dos atos ilícitos. O mesmo seja dito quanto à necessidade de revisão da jurisprudência que permite o redirecionamento de execuções fiscais em razão dos mesmos artigos mencionados, mantendo-se, porém, no polo passivo da demanda exacional, aqueles prejudicados pelo agir ilícito dos responsabilizados. Por fim, merecerá, também, revisão o posicionamento do Superior Tribunal de Justiça, exposto na Súmula 435 ("Presume-se dissolvida irregularmente a empresa que deixar de funcionar no seu domicílio fiscal, sem comunicação aos órgãos competentes, legitimando o redirecionamento da execução fiscal para o sócio-gerente.") que inclui como causa de aplicação do art. 135 do Código Tributário Nacional os casos de dissolução irregular de sociedades praticados muito posteriormente ao surgimento da obrigação tributária, enquanto o art. limita a hipótese de responsabilidade pessoal e exclusiva aos atos praticados com excesso de poderes, infração à lei, contrato social ou estatutos que resultem nas obrigações tributárias cujos créditos correspondentes serão cobrados do agente.

3. TERCEIROS

Esqueceu-se, o legislador do Código Tributário Nacional, de designar os terceiros obrigados a pagamento enquanto sujeitos passivos do que denominou obrigações principais, conforme já adiantado.

Como vimos, a legislação tributária brasileira, inclusive o próprio Código Tributário Nacional, prevê obrigações de dar, fazer e não fazer para pessoas que não se afiguram contribuintes nem responsáveis tributários, a quem chamamos terceiros neste trabalho.

Esquema 4: definição de terceiros para o CTN

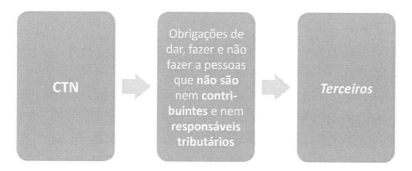

Ao mesmo tempo, dispõe o Código, de maneira pouco técnica, sob a rubrica "obrigação principal", relações tributárias diversas unidas por uma característica: obrigação de pagamento em sentido estrito (de tributo ou penalidade pecuniária). Uma vez tendo tratado como obrigação principal aquela de pagamento de penalidade pecuniária, deveria, o legislador, se estivesse buscando alguma coerência, ter incluído, entre os sujeitos passivos da obrigação principal, os terceiros, pois, estes, descumprindo os deveres instrumentais que lhes são impostos, ficam sujeitos a penalidades pecuniárias e, ao adimpli-las em sentido estrito, realizam pagamento de débito próprio.

Imaginemos, por exemplo, um terceiro sujeito a procedimento de diligência fiscal no âmbito de uma fiscalização contra um contribuinte qualquer. Caso o terceiro não cumpra seus deveres de diligenciado e embarace a fiscalização, será penalizado. Pagando a multa recebida, enquadra-se na conduta prevista pelo Código como caracterizadora de sujeição passiva de obrigação principal.

Agora, se pensarmos a obrigação principal como a relação tributária obrigacional propriamente dita, ou seja, a obrigação de pagamento do tributo em razão da prática do fato jurídico tributário ou por imposição legal, de fato, somente serão sujeitos passivos contribuintes e responsáveis, excluídos os terceiros. A estes resta a sujeição, nesse caso, à relação tributária pecuniária sancionatória.

4. SUJEIÇÃO PASSIVA DOS DEVERES INSTRUMENTAIS TRIBUTÁRIOS

Como já foi possível perceber, em relação aos deveres instrumentais tributários (tratados como obrigações acessórias pelo Código Tributário Nacional e demais leis tributárias em vigor), a sujeição passiva tributária é bastante ampla.

Contribuintes são, normalmente, destinatários de regras impositivas de deveres instrumentais de todos os tipos: dar, fazer e não fazer (entregar documentos e informações; realizar declarações tributárias; sujeitar-se a fiscalizações), o mesmo ocorrendo com os responsáveis tributários em sentido amplo. E são exigidos desses deveres enquanto contribuintes e responsáveis, ou seja, em relações que se referem, enquanto instrumentos, a outras relações dos próprios destinatários.

Citemos o exemplo do contribuinte exigido a fazer a declaração de ajuste anual do imposto sobre a renda pessoa física. Sua relação de dever está referida, instrumentalmente, à sua outra relação tributária, com a finalidade de permitir, ao credor, verificar a correta aplicação da legislação de tributos.

Aquelas pessoas (terceiros) exigidas de cumprir deveres que não configuram pagamento de tributo ou penalidade pecuniária em relações que se referem, enquanto instrumentos, a relações de outras pessoas, especificamente de contribuintes e responsáveis, são, também, sujeitos passivos de deveres instrumentais.

Citemos o exemplo do terceiro obrigado a repassar ao fisco informação sobre negócios de um contribuinte. Sua relação de dever está referida, instrumentalmente, à relação tributária do contribuinte com o credor.

5. CONTRIBUINTES, RESPONSÁVEIS, SUBSTITUTOS E TERCEIROS

Em razão de tudo o que dissemos até este momento, podemos defender que:

1) Contribuinte é o nome que se dá à pessoa obrigada, *in concreto*, ao pagamento de tributo ou penalidade pecuniária tendo praticado o fato jurídico tributário.

2) Responsável (em sentido amplo) é o nome que se dá à pessoa obrigada, *in concreto*, ao pagamento de tributo ou penalidade pecuniária não tendo praticado o fato jurídico tributário (por imposição legal).

   2.1) Os responsáveis (em sentido estrito) previstos nos arts. 130 a 137 do Código Tributário Nacional não são as únicas pessoas que, não tendo praticado o fato jurídico tributário, podem ser colocadas na obrigação de pagamento do tributo ou penalidade pecuniária, diante da cláusula de abertura do art. 128.

   2.1.1) Substitutos tributários são responsáveis tributários contra quem a obrigação principal surge, *ab initio*, para exigi-los de pagamento de débito próprio.

   2.1.1.1) "Substituições tributárias" estruturadas nos regimes de retenção e reembolso antecipado não são verdadeiras substituições tributárias, pois, não se configura a obrigação de pagamento para o responsável tributário, mas, sim, dever de recolhimento de valores alheios ao fisco.

3) Terceiros são, também, sujeitos passivos de obrigação de pagamento quando tenham que adimplir penalidades pecuniárias decorrentes do descumprimento de seus deveres instrumentais.

4) Todas essas figuras de destinatários de normas tributárias são sujeitos passivos de deveres instrumentais tributários. Quando referidos deveres estiverem em instrumentalidade com obrigações próprias de cumprimento da legislação tributária, os nomes dos sujeitos passivos se mantêm (contribuinte enquanto sujeito passivo de seu dever instrumental, responsável enquanto sujeito passivo de seu dever instrumental, substituto enquanto sujeito passivo de seu dever instrumental) – assim como mencionamos para as penalidades pecuniárias. Não apresentaria grande utilidade prática (ao contrário, seria impor mais dificuldade e complexidade ao sistema tributário) buscar nomear diferentemente os sujeitos passivos nesse caso.

4.1) Os terceiros são sujeitos passivos de deveres que se referem, instrumentalmente, a relações tributárias alheias.

> *Terceiros são sujeitos passivos de deveres referentes a relações tributárias alheias.*

Capítulo V
A FIGURA DO *ALTERLANÇAMENTO*

1. PLURALIDADE DE FORMAS DE CONSTITUIÇÃO DO CRÉDITO TRIBUTÁRIO

Não se constitui o crédito tributário somente pelo lançamento. Apressamo-nos a nos posicionar nesse sentido visando a indicar, de início, nossa preferência em relação ao modo de pensar a concretização das variadas relações jurídicas tributárias pelas pessoas a quem o direito positivo concede competência para produzir normas individuais e concretas, com causa e finalidade específicas, como se verá mais a frente.

Relembrando o que já afirmamos anteriormente, crédito tributário é um dos elementos que compõem a relação obrigacional tributária. Elemento indispensável, contraposto à ideia de débito tributário na estrutura do liame intersubjetivo. Denota o direito subjetivo do fisco de exigir o pagamento do tributo ou da penalidade pecuniária, sem o qual não se pode falar em relação jurídica.[238]

Vimos que as normas jurídicas, em sentido estrito, gerais e abstratas, não inauguram relações jurídicas concretas. Preveem, elas, hipóteses que uma vez realizadas deverão dar ensejo ao surgimento de uma relação entre dois sujeitos de direito que, no caso do direito tributário, preveja prestação referente às atividades de instituição, arrecadação e fiscalização de tributos.

---

238. CARVALHO, Paulo de Barros. Op. Cit., 2018, p. 526.

Estruturam-se, assim, naquele D(H→C) sintaticamente homogêneo para toda manifestação da deonticidade jurídica.[239]

Conforme ensina Paulo de Barros Carvalho, tratar de constituição do crédito tributário

> é pensar no problema da aplicação do direito ao caso concreto, equivale a dizer, cogitar da incidência jurídica e de todas as vicissitudes que lhe são inerentes. É considerar o instante mesmo em que a norma jurídica, por virtude de uma ocorrência factual, fere decisivamente a conduta intersubjetiva, para regrá-la como obrigatória, proibida ou permitida, orientando-a, desse modo, em direção aos valores que a sociedade pretende ver objetivados.[240]

Necessário realizar a incidência da norma jurídica para que surja, *in concreto*, a relação entre credor e devedor, permitindo, assim, cumprir-se o quanto designado nos esquadros normativamente desenhados acerca das condutas exigidas em termos de proibição, permissão e obrigatoriedade.

Vista a incidência como uma operação do ser humano necessária à dinâmica da positivação do sistema jurídico, a pessoa reconhecida pelo sistema jurídico como competente[241] a realizar atos de fala para inclusão de novos dados no ordenamento atribui sentido ao texto legislado, apresentando, como resultado de seu labor interpretativo e argumentativo, outra norma, dessa vez individual e concreta, da qual constam todos os dados essenciais para a instauração do liame intersubjetivo necessário ao cumprimento dos desígnios jurídico-valorativos.

E é aí, nesse momento, que surge *in concreto* a relação jurídica tributária, se podendo falar em constituição do crédito

---

239. Leia-se: "Deve ser que, realizada a Hipótese (H), seja o consequente (C)". Ver, nesse sentido, CARVALHO, Aurora Tomazini de. *Curso de teoria geral do direito – O constructivismo lógico-semântico*. 5ª edição. São Paulo: Noeses, 2016, p. 300-320.

240. CARVALHO, Paulo de Barros. *Op. Cit.*, 2018, p. 525 (o trecho fala sobre lançamento).

241. GAMA, Tácio Lacerda. *Competência tributária – fundamentos para uma teoria da nulidade*. 2ª Ed. São Paulo: Noeses, 2011, p. 271-275.

tributário. É, portanto, em razão dessas *operações intelectuais* de interpretação jurídica, realizadas sobre o direito positivo e acontecimentos do mundo fenomênico, em aplicação das previsões abstratas e gerais da regra-matriz de incidência dos tributos, que se fala em prestação exigível.

O quanto afirmado significa adesão, de nossa parte, aos ensinamentos de Estevão Horvath expostos em sua obra *Lançamento tributário e "Autolançamento"*, especialmente nos pontos em que analisa a importância das mencionadas operações intelectuais para a liquidação tributária.[242]

À ideia de interpretação realizada para a incidência (ou aplicação) da norma geral e abstrata soma-se a importante noção de ato de fala acima mencionada, uma vez que pensamos as normas como resultado da atribuição de sentidos aos textos legais em coerência com a finalidade pragmática do sistema, concedendo-se, assim, relevância à exteriorização da atividade intelectual realizada sobre os dados positivados.[243]

Isso é assim porque, pensado o direito como um sistema de comunicação,[244] importante lembrar que o destinatário da mensagem não tem acesso aos pensamentos do emissor da comunicação. O destinatário, na verdade, constrói o sentido da mensagem a partir dos dados apreendidos por meio do canal e do código linguístico utilizado, sem esquecermos a relevância do contexto em que se labora. Assim, fazer incidir uma norma jurídica é expressar, como resultado de um processo de interpretação sobre dados jurídicos e informações do mundo fenomênico, a implicação dos fatos apreendidos à previsão geral e abstrata da norma.

---

242. HORVATH, Estevão. *Lançamento tributário e "autolançamento"*. 2ª edição. São Paulo: Quartier Latin, 2010.

243. Veja-se a noção de interpretação como processo de adjudicação de sentido jurídico a textos legais e a necessária precedência das operações intelectuais aos atos de aplicação do direito também em BRITO, Lucas Galvão de. *O lugar e o tributo*. São Paulo: Noeses, 2014, p. 39-40.

244. ROBLES MORCHÓN, Gregório. *Teoria general del derecho - fundamentos de teoria comunicacional del derecho*. 3ª Ed. Madrid: Civitas, 2010, passim.

Incidir, portanto, é aplicar. Desse processo decorrerá a norma individual e concreta exigida pela dinâmica do direito para a efetiva alteração e regulação das condutas intersubjetivas.

É, dessa maneira, fazendo incidir a regra-matriz de incidência que se instaura a relação jurídica tributária.[245] O mesmo se dá com outros tipos de normas gerais e abstratas e suas respectivas relações (deveres instrumentais, sanções, responsabilidade tributária etc.). É, assim, realizando-se as operações de incidência normativa que se constitui a relação obrigacional e, em consequência, o crédito tributário (e o débito tributário, o sujeito ativo, o sujeito passivo, o objeto etc.).

Em resumo, pensados enquanto relações jurídicas *in concreto*, obrigação tributária e deveres instrumentais têm como fonte a enunciação de um ato de fala praticado por alguém autorizado pelo ordenamento a, através desse ato de fala, incluir novo conteúdo de regulação de condutas.

Vistas as coisas dessa forma, nenhuma diferença em termos gerais há entre as operações intelectuais que resultam em incidência e aplicação normativa e, em específico, aquelas operações interpretativas que terminam por constituir relações jurídicas tributárias. São, na verdade, a mesma coisa. Eventual diferença está na causa e na finalidade da atividade interpretativa/argumentativa em questão.

Se tal atividade se realiza por ordem de norma de competência que determina a produção da norma individual e concreta por aplicação da respectiva norma geral e abstrata

---

245. CARVALHO, Paulo de Barros. Op. Cit., 2018, p. 158: "Como decorrência do acontecimento do evento previsto hipoteticamente na norma tributária, instala-se o fato, constituído pela linguagem competente, irradiando-se o efeito jurídico próprio, qual seja o liame abstrato, mediante o qual uma pessoa, na qualidade de sujeito ativo, ficará investida do direito subjetivo de exigir de outra, chamada de 'sujeito passivo', o cumprimento de determinada prestação pecuniária. Empregando a terminologia do Código Tributário Nacional, diríamos: 'ocorreu o 'fato gerador' (em concreto), surgindo daí a obrigação tributária'; é a fenomenologia da chamada incidência dos tributos."

(causa), voltada ao objetivo, também normativamente prescrito, de apuração do montante devido a título de tributo (finalidade), estaremos diante de modo de constituição do crédito tributário e concretização da respectiva relação.

Feitas essas considerações, dediquemos alguma tinta a explicitar os nomes atribuídos aos distintos modos de constituição do crédito tributário e suas características, permitindo demonstrar como as diferenças específicas existentes entre eles justificam a inclusão da categoria por nós denominada *alterlançamento*.

1.1 Precisões terminológicas

Costuma-se se referir aos diversos modos de constituição do crédito tributário com o polissêmico termo *lançamento*, na medida em que é assim estruturado o Código Tributário Nacional em torno da matéria. O diploma legislativo em questão dedica parte do Título III, sobre crédito tributário, a prescrever, no Capítulo II (seções I e II), a constituição do mesmo, utilizando-se, a todo o tempo, do termo destacado acima.

O fato de o Código expressar que o lançamento constitui o crédito tributário e trazer previsões das modalidades de lançamento (arts. 147 a 150) parece ter levado parte da doutrina a tentar enquadrar todos os modos admitidos pelo ordenamento jurídico sob a rubrica em questão, causando perplexidades em razão da utilização do termo ambíguo em sentidos variados: às vezes em sentido amplo (indicando toda e qualquer incidência que resulte na elaboração de norma individual e concreta instauradora da relação tributária), outras vezes, significando o processo constitutivo do crédito, outras ainda, o resultado ou produto desse mesmo processo, ou lançamento como o documento físico que contém o resultado das apurações realizadas, entre tantos outros sentidos.[246]

---

246. MICHELI, Gian Antonio. *Corso di diritto tributario*. Torino: UTET, 1972, p. 201: "A prescindere dal fatto che l'espressione 'accertamento' è estremamente equivoca o polivalente, essa – come s'è visto – è riferita a fenomeni che si differenziano fra

OS TERCEIROS NA SUJEIÇÃO PASSIVA TRIBUTÁRIA
E O *ALTERLANÇAMENTO*

A falta de cuidado terminológico em relação ao emprego do termo lançamento gera, por exemplo, utilizá-lo como sinônimo de declaração tributária ou pagamento. Também permite, equivocadamente, considerar como subtipos de lançamento figuras como o autolançamento e o *alterlançamento*, chamando "entidades distintas pelo mesmo nome", como adverte Estevão Horvath.[247]

Pensamos, levando em consideração os sujeitos competentes à realização do ato de fala, haver dois tipos de constituição do crédito tributário fundamentados no direito positivo brasileiro: *i)* o primeiro, praticado por autoridades públicas; *ii)* o segundo, praticado por administrados.[248]

A constituição do crédito tributário realizada por autoridades públicas é praticável por *a)* autoridades administrativas; ou *b)* autoridades judiciais. Ao primeiro tipo se dá o nome

---

loro in modo alquanto sensibile". Em tradução livre: "A prescindir do fato de a expressão 'lançamento' ser extremamente equívoca ou polivalente, ela – como vimos – se refere a fenômenos que se diferenciam uns dos outros de modo um tanto sensível"; CARVALHO, Paulo de Barros. Curso de direito tributário. 30ª edição. São Paulo: Saraiva, 2019, p. 396: "Na sequência das ideias que venho expondo, o problema semântico está sempre presente, e disso não poderia escapar o termo 'lançamento'."; Ver, também, SANTI, Eurico Marcos Diniz de. *Op. Cit.*, 1996, p. 124-126.

247. HORVATH, Estevão. *Lançamento tributário e "autolançamento"*. 2ª edição. São Paulo: Quartier Latin, 2010, p. 160: "De outro lado, a pluralidade de significados atribuídos à palavra 'lançamento' é que propiciou chamar duas entidades distintas pelo mesmo nome, como se dá com o lançamento praticado pela administração e o 'autolançamento' – atividade do próprio contribuinte, sujeito, no nosso sistema positivo, em princípio, à homologação pela autoridade fiscal." Ver, também, HOFFMANN, Susy Gomes. Considerações sobre a presunção de legitimidade do lançamento tributário e sua relação com as provas. Revista de Direito Tributário nº 72. São Paulo: Malheiros, sem ano, p. 196: "O sujeito passivo da relação obrigacional tributária, por sua vez, pode, de acordo com nosso sistema positivo, emitir uma norma individual e concreta que relatará a ocorrência do fato jurídico tributário e instituirá a relação jurídica tributária; todavia, nosso sistema positivo não atribui a essa norma individual e concreta expedida pelo sujeito passivo o status de lançamento tributário como ato administrativo." Em sentido distinto, ver Misabel Derzi (em notas de atualização de BALEEIRO, Aliomar. Direito tributário brasileiro. 11ª edição. Atualizadora Misabel Abreu Machado Derzi. Rio de Janeiro: Forense, 1999, p. 832).

248. Ver, em conclusão semelhante, SANTI, Eurico Marcos Diniz de. *Op. Cit.*, 1996, p. 132-135 e 175-182.

técnico de *lançamento*. Ao segundo tipo se dá o nome de decisão judicial.

Já a constituição do crédito tributário realizada por administrados é praticável por *a)* sujeitos passivos da obrigação principal – contribuintes e responsáveis; ou *b)* por terceiros externos à relação obrigacional tributária e, portanto, por sujeitos passivos de deveres instrumentais. Ao primeiro tipo se dá o nome de *autolançamento*. O segundo tipo é o que denominamos *alterlançamento*, objeto maior deste capítulo e sobre o qual trataremos detalhadamente adiante.

Antes disso, porém, cumpre-nos rememorar algumas características dos específicos modos de constituição do crédito tributário a fim de permitir uma melhor visualização sobre as diferenças que apresentam em relação ao *alterlançamento*.

2. CONSTITUIÇÃO DO CRÉDITO TRIBUTÁRIO POR AUTORIDADE ADMINISTRATIVA

Lançamento é o modo de constituição do crédito tributário – e, consequentemente, de concretização da relação obrigacional tributária – privativo das autoridades administrativas. Somente essas podem constituir o crédito tributário pelo lançamento. Esses são os termos do art. 142 do Código Tributário Nacional ao expressar que "Compete privativamente à autoridade administrativa constituir o crédito tributário pelo lançamento".

Realiza o lançamento a autoridade administrativa que faz a incidência da norma geral e abstrata, entendida como as já mencionadas operações intelectuais de interpretação e aplicação voltadas à produção de norma individual e concreta através da qual se exija de sujeito específico o pagamento do tributo ou da penalidade pecuniária devidos.

Aliomar Baleeiro expressou ter o art. 142 formulado prescrição apta a impor ao lançamento os seguintes objetivos: *a)* verificar a ocorrência de fato gerador da obrigação correspondente; *b)* determinar a matéria tributável; *c)* calcular o montante do tributo devido; *d)* identificar o sujeito passivo; e *e)* aplicar a penalidade, se cabível no caso,[249] de modo que resta

---

249. BALEEIRO, Aliomar. *Direito tributário brasileiro*. 11ª edição. Atualizadora Mi-

patente a configuração da previsão legal do lançamento como imposição de realização de incidência para a liquidação do montante devido pelo devedor tributário.

Alberto Xavier, por sua vez, ensina que o lançamento é o "ato administrativo de aplicação da norma tributária material que se traduz na declaração da existência e quantitativo da prestação tributária e na sua consequente exigência".[250]

A autoridade administrativa poderá realizar as operações de incidência e aplicação da norma tributária baseando-se em informações previamente oferecidas pelos administrados, em cumprimento de deveres instrumentais tributários, ou buscando ela mesma os elementos necessários a demonstrar a ocorrência do fato jurídico tributário.

O último caso, legislação e doutrina tratam sob a designação de lançamento de ofício ou lançamento direto. Exemplo (ainda) aceito como de lançamento de ofício é o do IPTU, cuja constituição é notificada ao contribuinte geralmente por carnê.

A outra hipótese – operações de apuração por parte da autoridade com base em informações dos sujeitos obrigados – envolve os casos do lançamento por declaração, ou misto, e do lançamento por homologação.

O lançamento por declaração já foi considerado pela doutrina como uma modalidade mista de constituição do crédito tributário,[251] uma vez que os administrados (sujeito passivo ou terceiro, na dicção do art. 147, do Código Tributário Nacional) participariam, de algum modo, das apurações. Ocorre que de lançamento misto não se trata. Sujeitos passivos e terceiros, tendo cumprido normas impositivas de deveres instrumentais e, por isso, entregue declarações ao Fisco, se limitam, no

---

sabel Abreu Machado Derzi. Rio de Janeiro: Forense, 1999, p. 781.

250. XAVIER, Alberto. *Do lançamento. Teoria geral do ato, do procedimento e do processo tributário*. 2ª edição. Rio de Janeiro: Forense, 1997, p. 66.

251. VILLEGAS, Héctor. *Curso de direito tributário*. Trad. Roque Antonio Carrazza. São Paulo: RT, 1980, p. 156.

caso, a fornecer informações sobre fatos. A apuração mesmo, o conjunto de operações intelectuais que resulta na incidência normativa e na elaboração da norma individual e concreta, é exclusiva da Administração, nesses casos.[252]

Há, também, a previsão legal do chamado lançamento por homologação que, já adiantemos, consideramos entidade distinta do autolançamento e do *alterlançamento*, dos quais falaremos oportunamente.

Previsto no art. 150 do Código Tributário Nacional, seria realizado sobre uma prévia atividade de apuração realizada pelo sujeito obrigado e seria externalizado pelo ato administrativo denominado "homologação". Nesses casos, impor-se-ia sobre o sujeito passivo o dever de "antecipar o pagamento", atividade que pressupõe as operações intelectuais realizadas para a incidência da norma pelos administrados, mas adicionar-se-ia a ela uma "condição resolutória", caracterizada por ato administrativo configurador do lançamento.[253]

Pensamos somente ser possível falar de lançamento (modo de constituição do crédito tributário pela autoridade administrativa) por homologação, nos termos do art. 150 do Código Tributário Nacional, diante de uma manifestação expressa da administração pública que verifique a ocorrência do "fato gerador" da obrigação correspondente, determine a matéria tributável, calcule o montante do tributo devido, identifique o sujeito passivo, ainda que seja para reafirmar a

---

252. SCHOUERI, Luís Eduardo. *Direito tributário*. 9ª edição. São Paulo: Saraiva, 2019, p. 662: "Note-se que a atividade do contribuinte limita-se à informação sobre fatos. Ou seja: quem aprecia juridicamente o fato, decidindo qual a norma a ele aplicável, é a autoridade administrativa. Quem calcula o tributo, portanto, é a autoridade. A declaração à que se refere o dispositivo acima é apenas sobre as circunstâncias materiais do fato."

253. BRASIL. Lei nº 5.172, de 25 de outubro de 1966. Código Tributário Nacional. Diário Oficial da União (DOU) de 27.10.1966: "Art. 150. O lançamento por homologação, que ocorre quanto aos tributos cuja legislação atribua ao sujeito passivo o dever de antecipar o pagamento sem prévio exame da autoridade administrativa, opera-se pelo ato em que a referida autoridade, tomando conhecimento da atividade assim exercida pelo obrigado, expressamente a homologa."

prévia apuração do particular, na linha do que prescreve o art. 142, que traz a prescrição definitória do que seja lançamento.[254] Caso contrário, despida a homologação dessas características, não estaremos diante de um lançamento.

Em outros termos, é o art. 142 que prevê o que deve realizar a autoridade administrativa para que seu "procedimento" se afigure lançamento tributário. Por isso, a expressa manifestação da Administração Pública em homologação ao quanto realizado pelo particular deve atender ao quanto disposto no mencionado artigo.

Não quer isso significar que o que faz o sujeito passivo em obediência ao art. 150 do Código Tributário Nacional perca relevância diante do ato administrativo de confirmação ou rechaço de suas apurações. No entanto, diante de homologação expressa que atenda ao art. 142, será esta que terá aptidão para servir de modo de constituição do crédito tributário, passando a atividade de incidência normativa praticada pelo administrado a se vincular unicamente à importante função probatória.

O principal problema em aceitar a figura do lançamento por homologação, limitando-o aos casos de expressa manifestação que cumpra os termos do art. 142, é de ordem empírica. Ou seja, em que pese haver o fundamento legal para sua existência, é incrivelmente difícil encontrá-lo para contemplação.[255]

---

254. A homologação, no sentido aqui considerado, é vista de modo parecido àquele esposado por Eurico de Santi a respeito do lançamento por comparação: "O ato de homologação é paradigmático. Requer uma referência, pressupõe 'ato-norma administrativo' para cotejá-lo com aquele crédito anterior formalizado pelo particular. Sem formalizar o crédito 'de ofício' ou 'por declaração' a atividade homologatória é inócua. Quem homologa, homologa alguma coisa (o crédito instrumental) em relação a algo (o crédito lançado). [...] Mais precisa, para designar a acepção inscrita no art. 150, caput, é a expressão 'lançamento por comparação'. Comparação de duas relações jurídicas, que se inter-relacionam segundo as leis lógicas do cálculo de relações." (SANTI, Eurico Marcos Diniz de. Lançamento tributário. São Paulo: Max Limonad, 1996, p. 178).

255. COELHO, Sacha Calmon. Curso de direito tributário brasileiro. 17ª edição. Rio de Janeiro: Forense, 2020, p. 504: "Estamos acordes em que a maioria dos impostos são calculados – por força de lei – pelos próprios contribuintes e pagos sem prévio

Em razão do quanto disposto no §4º do art. 150,[256] parte da doutrina considera como espécie de lançamento por homologação a chamada "homologação tácita".[257]

Pensamos ter laborado em equívoco o legislador do Código Tributário Nacional na elaboração de referido dispositivo legal, o que terminou por gerar a indevida consideração doutrinária da homologação tácita como forma de lançamento. Os motivos desse nosso posicionamento são os seguintes:

Em primeiro lugar, como mencionamos há pouco, o art. 142 impõe que a autoridade administrativa, através do ato de constituição do crédito tributário denominado lançamento, ao elaborar a norma individual e concreta, diga sobre a ocorrência do fato jurídico tributário, a matéria tributável, o cálculo do montante devido e o sujeito passivo. Ora, não parece difícil perceber, com um mínimo de realismo, que o silêncio previsto no §4º do art. 150 não expressa o que exige o art. 142.[258] Ficar silente, não sendo, neste caso, pronúncia ou manifestação ex-

---

exame da autoridade administrativa. Sabemos, igualmente, que a Administração fiscal jamais homologa expressamente esta atividade do contribuinte, deixando em aberto o prazo que possui para rever o pagamento, de modo que possa, durante o período, fiscalizar o contribuinte quantas vezes quiser, concordando ou discordando do seu proceder. Quando discorda, promove lançamentos ex officio para exigir os créditos recolhidos a menor ou simplesmente não pagos."

256. BRASIL. Lei nº 5.172, de 25 de outubro de 1966. Código Tributário Nacional. Diário Oficial da União (DOU) de 27.10.1966: "Art. 150. [...] § 4º Se a lei não fixar prazo a homologação, será ele de cinco anos, a contar da ocorrência do fato gerador; expirado esse prazo sem que a Fazenda Pública se tenha pronunciado, considera-se homologado o lançamento e definitivamente extinto o crédito, salvo se comprovada a ocorrência de dolo, fraude ou simulação."

257. SCHOUERI, Luís Eduardo. Op. Cit., 2012, p. 567: "[...] o legislador 'faz de conta' que houve uma homologação. É o que se chama homologação tácita. Com isso, o legislador não entra em contradição e continua afirmando que todo tributo tem lançamento e que todo lançamento é uma atividade administrativa; o que faltou dizer é que essa atividade administrativa pode considerar-se feita tacitamente."

258. Vale lembrar que o Anteprojeto de Código Tributário Nacional não previa, em sua proposta de redação original, referência à autoridade competente para a constituição do crédito tributário, o que teria reflexos na disciplina do lançamento por homologação "tácita", caso fosse mantida e aprovada. Nesse sentido, SCHOUERI, Luís Eduardo. Op. Cit., 2019, p. 664-668.

pressa de autoridade administrativa, não deve ser considerado atitude homologatória.[259] Deixar transcorrer o prazo decadencial, assim, não é lançamento.

Outra atitude que não configura homologação e, assim, não permite considerar ser caso de lançamento, é o envio direto do crédito tributário para cobrança tendo em vista a realização das apurações pelos administrados, com a consequente apresentação das respectivas declarações, porém, desacompanhadas de pagamento, ainda que parcialmente (imposto declarado e não pago).[260]

Como veremos um pouco mais adiante, nessa hipótese a autoridade administrativa, diante da atividade do administrado, deixa de expressamente homologar (como exige o *caput* do art. 150, do Código Tributário Nacional) e, nem mesmo, queda-se inerte para permitir transcorrer o prazo decadencial previsto no §4º. Esses seriam casos de autolançamento ou *alterlançamento*.

Em resumo, para que possam ser pontuadas as diferenças dos outros modos de constituição do crédito tributário:

1) lançamento é modo privativo de constituição do crédito tributário pela autoridade administrativa;

2) são modalidades de lançamento: *i)* de ofício, ou direto, quando a apuração é exclusivamente da autoridade administrativa; *ii)* por declaração, quando a autoridade administrativa se baseia em informações

---

259. Não se ignora que o silêncio pode ser (e, geralmente, é), em alguma medida e a depender do contexto, manifestação. Pensamos, porém, que no contexto do tratamento legislativo do tema lançamento, o verbo "pronunciar" utilizado no §4º do art. 150 deve ser compreendido em sentido excludente de silêncio no que se refere à sua interpretação em conjunto com o art. 142. Nesse sentido, ver COELHO, Sacha Calmon. Op. Cit., 2020, p. 523: "E quando pensamos que o silêncio consente (homologação tácita), chegamos ao paradoxo de chamar de lançamento ao não ato estatal, como quer o CTN. E chamar de procedimento de lançamento sua total inexistência."

260. BRASIL. Superior Tribunal de Justiça. Súmula 436: "A entrega de declaração pelo contribuinte reconhecendo débito fiscal constitui o crédito tributário, dispensada qualquer outra providência por parte do fisco." (Primeira Seção, julgado em 14.04.2010, Diário da Justiça de 13.05.2010).

fornecidas pelos sujeitos passivos ou terceiros; *iii)* por homologação, quando expressamente – e somente nesses casos – se pronuncia a autoridade administrativa, em conformidade, sobre a apuração realizada pelo administrado e o recolhimento realizado, nos termos do art. 142.

3) não há lançamento no silêncio: *a)* porque, nesse caso, não se faz o que determina o art. 142; *b)* porque, silente, a autoridade administrativa deixa de se pronunciar sobre o que fez o administrado; *c)* porque deixar transcorrer, inerte, o prazo de cinco anos é atrair a incidência da norma de decadência, ficando, a autoridade, impedida de lançar; *d)* porque simplesmente encaminhar o crédito confessado para cobrança não é hipótese que se enquadre no §4º do art. 150.

> *Lançamento é o modo de constituição do crédito tributário privativo das autoridades administrativas.*

Esquema 5: Modalidades de lançamento conforme o CTN

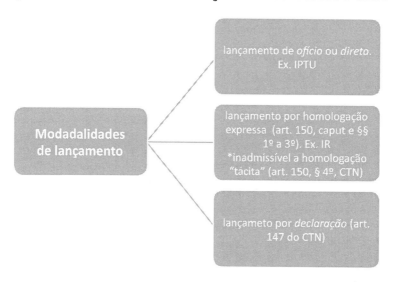

3. CONSTITUIÇÃO DO CRÉDITO TRIBUTÁRIO POR AUTORIDADE JUDICIAL

Também praticável por autoridade pública, há a figura da constituição do crédito tributário por autoridade judicial, expressada via decisão judicial (sentença, na expressão legal).

O art. 114, VIII, da Constituição Federal é o dispositivo de maior hierarquia a dar fundamento de validade a esse modo de apuração e liquidação de créditos tributários. Em razão dele, o Juiz do Trabalho poderá executar de ofício valores de tributos "decorrentes das sentenças que proferir".[261]

Veja-se que o enunciado legal trata de execução de ofício, exigindo, assim, a apuração da liquidez do crédito tributário antes de sua cobrança. Pressupõe, assim, que a autoridade judicial realize aquelas operações intelectuais que caracterizam a constituição do crédito tributário e concretizam a relação jurídica.[262]

---

261. BRASIL. [Constituição (1988)]. Constituição da República Federativa do Brasil. Brasília, DF. Congresso Nacional, 1988: "Art. 114. Compete à Justiça do Trabalho processar e julgar:
[...]
VIII – a execução, de ofício, das contribuições sociais previstas no art. 195, I, a , e II, e seus acréscimos legais, decorrentes das sentenças que proferir;
[...]"

262. O Superior Tribunal de Justiça, no julgamento do Recurso Especial (REsp) nº 852.968/DF, fixou entendimento nesse sentido: "PROCESSUAL CIVIL E

Outro exemplo passível de ser mencionado é o da previsão constante dos arts. 637 e 638[263] da Lei nº 13.105/2015 (Código de Processo Civil), aplicável a processos de inventário, nos quais o dever de interpretação da legislação tributária e correspondente aplicação com fins de apuração do montante devido a título de ITCM (imposto sobre transmissões *causa mortis*) recai sobre o magistrado da causa.[264]

TRIBUTÁRIO. RECURSO ESPECIAL. CONTRIBUIÇÃO PREVIDENCIÁRIA. CRÉDITO DECORRENTE DE SENTENÇA TRABALHISTA. CRÉDITO INCONTROVERSO. NEGATIVA DE EXPEDIÇÃO DE CND. AUSÊNCIA DE VIOLAÇÃO DO ART. 535, II, DO CPC. 1. Tratam os autos de mandado de segurança proposto por Hotel Nacional Ltda. em face da negativa do INSS em expedir Certidão Negativa de Débitos ao fundamento de que existem débitos decorrentes de processos trabalhistas. À exordial requereu a expedição da CND ao argumento de que não há notícia de procedimento administrativo referente ao lançamento dos débitos e sem a sua constituição definitiva não há motivos para a recusa em emitir a certidão. O juízo de primeiro grau deferiu a liminar (fls. 72/74). No mérito, (fls. 97/99) denegou a segurança ao argumento de que "não é ilegal e arbitrária a atitude da autoridade havida como coatora, em recusar a emissão da CND, ante do pagamento dos débitos previdenciários perfeitamente identificados e sabidamente devidos." Interposta apelação pela ora recorrente. O Tribunal de origem (fls. 127/132), por unanimidade, negou provimento ao recurso, por entender que não havendo prova pré-constituída do recolhimento dos créditos previdenciários oriundos de sentença trabalhista, dado que não há necessidade do INSS proceder ao lançamento para efetuar a constituição do respectivo crédito, não tem o contribuinte direito à expedição de CND. [...] 3. Impõe-se a negativa de expedição de CND quanto aos débitos previdenciários reconhecidos em sentença trabalhista dado que não há necessidade de o INSS proceder a novo lançamento para efetuar a constituição do crédito. 4. Recurso especial não provido." (BRASIL. Superior Tribunal de Justiça. Primeira Turma. REsp nº 852.698/DF. Relator Ministro José Delgado. Diário da Justiça de 26.10.2006)

263. BRASIL. Lei nº 13.105 de 16 de março de 2015. Código de Processo Civil. Diário Oficial da União (DOU) de 17.03.15: "Art. 637. Ouvidas as partes sobre as últimas declarações no prazo comum de 15 (quinze) dias, proceder-se-á ao cálculo do tributo."; "Art. 638. Feito o cálculo, sobre ele serão ouvidas todas as partes no prazo comum de 5 (cinco) dias, que correrá em cartório, e, em seguida, a Fazenda Pública. § 1º Se acolher eventual impugnação, o juiz ordenará nova remessa dos autos ao contabilista, determinando as alterações que devam ser feitas no cálculo. § 2º Cumprido o despacho, o juiz julgará o cálculo do tributo." Destaque-se que o Código de Processo Civil de 1973 já continha previsão nesse sentido, em seus artigos 1.012 e 1.013.

264. Ver a esse respeito: BRASIL. Superior Tribunal de Justiça. Tema Repetitivo 391. Recurso Especial (REsp) nº 1.150.356/SP. Relator Ministro Luiz Fux. Primeira Seção. DJe de 28.08.2010. E também: "PROCESSUAL CIVIL. TRIBUTÁRIO. INVENTÁRIO. ITCMD. TERMO A QUO DECADENCIAL PARA LANÇAMENTO DO TRIBUTO. HOMOLOGAÇÃO DO CÁLCULO. 1. Nos termos do art. 173 do CTN,

Note-se que, por óbvio, não se trata de lançamento, já que não praticado por autoridade administrativa nos termos do art. 142 do Código Tributário Nacional. Trata-se, assim, de outro modo de constituição do crédito tributário, autorizado pelo ordenamento, a comprovar a assertiva de que não é só através do lançamento que se concretiza a relação obrigacional.[265]

---

somente no primeiro dia do exercício seguinte ao ano em que o lançamento poderia ter sido realizado é que começa a transcorrer o prazo decadencial de 5 anos para a constituição do crédito tributário. 2. No caso, tratando-se de inventário, compete ao juiz, depois de ouvida a Fazenda Pública, proceder ao cálculo do imposto de transmissão causa mortis, conforme dispõem os arts. 1.012 e 1.013 do CPC. 3. Consequentemente, enquanto não homologado o cálculo do inventário, não há como efetuar a constituição definitiva do tributo, porque incertos os valores inventariados sobre o qual incidirá o percentual da exação, haja vista as possíveis modificações que os cálculos sofrerão ante questões a serem dirimidas pelo magistrado, nos termos dos arts. 1.003 a 1.011 do CPC. 4. No caso em apreço, homologado o cálculo em 27.6.2008, o prazo decadencial só ocorrerá após 31.12.2013. Agravo regimental improvido." (BRASIL. Superior Tribunal de Justiça. Agravo Regimental no Recurso Especial nº 1.257.451/SP. Relator Ministro Humberto Martins. Segunda Turma. DJe de 13.09.2011).

265. Reconhecendo a função constitutiva do crédito nas decisões judiciais, porém, em sentido um tanto distinto em relação ao nosso posicionamento, ver MARQUES, Renata Elaine Silva Ricetti. Prazo de decadência nas contribuições previdenciárias executadas de ofício na Justiça do Trabalho. In SOUZA, Priscila (org.); CARVALHO, Paulo de Barros (coord.). XV Congresso Nacional de Estudos Tributários – 30 anos da Constituição Federal e o Sistema Tributário Brasileiro. São Paulo: Noeses, 2018, p. 999: "Desse modo, após a sentença de natureza trabalhista (homologatória ou condenatória) deve o crédito tributário se submeter às regras de constituição estabelecidas pela legislação. Assim, vê-se que a decisão judicial (trabalhista) tem um caráter dúplice: condenar a parte ré em conformidade com o mérito da decisão e ainda constituir o crédito tributário. Ambos estão no corpo da sentença, emitindo duas normas individuais e concretas: uma decorrente da sua função típica de dar provimento jurisdicional e outra decorrente de uma suposta função atípica de autoridade administrativa sem permissão constitucional e legal para tal feito." Em sentido oposto, ver TOMÉ, Fabiana Del Padre. Inconstitucionalidade da execução de contribuições previdenciárias pela Justiça do Trabalho. Revista de Direito Tributário 112. São Paulo: Malheiros, 2011, p. 92-110.

4. CONSTITUIÇÃO DO CRÉDITO TRIBUTÁRIO POR ADMINISTRADOS

Dedicamos, até aqui, algumas linhas para apontar, dentro dos limites de nossa proposta de trabalho, características dos modos de constituição do crédito tributário por autoridades públicas. Agora, cumpre-nos tecer considerações sobre como os administrados são chamados pelo ordenamento jurídico brasileiro a realizar a incidência e a aplicação da norma tributária, concretizando a relação jurídica e constituindo o crédito tributário, através do chamado autolançamento ou, em outros casos, do *alterlançamento*.

Este último, como se verá, é um exemplo de atribuição de dever instrumental tributário a terceiros. Seu estudo de maneira próxima à análise das características do autolançamento – queremos acreditar – permitirá melhor compreensão de seus dados configuradores.

4.1 Diferença para o lançamento por homologação

Em que pese boa parte da doutrina se referir aos modos de constituição do crédito tributário pelos administrados (geralmente a ênfase doutrinária é na figura dos contribuintes) como lançamento por homologação, equiparando-o ao autolançamento, neste trabalho trataremos distintamente essas atribuições legais de concretização da relação jurídica e de seus objetos.²⁶⁶

Na linha do que ensina Estevão Horvath, há uma distinção entre autolançamento e lançamento por homologação, sendo o primeiro deles o conjunto de operações mentais ou intelectuais levadas a cabo pelo sujeito passivo, enquanto que o segundo é ato da administração, voltado ao controle da regularidade da atividade do administrado.²⁶⁷

Assim também o é para nós, ainda que com leves temperamentos. Autolançamento e *alterlançamento* se afiguram entidades inconfundíveis com o – concretamente inverificável – lançamento por homologação e, por isso, merecem tratamentos descritivos próprios de modo a apontar-lhes as específicas características que contêm.

Auxilia na justificativa dessa assertiva o fato de que as imposições legais dos deveres de constituição do crédito tributário têm destinatários distintos: a autoridade administrativa, no caso do lançamento por homologação; contribuintes e responsáveis, no caso do autolançamento; terceiros, no caso

---

266. Ver, entre outros, SCHOUERI, Luís Eduardo. Op. Cit., 2012, p. 566: "Chega-se, finalmente, à modalidade mais corriqueira de lançamento: aquele que se dá por homologação. Aqui, a atuação da administração é mínima, ou mesmo inexistente. O sujeito passivo apura o montante devido e recolhe-o aos cofres públicos, estando sujeito a um controle, a posteriori, por parte da administração tributária. É por isso que parte da doutrina denomina-o 'autolançamento'."; BALEEIRO, Aliomar. Op. Cit., 1999, p. 828: "O CTN não menciona o autolançamento, usando dessa expressão ou de qualquer outra equivalente. Prefere conceituar 'lançamento por homologação', que ocorre quanto aos tributos cuja legislação atribua ao sujeito passivo o dever de antecipar o pagamento, sem prévio exame da autoridade administrativa, ressalvado o controle posterior desta. Ora, se ela homologa, isto é, ratifica e convalida o lançamento, este foi ato de autoria do sujeito passivo, autolançamento portanto."

267. HORVATH, Estevão. Lançamento tributário e "autolançamento". 2ª edição. São Paulo: Quartier Latin, 2010, p. 169; MICHELI, Gian Antonio. Curso de Direito Tributário. Trad. Marco Aurélio Greco e Pedro Luciano Marrey Jr. São Paulo: RT, 1978, p. 193 (apud HORVATH, Estevão. Op. Cit., 2010, p. 160): "[...] locução inexata (o auto-accertamento) se referida ao exercício de uma potestade de imposição, mas que pode colher a substância do fenômeno, se com esta se pretende descrever um dos modos mediante os quais a norma tributária encontra sua ação com referência a certos tributos."

de *alterlançamento*. São, assim, normas distintas e, por isso, relações jurídicas distintas.²⁶⁸

Lembremos o que foi dito anteriormente: para nós, somente se poderia cogitar de lançamento por homologação quando esta – homologação – fosse uma manifestação expressa realizada pela autoridade administrativa para fazer cumprir o art. 142 do Código Tributário Nacional, ou seja, para constituir o fato jurídico tributário, identificar a matéria tributável, o montante devido e o sujeito devedor da obrigação, confirmando as apurações dos administrados.

As hipóteses de constituição do crédito tributário pelos sujeitos passivos, por outro lado, se referirão, assim, às demais circunstâncias regradas pelo art. 150 do Código Tributário Nacional, especificamente confirmadas em seus efeitos constitutivos nos casos de ausência de manifestação da autoridade administrativa em homologação da atividade do obrigado, envolvendo, desse modo, *(i)* a inércia da Administração que permita o transcurso do prazo "decadencial" e *(ii)* o encaminhamento do crédito tributário diretamente para cobrança.

No primeiro caso (inércia da administração a ponto de transcorrer o prazo decadencial), a autoridade administrativa, por nada constituir, é obrigada a aceitar a extinção do crédito tributário com base, exclusivamente, nos dados de constituição do crédito tributário do administrado, ou seja, com base em sua apuração que gerou o consequente recolhimento, agora tornado definitivo pelo tempo. Incidirá, aí, a norma de decadência, que impossibilita faça a administração nova constituição do crédito.²⁶⁹

No segundo caso (encaminhamento da apuração do administrado para cobrança), a autoridade administrativa realiza

---

268. COSTA, Regina Helena. Op. Cit., 2018, p. 260-261: "Noutra dicção, o ordenamento jurídico tributário admite tributos sem lançamento, isto é, que prescindem da atividade administrativa de apuração do débito tributário, como é o caso do IPI e do ICMS."

269. JARDIM, Eduardo Marcial Ferreira. Curso de direito tributário. São Paulo: Noeses, 2013, p. 255-257.

atividade de mero trâmite documental,[270] resultando eficazes, enquanto constituição do crédito tributário, as operações de incidência normativa elaboradas pelo administrado.[271]

É certo que ainda que se pudesse encontrar, de fato, um lançamento por homologação, mesmo nesses casos a aplicação normativa anterior à manifestação expressa da autoridade administrativa, realizada pelo administrado, teria sido uma operação de incidência e, assim, uma atitude para a constituição do crédito tributário. A questão é que, caso sobreviesse manifestação fiscal expressa em termos de homologação da apuração do sujeito passivo e nos limites mencionados mais acima, esta última passaria a ser a linguagem competente para servir de constituição do crédito tributário, nos termos do art. 150, passando a linguagem produzida pelo particular a ter função probatória, também muito importante.

Por isso, preferimos circunscrever os casos de autolançamento e *alterlançamento* às hipóteses de ausência de manifestação da autoridade administrativa. Até porque essas são as que, em realidade, compareçam. Diferentemente do lançamento por homologação – que apesar de possuir fundamento legal, não se vê – a ausência de manifestação da autoridade administrativa é constante, de modo que, para a grande maioria dos tributos, os efeitos reais de constituição do crédito tributário advêm diretamente dos atos praticados pelos administrados, sem que a Administração Tributária compareça de nenhuma maneira em sua função aplicativa, no âmbito da gestão do sistema tributário.[272]

---

270. HORVATH, Estevão. Op. Cit., 2010, p. 128: "A recepção pela Administração – sem que contenha nenhum ato de conformidade ou desconformidade com o que foi apresentado – constitui um mero ato de trâmite, enquanto que a recepção do pagamento é, sem dúvida, a nosso ver e como diz Gota Losada, uma atividade de caixa, simplesmente."

271. MOREIRA, André Mendes. Lançamento tributário – algumas reflexões. In Ensaios em homenagem ao professor José Roberto Vieira. Coord. VALLE, Mauricio Dalri Timm do; VALADÃO, Alexsander Roberto Alves; DALLAZEM, Dalton Luiz. São Paulo: Noeses, 2017, p. 190.

272. FALSITTA, Gaspare. Manuale di diritto tributario. Parte generale. Decima

4.2 Gestão tributária e a técnica da "privatização"

Mencionamos no início deste trabalho que os entes tributantes, além das competências constitucionalmente outorgadas para instituição de tributos, receberam do texto constitucional um poder-dever de gestão do sistema tributário nacional, configurando função relacionada à fiscalização do cumprimento das leis tributárias pelos cidadãos e à arrecadação dos tributos instituídos.

Corresponde a esse poder-dever estatal de gestão do sistema tributário a sujeição dos administrados às imposições legais de deveres de colaboração, justificados pela norma de competência implícita mencionada anteriormente, bem como, pela importância da arrecadação de tributos para a correta consecução dos desígnios do Estado impostos pelo Texto Maior, configurando o interesse público das exigências tributárias.

A evolução dos ordenamentos tributários mundo afora[273] e, assim também, o brasileiro, demonstra a – aparentemente irrefreável – tendência de imposição de deveres aos administrados que permitem, à administração tributária, ao mesmo tempo em que diminui custos da gestão do sistema de exações fiscais, obter melhores resultados em termos de informações dos destinatários das normas tributárias[274] e em termos de

---

Edizione. Padova: CEDAM, 2017, P. 336: "Dunque il rapporto giuridico tributario può nascere ed estinguersi senza l'intervento del potere di imposizione officiosa e il compimento, da parte dell'ente pubblico, di atti di 'accertamento' dell'imposta. L'ingresso dell'attività impositiva della finanza, concretantesi in una sequenza di atti non rappresenta, quindi, una necessità, ma una eventualità. Proprio perché il prelievo del tributo è affidato all'adempimento del soggetto passivo, codesto adempimento, se esatto, rende superflua l'attività impositrice." Em tradução livre: "Portanto, a relação jurídico-tributária pode surgir e ser extinta sem a intervenção do poder tributário e o cumprimento, pelo órgão público, de atos de 'lançamento' do tributo. A entrada da atividade financeira impositiva, que resulta de uma sequência de atos, portanto, não representa uma necessidade, mas uma eventualidade. Precisamente porque a cobrança do tributo é confiada ao adimplemento do sujeito passivo, esse adimplemento, se exato, torna a atividade impositiva supérflua."

273. Confira-se GARCIA, José Ramón Ruíz García. La liquidación en el ordenamiento tributario. Madrid: Civitas, 1987, p. 23 e seguintes.

274. Obtendo, assim, o bem mais valioso dos dias atuais: dados.

arrecadação. No Brasil, essa técnica de gestão tributária vai ao encontro do programa constitucional que exige eficiência por parte da administração pública, nos termos do art. 37 da Constituição Federal, respeitados os grandes princípios informadores das atividades financeiras do Estado, incluídos, aí, os direitos e garantias fundamentais dos cidadãos.

Não é desconhecido o fato de que, quando da elaboração do Código Tributário Nacional, a administração tributária tinha papel muito mais ativo na fiscalização e na arrecadação dos tributos, situação influenciadora da estruturação do sistema à época e que terminou por influenciar muitos dos dispositivos legais ainda hoje vigentes.[275]

Vigem, no entanto, em contextos histórico, social, político e jurídico bastante diferentes em relação a quando entraram em vigor e, por isso, merecem releitura compatível com o sistema atual, inclusive para permitir que continuem atingindo sua finalidade, que é a regulação das condutas intersubjetivas relativas à instituição, fiscalização e arrecadação de tributos.

Um olhar contemporaneizado sobre os dispositivos que fazem cumprir o art. 146, inciso III, *b*, da Constituição Federal, demonstra que o legislador do Código Tributário Nacional – ainda que isso tenha se dado involuntariamente – deixou espaço a interpretações que reconheçam a possibilidade de instituição de deveres de constituição do crédito tributário a administrados, entendido o termo em sentido amplo.

E é justamente essa interpretação evolutiva do Código, fundamentada naquela norma constitucional de dever de colaboração, que garante a validade das cada vez mais frequentes previsões, em âmbito das legislações de cada tributo e de cada ente tributante, de cooperação dos cidadãos na gestão

---

275. COSTA, Regina Helena. Op. Cit., 2018, p. 259: "Paulatinamente, a lei veio a cingir a aplicação do lançamento de ofício a pouquíssimas hipóteses, deixando o encargo de apuração do débito tributário, como regra, ao próprio contribuinte. A atuação do Fisco traduz-se, hodiernamente, muito mais na expedição de atos de controle do que na prática do lançamento propriamente dito."

tributária, ao obrigá-los à concretização da relação jurídica tributária e à consequente constituição do respectivo objeto.

O fato da parte mais significativa dos tributos ser liquidada pelos administrados, transforma a administração tributária em uma "administração vigilante",[276] a quem compete não mais a gestão direta do sistema tributário nacional, mas funções de controle dos atos dos administrados.

A estes últimos, contribuintes, responsáveis tributários e terceiros, resta, neste contexto, cumprir as prestações de fazer, consubstanciadas no dever de incidir a norma geral e abstrata.

---

276. Cfr. NABAIS, José Casalta. Estudos de direito fiscal. Coimbra: Almedina, 2005, p. 70: "Um outro fenómeno contemporâneo, que vem desequilibrar o quadro constitucional do estado fiscal, é a que podemos designar por deslocação crescente do poder em sede fiscal para a administração e, dentro desta, da tradicional administração activa, encarregada da liquidação e cobrança da generalidade dos impostos, para a actual administração de controlo, limitada basicamente ao controlo e fiscalização da administração ou gestão dos impostos levada a cabo predominantemente pelos particulares. [...] não há dúvidas de que, em sede fiscal, a administração é, indiscutivelmente, cada vez mais uma administração vigilante. O que se deve a diversos factores, entre os quais avultam o do crescente fenómeno da 'privatização' da administração ou gestão dos impostos."

5. AUTOLANÇAMENTO

Constitui o crédito tributário a pessoa que, por imposição legal, realiza a incidência da regra-matriz tributária, elaborando norma individual e concreta da qual constem os termos da relação jurídica tributária concretizada, atendendo, assim, ao que Regina Helena Costa denomina "o melhor e mais antigo exemplo de técnica de *privatização da gestão tributária*",[277] apoiando-se na expressão de Ferreiro Lapatza.

Como visto, realizar a incidência é modo de positivação do direito, necessitando de atividade interpretativa do destinatário da mensagem jurídica, atribuindo sentido ao conjunto de textos legislados e resultando na norma individual e concreta.

Essa norma jurídica, resultado da interpretação, expressará as operações intelectuais realizadas pelo sujeito passivo, voltadas à constituição do crédito tributário pela concretização da obrigação principal.

Nos casos em que a incidência normativa realizada pelo administrado resultar em constituição de crédito tributário por ele mesmo devido, seja por possuir relação pessoal e direta com a situação configuradora do fato imponível (contribuinte), seja por estar obrigado ao pagamento do tributo ou

---

277. COSTA, Regina Helena. Op. Cit., 2018, p. 258.

penalidade pecuniária por exigência legal (responsável), estaremos diante de um autolançamento.²⁷⁸

Estevão Horvath ensina que "o chamado 'autolançamento' é realmente a operação ou o conjunto de operações mentais ou intelectuais, e não somente aritméticas, mas também interpretativas e, sobretudo, aplicativas do Direito correspondente".²⁷⁹

> Ao autolançar, o sujeito obrigado estará *aplicando* o Direito ao caso concreto, desde o instante em que recolhe os fatos por ele realizados, os subsome à norma tributária correspondente para verificar se são fatos imponíveis ou não, até o momento em que passa a quantificar o seu débito, aplicando a alíquota à base imponível, numa atividade que, materialmente, é idêntica à que efetua a Administração Tributária.²⁸⁰

Atribuída a "competência" aos administrados para expedir o ato de linguagem responsável pela introdução da norma

---

278. Autoaccertamento, na Itália; autoliquidación, na Espanha; autodeterminación na maior parte dos países da América-latina; self-assessment, nos Estados Unidos da América; Selbstveranlagung, na Alemanha, autoliquidação, em Portugal; autoliquidation, na França. Interessante notar, também, a influência doutrinária sobre a lei: há inúmeras leis no Brasil que mencionam expressamente o termo autolançamento, como, por exemplo, o Decreto nº 70.235/1972 (arts. 49 e 50); a Lei Municipal de Londrina nº 1.151/1966 (art. 186); a Lei Estadual de Tocantins nº 1.330/2002 (art. 1º), entre outras. Lembremos, também, que, na Espanha, a Ley General Tributária utiliza-se da expressão autoliquidación em inúmeros dispositivos.

279. HORVATH, Estevão. Op. Cit., 2010, p. 125. "Ficamos, pois, com o autolançamento significando as operações de lançamento realizadas pelo particular, em cumprimento de um dever legal, operações que têm por objeto tanto a qualificação dos fatos como a quantificação do débito tributário, sem que nos olvidemos que na maior parte dos casos para se chegar a esta 'fase' terá passado o particular pelo estágio da declaração de fatos e, após a quantificação destes, também normalmente ocorrerá um pagamento por conta (ou por antecipação)". (in Lançamento Tributário e "Autolançamento". 2ª edição. São Paulo: Quartier Latin, 2010, p. 117); Já nos anos 60, Gilberto de Ulhoa Canto dizia sobre o autolançamento: "(...) assim chamado o lançamento feito espontaneamente pelo contribuinte e apenas revisto depois pela autoridade fiscal (...)" (In Imposto de Renda - Regulamentação do Decreto-Lei nº 62, de 1966. Revista de Direito Administrativo 98. Rio de Janeiro, 1969, p. 353-357); Ver também, sobre lançamento, XAVIER, Alberto. Do lançamento – Teoria geral do ato, do procedimento e do processo tributário. 2ª edição. Rio de Janeiro: Forense, 1997, p. 72-107 e SANTI, Eurico Marcos Diniz de. Lançamento tributário. São Paulo: Max Limonad, 1996, p. 175-182.

280. HORVATH, Estevão. Op. Cit., 2010, p. 153.

individual e concreta no sistema do direito positivo,[281] a atitude interpretativa do destinatário da norma somada ao ato enunciativo de seu resultado significará a constituição de sua própria obrigação de pagamento e a liquidação – ou determinação – do objeto de sua própria prestação, em autolançamento (autoliquidação ou autodeterminação).

É importante destacar, assim, que para apresentarem efeitos jurídicos, as operações intelectuais voltadas à produção da norma individual e concreta necessitam da documentação de sua enunciação,[282] nos moldes prescritos pelo ordenamento. Estevão Horvath fez a advertência, afirmando a indispensabilidade das operações mentais que substanciam o autolançamento manifestarem-se exteriormente,

> [...] o que se dará por intermédio da própria declaração (seja positiva ou negativa), prestada em documento legalmente destinado à formalização da dívida tributária, ou mediante o próprio pagamento do débito apurado.[283]

---

281. CARVALHO, Paulo de Barros. Op. Cit., 2018, p. 530-531: "No fundo, empreendido o procedimento e celebrado o ato, uma norma individual e concreta é posta na ordem jurídica, como resultado do processo de positivação do direito, em que da regra-matriz de incidência, conjunto aberto a infinitas possibilidades factuais, o editor do ato chega a uma classe de um elemento só, em rigoroso esquema de determinação. [...] O tamanho tendencialmente estável dos aparatos administrativos, em proporção ao crescimento acentuado do universo dos sujeitos passivos, vem determinando que as legislações atribuam aos contribuintes a 'competência' para expedir o ato de linguagem responsável pela introdução da norma individual e concreta no sistema do direito positivo. Desse modo, crescem os deveres instrumentais ou formais cometidos ao devedor do tributo, aumentando, correlativamente, o dever de vigilância do Poder Público."

282. Vale mencionar a contundente crítica de Antonio Berliri no sentido de que a operação mental do contribuinte é de todo irrelevante e que considerá-la num mesmo plano do ato administrativo ao qual a lei atribui importantíssimos efeitos é inútil e, como tal, danoso (in Princípios de derecho tributario. Trad. Carlos Palao Taboada. Madrid: Ed. Derecho Financiero, 1974, p. 70 e seguintes) Destaque-se, porém, que o lançamento é o conjunto das operações de incidência praticadas pela autoridade administrativa, configurando, sua exteriorização, ato administrativo, e o autolançamento é o conjunto das operações de incidência praticadas pelo sujeito passivo da obrigação tributária. Aos dois, atualmente, os ordenamentos jurídicos concedem "importantíssimos efeitos".

283. HORVATH, Estevão. Op. Cit., 2010, p. 118. Ver, também, CARVALHO, Paulo de Barros. Curso de direito tributário. 30ª edição. São Paulo: Saraiva, 2019, p. 452: "A regra jurídica individual e concreta, quando ficar a cargo do contribuinte, há de

Não se deve confundir, no entanto, o autolançamento com esses outros deveres instrumentais, geralmente correlatos, que são as declarações e emissões de documentos fiscais, inclusive as emissões de guias para o pagamento.[284]

E também não se deve olvidar que para a produção de seus efeitos enquanto modo de constituição do crédito tributário, as operações intelectuais de incidência e aplicação enunciadas no competente documento legalmente exigido devem ser oferecidas ao conhecimento da administração tributária.

Com Paulo de Barros Carvalho, visto o direito como sistema comunicacional, pensamos que "O átimo dessa ciência marca o instante preciso em que a norma individual e concreta, produzida pelo sujeito passivo, ingressa no ordenamento do direito positivo."[285]

5.1 Autolançamento como dever instrumental tributário

Quando o sujeito passivo da obrigação tributária realiza, por imposição legal, a incidência da regra-matriz com a finalidade de estabelecer, *in concreto*, os dados de sua relação jurídica com o Fisco de modo a permitir o pagamento do valor devido, está a cumprir um dever instrumental de constituição do crédito tributário.

Contribuintes e responsáveis, ao constituírem seus próprios débitos tributários, e, assim o crédito tributário do fisco,

---

constar de um documento especificamente determinado em cada legislação, e que consiste numa redução sumular, num resumo objetivo daquele tecido de linguagem, mais amplo e abrangente, constante dos talonários de notas fiscais, livros e outros efeitos jurídico-contábeis. O documento da norma há de ter, além da objetividade que mencionei, o predicado da unidade de sentido, uma vez que expressa enunciados prescritivos, a partir dos quais o intérprete fará emergir a norma individual e concreta."

284. HORVATH, Estevão. Op. Cit., 2010, p. 117: "Como quer que seja, o fato é que se haverá de separar estas três figuras, porquanto se trata de três deveres distintos. O dever de efetuar o pagamento – é fácil perceber – não é um autolançamento, senão uma consequência dele. A declaração de fatos e dados, apesar de vir, na maior parte dos casos, contida no mesmo documento que contempla a quantificação daqueles, distingue-se desta última, conforme se verá adiante, quando formos tratar da diferenciação entre o autolançamento e figuras afins."

285. CARVALHO, Paulo de Barros. Op. Cit., 2019, p. 452.

contidos na relação instaurada pela norma individual e concreta emitida como decorrência daquelas operações mentais de interpretação e aplicação da norma geral e abstrata, realizam comportamento voltado ao cumprimento de uma prestação de fazer (prestação positiva), prevista pela legislação no interesse da arrecadação e da fiscalização dos tributos. Dever distinto daquela prestação de dar que configura o pagamento do tributo e, por isso, um objeto que não se confunde com a caracterização da obrigação principal.[286]

Estevão Horvath confirma a configuração do autolançamento como dever instrumental tributário ao enquadrá-lo como um dever legal incluído entre os denominados "deveres de colaboração", tratado, pelo Código Tributário Nacional sob a rubrica "obrigação acessória".[287]

> Os "deveres de colaboração" são tratados pelo CTN sob a denominação de "obrigação acessória".

A previsão genérica do dever instrumental de constituição do crédito tributário pode ser derivada da previsão do art. 150 do Código Tributário Nacional, fundamentado, por sua vez, naquele dever de colaboração constitucionalmente atribuído de que já falamos. É lá no art. 150 que está dito, com todas as letras, haver casos de *tributos cuja legislação atribua ao sujeito passivo o dever de antecipar o pagamento sem prévio exame da autoridade administrativa.*

---

286. Lembremos que os arts. 113, §2º e 115, do Código Tributário Nacional, prescrevem que dever instrumental decorre da legislação tributária, tem por objeto prestações previstas no interesse da arrecadação ou da fiscalização dos tributos, e têm objeto diferente da obrigação principal.

287. HORVATH, Estevão. Op. Cit., 2010, p. 142: "Em primeiro lugar, devemos deixar claro que a colaboração a que se referem aqueles deveres ocorre entre os particulares e a Administração Tributária. O Código Tributário Nacional cuida destes deveres, denominando-os de 'obrigações acessórias' (art. 113, *caput* e par. 2º)".

Esse "antecipar o pagamento", previsto no dispositivo legal, somente é possível pela prévia aplicação do direito ao caso concreto,[288] com o recolhimento dos fatos praticados pelo sujeito passivo, subsumindo-os à norma tributária correspondente para verificar o encaixe na materialidade abstratamente prevista, passando a quantificar o débito pela aplicação de uma alíquota sobre a base de cálculo eleita. Imperioso, portanto, tornar líquido o crédito tributário, determinando-o concretamente em razão da instauração da relação tributária.

E com base nesse dispositivo analisado, as mais variadas leis referentes aos mais variados tributos contidos nas competências impositivas de todos os entes tributantes, exigem esse modo de auxílio dos sujeitos passivos à função de gestão do sistema tributário (como nos casos de IRPJ, CSLL, PIS, COFINS, CPRB, ISS, ICMS, IPI, CIDE, INSS etc.).

Paulo de Barros Carvalho lembra a importância do dever instrumental de autolançamento para a configuração, mesma, do fato jurídico tributário ao dizer

> É extremamente significativa a participação dos deveres instrumentais na composição da plataforma de dados que oferecem condições à constituição do fato jurídico tributário, pois a prestação atinente aos deveres formais é a base sobre a qual a formação do fato vai sustentar-se.[289]

Mais do que isso, vejamos a dinâmica normativa: norma geral e abstrata prevê que, dado o fato de um sujeito de direito se afigurar contribuinte ou responsável tributário (informações que devem ser buscadas na regra-matriz respectiva), deverá ele instaurar uma relação jurídica instrumental cujo objeto imediato será uma prestação de fazer positiva, de interesse da arrecadação

---

288. RUIZ GARCÍA, José Ramón. *La liquidación en ordenamiento tributario* Madrid: Civitas, 1987, p. 284 (*apud* HORVATH, Estêvão. *Op. Cit.*, 2010, p. 121), lembrando passagem de Cutrera no sentido de que "não pode haver pagamento do imposto sem uma precedente operação de comprovação". Estêvão Horvath esclarece, em nota de rodapé da p. 121, que a palavra "comprovação" era utilizada no sentido de apuração.

289. CARVALHO, Paulo de Barros. *Op. Cit.*, 2018, p. 520.

e da fiscalização dos tributos, consistente em realizar a incidência da norma de imposição tributária a fim de se apurar o montante devido, além dos demais elementos da relação principal.

O objeto mediato (ou seja, o conteúdo da prestação) do dever instrumental tributário aqui analisado serão os dados voltados a compor a relação obrigacional tributária, devidamente instaurada e completa em todos os seus elementos. Apurado o exato valor do objeto mediato da obrigação principal (tributo ou penalidade pecuniária), viável será a instauração da relação obrigacional tributária, permitindo-se cumprir a prestação de dar nesta última exigida, que será o pagamento do valor apurado. Fácil perceber, assim, as importantes implicações entre o dever instrumental de autolançamento e o cumprimento, pelo sujeito passivo, da obrigação principal.

É lícito considerar, desse modo, que a constituição do crédito tributário pelo contribuinte ou pelo responsável instaura, *in concreto*, a relação jurídica instrumental de autolançamento ao mesmo tempo em que configura os dados necessários à concretização do objeto mediato da obrigação principal a ser adimplida e, portanto, da própria obrigação principal. O pagamento e, assim, o adimplemento da obrigação principal será possibilitado pela determinação do crédito tributário via atendimento do dever instrumental de autolançamento.

É possível perceber, pelo que dissemos até aqui, que o sujeito passivo a quem é atribuído o dever de constituir o crédito tributário, nos casos de autolançamento, é o mesmo sujeito titular do dever jurídico de pagamento e, assim, pessoa componente do polo passivo da obrigação tributária principal. Seu dever é, assim, o de concretizar uma relação jurídica pela qual se lhe exige o pagamento de um tributo ou penalidade pecuniária, ou seja, o adimplemento de um débito próprio.[290]

---

290. Mais uma justificativa, portanto, para o emprego do termo autolançamento e sua utilização em âmbito doutrinário. Além de se apresentar como uma entidade distinta do lançamento por homologação e merecer, por isso, tratamento específico, apresenta função didática relevante por permitir visualizar os sujeitos a quem se destina: contribuintes e responsáveis, sujeitos passivos da obrigação principal que estão a constituir, nos termos do art. 121, *caput*, parágrafo único e incisos I e II, do Código Tributário Nacional.

6. A FIGURA DO *ALTERLANÇAMENTO*

Não é só do autolançamento, enquanto técnica de gestão tributária que atribui aos administrados deveres de aplicação da regra-matriz de incidência tributária, que se utiliza a administração para tornar mais eficiente a fiscalização e a arrecadação dos tributos.

Passemos a analisar outra figura, muito utilizada pelo Estado no contexto das crescentes exigências de transparência fiscal e deveres de colaboração, a que denominamos *alterlançamento*.

6.1 Autolançamento e *alterlançamento*

Vimos que o chamado autolançamento é um dever instrumental tributário atribuído àqueles que compõem a relação jurídica tributária principal – ou seja, aqueles que devem pagar o tributo, em razão da prática do "fato gerador" ou de uma norma de responsabilidade tributária – para que, realizando atividade de interpretação da legislação tributária, apurem o montante por eles mesmos devido, possibilitando, dessa forma, que o valor seja adequadamente levado aos cofres públicos através do pagamento.

Diversamente do autolançamento, mas também incluído entre os modos de constituição do crédito tributário por administrados, verifica-se, com bastante frequência, a existência de um dever instrumental tributário atribuído a terceiros – ou seja, pessoas que não compõem as relações jurídicas tributárias principal e de responsabilidade – para que interpretem a legislação tributária e apurem tributos *devidos por outrem*, tendo por efeito a constituição do crédito tributário alheio. Eis a figura do *alterlançamento*.

Tratemos de explicá-la melhor:

Também justificado pela já demonstrada norma constitucional implícita que atribui dever geral de colaboração em matéria tributária, o *alterlançamento* encontra fundamento de validade – assim como o autolançamento – no art. 150 do Código Tributário Nacional.[291]

Lembremos que o Código Tributário Nacional, em cumprimento ao art. 146 da Constituição Federal, prescreve normas gerais em matéria de legislação tributária, estando autorizado a dispor sobre toda sorte de relações jurídicas tributárias (e seus elementos, inclusive crédito tributário). E, conforme pensamos, autorizado está a dispor sobre relações tributárias entre fisco e sujeitos passivos de deveres instrumentais que, não raramente, podem ser distintos dos sujeitos passivos da obrigação tributária.

Diga-se, no ponto que interessa mais de perto a este trabalho, que o art. 122 do Código Tributário Nacional define o sujeito passivo da "obrigação acessória" de maneira bastante

---

[291]. A assertiva significa, de uma maneira ou de outra, ser o art. 150 do Código Tributário Nacional daquelas disposições legais que fundamentam múltiplas normas, confirmando o que dissemos mais cedo, com Riccardo GUASTINI, sobre a "não correspondência biunívoca entre disposições e normas" (*in Das fontes às normas*. Trad. Edson Bini. São Paulo: Quartier Latin, 2005, p. 34-43). Costuma-se derivar do art. 150, por exemplo, normas que impõem o poder-dever da autoridade administrativa de constituir o crédito tributário dos administrados quando estes "antecipem" "pagamentos"; normas de competência privada sobre o dever dos administrados de constituir créditos tributários próprios (autolançamento) ou alheios (*alterlançamento*); normas que autorizam a imposição do dever dos administrados de realizar recolhimentos antes da manifestação da autoridade administrativa; normas que autorizam a prescrição do dever de contribuintes e responsáveis de realizar o pagamento antes do lançamento do crédito pela autoridade administrativa; a decadência do direito de constituição do crédito por parte da Administração Pública.

ampla, como *a pessoa obrigada às prestações que constituam o seu objeto*, abrangendo uma quantidade maior de destinatários em relação àqueles que podem figurar como sujeitos passivos da obrigação principal, que se limitam aos *obrigados ao pagamento pela prática da materialidade ou por uma norma de responsabilidade*.

Pois, bem. O mencionado art. 150 contém aquela prescrição de que, aos *sujeitos passivos*, podem ser atribuídos deveres de *antecipar o pagamento sem prévio exame da autoridade administrativa*, pressupondo a realização de operações intelectuais de incidência e aplicação da regra-matriz tributária que configuram, como defendemos, a atividade de constituição do crédito tributário pelos particulares.

Implicitamente, portanto, contém autorização aos legisladores tributários de cada ente tributante para prescreverem, de maneira geral e abstrata, como consequência normativa, a necessidade dos administrados instaurarem, *in concreto*, as relações jurídicas que permitirão a prática da conduta esperada pela Administração, especialmente aquela voltada à arrecadação fiscal.

E *sujeitos passivos*, nesse contexto, é expressão que deve ser interpretada como significando mais do que somente contribuintes e responsáveis. O próprio dispositivo legal, aliás, indica que assim o seja.

A parte final do *caput* do art. 150 fala em atividade exercida pelo *obrigado* e, como sabemos, o Código tratou as relações tributárias como obrigações, principais ou acessórias. *Obrigado*, no sentido do Código, é sujeito passivo tanto do dever de pagamento em sentido estrito, quanto das demais prestações positivas ou negativas que configuram os deveres instrumentais, distintas do pagamento. Some-se a isso a utilização do termo *obrigado* também no §1º (*pagamento antecipado pelo obrigado*).

Reforçam – para nós, de maneira inegável – a presença do terceiro nas prescrições do artigo analisado, as previsões de seus §§2º e 3º. O primeiro deles fala em *atos praticados por terceiro visando à extinção do crédito tributário*. E o segundo deles expressa que esses atos praticados por terceiros serão considerados na apuração do saldo porventura devido.[292]

Assim, a terceiros também pode ser atribuído o dever de *antecipar o pagamento*. Ora, mas se somente podem ser sujeitos passivos da prestação de pagamento contribuintes e responsáveis (art. 121, do Código Tributário Nacional), como poderiam os terceiros, pessoas que, nos termos deste trabalho, não fazem parte da relação obrigacional tributária, antecipar pagamento?

É que a expressão *antecipar o pagamento*, prevista no *caput* do art. 150, assim como a correlata *o pagamento antecipado*, constante do respectivo §1º, são ambíguas, comportando tanto a conduta exigida do sujeito obrigado ao pagamento, quanto o comportamento ordenado ao terceiro, em atribuição de dever instrumental.

Equivale essa afirmação a dizer que o legislador, ao contrário do sentido mais técnico e estrito utilizado em outros dispositivos, usou o termo *pagamento* em sentido mais amplo no art. 150. Basta para comprovar a assertiva o fato de que a compensação é considerada modo de pagamento antecipado

---

292. Novamente o artigo, para facilitar a visualização: BRASIL. Lei nº 5.172, de 25 de outubro de 1966. Código Tributário Nacional. Diário Oficial da União (DOU) de 27.10.1966: "Art. 150. O lançamento por homologação, que ocorre quanto aos tributos cuja legislação atribua ao sujeito passivo o dever de antecipar o pagamento sem prévio exame da autoridade administrativa, opera-se pelo ato em que a referida autoridade, tomando conhecimento da atividade assim exercida pelo obrigado, expressamente a homologa.
§ 1º. O pagamento antecipado pelo obrigado nos termos deste artigo extingue o crédito, sob condição resolutória da ulterior homologação ao lançamento.
§ 2º. Não influem sobre a obrigação tributária quaisquer atos anteriores à homologação, praticados pelo sujeito passivo ou por terceiro, visando à extinção total ou parcial do crédito.
§ 3º. Os atos a que se refere o parágrafo anterior serão, porém, considerados na apuração do saldo porventura devido e, sendo o caso, na imposição de penalidade, ou sua graduação.
§ 4º. Se a lei não fixar prazo a homologação, será ele de cinco anos, a contar da ocorrência do fato gerador; expirado esse prazo sem que a Fazenda Pública se tenha pronunciado, considera-se homologado o lançamento e definitivamente extinto o crédito, salvo se comprovada a ocorrência de dolo, fraude ou simulação."

apto a extinguir o crédito tributário, nos termos da disciplina do art. 74, da Lei nº 9.430/96, por exemplo.[293] E a compensação, como vimos anteriormente, é modo de extinção do crédito tributário, mas não forma de pagamento em sentido estrito.

E por que *antecipar o pagamento* é algo praticável tanto por contribuintes e responsáveis, quanto por terceiros? Primeiramente, diga-se que a noção de *antecipação*, aí, não se refere a uma conduta praticada antes do momento exigido pelos termos da relação jurídica (antes do vencimento, por exemplo). Refere-se, em verdade, ao fato de que a conduta é realizada antes que a autoridade administrativa tenha, ela mesma, constituído o crédito tributário em desfavor do sujeito passivo. Isso já permite visualizar, de relance, que o comportamento de antecipação é daquele sujeito que recolhe o tributo após ter constituído o crédito e antes da autoridade praticar o ato definido no art. 142.

Agora, por certo que o contribuinte e o responsável tributário, após o cumprimento do dever de autolançamento, apuram o crédito tributário que devem satisfazer e, ao recolherem o respectivo valor aos cofres públicos antes que ele tenha sido constituído pela autoridade administrativa, praticam o *pagamento antecipado*. Nesse caso, sendo o exato cumprimento da sua obrigação, adimplem em sentido estrito. Realizam, assim, a prestação de dar valor pecuniário que lhes é exigida pela relação tributária principal, seja porque praticaram o fato imponível, seja porque sua responsabilidade pelo pagamento lhes foi atribuída por lei.

Por outro lado, quando terceiros são exigidos a *alterlançar*, constituindo crédito tributário devido por outrem (contribuinte e responsável) e, em consequência disso, também necessitam cumprir dever de recolhimento do montante apurado aos cofres públicos antes que a autoridade administrativa tenha, ela mesma, constituído o crédito tributário, também

---

293. FAJERSZTAJN, Bruno; GALAFASSI, Maicon. *A aplicação do instituto da denúncia espontânea nos casos de compensação.* São Paulo: Revista dos Tribunais 127, 2006.

adéquam seu comportamento à ação de *antecipar o pagamento*. Não um pagamento próprio, pois, não pagam no sentido do art. 121. O *recolhimento* que realizam tem *efeitos de pagamento*. Ao entregarem os valores de outrem aos cofres públicos realizam uma prestação de dar diversa daquela que configura obrigação principal (diversa de pagamento, portanto), como já tivemos oportunidade de ver. A expressão *antecipar o pagamento*, em relação aos terceiros, deve ser lida, assim, como *antecipar o recolhimento*; e *o pagamento antecipado*, do mesmo modo, visto como *o recolhimento antecipado* (ou seja, realizado antes de ato administrativo de lançamento).

Os terceiros, assim, em cumprimento ao dever instrumental de *alterlançamento*, realizam a incidência de uma regra-matriz tributária que a eles não se aplica, concretizando, assim, os termos de uma relação jurídica alheia ao apurar o seu objeto mediato, que é o tributo devido pelo *alter*, além dos demais elementos que compõem o liame intersubjetivo.

A prestação positiva exigida dos terceiros, nesse caso, é a formalização da relação jurídica alheia para a liquidação do crédito tributário devido pelo contribuinte ou pelo responsável (um *facere*). Não se deve confundir, assim, o dever instrumental de *alterlançamento* com uma eventual imposição de dever de retenção daquilo que foi apurado (também um *facere*), ou ainda de recolhimento antecipado do montante devido pelos sujeitos passivos da obrigação principal (um *dare*).[294] São deveres instrumentais tributários distintos.

E qual a razão, então, de estarmos mencionando neste tópico sobre *alterlançamento* outro dever instrumental atribuído aos terceiros que é o de recolhimento ou repasse de valores pecuniários, tratado com mais profundidade em capítulos anteriores? O motivo é que a atribuição desse tipo de

---

294. Relembremos que, em que pese visualizar, do mesmo modo, diferença entre pagar e recolher, BRANDÃO MACHADO defende ser, o dever de recolhimento, um *facere* in Notas de direito comparado – tributação na fonte e substituição tributária. In *Direito tributário*. Volume I. Homenagem a Alcides Jorge Costa. Coord. Luís Eduardo Schoueri. São Paulo: Quartier Latin, 2003, p. 90.

dever instrumental a terceiros (o *alterlançamento*) somente pode se dar em relação aos sujeitos que devam antecipar o recolhimento do tributo, ao menos em hipótese (se haverá valor a recolher ou não é outra questão), justificando-se, assim, a necessidade de compreensão do alcance da expressão "antecipar o pagamento", contida no art. 150.

6.2 Diferenças que justificam o tratamento específico

A doutrina tributária brasileira – e na maior parte do mundo ocidental – não tem se demorado em análises aprofundadas e específicas sobre o dever, imposto aos sujeitos estranhos à relação tributária principal, de constituição de crédito tributário alheio. Ignora a evidente referibilidade à atual realidade da gestão tributária mundo afora que a descrição do fenômeno apresenta. Permite correr às cegas o desenvolvimento dos reflexos diretos que esse modo de constituição do crédito tributário traz a matérias importantíssimas tomadas como objeto da ciência tributária, que vão, exemplificativamente, desde o tema decadência e prescrição até contraditório e ampla defesa em matéria fiscal, passando por capacidade contributiva, teoria das provas, extinção do crédito tributário etc.

Do modo como vemos, são alguns os motivos da ausência de interesse por parte da doutrina pelo tema sob análise, destacando-se, a título de exemplo, cinco a seguir colacionados.

O primeiro deles é a conhecida pouca relevância que a ciência do direito tributário atribui aos deveres instrumentais em comparação à posição de destaque oferecida às questões relativas às obrigações principais. As preocupações descritivas aplicadas sobre a obrigação tributária, aliás, estão no nascedouro mesmo da emancipação do direito tributário enquanto disciplina específica, já que era necessário demonstrar a posição de equiparação entre fisco e contribuintes em suas relações, submetidos igualmente à lei.[295] Esse caminho in-

---

295. Ver ANDRADE, José Maria Arruda de. *Interpretação da norma tributária*. São Paulo: MP Ed./APET, 2006, p. 103 e seguintes.

fluencia até hoje a posição secundária a que foram relegados os deveres instrumentais e, assim, a prevalência do chamado Direito Tributário Material sobre o Direito Tributário Formal aos olhos da doutrina.

O segundo motivo é a repetição acrítica de que a diferença entre a obrigação principal e os deveres instrumentais está no fato de que, as primeiras, são obrigações de dar, enquanto os segundos só podem ser, em consequência, prestações de fazer ou não fazer. Essa visão reducionista dos tipos de prestações positivas ou negativas que podem ser exigidos no interesse da arrecadação e da fiscalização dos tributos termina por fazer o cientista do direito tributário afastar-se da compreensão, a nosso ver mais correta, de que deveres instrumentais também podem ser prestações de dar, desde que não sejam pagamento.

O terceiro motivo decorre dessa visão distorcida acima mencionada, fazendo com que se entenda o dever de recolhimento, por vezes imediatamente decorrente da constituição do crédito tributário realizada, como prestação de dar qualificada como pagamento, levando, automaticamente, as descrições doutrinárias a tratar de aspectos de responsabilidade tributária e substituição tributária.

O quarto motivo é a posição, especialmente presente na doutrina brasileira e nos países da América Latina, no sentido de que somente a autoridade administrativa pode constituir o crédito tributário, levando à conclusão de que não existe modo de constituição do crédito fiscal pelos próprios contribuintes e responsáveis, razão pela qual não há que se falar em autolançamento. Assim, inexistindo autolançamento, não haveria sequer de se cogitar de *alterlançamento*.

O quinto motivo está no fato de que, para a parte da doutrina que aceita a existência da figura do autolançamento, esse termo, por explicar o fenômeno de constituição do crédito tributário pelos administrados, poderia englobar os casos de *alterlançamento*, podendo ser lido, portanto, em sentido amplo, para abarcar não só os contribuintes e responsáveis, mas também terceiros que não participam da relação tributária principal.

Pensamos, porém, não faltar utilidade na descrição própria do fenômeno do *alterlaçamento*, uma vez que apresenta diferenças específicas importantes em relação ao autolançamento e clara aplicação concreta na gestão do sistema tributário nacional.

Apesar de semelhantes, autolançamento e *alterlançamento* não se identificam. São variadas as maneiras como diferem entre si, merecendo destaque as diferenças que justificam o tratamento em separado que consideramos mais relevantes.

Do ponto de vista *subjetivo*, enquanto a norma geral e abstrata que impõe a prática do dever de constituição do próprio crédito tributário (autolançamento) tem como destinatários, exclusivamente, os sujeitos passivos da obrigação principal que, nos termos do art. 121 do Código Tributário Nacional, são os contribuintes ou responsáveis, a norma geral e abstrata que impõe a prática do dever de constituição de crédito tributário alheio (*alterlançamento*) tem como destinatários, exclusivamente, terceiros estranhos à relação obrigacional tributária.

Consequentemente, em que pese as duas formas de constituição do crédito tributário por administrados terem, em termos descritivos abstratos, o *mesmo objeto imediato* – que é uma prestação positiva de fazer consubstanciada em realizar a incidência da regra-matriz tributária produzindo a respectiva norma individual e concreta – o *objeto da prestação* (ou o objeto mediato da relação instrumental) é distinto em cada caso: no autolançamento, o que se faz é a concretização da *própria* relação tributária principal, enquanto que no *alterlançamento* concretiza-se uma relação tributária principal alheia.

Além disso, o *alterlançamento*, em relação a seu objeto mediato, apresenta efeito dúplice, coisa que não ocorre no autolançamento. Esse efeito dúplice significa que, em razão da constituição do crédito tributário alheio, se obtêm dados suficientes a instaurar, também, para o terceiro, sujeito passivo da norma de *alterlançamento*, outro dever instrumental (outra relação tributária instrumental) que impõe aquela conduta de *recolhimento* do montante apurado antes de qualquer manifestação da autoridade administrativa. E assim o é porque, como já demonstrado, o *alterlançamento* se dá nos casos em que o sujeito passivo deve recolher o valor devido pelo contribuinte ou responsável antes do lançamento tributário (art. 150, do Código Tributário Nacional). Diferente é o caso do autolançamento, já que a conduta exigida do contribuinte ou responsável que constituiu seu próprio crédito tributário não poderá configurar, em nossa opinião, dever de recolhimento, mas, sim, a própria obrigação principal de pagamento.

Em outras palavras, o autolançamento tem por objeto mediato norma individual e concreta que diz que, dado o fato daquele que está a constituir o crédito tributário ter praticado o quanto previsto na hipótese de incidência, deverá realizar o pagamento do valor devido ao sujeito ativo antes que este o apure. Já o *alterlançamento* tem por objeto mediato, além de uma norma individual e concreta que diz que, dado o fato do contribuinte ou responsável ter praticado o quanto previsto na hipótese de incidência, deverá ele pagar o débito tributário, resulta também na possibilidade de cumprimento de outro, correlato, dever instrumental, cuja norma dirá que, dado o fato de ter constituído o crédito tributário alheio através do *alterlançamento*, o terceiro deverá efetuar o *recolhimento* do valor apurado aos cofres públicos antes da apuração por parte de autoridade administrativa.

Outra diferença importante entre as figuras do *alterlançamento* e do autolançamento é que, em relação a este último, a interpretação da legislação tributária e a apuração do montante devido a título de tributo, uma vez realizadas pelo próprio devedor, vêm sendo consideradas, pela administração pública e pela jurisprudência,[296] como tendo efeitos de confissão.

---

296. Nesse sentido, o Supremo Tribunal Federal no Agravo de Instrumento nº 539891 no Agravo Regimental: "TRIBUTO - AUTOLANÇAMENTO - EXIGIBILIDADE. O instituto do autolançamento do tributo, a revelar, em última análise, a

Em que pese, no *alterlançamento*, a constituição do crédito tributário também ser considerada definitiva (como demonstraremos no próximo capítulo), de efeitos de confissão não se pode cogitar, já que é sujeito alheio à relação aquele que comparece em cumprimento ao dever instrumental de apuração do débito, o que certamente reflete em termos de contraditório e ampla defesa por parte do sujeito passivo da obrigação principal.

Esquema 6: Autolançamento x Alterlançamento

confissão do contribuinte, dispensa a notificação para ter-se a exigibilidade - precedentes: Recursos Extraordinários nº 107.741-7/SP, relator ministro Francisco Rezek, com acórdão publicado no Diário da Justiça de 4 de abril de 1986; nº 102.059-8/SP, relator ministro Sydney Sanches, com acórdão publicado no Diário da Justiça de 1º de março de 1985; nº 93.039-6/SP, relator ministro Djaci Falcão, com acórdão publicado no Diário da Justiça de 12 de abril de 1982; nº 93.036-1/SP, relator ministro Rafael Mayer, com acórdão publicado no Diário da Justiça de 17 de outubro de 1980; e nº 87.229/SP, relator ministro Cordeiro Guerra, com acórdão publicado no Diário da Justiça de 31 de março de 1978." (BRASIL. Supremo Tribunal Federal. Agravo de Instrumento nº 539891 no Agravo Regimental. Ministro Marco Aurélio. Diário da Justiça de 21.09.2007). Ou ainda o Superior Tribunal de Justiça no Agravo Regimental no Agravo nº 1279287: "TRIBUTÁRIO. AGRAVO REGIMENTAL NO AGRAVO DE INSTRUMENTO. ICMS. TRIBUTO DECLARADO E NÃO PAGO. NOTIFICAÇÃO PELO FISCO. DESNECESSIDADE. TAXA SELIC. APLICABILIDADE. 1. A Primeira Seção, em sede de recurso especial repetitivo (REsp 962.379/RS, Rel. Ministro Teori Albino Zavascki, DJe 28/10/2008), consolidou o entendimento de que, em se tratando de tributo lançado por homologação, se o contribuinte houver declarado o débito e não tiver efetuado o pagamento até o vencimento, a confissão desse débito equivalerá à constituição do crédito tributário que poderá ser imediatamente inscrito em dívida ativa e cobrado, independentemente de qualquer procedimento administrativo. (...)" (BRASIL. Superior Tribunal de Justiça. Agravo Regimental no Agravo nº 1279287. Ministro Benedito Gonçalves. Diário da Justiça de 23.08.2010).

6.2.1 Características do *alterlançamento* em resumo

Do quanto foi dito até aqui, é possível identificar algumas características do *alterlançamento*.

Compartilhadas com o autolançamento:

1) é modo de constituição do crédito tributário por administrados;

2) é dever instrumental tributário;

Próprias:

1) é "modo privativo" de constituição do crédito tributário por terceiros estranhos à relação tributária principal;

2) constitui crédito tributário alheio (de contribuintes e responsáveis);

3) sua prestação de fazer é voltada a realizar a incidência de regra-matriz tributária da qual o destinatário do dever não faz parte;

4) seu cumprimento tem efeito dúplice, resultando em dados que permitirão o cumprimento, pelo terceiro, de um novo e distinto dever instrumental tributário, a exigir o *recolhimento* do montante apurado antes de manifestação da autoridade fiscal, bem como na relação tributária principal de contribuintes e responsáveis devidamente concretizada, a exigir, destes últimos, o pagamento do débito.

5) não apresenta efeitos de confissão de dívida.

6.2.2 Esclarecimento terminológico

Talvez fosse esperado fizéssemos constar explicações terminológicas referentes ao *alterlançamento* logo no início das considerações deste capítulo. Preferimos, porém, fazê-las neste momento, já demonstrados os detalhes configuradores do fenômeno e as diferenças que apresenta em relação aos demais modos de constituição do crédito tributário, por acreditarmos estar facilitada, agora, a apreensão das razões da escolha nome.

Alterlançamento não está a significar uma espécie de lançamento em sentido estrito, como o termo pode levar a crer, assim como não está a significar modalidade de lançamento *stricto sensu* a palavra autolançamento. São entidades distintas, como dissemos. Esta última expressa modo de constituição do crédito tributário *dos* contribuintes e responsáveis *pelos próprios* sujeitos passivos da obrigação principal (daí o prefixo *auto*), enquanto a primeira expressa modo de constituição do crédito tributário *dos* contribuintes e responsáveis *por pessoas estranhas* à relação tributária obrigacional (daí o prefixo alter, do latim *alterum; alienus; alium; aliud*; conotando o que é de outro ou para o outro).

A escolha por *alterlançamento*, neste trabalho, ao invés de *alterliquidação* ou *alterdeterminação*, se justifica em razão da tradição da doutrina brasileira em tratar dos modos de constituição do crédito tributário sob o termo lançamento (influenciada pelas previsões constitucionais e do Código Tributário Nacional sobre a matéria), ao contrário de outros lugares do mundo onde os termos liquidação e determinação são mais utilizados. Nada impede, no entanto, que *alterlançamento* seja lido como *alterliquidação* ou *alterdeterminação*.

Por outro lado, o termo *heterolançamento* (heteroliquidação ou heterodeterminação), que pensamos menos adequado em relação ao que queremos demonstrar, já tem uso corrente, especialmente em países de língua espanhola e alguns países de língua portuguesa,[297] significando situação distinta do

---

297. Cfr. ROCHA, Joaquim Freitas. O procedimento e o processo tributário no domínio da extrafiscalidade. In *Da extrafiscalidade*. Coord. PIRES, Manuel. Lisboa: Universidade Lusíada Ed., 2011; BENÍCIO, Sergio Gonini. *Tributos declarados e não pagos: condições de aplicabilidade do instituto da denúncia espontânea*. In Revista Juris (FAAP) 4. Ano II. Julho a dezembro de 2010. São Paulo: Fundação Armando Alvares Penteado, 2010, p. 52-53; CUEVAS, Gloria Tello *et. al. Codigo Fiscal para el*

fenômeno aqui explorado. Refere-se, em geral, à apuração do crédito tributário pela administração, havendo poucos autores que chegam a aproximar seu sentido à figura dos terceiros sem maiores explicitações, o que poderia gerar confusão desnecessária, em prejuízo da didática.[298]

Finalmente, esclareçamos que não realizam *alterlançamento* contribuintes em situação de solidariedade ou subsidiariedade com outros devedores (outros contribuintes ou responsáveis), ou ainda sujeitos passivos de obrigações principais que constituam créditos uns dos outros por partilharem obrigações advindas das relações tributárias respectivas, já que, apesar de apurarem, de certo modo, créditos tributários alheios, estão implicados na obrigação principal de pagamento, caracterizando, mais adequadamente, autolançamento.[299]

Estado de Guanajuato Comentado. 1ª Ed. Guanajuato: Academia de derecho fiscal del Estado de Guanajuato, 2012.

298. GRANADOS, Gabriela Ríos. *Recaudación de tributos como base para una reforma fiscal.* Ciudad del Mexico: IIJ UNAM, 2002, p. 120: "La retención de los impuestos opera bajo la heterodeterminación del tributo, con este mecanismo la percepción resulta fácil, cómoda y económica para la administración pública, mientras que para el retenedor representa un costo adicional, pues el incumplimiento de dicha obligación se traduce en un castigo por parte del Estado, ya que el retenedor comete un ilícito tipificado como delito."; RODRIGUES, Tereza Cristina Tarragô Souza. *Alternativas consensuais de resolução de conflitos tributários no direito brasileiro: Perspectivas à luz do princípio da legalidade.* Tese de doutorado. UFPE – Universidade Federal de Pernambuco. Recife: CCJ Direito, 2009, em nota de rodapé nº 105: "Conforme nota anterior, muitas são as críticas em relação à inadequação da figura do autolançamento com o que prediz o CTN acerca de ser o lançamento ato privativo da Administração Tributária. Ora, tal conduta de antecipar por previsão legal o pagamento do tributo (art. 150 CTN) é realizada não só pelo contribuinte mas também pelos terceiros que o retém na fonte, o que configuraria um heterolançamento."; SUÁREZ, Lenin José Andara. La autoliquidación: declaración de las operaciones económicas realizadas por los particulares. Una visión desde el Derecho y la doctrina comparada. *Revista Instituto Colombiano de Derecho Tributario* 77. Mayo de 2017. At. 75. Bogotá: ICDT, 2017, p. 85 (em nota de rodapé nº 25): "En la doctrina española se ha sugerido, sin mayor éxito, el uso de la expresión "heteroliquidación", para referirse a la "realizada por persona distinta del propio obligado", así fue señalado por Antonio Morillo Méndez, *supra* nota 5, pág. 17."

299. Consideramos um equívoco fazer corresponder aos prefixos *auto* ou *alter* noção ligada exclusivamente aos sujeitos que praticam a liquidação. O correto para que a expressão colha completamente o fenômeno deve ser ligá-los, também, àquilo que é apurado, em termos de titularidade. Autoliquidação é o *meu* débito que *eu mesmo* constituo. Alterliquidação é o débito *de outro* que *outra pessoa* constitui.

6.2.2.1 Desconsideração do modo de constituição do crédito tributário por autoridade judicial como alterlançamento

Talvez um breve pensamento superficial possa fazer surgir a indagação do por que não se considerar, também, como *alterlançamento* a atividade constitutiva do crédito tributário realizada pelos juízes do trabalho, demonstrada anteriormente. Afinal, referidas autoridades judiciais são sujeitos de direito estranhos à relação tributária obrigacional e constituem crédito tributário alheio.

Pensamos ser suficiente para justificar relembrarmos que incluímos o *alterlançamento* dentre as modalidades de constituição do crédito tributário realizadas por administrados, no contexto da mencionada "privatização da gestão tributária", o que termina por excluir, portanto, modos de constituição do crédito tributário realizados por autoridades públicas, inclusive as levadas a efeito por autoridades judiciais.

7. À GUISA DE CONCLUSÃO DO CAPÍTULO

Vistos o fundamento legal, as características da figura do *alterlançamento*, o modo como se realiza e suas diferenças para outras formas de constituição do crédito tributário, é importante termos em mente que referida técnica de gestão do sistema tributário comparece constantemente no dia a dia das relações entre administração tributária e administrados.

O próximo capítulo terá por objetivo demonstrar a aplicação prática do *alterlançamento*, trazendo exemplos concretos de formas de imposição desses deveres instrumentais de constituição de crédito tributário alheio presentes na legislação tributária brasileira.

Capítulo VI
APLICABILIDADE DO *ALTERLANÇAMENTO*

1. EXEMPLOS CONCRETOS

Defendidas a existência e a relevância do *alterlançamento* no capítulo anterior, cumpre-nos, agora, trazer a lume questões de aplicabilidade, inclusive a título de comprovação do alcance do fenômeno na dinâmica do sistema tributário brasileiro. Vejamos exemplos concretos de previsão legislativa do dever instrumental de constituição de crédito tributário alheio e tratemos sobre os reflexos que a visualização de alguns modos de concretização do princípio da eficiência em matéria tributária, enquanto técnica de *alterlançamento*, apresentam para temas caros à ciência e à prática do direito tributário.

1.1 COSIP – Contribuição para o custeio do serviço de iluminação pública

O art. 149-A da Constituição Federal confere competência aos municípios e ao Distrito Federal para instituição de contribuição destinada a custear o serviço de iluminação pública (conhecida pelas siglas COSIP, CIP, CCIP etc.).[300]

---

300. BRASIL. [Constituição (1988)]. Constituição da República Federativa do Brasil. Brasília, DF: Congresso Nacional, 1988: "Art. 149-A Os Municípios e o Distrito Federal poderão instituir contribuição, na forma das respectivas leis, para o custeio do serviço de iluminação pública, observado o disposto no art. 150, I e III. Parágrafo único. É facultada a cobrança da contribuição a que se refere o caput, na fatura de consumo de energia elétrica."

OS TERCEIROS NA SUJEIÇÃO PASSIVA TRIBUTÁRIA
E O *ALTERLANÇAMENTO*

Em que pese referida espécie tributária, objeto da "criatividade" da Emenda Constitucional nº 39/2002, ser bastante criticável, seja por aparentar-se como um modo de transpor os limites impostos pela jurisprudência pacífica dos tribunais, que rechaçava a tentativa de remuneração dos municípios e do Distrito Federal por via da taxa de iluminação pública,[301] seja por afigurar-se como espécie tributária de difícil enquadramento na moldura da definição de contribuições,[302] fato é que a COSIP conta, hoje, com fundamento constitucional e foi instituída pelos entes tributantes autorizados pelo Texto Maior, estando, assim, em plena vigência em nosso ordenamento jurídico.[303]

---

301. BRASIL. Supremo Tribunal Federal. Súmula Vinculante nº 41: "O serviço de iluminação pública não pode ser remunerado mediante taxa." SCHOUERI, Luís Eduardo. *Direito tributário*. 9ª edição. São Paulo: Saraiva, 2019, p. 229: "A infeliz iniciativa foi a reação à declaração de inconstitucionalidade de cobrança de taxas para tal finalidade; não querendo as municipalidades empregar recursos decorrentes dos impostos de sua competência, obtiveram mais essa fonte de arrecadação."

302. SCHOUERI, Luís Eduardo. *Op. Cit.*, 2019, p. 230: "Finalmente, sua natureza foi apontada como 'tributo de caráter *sui generis*, que não se confunde com um imposto, porque sua receita se destina a finalidade específica, nem com uma taxa, por não exigir a contraprestação individualizada de um serviço ao contribuinte'."

303. Sobre a constitucionalidade da espécie tributária em questão já se debruçou o Supremo Tribunal Federal no julgamento do Recurso Extraordinário nº 573.675/SC: "CONSTITUCIONAL. TRIBUTÁRIO. RE INTERPOSTO CONTRA DECISÃO PROFERIDA EM AÇÃO DIRETA DE INCONSTITUCIONALIDADE ESTADUAL. CONTRIBUIÇÃO PARA O CUSTEIO DO SERVIÇO DE ILUMINAÇÃO PÚBLICA - COSIP. ART. 149-A DA CONSTITUIÇÃO FEDERAL. LEI COMPLEMENTAR 7/2002, DO MUNICÍPIO DE SÃO JOSÉ, SANTA CATARINA. COBRANÇA REALIZADA NA FATURA DE ENERGIA ELÉTRICA. UNIVERSO DE CONTRIBUINTES QUE NÃO COINCIDE COM O DE BENEFICIÁRIOS DO SERVIÇO. BASE DE CÁLCULO QUE LEVA EM CONSIDERAÇÃO O CUSTO DA ILUMINAÇÃO PÚBLICA E O CONSUMO DE ENERGIA. PROGRESSIVIDADE DA ALÍQUOTA QUE EXPRESSA O RATEIO DAS DESPESAS INCORRIDAS PELO MUNICÍPIO. OFENSA AOS PRINCÍPIOS DA ISONOMIA E DA CAPACIDADE CONTRIBUTIVA. INOCORRÊNCIA. EXAÇÃO QUE RESPEITA OS PRINCÍPIOS DA RAZOABILIDADE E PROPORCIONALIDADE. RECURSO EXTRAORDINÁRIO IMPROVIDO. I - Lei que restringe os contribuintes da COSIP aos consumidores de energia elétrica do município não ofende o princípio da isonomia, ante a impossibilidade de se identificar e tributar todos os beneficiários do serviço de iluminação pública. II - A progressividade da alíquota, que resulta do rateio do custo da iluminação pública entre os consumidores de energia elétrica, não afronta o princípio da capacidade contributiva. III - Tributo de caráter *sui generis*, que não se confunde com um imposto, porque sua receita se destina a finalidade específica, nem com uma taxa, por não exigir a contraprestação individualizada de um serviço ao contribuinte. IV - Exação que, ademais, se amolda aos princípios da

No ponto em que interessa à nossa análise neste momento, o parágrafo único do mencionado art. 149-A permite que a cobrança da contribuição se dê diretamente na fatura de consumo de energia elétrica.

Diante da eficiência que a medida constitucionalmente permitida pode gerar para a gestão do tributo aqui tratado, permitindo alcance imediato e com pouca chance de evasão dos contribuintes, muitos entes competentes para a instituição da exação se utilizam dessa faculdade, exigindo a contribuição diretamente nas faturas de energia elétrica.

Para tanto, o que fazem municípios e Distrito Federal é impor, por exemplo, às concessionárias do serviço de iluminação pública uma série de deveres instrumentais tributários que têm por objetivo garantir a cobrança, a fiscalização e a arrecadação dos valores.

Primeiramente, são elaboradas leis municipais ou distritais para a instituição da contribuição para o custeio do serviço de iluminação pública. Já nesses diplomas legais, geralmente é prevista a possibilidade de realização de convênios ou contratos com as concessionárias do serviço de iluminação pública para fazer cumprir o parágrafo único do art. 149-A da Constituição Federal, já se mencionando a imposição de deveres para que, essas, fiquem com a função de cobrança e repasse dos valores arrecadados aos cofres públicos.[304]

Mais recentemente, a tendência que se verifica pela análise das diversas legislações municipais e distritais instituidoras das COSIP é a tentativa de transformação desses deveres

---

razoabilidade e da proporcionalidade. V - Recurso extraordinário conhecido e improvido." (BRASIL. Supremo Tribunal Federal. Recurso Extraordinário n° 573.675/SC. Relator Ministro Ricardo Lewandowski. Julgado em 25.03.2009).

304. Assim estava, por exemplo, a **redação original** da Lei n° 5.132/2009 do Município do Rio de Janeiro que, em seu art. 5°, previa: "Art. 5° Fica o Poder Executivo autorizado a celebrar convênio ou contrato com a concessionária de distribuição de energia elétrica para cobrança da Contribuição para Custeio do Serviço de Iluminação Pública." (RIO DE JANEIRO [Município]. Lei n° 5.132, de 17 de dezembro de 2009. Diário Oficial de 18.12.2009).

instrumentais tributários impostos às concessionárias em hipóteses de responsabilidade tributária, atitude que não encontra qualquer fundamento no sistema tributário nacional.

Os sujeitos passivos da obrigação tributária principal são, geralmente, os consumidores do serviço de iluminação pública (no sentido amplo de beneficiários do sistema de iluminação). São eles que praticam a materialidade (por exemplo, "possuir ligação de energia elétrica regular ao sistema de fornecimento de energia"[305]) e, por isso, têm o dever jurídico de pagar a contribuição em questão ao sujeito ativo da obrigação, que é o município ou o Distrito Federal.

Não há, porém, na imposição do tributo em questão, lançamento, já que não comparece qualquer autoridade administrativa em atividade para constituição do crédito tributário, nos casos em que a faculdade prevista no parágrafo único do art. 149-A da Constituição Federal foi implementada.

Também não há autolançamento, uma vez que os contribuintes não são obrigados a constituir, eles mesmos, o seu débito de COSIP.

O que existe, nesses casos, é o *alterlançamento*. A concessionária, um terceiro no que se refere à relação obrigacional tributária, que não tem dever de pagamento nem qualquer proximidade com a prática do fato jurídico tributário, é colocada em posição de constituir crédito tributário alheio, além de cobrar esse mesmo crédito (através do documento denominado *fatura*), arrecadá-lo e repassá-lo aos cofres do ente tributante.

Afirmamos que constitui crédito alheio porque, de acordo com os critérios estabelecidos em cada legislação, identifica o contribuinte do tributo, seleciona o respectivo perfil de cobrança, e faz incidir a previsão legislativa abstrata que determina o conteúdo da relação principal, aplicando-a para,

---

305. Conforme art. 3º da Lei nº 13.479/2002, do Município de São Paulo (SÃO PAULO [Município]. Lei nº 13.479 de 30 de dezembro de 2002. Diário Oficial de 31.12.2002).

em seguida, incluir o resultado dessa operação de incidência na fatura enviada aos contribuintes.[306]

As previsões de responsabilidade tributária das concessionárias, por indevidas, não podem significar, quando existentes, alteração nesse entendimento. Isso porque de hipótese de responsabilidade não se trata.

Primeiramente, porque o que se impõe às concessionárias não é o dever de adimplir débito tributário próprio, o que demonstra não serem, as concessionárias, sujeitos passivos da obrigação principal (pagamento). Em segundo lugar, porque as concessionárias do serviço de iluminação pública não estão vinculadas à materialidade prevista na hipótese de incidência da contribuição em questão, nos termos do que exige o art. 128 do Código Tributário Nacional.[307]

---

306. O art. 5º do Decreto nº 43.143/2003, do Município de São Paulo, regulamentando a matéria, chegava a expressar para além de qualquer dúvida: "Art. 5º A COSIP será devida, lançada e cobrada mensalmente por meio da fatura de consumo de energia elétrica emitida pela concessionária, obedecendo-se à seguinte classificação: [...]" (SÃO PAULO [Município]. Decreto nº 43.143 de 29 de abril de 2003. Diário Oficial do dia 30.04.2003). Referido Decreto paulistano foi revogado pelo Decreto nº 56.751/2015, que hoje prevê em seu anexo único: "Art. 3º. Nos termos do art. 4º da Lei nº 14.125, de 29 de dezembro de 2005, a empresa concessionária de serviço público de distribuição de energia elétrica é o responsável tributário da COSIP, devendo cobrá-la na fatura de consumo de energia elétrica e repassar o valor do tributo arrecadado para a conta do Tesouro Municipal especialmente designada para tal fim, nos termos fixados por este regulamento. Paragrafo único. O responsável tributário é obrigado a repassar para a conta do Tesouro Municipal o valor da contribuição, multa e demais acréscimos legais, na conformidade da legislação, quando, por sua culpa, deixar de cobrá-la na fatura de energia elétrica (SÃO PAULO [Município]. Decreto nº 56.751, de 29 de dezembro de 2015 Diário Oficial de 30.12.2015). O art. 6º da Lei nº 5.132/2009, do Município do Rio de Janeiro, dispõe, por sua vez, que só haverá lançamento (constituição do crédito tributário pela autoridade administrativa) nas hipóteses de inadimplemento, reforçando que a constituição, digamos, original do crédito da COSIP se dará pela concessionária do serviço: "Art. 6º Caberá à Secretaria Municipal de Fazenda proceder ao lançamento da COSIP nos casos de inadimplência do sujeito passivo." (RIO DE JANEIRO [Município]. Lei nº 5.132, de 17 de dezembro de 2009. Diário Oficial de 18.12.2009).

307. Nesse sentido, ver: "DIREITO TRIBUTÁRIO. RESPONSABILIDADE TRIBUTÁRIA. CONTRIBUIÇÃO PARA O CUSTEIO DOS SERVIÇOS DE ILUMINAÇÃO PÚBLICA – COSIP PREVISTA NO ART. 149-A DA CONSTITUIÇÃO FEDERAL, COM REDAÇÃO DADA PELA EMENDA CONSTITUCIONAL Nº 39/2002. SUJEITO PASSIVO DA OBRIGAÇÃO TRIBUTÁRIA. O CONTRIBUINTE, QUANDO TENHA

OS TERCEIROS NA SUJEIÇÃO PASSIVA TRIBUTÁRIA
E O *ALTERLANÇAMENTO*

Por isso, mesmo diante dos esforços dos municípios para travestir os deveres instrumentais impostos às concessionárias

---

RELAÇÃO PESSOAL E DIRETA COM A SITUAÇÃO QUE CONSTITUA O RESPECTIVO FATO GERADOR, E O RESPONSÁVEL, AQUELE QUE, SEM SER CONTRIBUINTE, FOR OBRIGADO POR EXPRESSA DISPOSIÇÃO LEGAL (ART. 121 DO CÓDIGO TRIBUTÁRIO NACIONAL). RESPONSABILIDADE TRIBUTÁRIA ATRIBUÍDA A TERCEIRA PESSOA DESDE QUE VINCULADA A FATO GERADOR DA RESPECTIVA OBRIGAÇÃO. ART. 128 DO CTN. POSSIBILIDADE DE O MUNICÍPIO DE NATAL ATRIBUIR A RESPONSABILDIADE TRIBUTÁRIA PELO CRÉDITO À DISTRIBUIDORA DE ENERGIA ELÉTRICA. CONTRIBUINTE DA CONTRIBUIÇÃO DE ILUMINAÇÃO PÚBLICA: PROPRIETÁRIO, DETENTOR DO DOMÍNIO ÚTIL OU POSSUIDOR A QUALQUER TÍTULO. AGRAVADA NÃO RESPONSÁVEL TRIBUTÁRIA PELO CRÉDITO POR NÃO HAVER – NO CASO ESPECÍFICO DO MUNICÍPIO DE NATAL – UM LIAME DIRETO OU INDIRETO COM O FATO GERADOR. FATO GERADOR DA CONTRIBUIÇÃO NÃO É O CONSUMO DE ENERGIA ELÉTRICA, MAS A CONTRAPRESTAÇÃO DO SERVIÇO DE ILUMINAÇÃO PÚBLICA. RECURSO DESPROVIDO. PREJUDICADO O AGRAVO INTERNO." (BRASIL. Tribunal de Justiça do Rio Grande do Norte. 2ª Câmara Cível. Relator Desembargador Ibanez Monteiro. Agravo de Instrumento nº 2017.002167-3. Diário da Justiça de 17.10.2017); "AGRAVO DE INSTRUMENTO. Tutela de urgência. COSIP. Ação ajuizada pela concessionária Light em face do Município do Rio de Janeiro com o objetivo de reconhecer a inconstitucionalidade da Lei Municipal nº 6.261/2017 que atribuiu responsabilidade tributária à Light para recolhimento do tributo. Partes que atualmente mantém contrato que prevê a realização da cobrança pela Light em troca de remuneração de 2,5% da taxa. Preocupação da concessionária com a intenção da municipalidade de denunciar o contrato em razão da edição da lei contestada. Tutela de urgência deferida na origem para garantir a manutenção da situação atual no curso do feito, sem imposição das penalidades da nova lei ou cessação da remuneração pelo serviço. Insurgência da municipalidade. Adequação da decisão que deve ser examinada sob a ótica da Súmula n° 59 deste TJRJ. Presença da probabilidade do direito e perigo de dano bem examinadas na origem. A empresa é mera agente de promoção de repasse do tributo aos cofres públicos, não fazendo parte da relação jurídico-tributária. Responsabilidade tributária por substituição na forma do art. 178 do CTN que depende de que o contribuinte e o substituto participem do mesmo processo econômico, de modo que que entre as suas atividades haja algum nexo. Evidente possibilidade de que, ao final, seja julgada a ação no sentido de que a responsabilização tributária da concessionária da União por lei municipal não é constitucional, justificando o entendimento adotado na decisão agravada. Perigo de dano evidenciado pela previsão legal de severas penalidades e cessação da remuneração pelo serviço prestado. Inexistência de risco de irreversibilidade da decisão face ao porte e à saúde financeira da agravada, que poderá arcar com os efeitos patrimoniais de eventual condenação ao final. Decisão que deve ser mantida. Precedentes desta Corte e do STJ. NEGADO PROVIMENTO AO RECURSO e, de ofício, conceder liminar, de forma cautelar, para que o Município se abstenha de impor restrição tributária ou incidência de sanções provenientes da nova legislação, mantendo o contrato firmado até o julgamento do processo." (BRASIL. Tribunal de Justiça do Rio de Janeiro. 21ª Câmara Cível. Agravo de Instrumento nº 0004169-98.2018.8.19.0000. Relatora Desembargadora Maria Aglaé Tedesco Vilardo. Diário da Justiça de 26.06.2018).

do serviço de iluminação pública, no que se refere à COSIP, em hipóteses de responsabilidade tributária, a constituição do crédito tributário será sempre relacionada a uma dívida de terceiro e, por isso, configurará *alterlançamento*.

1.2 O dever das distribuidoras de energia elétrica de lançar o ICMS

Outro exemplo de *alterlançamento* tão claro quanto aquele que acabamos de demonstrar é o da previsão contida no art. 425 do Decreto nº 45.490/2000 (Regulamento do ICMS do Estado de São Paulo), que prevê, com todas as letras, que as empresas distribuidoras de energia elétrica são "responsáveis" pelo lançamento do tributo "incidente nas sucessivas operações internas com energia elétrica",[308] inclusive em ambientes

---

308. SÃO PAULO (Estado). Decreto nº 45.490, de 30 de novembro de 2000. Aprova o Regulamento do Imposto sobre Operações Relativas à Circulação de Mercadorias e sobre Prestações de Serviços de Transporte Interestadual e Intermunicipal e Comunicação – RICMS. Diário Oficial do Estado (DOE) de 1º.12.2000: "Art. 425 - A responsabilidade pelo lançamento e pagamento do imposto incidente nas sucessivas operações internas com energia elétrica, desde a sua importação ou produção, fica atribuída:
I - a empresa distribuidora, responsável pela operação de rede de distribuição no Estado de São Paulo, que praticar operação relativa à circulação de energia elétrica, objeto de saída por ela promovida, destinando-a diretamente a estabelecimento ou domicílio situado no território paulista para nele ser consumida pelo respectivo destinatário, quando este, na condição de consumidor, estiver conectado a linha de distribuição ou de transmissão, integrante da rede por ela operada, em razão da execução de:
a) contrato de fornecimento de energia elétrica, com ela firmado sob o regime da concessão ou da permissão da qual é titular;
b) contratos de conexão e de uso da respectiva rede de distribuição, com ela firmados para fins do consumo da energia elétrica adquirida pelo destinatário por meio de contratos de comercialização por ele avençados, ainda que com terceiros, situados neste ou em outro Estado, em ambiente de contratação livre;
c) qualquer outro tipo de contrato, com ela firmado para fins de entrega de energia elétrica para o consumo do destinatário;
II - ao destinatário que, estando conectado diretamente à rede básica de transmissão na condição de consumidor, promover a entrada de energia elétrica no seu estabelecimento ou domicílio, situado no território paulista, para nele consumi-la em razão da execução de contrato de comercialização de energia elétrica firmado em ambiente de contratação livre.
§ 1º - A base de cálculo do imposto será o valor da operação, nele incluídos:
1 - nas hipóteses das alíneas "a" e "c" do inciso I, a soma de todos os valores e encargos inerentes ao consumo da energia elétrica, ainda que devidos a terceiros.
2 - nas hipóteses da alínea "b" do inciso I e do inciso II, o valor devido, cobrado ou

de contratação livre. Mas, de responsabilidade (no caso, por substituição) não se trata.

Assim como no caso da atribuição indevida de responsabilidade pelos municípios às concessionárias do serviço de iluminação pública, também o Estado de São Paulo tenta disfarçar o dever instrumental atribuído ao terceiro alterando-lhe a nomenclatura sem, no entanto, cumprir com os requisitos impostos pelo art. 128 do Código Tributário Nacional e sem atender aos reclamos constitucionais do art. 150, §7º.

Isso é assim porque as distribuidoras de energia elétrica, no contexto de ambiente de contratação livre, não participam da cadeia de circulação econômica da mercadoria objeto das operações, não apresentando, desse modo, qualquer vinculação com a prática do fato jurídico tributário pelo contribuinte do ICMS, que é quem realiza a operação de circulação da mercadoria (energia elétrica) e, portanto, quem a comercializa. Nesse caso, portanto, as distribuidoras não podem ter, contra si, criada uma obrigação tributária principal, já que não há débito próprio.[309]

---

pago pela energia elétrica, os valores e encargos cobrados pelas empresas responsáveis pela operação da rede de distribuição ou de transmissão à qual estiver conectado o destinatário, e quaisquer outros valores e encargos inerentes ao consumo da energia elétrica, ainda que devidos a terceiros.
§ 2º - O destinatário da energia elétrica nas hipóteses das alíneas "b" e "c" do inciso I deverá, para fins da apuração da base de cálculo, prestar, à Secretaria Fazenda, declaração do valor devido, cobrado ou pago pela energia elétrica.
§ 3º - Na ausência da declaração de que trata o § 2º ou quando esta, a critério do fisco, não merecer fé, a base de cálculo do imposto, nas hipóteses das alíneas "b" e "c" do inciso I, será o preço praticado pela empresa distribuidora em operação relativa à circulação de energia elétrica objeto de saída, por ela promovida sob o regime da concessão ou permissão da qual é titular, com destino ao consumo de destinatário, situado no território paulista, em condições técnicas equivalentes de conexão e de uso do respectivo sistema de distribuição.
§ 4º - A Secretaria da Fazenda estabelecerá disciplina específica para fins do cumprimento do disposto nos §§ 1º a 3º."

309. O caso, portanto, ultrapassa os limites do §9º do art. 34 do Ato das Disposições Constitucionais Transitórias (ADCT): "Art. 34. O sistema tributário nacional entrará em vigor a partir do primeiro dia do quinto mês seguinte ao da promulgação da Constituição, mantido, até então, o da Constituição de 1967, com a redação dada pela Emenda nº 1, de 1969, e pelas posteriores. [...] § 9º. Até que lei complementar disponha sobre a matéria, as empresas distribuidoras de energia elétrica, na condição de contribuintes ou de

As empresas distribuidoras, assim, não são sujeitos passivos da obrigação principal. Não praticam, elas, o fato jurídico tributário. E, não tendo relação nem mesmo indireta com a materialidade da exação, não podem ser, por imposição do art. 128 do Código Tributário Nacional, responsabilizadas em sentido técnico pelo pagamento do crédito tributário de ICMS incidente sobre as operações com energia elétrica praticadas em ambiente de contratação livre.

Por isso, quando chamadas a lançar o imposto incidente sobre referidas operações, agem para constituir crédito tributário alheio, e não próprio. Realizam, assim, *alterlançamento*, inegavelmente.[310]

Em outros termos, realizam prestação de fazer imposta no interesse da arrecadação e da fiscalização do tributo consistente naquelas operações de interpretação e aplicação da legislação tributária ao caso concreto (incidência). Referidas operações, enunciadas em documentos competentes, servirão para que os valores devidos pelos sujeitos passivos da obrigação principal sejam recolhidos pelas distribuidoras aos cofres do Estado antes que qualquer autoridade administrativa tenha se pronunciado em termos de lançamento do crédito tributário, conforme art. 150 do Código Tributário Nacional.

---

substitutos tributários, serão as responsáveis, por ocasião da saída do produto de seus estabelecimentos, ainda que destinado a outra unidade da Federação, pelo pagamento do imposto sobre operações relativas à circulação de mercadorias incidente sobre energia elétrica, desde a produção ou importação até a última operação, calculado o imposto sobre o preço então praticado na operação final e assegurado seu recolhimento ao Estado ou ao Distrito Federal, conforme o local onde deva ocorrer essa operação." (BRASIL. [Constituição (1988)]. Ato das Disposições Constitucionais Transitórias. Constituição da República Federativa do Brasil. Brasília, DF. Congresso Nacional, 1988).

310. A atribuição desses deveres instrumentais tributários às distribuidoras de energia elétrica é objeto da Ação Direta de Inconstitucionalidade n° 4.281, julgada procedente, no dia 13 de outubro de 2020, para reconhecer a inconstitucionalidade da sistemática imposta pelo Estado de São Paulo. É importante destacar, no entanto, que a decisão determina a modulação dos efeitos, significando dizer que as relações tributárias surgidas em razão de práticas anteriores à publicação do acórdão continuarão sob efeitos da previsão legal declarada inconstitucional. Além disso, o caso analisa decreto paulista cujo teor é replicado por outros Estados da federação.

1.3 Dever atribuído a tomadores de serviços prestados por contribuintes de outros municípios

Expediente bastante utilizado por médios e grandes municípios por todo o Brasil[311] é a atribuição, a tomadores de serviços, do dever de interpretação da legislação tributária e apuração do Imposto sobre Serviços (ISS) devido por prestadores de serviços não estabelecidos no âmbito daquele território municipal e não cadastrados perante a Administração Tributária municipal local.

Os entes municipais que possuem esse tipo de previsão em suas legislações de ISS, geralmente, com o intuito de fiscalizar a correta incidência do imposto em questão e verificar se o mesmo é ou não devido em seu território, exige que prestadores de serviços estabelecidos em outras localidades se cadastrem, justamente, como "prestadores de outros municípios". Um dever instrumental de cadastramento, portanto.

A nomenclatura varia, podendo ser encontrado, referido dever, sob a designação de Cadastro de Prestadores de Outros Municípios (CPOM) ou ainda Inscrição de Prestadores Não Estabelecidos (IPNE), Cadastro de Empresas Não Estabelecidas (CENE), entre outras no mesmo sentido.

Muitos contribuintes do ISS, porém, deixam de se cadastrar junto a esses municípios onde não estão estabelecidos, especialmente quando sabedores de que o seu tributo não será a eles devido.

Antevendo as dificuldades de se fiscalizar o cumprimento da legislação tributária por contribuintes de outra localidade, os municípios, então, exigem que os tomadores dos serviços – esses, sim, estabelecidos em seu território –, diante do descumprimento do dever instrumental de cadastramento por partes dos prestadores, recolham o ISS aos cofres públicos municipais, mesmo não sendo, ali, devido.

---

311. A exemplo de São Paulo (Lei nº 13.701/2003, art. 9º-A), Belo Horizonte (Lei nº 8.725/2003, art. 4º, §1º), Rio de Janeiro (Lei nº 691/1984, art. 14-A), Sorocaba (Lei nº 11.230/2015, art. 3º), Campinas (Lei nº 12.392/2005, art. 14, inciso IV) etc.

Recolham, e não *paguem*.

O Imposto sobre Serviços, como se sabe, é um tributo sujeito a autolançamento. São os próprios sujeitos passivos da respectiva obrigação principal que constituem o crédito tributário correspondente. Nesses casos, porém, de atribuição de deveres ao *alter*, os tomadores dos serviços são obrigados a realizar a constituição do crédito tributário alheio. Devem, portanto, interpretar a legislação tributária, verificando o serviço prestado, a alíquota aplicável, a base de cálculo etc., e apurar o valor a ser repassado posteriormente aos cofres públicos em razão de retenção na quantia paga pela prestação dos serviços.

A atividade assim exercida pelos tomadores dos serviços constitui o crédito tributário de ISS dos prestadores de serviços, sendo certo que os correlatos deveres de retenção e recolhimento aos cofres públicos encaminharão a obrigação principal da qual são sujeitos passivos os prestadores de outros municípios para extinção. Tudo isso através do cumprimento de deveres instrumentais atribuídos a terceiros.

Como exemplo, seria o caso de advogada estabelecida na cidade de São Paulo, contratada para assessorar empresa estabelecida na cidade do Rio de Janeiro para resolução de demanda surgida em razão de situação ocorrida na capital paulista. Não se cadastrando perante o município do Rio de Janeiro como prestadora de serviços de outra localidade, o descumprimento desse dever instrumental pela advogada fará surgir a necessidade, para seu cliente, de cumprimento do dever instrumental de *alterlançamento*, impondo sejam realizadas as operações interpretativas e aplicativas da legislação do ISS para incidência ao caso concreto, constituindo, assim, o crédito tributário em desfavor da causídica, devido ao Rio de Janeiro.

Não se trata, é importante frisar, de hipótese de responsabilidade tributária,[312] em que pese diversas legislações municipais

---

312. Ver HOFFMANN, Susy Gomes. A competência dos municípios para a instituição e cobrança do ISSQN e a responsabilidade tributária do tomador de serviços no pagamento do ISSQN. *Revista Dialética de Direito Tributário* nº 105. São Paulo: Dialética, 2004, p. 83-94.

assim tentar caracterizar o dever instrumental em questão.³¹³ Não se trata de norma que imponha a não contribuinte o dever de constituir o crédito tributário a fim de pagar em seu próprio nome tributo decorrente da prática de fato jurídico tributário pelo contribuinte. Não se está, na hipótese, diante de obrigação principal (pagamento), mas, sim, diante de dever instrumental (de realizar a incidência) que resultará, quando muito, em outro dever instrumental, de recolher tributo de outrem sem prévio conhecimento da autoridade administrativa. Tanto é assim que os prestadores de serviços de outros municípios têm direito a requerer a devolução dos valores indevidamente retidos e recolhidos por estes últimos como decorrência da *alterliquidação*.³¹⁴

Voltando ao exemplo da advogada paulistana, uma vez que certamente pagou o imposto sobre os serviços que prestou para os cofres públicos do município de São Paulo, poderá ela requerer a devolução dos valores levados ao caixa fluminense pelo terceiro.

Repise-se: no caso do tomador de serviços prestados por contribuintes de outros municípios, a atividade de apuração do tributo devido é realizada por alguém que não está inserido na relação tributária principal, se afigurando, dessa forma, como um *alterlançamento*.

Estivesse, o tomador, a constituir um débito próprio, seríamos forçados a afirmar tratar-se de caso de autolançamento.

A título de curiosidade, é interessante notar que o dever de *alterlançamento* nesses casos, em geral, somente surge

---

313. Por exemplo, o Decreto municipal do Rio de Janeiro nº 28.248/2007, que regulamenta o art. 14-A da Lei nº 691/84: "Art. 3º. Ainda que isento ou imune, o tomador do serviço estabelecido no Município do Rio de Janeiro será responsável pelo pagamento do Imposto sobre Serviços de Qualquer Natureza - ISS, devendo retê-lo e recolhê-lo, no caso em que o prestador de serviços emita documento fiscal autorizado por qualquer outro município localizado no País, se esse prestador não estiver em situação regular no cadastro específico da Secretaria Municipal de Fazenda." (RIO DE JANEIRO [Município]. Decreto nº 28.248, de 30 de julho de 2007. Diário Oficial de 31.07.2007).

314. Apesar do direito à devolução ser, obviamente, dos prestadores dos serviços de outros municípios, a cidade de São Paulo, por exemplo, prevê em sua Portaria SF 060/2006, que o tomador do serviço é quem terá que realizar o pedido de restituição.

diante da ausência de cadastramento, no município, do prestador de outra localidade, o que pode levar à interpretação de que, este, estaria sofrendo uma sanção em razão da prática de uma infração (descumprimento do dever instrumental de cadastramento). Estar-se-ia, assim, exigindo um "tributo" do prestador (pois, é ele quem paga) como sanção de ato ilícito. Se pensarmos – ainda que em hipótese frágil – no sentido de que não se trata de imposto o quanto exigido do prestador, mas de penalidade pecuniária, do mesmo modo estaríamos diante de um *alterlançamento*, tendo em vista a previsão do art. 113, do Código Tributário Nacional.

1.4 INSS-Segurado: dever de *alterlançamento* atribuído ao empregador

Os deveres instrumentais de retenção e recolhimento dos valores retidos do contribuinte aos cofres públicos se afiguram prestações positivas a ser realizadas no interesse da arrecadação e da fiscalização de tributos, não se configurando obrigações principais, uma vez que não há prática do "fato gerador" e nem há dever de pagamento. O primeiro (retenção), uma prestação de fazer consubstanciada em diminuir (ou descontar) do montante a ser adimplido ao beneficiário da remuneração, do rendimento ou do provento de qualquer natureza, em razão de relação jurídica de caráter privado, o equivalente ao *quantum* apurado a título de débito tributário e que deverá ser recolhido aos cofres públicos. O segundo (recolhimento), uma prestação de dar, equivalendo à entrega do montante retido aos cofres públicos.

Não são exemplos de *alterlançamento*, mas dependem deste último, cujo objetivo é a apuração do montante devido a título de tributo ou penalidade pecuniária. Somente é possível cumprir o dever instrumental tributário de retenção, bem como o dever instrumental tributário de recolhimento, se é conhecido o valor devido pelo sujeito passivo da obrigação principal ao sujeito ativo.

Anteriormente à retenção e ao recolhimento do equivalente ao tributo, portanto, é necessário constituir o crédito tributário.

OS TERCEIROS NA SUJEIÇÃO PASSIVA TRIBUTÁRIA E O *ALTERLANÇAMENTO*

Como visto, nos casos em que o conjunto de operações intelectuais de interpretação e aplicação da legislação tributária se volta à concretização de uma relação jurídica tributária alheia, constituindo, assim, crédito tributário devido por outrem, estaremos diante de hipótese de *alterlançamento*. É isso o que se dá, em nossa opinião, também no caso da contribuição previdenciária devida pelos segurados (INSS-Segurado).

A Constituição Federal, em seu art. 195, inciso II, impõe que uma das formas de financiamento da Seguridade Social no Brasil é a contribuição previdenciária devida pelos trabalhadores e demais segurados da previdência social[315] e, instituída referida contribuição (INSS-Segurado) pela Lei federal nº 8.212/91, a legislação tributária de regência prevê dever instrumental (art. 30), atribuído às empresas, de arrecadar referida contribuição devida por seus empregados e trabalhadores avulsos a seu serviço, descontando o valor apurado da respectiva remuneração.[316]

Descontada da remuneração e arrecadada a contribuição devida pelos empregados, referida Lei impõe, também, o dever instrumental tributário de recolhimento do montante retido pelo empregador.[317]

---

315. BRASIL. [Constituição (1988)]. Constituição da República Federativa do Brasil. Brasília, DF. Congresso Nacional, 1988: "Art. 195. A seguridade social será financiada por toda a sociedade, de forma direta e indireta, nos termos da lei, mediante recursos provenientes dos orçamentos da União, dos Estados, do Distrito Federal e dos Municípios, e das seguintes contribuições sociais:
[...]
II - do trabalhador e dos demais segurados da previdência social, podendo ser adotadas alíquotas progressivas de acordo com o valor do salário de contribuição, não incidindo contribuição sobre aposentadoria e pensão concedidas pelo Regime Geral de Previdência Social; (Redação dada pela Emenda Constitucional nº 103, de 2019).

316. BRASIL. Lei nº 8.212 de 24 de julho de 1991. Diário Oficial de 25.07.1981: "Art. 30. A arrecadação e o recolhimento das contribuições ou de outras importâncias devidas à Seguridade Social obedecem às seguintes normas:
I - a empresa é obrigada a:
a) arrecadar as contribuições dos segurados empregados e trabalhadores avulsos a seu serviço, descontando-as da respectiva remuneração; [...]"

317. BRASIL. Lei nº 8.212 de 24 de julho de 1991. Diário Oficial de 25.07.1981: "Art. 30. [...] I – [...]
b) recolher o produto arrecadado na forma da alínea anterior, assim como as

A empresa, no caso, não é sujeito passivo da obrigação principal de pagamento da contribuição previdenciária devida pelo trabalhador ou segurado. Na verdade, a empresa somente é sujeito passivo da relação tributária obrigacional em referência à contribuição que incide sobre suas atividades, prevista no inciso I do citado art. 195 da Constituição Federal. No caso do INSS-Segurado, necessita, a empresa, para fazer cumprir adequadamente os deveres instrumentais acima mencionados, de atender o implícito dever instrumental de *alterlançamento*, pois, somente realizando a incidência da regra-matriz da contribuição ao INSS é que poderá o empregador visualizar o quanto será devido pelo trabalhador a título desse tributo, permitindo, assim, o posterior desconto somado à arrecadação e ao recolhimento em favor dos cofres federais.

Constitui, a empresa, ao cumprir esse dever instrumental de apuração, crédito tributário alheio (de seu empregado ou trabalhador avulso a seu serviço), concretizando relação jurídica principal da qual não faz parte (a relação é entre Fisco federal e empregado). Atua, assim, nos termos dos arts. 113, §2º e 115 do Código Tributário Nacional e não nos termos dos arts. 113, §1º e 114 do diploma legal em questão.

1.5 INSS-Empresa: dever de *alterlançamento* atribuído a contratantes de serviços executados mediante cessão de mão de obra

Em referência a outra contribuição previdenciária voltada a financiar a seguridade social, desta vez aquela devida por empregador, empresa ou entidade equiparada (INSS-Empresa: art. 195, I, *a*, da Constituição Federal[318]), entrevemos outro

---

contribuições a seu cargo incidentes sobre as remunerações pagas ou creditadas, a qualquer título, inclusive adiantamentos, aos segurados empregados, empresários, trabalhadores avulsos a seu serviço, no dia 2 do mês seguinte ao da competência, prorrogado o prazo para o primeiro dia útil subsequente se o vencimento cair em dia em que não haja expediente bancário; (Redação dada pela Lei nº 9.063, de 14.6.95) [...]"

318. BRASIL. [Constituição (1988)]. Constituição da República Federativa do Brasil. Brasília, DF. Congresso Nacional, 1988: "Art. 195. A seguridade social será

exemplo de *alterlançamento* decorrente da exigência prevista no art. 31, da já citada Lei federal nº 8.212/91, de que os contratantes de serviços prestados por cessão de mão de obra devem, em relação ao valor bruto da nota fiscal ou da fatura de prestação de serviços, recolher aos cofres públicos o equivalente a 11% (onze por cento). Recolher "em nome da empresa cedente da mão de obra", a indicar o verdadeiro titular do débito tributário.[319]

O exemplo é, particularmente, interessante e, por isso, destacado do anterior porque para permitir a facilitação da arrecadação do tributo, diminuir custos de fiscalização e garantir o recebimento do montante esperado, a administração tributária impõe dever instrumental de *alterlançamento* para que um terceiro (no caso, uma "empresa contratante") realize as operações necessárias à incidência normativa, apurando o montante devido por outra pessoa jurídica e que, em teoria, deveria representar uma porcentagem de sua folha de pagamentos. O cálculo, porém, deve ser realizado, em *alterlançamento*, sobre o valor da receita bruta obtida pela prestação de serviços em cessão de mão de obra pela empresa contratada.

Vê-se que para cumprir o dever de *alterlançamento*, nesse caso, a empresa terceira (que não tem qualquer relação com a prática do fato jurídico tributário pelos contribuintes

---

financiada por toda a sociedade, de forma direta e indireta, nos termos da lei, mediante recursos provenientes dos orçamentos da União, dos Estados, do Distrito Federal e dos Municípios, e das seguintes contribuições sociais:
I - do empregador, da empresa e da entidade a ela equiparada na forma da lei, incidentes sobre:
a) a folha de salários e demais rendimentos do trabalho pagos ou creditados, a qualquer título, à pessoa física que lhe preste serviço, mesmo sem vínculo empregatício; [...]"

319. BRASIL. Lei nº 8.212 de 24 de julho de 1991. Diário Oficial de 25.07.1981: "Art. 31. A empresa contratante de serviços executados mediante cessão de mão de obra, inclusive em regime de trabalho temporário, deverá reter 11% (onze por cento) do valor bruto da nota fiscal ou fatura de prestação de serviços e recolher, em nome da empresa cedente da mão de obra, a importância retida até o dia 20 (vinte) do mês subsequente ao da emissão da respectiva nota fiscal ou fatura, ou até o dia útil imediatamente anterior se não houver expediente bancário naquele dia, observado o disposto no § 5º do art. 33 desta Lei."

da contribuição previdenciária sob análise, pois, não se relaciona com a folha de pagamentos da outra empresa) necessita considerar base de cálculo (valor bruto da nota fiscal) distinta daquela originalmente prevista na regra-matriz de incidência tributária (folha de pagamentos). Realiza, assim, a incidência de uma norma distinta, que não se identifica com aquela geral e abstrata que institui o tributo, demonstrando aparente desproporção na imposição do referido dever instrumental tributário, que termina por levar a empresa cedente da mão de obra à necessidade de cumprir outros deveres para realização da compensação do valor retido com os pagamentos realmente devidos sobre a folha de salários.[320]

É interessante notar que o valor a ser retido deverá estar destacado na nota fiscal ou fatura de prestação de serviços, o que poderia indicar que, em verdade, quem realiza a incidência da norma tributária é a empresa cedente da mão de obra, configurando, assim, autolançamento e não *alterlançamento*. Ocorre que, apesar do destaque no documento fiscal (pressupondo, de fato, o autolançamento), a empresa tomadora dos serviços, e sujeito passivo do dever instrumental de *alterlançamento*, deve, ela mesma, realizar a incidência e apurar o montante devido, pois, caso o destaque em nota fiscal tenha sido incorretamente feito pelo contribuinte da contribuição previdenciária, considerar-se-á descumprido o dever instrumental da contratante, ainda que alegue ter sido induzida a erro pela conduta da contratada.

De todo modo, vê-se que a contratante da cessão de mão de obra não poderá se furtar a realizar as operações para

---

320. BRASIL. Lei nº 8.212 de 24 de julho de 1991. Diário Oficial de 25.07.1981: "Art. 31. [...]
§ 1º. O valor retido de que trata o caput deste artigo, que deverá ser destacado na nota fiscal ou fatura de prestação de serviços, poderá ser compensado por qualquer estabelecimento da empresa cedente da mão de obra, por ocasião do recolhimento das contribuições destinadas à Seguridade Social devidas sobre a folha de pagamento dos seus segurados.
§ 2º. Na impossibilidade de haver compensação integral na forma do parágrafo anterior, o saldo remanescente será objeto de restituição."

OS TERCEIROS NA SUJEIÇÃO PASSIVA TRIBUTÁRIA
E O *ALTERLANÇAMENTO*

apuração do montante devido pela cedente da mão de obra a título de tributo, constituindo crédito tributário alheio e concretizando relação tributária principal entre esta última e o fisco federal. Vale frisar que a primeira empresa não participa, de nenhum modo, dessa relação jurídica, não possuindo qualquer vínculo, ainda que indireto, com a materialidade da contribuição previdenciária em questão que é a outra pessoa jurídica pagar salários a seus funcionários.

Não há como escapar da conclusão, portanto, de estarmos diante de mais um caso de *alterlançamento*, necessário, na hipótese, ao cumprimento dos demais deveres instrumentais atribuídos ao terceiro, que são aqueles de retenção e recolhimento do INSS-Empresa.[321]

---

[321]. O Supremo Tribunal Federal entreviu, na hipótese, caso de substituição tributária, conclusão da qual discordamos: "DIREITO TRIBUTÁRIO. SUBSTITUIÇÃO TRIBUTÁRIA. RETENÇÃO DE 11% ART. 31 DA LEI 8.212/91, COM A REDAÇÃO DA LEI 9.711/98. CONSTITUCIONALIDADE. 1. Na substituição tributária, sempre teremos duas normas: a) a norma tributária impositiva, que estabelece a relação contributiva entre o contribuinte e o fisco; b) a norma de substituição tributária, que estabelece a relação de colaboração entre outra pessoa e o fisco, atribuindo-lhe o dever de recolher o tributo em lugar do contribuinte. 2. A validade do regime de substituição tributária depende da atenção a certos limites no que diz respeito a cada uma dessas relações jurídicas. Não se pode admitir que a substituição tributária resulte em transgressão às normas de competência tributária e ao princípio da capacidade contributiva, ofendendo os direitos do contribuinte, porquanto o contribuinte não é substituído no seu dever fundamental de pagar tributos. A par disso, há os limites à própria instituição do dever de colaboração que asseguram o terceiro substituto contra o arbítrio do legislador. A colaboração dele exigida deve guardar respeito aos princípios da razoabilidade e da proporcionalidade, não se lhe podendo impor deveres inviáveis, excessivamente onerosos, desnecessários ou ineficazes. 3. Não há qualquer impedimento a que o legislador se valha de presunções para viabilizar a substituição tributária, desde que não lhes atribua caráter absoluto. 4. A retenção e recolhimento de 11% sobre o valor da nota fiscal é feita por conta do montante devido, não descaracterizando a contribuição sobre a folha de salários na medida em que a antecipação é em seguida compensada pelo contribuinte com os valores por ele apurados como efetivamente devidos forte na base de cálculo real. Ademais, resta assegurada a restituição de eventuais recolhimentos feitos a maior. 5. Inexistência de extrapolação da base econômica do art. 195, I, *a*, da Constituição, e de violação ao princípio da capacidade contributiva e à vedação do confisco, estampados nos arts. 145, § 1º, e 150, IV, da Constituição. Prejudicados os argumentos relativos à necessidade de lei complementar, esgrimidos com base no art. 195, § 4º, com a remissão que faz ao art. 154, I, da Constituição, porquanto não se trata de nova contribuição. 6. Recurso extraordinário a que se nega provimento. 7. Aos recursos sobrestados, que

1.6 Imposto sobre a renda retido na fonte: dever de *alterlançamento* atribuído às fontes pagadoras

Demonstramos, no capítulo III, que a importante diferença entre pagamento em sentido estrito e recolhimento nos faz concluir que aquilo que são, inicialmente, exigidas a fazer as fontes pagadoras de rendimentos e demais proventos (especificamente, retenção e recolhimento de tributo devido por outrem) afiguram-se deveres instrumentais tributários atribuídos a terceiros, afastando-se da configuração enquanto obrigações principais.[322] E, por isso, em relação a esses deveres instrumentais, as fontes pagadoras assumem feição de sujeitos passivos de prestação de fazer acompanhada da consequente, e distinta, prestação de dar (entregar) o montante retido em prol do fisco.

Frise-se que a fonte pagadora não estará na composição da relação tributária obrigacional por faltar-lhe, ao menos de pronto, o dever de adimplemento, em sentido técnico, do objeto prestacional. Como pudemos defender anteriormente, os arts. 45, parágrafo único, e 128, do Código Tributário Nacional, permitem, à lei, criar hipótese de responsabilidade tributária para a fonte pagadora, transformando-a em sujeito passivo da obrigação principal nos casos – e somente nesses casos – de descumprimento de seus deveres instrumentais de retenção e recolhimento. A norma de responsabilidade, então, será a consequência (a "sanção") a que estará sujeita

---

aguardavam a análise da matéria por este STF, aplica-se o art. 543-B, § 3º, do CPC" (BRASIL. Supremo Tribunal Federal. Tribunal Pleno. Recurso Extraordinário nº 603.191/MT. Relatora Ministra Ellen Gracie. Diário da Justiça de 05.09.2011).

322. Ver, também, BARRETO, Paulo Ayres: No chamado sistema de retenção na fonte, coexistem duas normas jurídicas e, consequentemente, duas relações jurídicas distintas: (i) uma que se instala entre o contribuinte (pessoa física ou jurídica), beneficiário da renda paga, e a União que se faz representar nessa relação pelo substituto, de cunho eminentemente tributário; (ii) uma segunda relação jurídica, de natureza administrativa, que vincula o substituto à União, na qual o primeiro fica obrigado a entregar aos cofres públicos recursos de terceiros, vale dizer, o montante que reteve do contribuinte. Atua o substituto nessa relação como verdadeiro órgão arrecadador." (BARRETO, Paulo Ayres. *Imposto de renda e preços de transferência*. São Paulo: Dialética, 2001, p. 88).

a fonte pagadora na eventualidade de não atender aos deveres impostos no interesse da arrecadação e da fiscalização do tributo.

Relembrado esse ponto de nossas alegações, e com isso em mente, é possível afirmar que, enquanto adimplente em seus deveres instrumentais de retenção e recolhimento, a fonte pagadora de rendimentos sujeitos ao imposto sobre a renda estará distante do liame abstrato existente entre o contribuinte do imposto (titular da disponibilidade econômica ou jurídica da renda) e o ente tributante.

Repetindo o que já dissemos: a fonte é pagadora apenas da renda; já, do tributo, é simples recolhedora.

Por essa razão, vendo-se incumbida de realizar as operações de interpretação e aplicação da legislação tributária pertinente, fazendo, assim, incidir a norma impositiva em razão da materialidade praticada[323] pelo sujeito passivo da obrigação principal, a fonte pagadora tem o dever instrumental, logicamente anterior aos demais deveres mencionados, de concretização da relação tributária obrigacional alheia e apuração do montante devido pelo contribuinte.

A prática do *alterlançamento* estará presente tanto nos casos de retenção exclusiva, quanto nos casos de retenção por antecipação do imposto sobre a renda. Ou seja, pressupõe o cumprimento do dever instrumental de retenção e do dever instrumental de recolhimento do valor devido pelo titular da disponibilidade econômica ou jurídica dos rendimentos tributáveis pelo imposto sobre a renda.[324]

---

323. Em verdade, a técnica de arrecadação e fiscalização em questão apresenta o sério problema de ser exigida antes do tempo previsto na regra-matriz de incidência do imposto sobre a renda para a possibilidade de aplicação da exigência tributária. As inconstitucionalidades e ilegalidades desse modo de antecipação não poderão ser objeto de considerações mais aprofundadas neste trabalho, evitando-se desvios argumentativos prejudiciais à compreensão do principal.

324. E isso é assim para qualquer das hipóteses tratadas no tão divulgado Parecer COSIT n° 01/2002, que traz a visão da Receita Federal do Brasil sobre o tema.

Pensemos no caso das entidades beneficentes (instituições sem fins lucrativos) que gozam de imunidade tributária em relação ao imposto sobre a renda. É a configuração dos deveres de constituição do crédito tributário, retenção e recolhimento do montante apurado aos cofres públicos federais como deveres instrumentais tributários que permite exigir dessas entidades imunes que auxiliem na gestão do sistema tributário nacional.

Fosse, o conjunto de deveres de apuração, retenção e recolhimento próprio das fontes pagadoras, como quer parte da doutrina e da jurisprudência, caso de responsabilidade tributária, estariam as entidades imunes pagadoras de renda tributável incluídas em uma relação tributária principal, e sujeitas, portanto, ao pagamento do tributo que, delas, não poderia ser cobrado, por expressa determinação constitucional (art. 150, VI, c). Quando da constituição do crédito tributário, estariam a realizar autolançamento, o que não se sustenta diante das prescrições do sistema tributário brasileiro.[325]

1.7 ICMS-ST "para frente": dever de *alterlançamento* atribuído ao "substituto"

Outra forma bastante utilizada pelas administrações tributárias estaduais – especificamente em relação ao Imposto sobre Operações de Circulação de Mercadorias e Prestações de Serviços (ICMS) – para otimização da fiscalização do fiel cumprimento pelos contribuintes das obrigações tributárias e a consequente maior eficiência arrecadatória é a técnica conhecida como substituição tributária prospectiva ou para frente, que em nossa visão pode abranger dever de *alterlançamento*, a depender de como está legalmente estruturada.

---

325. Essa afirmação não afasta a possibilidade de efetiva responsabilização das entidades imunes pelo pagamento do tributo que deveriam reter e recolher aos cofres públicos, caso em que a responsabilidade tributária seria consequência de seu agir ilícito (§1º do art. 9º, do Código Tributário Nacional).

OS TERCEIROS NA SUJEIÇÃO PASSIVA TRIBUTÁRIA
E O *ALTERLANÇAMENTO*

Em variadas hipóteses, a legislação tributária de cada Estado impõe a particulares que recolham ou paguem antecipadamente tributo cujos fatos jurídicos tributários somente serão praticados no futuro. Esse, o ICMS-ST.

Como já mencionado anteriormente, aquilo que se denomina substituição tributária prospectiva, no ICMS, afigura-se, em verdade, como deveres instrumentais tributários atribuídos a terceiros, quando da utilização da técnica de retenção ou reembolso antecipado, sem que isso signifique impossibilidade de instituição da técnica da substituição propriamente dita.

No que toca ao item aqui explorado, estamos limitados a reconhecer a presença da técnica de *alterlançamento* somente nos casos estruturados legalmente, não como uma substituição tributária em sentido técnico (hipótese de responsabilidade tributária), mas como conjunto de deveres instrumentais instituídos no interesse da fiscalização e da arrecadação do tributo.

Fiquemos com o exemplo do ICMS-ST nos moldes como instituído pela legislação paulista. No Decreto estadual nº 45.490/2000 (Regulamento do ICMS do Estado de São Paulo), a pessoa legalmente designada "substituto" deve pagar o "ICMS Próprio" (devido enquanto contribuinte, pela prática do fato jurídico tributário) e, além disso, deve apurar o ICMS-ST que seria o equivalente ao tributo devido até o final da cadeia de comercialização por outros contribuintes, recolhendo-o antecipadamente.

Veja-se que o termo "antecipadamente" aí corresponde, mesmo, ao recolhimento antes da realização da materialidade, ao mesmo tempo em que se enquadra, também, na noção de antecipação presente no art. 150 do Código Tributário Nacional, no sentido de recolhimento prévio a uma manifestação da autoridade administrativa com objetivo de lançamento tributário.

O ICMS é tributo sujeito a autolançamento. Cabe ao sujeito passivo da respectiva obrigação principal, interpretar a legislação tributária e apurar o montante devido por ele mesmo, constituindo o seu débito perante o fisco estadual e concretizando, assim, sua relação.

Já no ICMS-ST paulista, o sujeito passivo é exigido a interpretar a legislação aplicável e apurar o tributo que virá a ser devido por outros, no caso, as empresas que, na sequência, realizarão operações de circulação de mercadoria até o consumidor final. Realiza, na oportunidade, um *alterlançamento*. E recolhe o ICMS que será devido por outros até o final da cadeia de comercialização "por retenção",[326] repassando no preço da mercadoria o valor do ICMS-ST.

O correspondente dever de retenção somado ao dever instrumental de recolhimento antecipado, assim como nos outros exemplos, tem o condão de reforçar a titularidade do crédito tributário constituído. Fosse um autolançamento, o "substituto" teria que praticar pagamento como consequência de suas operações de aplicação da regra-matriz de incidência tributária.

Isso demonstra que no caso de ICMS-ST estruturado sob o regime de antecipação do imposto por retenção, como no exemplo do Decreto estadual nº 45.490/2000, o "substituto" se mantém alheio à relação tributária obrigacional, constituindo

---

326. "Retenção" é o termo utilizado pela legislação paulista que regula o ICMS (Decreto nº 45.490/2000). Por exemplo, Art. 40-A: "No caso de sujeição passiva por substituição com retenção antecipada do imposto, a base de cálculo será o preço final a consumidor, único ou máximo, autorizado ou fixado por autoridade competente."; Art. 41: "Na falta de preço final a consumidor, único ou máximo, autorizado ou fixado por autoridade competente, a base de cálculo do imposto para fins de substituição tributária com retenção antecipada do imposto será o preço praticado pelo sujeito passivo, incluídos os valores correspondentes a frete, carreto, seguro, impostos e outros encargos transferíveis ao adquirente, acrescido do valor resultante da aplicação de percentual de margem de valor agregado estabelecido conforme disposto pela legislação em cada caso."; Art. 43: "Em substituição ao disposto no artigo 41, a Secretaria da Fazenda poderá fixar como base de cálculo da substituição tributária, com retenção antecipada do imposto, a média ponderada dos preços a consumidor final usualmente praticados no mercado considerado, apurada por levantamento de preços, ainda que por amostragem ou por meio de dados fornecidos por entidades representativas dos respectivos setores". (SÃO PAULO [Estado]. Decreto nº 45.490, de 30 de novembro de 2000. Aprova o Regulamento do Imposto sobre Operações Relativas à Circulação de Mercadorias e sobre Prestações de Serviços de Transporte Interestadual e Intermunicipal e Comunicação – RICMS. Diário Oficial do Estado [DOE] de 1º.12.2000).

crédito tributário de outrem, retendo valores que não lhe pertencem, levando o tributo do *alter* aos cofres públicos, cumprindo, assim, deveres instrumentais tributários e não obrigação principal na qualidade de responsável.

O recolhimento realizado tem efeito de antecipação de pagamento em relação aos reais contribuintes do imposto. Tanto é assim que, caso seja realizado a maior ou não ocorra o "fato gerador" presumido, será o sujeito passivo da obrigação principal (contribuinte "substituído") e não o "substituto", quem apresentará legitimidade para requerer o ressarcimento.[327]

Portanto, nos casos de "substituição tributária para frente" legalmente estruturada sob o regime de antecipação por retenção, o que se atribui ao "substituto" (que, no caso, a ninguém substitui no que se refere à obrigação principal) quando da exigência de realizar a incidência normativa é, também, um dever de *alterlançamento*.

1.8 O estranho caso do ITBI

O imposto sobre transmissão *inter vivos* de bens imóveis (ITBI) vem, cada dia mais, deixando de ser um tributo constituído pela administração tributária com base em informações repassadas pelos sujeitos passivos (conhecido como lançamento

---

327. SÃO PAULO (Estado). Decreto nº 45.490, de 30 de novembro de 2000. Aprova o Regulamento do Imposto sobre Operações Relativas à Circulação de Mercadorias e sobre Prestações de Serviços de Transporte Interestadual e Intermunicipal e Comunicação – RICMS. Diário Oficial do Estado (DOE) de 1º.12.2000: Art. 269: "Nas situações adiante indicadas, o estabelecimento do contribuinte substituído que tiver recebido mercadoria ou serviço com retenção do imposto, observada a disciplina estabelecida pela Secretaria da Fazenda, poderá ressarcir-se: I - do valor do imposto retido a maior, correspondente à diferença entre o valor que serviu de base à retenção e o valor da operação ou prestação realizada com consumidor ou usuário final; II - do valor do imposto retido ou da parcela do imposto retido relativo ao fato gerador presumido não realizado; III - do valor do imposto retido ou da parcela do imposto retido relativo ao valor acrescido, referente à saída que promover ou à saída subsequente amparada por isenção ou não incidência; IV - do valor do imposto retido ou da parcela do imposto retido em favor deste Estado, referente a operação subsequente, quando promover saída destinada a outro Estado."

por declaração[328]) para se tornar um tributo sujeito a autolançamento ou, em alguns casos, *alterlançamento*, em confirmação da tendência de utilização de técnicas de gestão tributária, por parte do fisco, que busquem concretizar o princípio da eficiência da administração, ao impor deveres instrumentais a administrados no interesse da arrecadação e da fiscalização dos tributos.

Isso porque é cada vez mais comum, conjuntamente a previsões de constituição do crédito do ITBI pelo fisco municipal com base em declaração apresentada pelo próprio contribuinte (o que ainda acontece), a adição de dispositivos legais na legislação municipal a exigir que terceiros – no caso os tabeliães, notários ou oficiais – procedam às operações que configuram aquela atividade interpretativa da legislação tributária e a consequente apuração do montante devido a título de tributo, com base nas informações que lhes são apresentadas por aqueles que estão a realizar os negócios jurídicos cujos documentos são levados a registro.

Esse era o cenário, por exemplo, quando vigia o Decreto municipal nº 46.228/05, da capital paulista (substituído pelo Decreto nº 51.627/2010 e, posteriormente, pelo Decreto nº 55.196/2014), cujo objeto era a regulamentação do ITBI. Referido regulamento previa a denominada Declaração de Transação Imobiliária (DTI), e exigia que os sujeitos passivos da respectiva obrigação principal declarassem, por esse documento, as informações necessárias ao cálculo do montante devido, apurando o crédito tributário e realizando o pagamento do mesmo através do chamado Documento de Arrecadação do ITBI (DAI). Registre-se que, no caso da legislação específica apresentada, o DAI era emitido pelo próprio contribuinte via *internet* com base em suas próprias informações declaradas na DTI.[329]

---

328. Cfr. MACHADO, Hugo de Brito. "O lançamento do imposto de transmissão é feito mediante declaração do contribuinte. A autoridade administrativa procede à avaliação do bem e cálculo do tributo, expedindo a respectiva guia para recolhimento." (in *Curso de Direito Tributário*. 37ª edição. São Paulo: Malheiros, 2016, p. 358).

329. SÃO PAULO (Município). Decreto nº 46.228 de 23 de agosto de 2005. Diário Oficial de 24.08.2005: "Art. 13. Observado o disposto no Capítulo III, o imposto será

Como se sabe, em razão do art. 134 do Código Tributário Nacional,[330] as legislações de cada município preveem o dever de tabeliães, notários e oficiais exigirem prova de quitação do ITBI quando do registro de negócios jurídicos que signifiquem concretização da materialidade do referido tributo, sob pena de incidir sobre eles norma de responsabilidade tributária pelo pagamento, em nome próprio, do montante devido.[331]

Veja-se que somente surge a hipótese da responsabilidade do art. 134 do Código Tributário Nacional se descumprem, os tabeliães, os notários e os oficiais, o dever de fiscalização do cumprimento da obrigação pelos contribuintes do ITBI.

Isso significa dizer que, enquanto estão a cumprir o dever instrumental de fiscalizar os particulares no cumprimento da legislação tributária, não são, os tabeliães, notários e oficiais, responsáveis tributários e, assim, ainda não podem ser sujeitos passivos da obrigação principal.

Com isso em mente, e voltando à legislação paulistana do ITBI mencionada, impunha o Decreto nº 46.228/2005 do

---

pago mediante documento de arrecadação do Município de São Paulo para o ITBI--IV, nos termos deste Capítulo.
§ 1º. O documento de arrecadação será emitido pelo próprio contribuinte ou responsável, em função dos dados previamente declarados na DTI, via internet. [...]."

330. BRASIL. Lei nº 5.172 de 25 de outubro de 1966. DOU de 27.10.1966: "Art. 134. Nos casos de impossibilidade de exigência do cumprimento da obrigação principal pelo contribuinte, respondem solidariamente com este nos atos em que intervierem ou pelas omissões de que forem responsáveis:
[...]
VI - os tabeliães, escrivães e demais serventuários de ofício, pelos tributos devidos sobre os atos praticados por eles, ou perante eles, em razão do seu ofício;
[...]."

331. SÃO PAULO (Município). Decreto nº 46.228 de 23 de agosto de 2005. Diário Oficial de 24.08.2005: "Art. 14. Os notários, oficiais de Registro de Imóveis e seus prepostos não praticarão atos atinentes a seu ofício, nos instrumentos públicos ou particulares relacionados com a transmissão de bens imóveis ou de direitos a eles relativos, sem verificar a correção da DTI e a prova de pagamento do imposto devido, pela apresentação do documento de arrecadação, com autenticação de pagamento impresso por instituição bancária ou declaração do órgão competente pelo tributo da Secretaria Municipal de Finanças."

Município de São Paulo, em seu art. 13, §2º, aos já mencionados terceiros, o dever instrumental de verificar (tanto na Declaração, quanto no Documento de Arrecadação) a exatidão das informações passadas pelos contribuintes, suprindo eventuais omissões e "efetuando DTI retificadora e emitindo documento de arrecadação complementar, se for o caso."[332]

Os terceiros, aí (tabeliães, notários e oficiais), tinham, de si, exigido um dever de reapurar o ITBI, retificando a declaração dos contribuintes e emitindo documentos de arrecadação, quando se deparassem com inexatidões e omissões. Precisavam, assim, realizar novamente as operações de incidência para que chegassem ao montante correto a ser pago pelo sujeito passivo. Um *alterlançamento*.

Afinal, tabeliães, notários e oficiais, por estarem cumprindo o dever de fiscalização voltado a garantir que o contribuinte do ITBI não consiga registrar negócios jurídicos sujeitos ao tributo sem o devido pagamento (cujo oposto é o antecedente da norma de responsabilidade tributária a que estão sujeitos), não podem ser responsabilizados pelo crédito tributário. Por isso, enquanto estavam a retificar a DTI de outrem e emitir documento para que o sujeito passivo pagasse o ITBI, não faziam parte da relação jurídica que resultava na exigência de adimplemento em sentido estrito (obrigação principal).[333]

---

332. SÃO PAULO (Município). Decreto nº 46.228 de 23 de agosto de 2005. Diário Oficial de 24.08.2005: "Art. 13. Observado o disposto no Capítulo III, o imposto será pago mediante documento de arrecadação do Município de São Paulo para o ITBI-IV, nos termos deste Capítulo. [...]
§ 2º. Os notários, oficiais de Registro de Imóveis ou seus prepostos ficam obrigados, nos atos em que intervierem, a verificar, na DTI ou no documento de arrecadação, a exatidão e a suprir as eventuais omissões dos elementos de identificação do contribuinte e do imóvel transacionado, efetuando DTI retificadora e emitindo documento de arrecadação complementar, se for o caso."

333. A referência, como exemplo, a esse antigo cenário legislativo paulistano é realizada para reforçar que o *alterlançamento*, além de não ser novidade em nosso ordenamento jurídico, já está completamente inserido na dinâmica do sistema normativo, sendo instituído, aplicado, revogado, reinstituído.

OS TERCEIROS NA SUJEIÇÃO PASSIVA TRIBUTÁRIA
E O *ALTERLANÇAMENTO*

Continua a ser esse o cenário em muitos outros municípios brasileiros, como, por exemplo, se dá na legislação do ITBI do município de Campinas. Dela é possível apreender que os tabeliães, notários e oficiais têm deveres instrumentais diversos, incluindo-se o dever de emissão da guia de recolhimento do tributo com base nas informações oferecidas pelos sujeitos passivos da obrigação principal, pressupondo-se, assim, um dever anterior que é o da constituição do crédito tributário alheio.

A Lei municipal nº 12.391/2005 de Campinas (interior de São Paulo) prevê no art. 19, inciso X, por exemplo, punição para o tabelião, notário e oficial que emitir guia de recolhimento do ITBI quando o registro do negócio jurídico tiver sido realizado em outro cartório.[334]

Por sua vez, o §1º do art. 1º da Instrução Normativa municipal nº 01/2014 fala em tabelião, notário e oficial cadastrado para emitir guias de recolhimento do tributo.[335]

O mesmo se dá no município de São José do Rio Preto, em mais um exemplo. O art. 9º da Lei Complementar municipal nº 323/2010, prescreve que o imposto será pago mediante

---

334. CAMPINAS. Lei nº 12.391 de 20 de outubro de 2005. Diário Oficial Municipal de 21.10.05: "Art. 19. Pelo descumprimento de obrigações acessórias relativas ao imposto, serão impostas as seguintes penalidades:
(...)
X - emitir guia de recolhimento de imposto sobre transmissão de imóveis ou direitos sobre estes para instrumentos não lavrados pelo cartório emissor: 200 (duzentas) Unidades Fiscais de Campinas por guia emitida. (...)"

335. CAMPINAS. Instrução Normativa nº 01 de 27 de junho de 2014. Diário Oficial Municipal de 04.07.14: "Art. 1º Todas as operações de transmissão de imóveis situados no Município de Campinas, ou de direitos reais a eles relativos, que sejam anotadas, averbadas, lavradas, matriculadas ou registradas nos Cartórios de Ofício de Notas e de Registro de Imóveis, independente de seu valor, deverão ser informadas ao Departamento de Receitas Imobiliárias (DRI) pelo serventuário da Justiça, titular ou designado para o Cartório de Ofício de Notas ou Registro de Imóveis.
(...)
§ 1º O serventuário da Justiça, titular ou designado para o Cartório de Ofício de Notas credenciado para emissão de guias de ITBI utilizará o mesmo sistema e senha para efetuar a DTIM.
(...)".

guia eletrônica de arrecadação disponibilizada ao sujeito passivo da obrigação principal pelo próprio tabelionato ou pela serventia de notas e de registro.[336]

Nesses casos mencionados, tabeliães, notários, oficiais são, certamente, apenas terceiros estranhos à relação existente entre o fisco municipal e o sujeito passivo da obrigação principal e, por isso, constituem crédito tributário alheio.

O mais interessante, nesse caso, é que esses terceiros não possuirão o dever instrumental tributário correspondente de recolhimento antecipado do tributo apurado, nos termos do art. 150 do Código Tributário Nacional. Continua cabendo ao próprio contribuinte o pagamento do imposto, ainda que não tenha sido ele o administrado a constituí-lo. Significaria, isso, que o caso do ITBI é uma exceção e, assim uma hipótese de *alterlançamento* que não encontra fundamento de validade no art. 150 do Código Tributário Nacional?

Pensamos que não. Isso porque, quando os terceiros fazem as operações de interpretação e aplicação da lei tributária – fazem a incidência, apuram –, constituem o crédito tributário, permitindo que os sujeitos passivos da obrigação principal paguem o valor devido. Esse pagamento é realizado antes de qualquer manifestação da autoridade administrativa e, por isso, é daquele tipo de "pagamento antecipado" mencionado no art. 150.

Dessa forma, adicionado esse dever instrumental de *alterlançamento* aos tabeliães, notários e oficiais, o que se tem é, ainda, hipótese de *tributo cuja legislação atribui a sujeito passivo o dever de antecipar o pagamento sem prévio exame da autoridade administrativa* (art. 150 do Código Tributário

---

336. SÃO JOSÉ DO RIO PRETO. Lei Complementar nº 323 de 27 de outubro de 2010. Diário Oficial de 27.10.10: Art. 9º. Ressalvado o disposto nos artigos seguintes, o imposto será pago mediante guia eletrônica disponibilizada pela Administração Tributária Municipal ou pelos Tabelionatos e Serventias de Registro autorizados em até 05 (cinco) dias, contados da lavratura do título ou instrumento com força translativa representativo do negócio jurídico sobre o qual incida o tributo. (Redação dada pela Lei Complementar nº 400/2013).

Nacional). Vale lembrar a autorização contida no §2º desse artigo, no sentido de que terceiros podem praticar atos anteriores à manifestação fiscal voltados à extinção do crédito tributário, no que se encaixa, perfeitamente, o comportamento de tabeliães, notários e oficiais, quando do cumprimento do dever instrumental aqui demonstrado.[337]

---

337. Advirta-se, por oportuno, que a legislação tributária brasileira é complexa demais para que pretendamos fincar posição no sentido de que *alterlançamento* somente pode ter fundamento legal do art. 150 do Código Tributário Nacional e em mais nenhum outro dispositivo.

2. INFLUÊNCIAS DO *ALTERLANÇAMENTO* NA PRAGMÁTICA DE TEMAS RELEVANTES

Se estivermos certos em considerar que o *alterlançamento* é modo de constituição de crédito tributário de contribuintes e responsáveis, como pretendemos demonstrar com os exemplos utilizados neste capítulo, não se mostra especialmente difícil derivar daí que relevantes consequências práticas a temas importantes, explorados pela doutrina tributária, se apresentam para nossa ocupação. Cuidaremos, em seguida, de falar sobre algumas delas.

2.1 Repetição do indébito tributário e compensação tributária

Sabemos que, diante de pagamentos realizados a maior ou de maneira indevida por sujeitos passivos da obrigação tributária principal, surge a favor dos mesmos o direito subjetivo de reaver, junto ao credor, o montante levado aos cofres públicos sem justificativa ou fundamentação que o sustentasse.[338]

---

338. Dispõe o art. 165 do Código Tributário Nacional: "O sujeito passivo tem direito, independentemente de prévio protesto, à restituição total ou parcial do tributo, seja qual for a modalidade do seu pagamento, ressalvado o disposto no § 4º do artigo 162, nos seguintes casos: I - cobrança ou pagamento espontâneo de tributo indevido ou maior que o devido em face da legislação tributária aplicável, ou da natureza ou circunstâncias materiais do fato gerador efetivamente ocorrido; II - erro na edificação do sujeito passivo, na determinação da alíquota aplicável, no cálculo do

Costuma-se dizer, por isso, que o pagamento indevido ou a maior é requisito para a repetição do indébito tributário.[339] Ao mesmo tempo, para que haja pagamento, é preciso que o crédito tributário tenha sido constituído. É dizer: na hipótese de que tratamos, a extinção (equivocada) de um crédito tributário sucede à constituição (muitas vezes, também equivocada) do mesmo. Até para os tributos ilegais ou inconstitucionais, quando se fala em restituição, fala-se em anterior pagamento (em sentido amplo) e em liquidação.

Estivemos falando até aqui sobre como os administrados se veem legalmente compelidos a fazer incidir as normas jurídicas que preveem o surgimento de obrigações tributárias, ainda que as respectivas relações sejam alheias. E, não raramente, também, devem cumprir deveres voltados a extinguir os débitos tributários alheios, através de recolhimentos que, do ponto de vista de contribuintes e responsáveis, apresentam efeitos de adimplemento.

Lembremos que, nos casos de *alterlançamentos seguidos de recolhimentos*, o que se realiza é o cumprimento de deveres instrumentais tributários. Os primeiros, deveres de constituição do crédito tributário. Os segundos, prestações de dar valor pecuniário que não configuram pagamento em sentido estrito. E, mesmo nos casos em que ainda nada realizou, aquele que suporta a carga tributária terá o direito à repetição do indébito (ou ao ressarcimento, à restituição, à compensação) caso o terceiro tenha, de algum modo, se equivocado na constituição

---

montante do débito ou na elaboração ou conferência de qualquer documento relativo ao pagamento; III - reforma, anulação, revogação ou rescisão de decisão condenatória." (BRASIL. Lei nº 5.172, de 25 de outubro de 1966. Código Tributário Nacional. Diário Oficial da União [DOU] de 27.10.1966).

339. Nesse sentido, ver LAURENTIIS, Thais de. *Restituição de tributo inconstitucional*. São Paulo: Noeses, 2015, p. 87: "A importância da atenção despendida sobre o pagamento indevido, decorrente da ilícita cobrança de tributo por lei inconstitucional, é clara: sem pagamento, não haverá direito a repetição do indébito, pois o primeiro é que fundamentará o segundo. Ou, como bem percebeu Rafael Navas Vazquez, catedrático da Universidade de Cádiz, no plano lógico a devolução está necessariamente subordinada ao ingresso."

do valor devido ao fisco e/ou no montante levado aos cofres públicos, ou ainda, caso nada fosse, de início, devido.

Imaginemos o exemplo da substituição tributária para frente, no caso do ICMS. O terceiro (impropriamente "substituto tributário"), após realizar o *alterlançamento*, deve recolher antecipadamente o valor equivalente ao ICMS Substituição Tributária que representa o quanto provavelmente será devido a título desse imposto estadual até a venda da mercadoria ao consumidor final. O terceiro efetua o recolhimento com efeitos de antecipação de pagamento, tendo apurado imposto devido por outrem (contribuinte-substituído) e repassando-o aos cofres públicos, com imediato ressarcimento por fazer com que o montante recolhido componha o preço praticado na operação de circulação de mercadoria.

Caso se verifique que houve recolhimento a maior por parte do terceiro obrigado, nasce para o sujeito passivo da obrigação principal (no caso, o contribuinte substituído tributário) o direito de pleitear a devolução do montante por este – substituído – pago indevidamente. Ou ainda, imaginando-se uma cadeia econômica com quatro contribuintes do imposto – sendo o primeiro obrigado aos deveres instrumentais de *alterlançamento* e recolhimento antecipado e o quarto aquele que realiza a venda a consumidor final – em que a última operação tributada não acontece (venda do terceiro para o quarto contribuinte), será o penúltimo contribuinte da cadeia que terá pago a maior, uma vez que havia sido presumida a ocorrência do "fato gerador" final. Por isso, terá direito ao ressarcimento.

Na substituição tributária do ICMS paulista, o contribuinte do imposto tem como opções de devolução do valor antecipado por terceiro realizar compensação escritural, emitir nota fiscal de ressarcimento com anuência do Fisco, requerer administrativamente o ressarcimento do montante pago indevidamente,[340] ou ainda ajuizar ação de repetição de indébito.[341]

---

340. O art. 270, do Decreto nº 45.490/2000, diz: "O ressarcimento de que trata o artigo anterior poderá ser efetuado, alternativamente, observada a disciplina estabelecida pela Secretaria da Fazenda, nas seguintes modalidades: I - Compensação Escritural: conjuntamente com a apuração relativa às operações submetidas ao regime comum de tributação, mediante lançamento no livro Registro de Apuração do ICMS; II – Nota Fiscal de Ressarcimento: quando a mercadoria tiver sido recebida diretamente do estabelecimento do sujeito passivo por substituição, mediante emissão de documento fiscal, que deverá ser previamente visado pela repartição fiscal, indicando como destinatário o referido estabelecimento e como valor da operação aquele a ser ressarcido; III – Pedido de Ressarcimento: mediante requerimento à Secretaria da Fazenda." (SÃO PAULO [Estado]. Decreto nº 45.490, de 30 de novembro de 2000. Aprova o Regulamento do Imposto sobre Operações Relativas à Circulação de Mercadorias e sobre Prestações de Serviços de Transporte Interestadual e Intermunicipal e Comunicação – RICMS. Diário Oficial do Estado [DOE] de 1º.12.2000).

341. Na situação oposta, em que o terceiro tenha constituído a relação jurídica com crédito tributário devido pelo contribuinte calculado a menor, destaquemos que será deste último cobrada a diferença, situação que está a reafirmar que, nesses casos, o patrimônio diminuído para o adimplemento da obrigação tributária é sempre o do contribuinte, nunca o do terceiro. Em sentido próximo: PROCESSUAL CIVIL E TRIBUTÁRIO. RECURSO ORDINÁRIO EM MANDADO DE SEGURANÇA. LEGITIMIDADE DA AUTORIDADE INDICADA COMO COATORA. TEMA PRECLUSO. ICMS/ST. IMPOSTO RECOLHIDO A MENOR PELO SUBSTITUTO TRIBUTÁRIO POR CONTA DE DECISÃO JUDICIAL FAVORÁVEL AO SUBSTITUÍDO. IMPOSSIBILIDADE DE SE EXIGIR DO SUBSTITUTO AS DIFERENÇAS DE TRIBUTOS GERADAS NO PERÍODO DE VIGÊNCIA DO DECISUM. RESPONSABILIDADE EXCLUSIVA DO SUBSTITUÍDO TRIBUTÁRIO QUE SE BENEFICIOU DA DECISÃO JUDICIAL, POSTERIORMENTE REFORMADA. RECURSO ORDINÁRIO DO PARTICULAR PROVIDO. 1. Cinge-se a controvérsia acerca da responsabilidade da montadora de veículos por débitos decorrentes da retenção a menor do ICMS/ST em cumprimento de decisões judiciais favoráveis à concessionária-adquirente, as quais reconheceram o direito de reaver a diferença de ICMS/ST antecipado nos casos em que a revenda dos veículos a consumidores finais por preço inferior ao presumido. [...] 4. A regra, portanto, é que o substituto tributário assume os deveres do sujeito passivo para o recolhimento do tributo (no caso, o ICMS), e deve ter a possibilidade de repassar o seu ônus ao verdadeiro Contribuinte, mediante a inclusão do valor do imposto no preço das mercadorias. 6. Impende destacar que a concessionária (substituída tributária) foi a única beneficiada pela decisão judicial que autorizou a recuperação dos excessos de ICMS/ST decorrentes das diferenças entre a base de cálculo presumida e real, mediante a dedução daqueles valores quando realizada a retenção e recolhimento pela montadora de veículos (substituta tributária) dos futuros recolhimentos de ICMS/ST a serem feitos ao Estado da Paraíba. 7. Nesse contexto, somente se poderá atribuir à concessionária (substituída tributária) a responsabilidade pelos efeitos da ordem judicial à qual deu causa, e não ao terceiro que apenas cumpriu a determinação. Por conseguinte, cabe exclusivamente à substituída tributária complementar o

O exemplo da retenção na fonte não é diferente. Caso o beneficiário dos rendimentos verifique que o montante apurado pelo terceiro através do *alterlançamento* e o consequente recolhimento antecipado da exação, por retenção, significaram pagamento indevido ou a maior, ele, beneficiário, contará com legitimidade ativa para requerer a devolução do tributo. Pensemos na situação em que a fonte pagadora retém Imposto sobre a Renda (IRRF) à alíquota de 27,5% sobre os rendimentos pagos ao beneficiário, recolhendo aos cofres da Receita Federal do Brasil o montante retido, quando o correto seria aplicar alíquota de 15%. Caberá ao beneficiário dos rendimentos a realização dos pedidos, administrativos ou judiciais, visando à devolução do pagamento indevido, pois, foi ele quem pagou a maior, tendo a fonte pagadora simplesmente recolhido o valor com efeitos de pagamento antecipado.

O mesmo se dá com todos os casos de *alterlançamentos* seguidos do dever de recolhimento de tributos devidos pelos sujeitos passivos das obrigações principais. O direito de repetição, compensação ou restituição é destes últimos.

O direito dos contribuintes ou responsáveis à repetição do indébito é prova de que terceiros não inseridos na relação jurídica tributária principal constituem e extinguem créditos tributários alheios. Em muitos casos, o direito à repetição ou à compensação estará baseado em equívoco da constituição do crédito tributário. É pressuposto do indébito tributário a

---

ICMS/ST recolhido a menor pela substituta tributária, que o Estado da Paraíba ora pretende exigir. Adotar entendimento diverso equivaleria a impor ao substituto o ônus de pagar a exação, o que contraria a sistemática da substituição para frente, em que o substituto recolhe ao Fisco Estadual o valor do ICMS a ser antecipado. 8. Dessa forma, partindo do pressuposto de que é incabível responsabilizar o substituto que não cometeu qualquer infração tributária, e tão pouco teve a intenção de causar prejuízo ao Fisco, mas apenas obedeceu à determinação judicial de não reter o valor integral do imposto, e visando a proteger o interesse do Estado em recuperar as diferenças de ICMS, não há outra solução a não ser responsabilizar o substituído tributário pelo recolhimento das diferenças não arrecadadas por força de decisão judicial que lhe foi inicialmente favorável e, depois, foi reformada. [...]" (BRASIL. Superior Tribunal de Justiça. Recurso em Mandado de Segurança nº 45.717. Relator Ministro Napoleão Nunes Maia Filho. DJe de 04.02.2019).

constituição de um crédito tributário somada à extinção da exação. Verificado que a obrigação não existia, ou que o crédito foi constituído erroneamente ou que o recolhimento se deu indevidamente ou em montante maior que devido, as pessoas que compareçam como elementos subjetivos da relação jurídica tributária poderão inverter os polos, mesmo que isso seja um efeito do agir de terceiros.

No caso dos *alterlançamentos*, os sujeitos passivos da obrigação tributária principal, uma vez verificando que as prestações positivas de interpretação das leis tributárias e apuração do montante devido realizadas por terceiros geraram recolhimentos indevidos ou maiores que o devido em seu desfavor, terão o direito de repetir o indébito, pois, o pagamento foi por eles – contribuintes ou responsáveis – realizado como efeito do cumprimento do dever instrumental pelos terceiros obrigados.

De volta aos exemplos de que nos utilizamos há pouco, o prestador de serviços, verificando que o tomador reteve e recolheu Imposto sobre Serviços (ISS) indevidamente a município incompetente para arrecadar referido tributo municipal, tem legitimidade para requerer administrativa ou judicialmente, junto ao município incompetente, a devolução do imposto indevidamente pago por ele, prestador.

O beneficiário dos rendimentos sobre os quais houve retenção de Imposto sobre a Renda (IRRF) em porcentagem maior que a devida, e o consequente repasse pela fonte pagadora aos cofres públicos federais, tem direito a buscar a devolução do tributo por ele – beneficiário – pago indevidamente.

Do mesmo modo, o "substituído tributário" poderá buscar ressarcimento junto ao Estado quando do *alterlançamento* praticado pelo "substituto tributário" decorrer recolhimento antecipado de tributo indevido ou em quantia maior que a devida.

É lícito defender, dessa maneira, que não modifica a sujeição ativa de relações de repetição de indébito, compensação ou ressarcimentos em geral o fato do montante ter sido constituído por terceiros e nem mesmo o fato de ter sido recolhido por pessoa distinta de contribuintes e responsáveis.[342]

Importante destacar que, conforme pensamos, o direito ao ressarcimento deverá ser exercitado no prazo de cinco anos contados, nos casos aqui tratados, do recolhimento realizado pelo terceiro, uma vez que essa atividade apresenta efeitos de extinção antecipada do crédito tributário, nos termos do art. 150, do Código Tributário Nacional.

2.2 Crime de apropriação indébita tributária

O fato do art. 2º, inciso II, da Lei nº 8.137/1990,[343] prever que aquele que deixar de recolher valor de tributo descontado ou cobrado "na qualidade de sujeito passivo de obrigação" responderá por crime de apropriação indébita, não deve servir de justificativa, em razão de uma leitura por demais restritiva e equivocada, para que os terceiros de que tratamos não sejam enquadrados como autores do crime contra a ordem tributária previsto no referido dispositivo legal.

Apesar de não serem, os terceiros, sujeitos passivos de "obrigação", naquele sentido mais tradicional já mencionado anteriormente, mas, sim, sujeitos passivos de deveres instrumentais, estarão abrangidos pelo tipo penal quando realizarem *alterlançamento acompanhado de retenção sem, no entanto, cumprirem o derradeiro dever de recolhimento do valor devido por contribuinte ou responsável aos cofres públicos.*

---

342. Não atrai, portanto, a incidência do art. 166: "A restituição de tributos que comportem, por sua natureza, transferência do respectivo encargo financeiro somente será feita a quem prove haver assumido o referido encargo, ou, no caso de tê-lo transferido a terceiro, estar por este expressamente autorizado a recebê-la." (BRASIL. Lei nº 5.172, de 25 de outubro de 1966. Código Tributário Nacional. Diário Oficial da União [DOU] de 27.10.1966).

343. BRASIL. Lei nº 8.137 de 27 de dezembro de 1990. Define crimes contra a ordem tributária, econômica e contra as relações de consumo, e dá outras providências. Diário Oficial da União (DOU) de 28.12.90: "Art. 2º. Constitui crime da mesma natureza: (...) II - deixar de recolher, no prazo legal, valor de tributo ou de contribuição social, descontado ou cobrado, na qualidade de sujeito passivo de obrigação e que deveria recolher aos cofres públicos; (...).".

Aliás, os terceiros são os únicos sujeitos passivos tributários que podem sofrer a incidência do inciso II, do art. 2º, da Lei nº 8.137/1990, na medida em que responsáveis tributários são obrigados a pagamento de débito tributário próprio, assim como os contribuintes. Contribuintes e responsáveis tributários não recolhem "valor de tributo descontado ou cobrado" de outras pessoas. Não realizam recolhimento, mas, sim, pagamento.

Em outros termos, não são os sujeitos passivos de obrigação tributária principal, previstos no art. 121 do Código Tributário Nacional, aqueles que podem se enquadrar na conduta descrita no dispositivo penal que prevê a prática de crime contra a ordem tributária por apropriação indevida de tributos retidos ou cobrados de outrem.

Apenas os sujeitos passivos constantes do art. 122 do Código Tributário Nacional, mais especificamente os terceiros obrigados a *alterlançamento, retenção e recolhimento*, podem ser acusados da prática desse delito.[344]

2.3 Decadência e prescrição

A administração tributária possui cinco anos para instaurar, *in concreto*, a relação jurídica tributária em que faça constar seu direito subjetivo de receber o crédito tributário dos contribuintes. E possui outros cinco anos para, constituído esse cenário, exigir judicialmente o valor devido.

Ao primeiro dos prazos mencionados se dá o nome de **decadencial**, uma vez que o seu não atendimento é hipótese para incidência de norma que proíbe aquela possibilidade de concretização da relação principal. Ao segundo dos prazos se

---

344. Equivocaram-se, portanto, o Superior Tribunal de Justiça e o Supremo Tribunal Federal ao se posicionarem pela incidência do inciso II, do art. 2º, da Lei nº 8.137/1990 nos casos de falta de pagamento de tributos próprios (no caso, o ICMS). Ver, nesse sentido, BRASIL. Superior Tribunal de Justiça. *Habeas Corpus* nº 399.109. Relator Ministro Rogério Schietti Cruz. Terceira Seção. DJe de 31.08.2018; e BRASIL. Supremo Tribunal Federal. Recurso Ordinário em *Habeas Corpus* nº 163.334. Relator Ministro Roberto Barroso. Plenário de 18.12.2019.

chama ***prescricional***, pois, ultrapassado sem atitude do credor, é hipótese para incidência de norma que impede a busca pela coercitividade estatal para imposição do crédito frente ao patrimônio do devedor.

Em relação à decadência, há três termos iniciais possíveis para a contagem dos cinco anos: *i)* primeiro dia do exercício seguinte ao da prática do fato imponível, conforme art. 173,[345] do Código Tributário Nacional; *ii)* da decisão que anula, por vício formal, o lançamento anterior; ou *iii)* data da prática do fato imponível, conforme art. 150, §4º,[346] também do Código Tributário Nacional. A primeira hipótese se aplica, em regra, aos casos em que a concretização da relação jurídica e, assim, a constituição do crédito tributário, deva se dar pela própria administração tributária que, *desde o início*, busca todas as informações necessárias para tanto, realizando, ela mesma, todos os esforços para interpretação e aplicação da legislação tributária. A terceira hipótese se aplica aos casos em que o credor tributário reconstrói a relação tributária, antes já concretizada pelos administrados, por discordar de seus contornos, reconstituindo o crédito tributário com base em sua própria interpretação.

---

345. "Art. 173. O direito de a Fazenda Pública constituir o crédito tributário extingue-se após 5 (cinco) anos, contados: I - do primeiro dia do exercício seguinte àquele em que o lançamento poderia ter sido efetuado; II - da data em que se tornar definitiva a decisão que houver anulado, por vício formal, o lançamento anteriormente efetuado. Parágrafo único. O direito a que se refere este art. extingue-se definitivamente com o decurso do prazo nele previsto, contado da data em que tenha sido iniciada a constituição do crédito tributário pela notificação, ao sujeito passivo, de qualquer medida preparatória indispensável ao lançamento." (BRASIL. Lei nº 5.172, de 25 de outubro de 1966. Código Tributário Nacional. Diário Oficial da União [DOU] de 27.10.1966)."

346. "Art. 150. O lançamento por homologação, que ocorre quanto aos tributos cuja legislação atribua ao sujeito passivo o dever de antecipar o pagamento sem prévio exame da autoridade administrativa, opera-se pelo ato em que a referida autoridade, tomando conhecimento da atividade assim exercida pelo obrigado, expressamente a homologa. [...] § 4º. Se a lei não fixar prazo a homologação, será ele de cinco anos, a contar da ocorrência do fato gerador; expirado esse prazo sem que a Fazenda Pública se tenha pronunciado, considera-se homologado o lançamento e definitivamente extinto o crédito, salvo se comprovada a ocorrência de dolo, fraude ou simulação."

Excepcionalmente, quando esta terceira situação se dá em razão de fraude, dolo ou simulação por parte do administrado, o prazo decadencial a ser considerado é o da primeira hipótese, mais elástico.[347] O mesmo se diga nos casos, distintos das hipóteses de fraude, dolo ou simulação, em que o administrado não cumpre nenhum dos deveres instrumentais dele exigidos (não constitui o crédito tributário, não emite documentos, não faz declarações, não recolhe antecipadamente etc.). Não havendo nada a ser analisado pela administração tributária, aplica-se o prazo do art. 173.[348]

Não é o pagamento, pensado o termo em sentido estrito, que é objeto de análise nos tributos sujeitos a "lançamento por homologação". O dispositivo legal em questão é melhor interpretado se visto como exigente de *condutas tendentes à extinção da relação tributária principal* antes de atos das autoridades tributárias.

Por isso, se o contribuinte, ele mesmo, não tiver realizado pagamento antecipado, mas um terceiro tiver recolhido antecipadamente o montante em tese devido aos cofres públicos, o termo inicial do prazo decadencial será sempre o do art. 150, §4º. O dispositivo legal, em verdade, funciona como uma atribuição de prazo para revisão de autolançamentos e *alterlançamentos*.

Em relação à prescrição, o termo inicial do prazo é a constituição definitiva do crédito tributário, que pode se dar, como visto, por autoridades administrativas ou judiciais e por administrados.

Correm concomitantemente os prazos de decadência e prescrição nas hipóteses de autolançamento. Isso porque, enquanto a administração tributária tem cinco anos, a partir da

---

347. Ver, por exemplo, BRASIL. Superior Tribunal de Justiça. Agravo Interno no Recurso Especial nº 1.779.147. Relator Ministro Herman Benjamin. Segunda Turma. DJe de 30.05.2019.

348. Ver, por exemplo, o Tema Repetitivo 163 do STJ. BRASIL. Superior Tribunal de Justiça. Recurso Especial nº 973.733. Relator Ministro Luiz Fux. Primeira Seção. DJe de 18.09.2009.

constituição do crédito tributário pelos administrados – acompanhada de pagamento, recolhimento ou outro modo de adimplemento da obrigação antes de qualquer análise de autoridade fiscal –, para revisar a interpretação e a aplicação da legislação tributária por eles praticadas, também possui cinco anos para exigir judicialmente o tributo que se deixou de adimplir.

Agora, quando o fisco de fato revisar a constituição do crédito tributário realizada pelos sujeitos passivos, a decadência estará afastada (já que reconstruída a relação tributária) e se passará a falar novamente em prazo prescricional somente após essa revisão do crédito, baseada, agora, no agir da administração que, como já tivemos oportunidade de mencionar, prevalece sobre a constituição do crédito tributário pelos administrados, nos termos do mesmo art. 150, §4º.[349]

Esse é o raciocínio, aliás, que leva a jurisprudência atual do Superior Tribunal de Justiça[350] a aceitar a inscrição em dívida ativa do crédito tributário autolançado pelo contribuinte, tornando facultativa[351] a revisão da administração tributária e justificando, assim, que corram juntos os prazos de decadência e prescrição nessa hipótese.

Na configuração atual do ordenamento jurídico brasileiro, ao contribuinte que constitui seu próprio débito tributário não é dada oportunidade de iniciar processo administrativo fiscal para impugnar os termos do autolançamento. Por isso, nesses casos, o caminho da exigibilidade é o da inscrição em

---

349. Interessante notar que, nos casos de efetiva revisão, pode ser iniciado processo administrativo fiscal, suspendendo a exigibilidade do crédito tributário nos termos do inciso III, do art. 151, do Código Tributário Nacional, e postergando, por isso, o início da contagem do prazo prescricional.

350. BRASIL. Superior Tribunal de Justiça. Tema 402. Recurso Especial nº 1.143.094. Relator Ministro Luiz Fux. Primeira Seção. DJe de 09.12.2009: "A entrega de Declaração de Débitos e Créditos Tributários Federais (DCTF), de Guia de Informação e Apuração do ICMS (GIA), ou de outra declaração dessa natureza, prevista em lei, é modo de constituição do crédito tributário, dispensando a Fazenda Pública de qualquer outra providência conducente à formalização do valor declarado."

351. Para outro sentido, ver, por exemplo, SANTI. Eurico Marcos Diniz de. *Decadência e prescrição no direito tributário*. São Paulo: Max Limonad, 2000, p. 113-114.

dívida ativa para cobrança judicial, precedida de notificações para pagamento do débito ainda em via administrativa.

A equiparação desse cenário às hipóteses de *alterlançamento*, não deveria ocorrer. Em outras palavras, para os casos de *alterlançamento* não deveriam correr concomitante os prazos de decadência e prescrição. Isso ficará mais claro com a ajuda dos argumentos que seguem.

2.4 Inscrição direta em dívida ativa

Como dissemos, há jurisprudência firme no Brasil no sentido de que ao fisco é dada a possibilidade de encaminhar para cobrança judicial os tributos devidos por contribuintes e constituídos via autolançamento, na medida em que isso se configuraria verdadeira confissão de débito.

Nesses casos, haveria faculdade para a administração tributária de revisar a constituição do crédito tributário ou, se preferir, já encaminhá-lo para exigência via poder judiciário, inscrevendo diretamente o débito em dívida ativa.

O mesmo fundamento, porém, não poderia ser aplicado ao *alterlançamento*, já que, apesar de constituir o crédito tributário dos contribuintes, por óbvias razões o efeito de confissão não pode ser atribuído a esse modo de concretização da relação jurídica alheia.

2.5 Processo administrativo tributário

Nesses casos, deveria ser dada oportunidade de impugnação administrativa aos contribuintes. A título de *lege ferenda*, em exercício atípico de função jurisdicional por parte da administração, deveria ser concedida a chance de utilização de um processo administrativo fiscal em âmbito do qual os contribuintes poderiam contrapor, às enunciações dos terceiros, o seu próprio modo de descrever a ocorrência dos eventos tributáveis, constituindo, do seu jeito, os fatos tributários e argumentando pela legalidade dos mesmos, com respaldo nas provas que possuírem.

Essa solução parece ser a que mais se coaduna com a indisponibilidade do interesse público na finalidade da arrecadação tributária, bem como com as garantias de devido processo legal, contraditório e ampla defesa.[352]

Rodrigo Dalla Pria resume a questão:

> Reconhecer, na atividade desempenhada pelos órgãos de contenciosos administrativo-tributário, uma autêntica forma de exercício de função jurisdicional significa, fundamentalmente, impor-lhes o dever de desempenhar suas competências mediante a estrita observância do modelo dialético-constitucional inerente à clausula do *due process of law*, o que não só dignifica a atividade, mas também assegura que as decisões emanadas no

---

352. Interesse público foi objeto de análise no capítulo II e será visto como limite à imposição de deveres instrumentais tributários a terceiros no próximo capítulo. Sobre devido processo legal, contraditório e ampla defesa, a Constituição Federal diz: "Art. 5º. Todos são iguais perante a lei, sem distinção de qualquer natureza, garantindo-se aos brasileiros e aos estrangeiros residentes no País a inviolabilidade do direito à vida, à liberdade, à igualdade, à segurança e à propriedade, nos termos seguintes: [...] LIV - ninguém será privado da liberdade ou de seus bens sem o devido processo legal; LV - aos litigantes, em processo judicial ou administrativo, e aos acusados em geral são assegurados o contraditório e ampla defesa, com os meios e recursos a ela inerentes; [...]" (BRASIL. [Constituição (1988)]. Constituição da República Federativa do Brasil. Brasília, DF. Congresso Nacional, 1988) Ver, também, DALLA PRIA, Rodrigo. *Direito processual tributário*. São Paulo: Noeses, 2020, p. 637-638: "A base normativa que sustenta a estrutura angular característica das relações jurídicas que materializam, sob o ponto de vista lógico-formal, os processos jurisdicionais é, não há dúvidas, o regime jurídico-dialético que se impõe constitucionalmente por meio dos princípios do contraditório e da ampla defesa. Contraditório e ampla defesa constituem a manifestação mais expressiva do valor 'isonomia' no plano processual, que se volta a pautar a relação entre os sujeitos de direito no ambiente conflituoso próprio dos processos jurisdicionais, atribuindo às partes adversas condição paritária quanto à disponibilidade de instrumentos necessários à demonstração e à concretização de seus respectivos direitos. A ideia de contraditoriedade reflete, como seu conteúdo mínimo, o direito da parte à ciência de todo e qualquer ato praticado no bojo do processo contencioso e à consequente oportunidade de se manifestar acerca de seu conteúdo. Tratando-se de processo de índole acusatória – como parece ser o caso, ao menos sob certos aspectos, dos processos administrativos tributários – o contraditório também deverá ser observado no procedimento investigatório/fiscalizatório que antecede o processo contencioso, quando são produzidos os fatos e as provas que darão sustentação à acusação fiscal a ser formalizada, ao final pelo auto de infração fiscal que servirá de pressuposto à instauração do processo contencioso." Ver, também, MELO. José Eduardo Soares de. *Processo tributário administrativo e judicial*. 3ª edição. São Paulo: Quartier Latin, 2015, p. 63-64.

> âmbito de suas competências tenham a credibilidade e a aceitação que delas se espera. [...]
>
> Importa reconhecer, desse modo, que os contenciosos administrativos tributários desempenham, sob o aspecto institucional, a função de verdadeiros órgãos de *compliance* administrativo, destinados a controlar a legalidade e a higidez dos atos administrativos de constituição e cobrança do crédito tributário, vinculando-se, nesse tocante, a preceitos normativos comuns às administrações em geral, tais como a eficiência, a moralidade, a motivação e, ao fim e ao cabo, a supremacia do interesse público.
>
> Assim, sob a óptica do sujeito passivo tributário, o processo administrativo constitui uma garantia de pleno exercício do direito constitucional ao contraditório e à ampla defesa, na perspectiva da Administração Tributária, a instauração do contencioso administrativo substancializa uma oportunidade única de implementação de um controle interno, altamente qualificado, da legalidade dos atos praticados por seus agentes fiscais.[353]

As influências do *alterlançamento* à pragmática desses, exemplificativamente escolhidos, temas relevantes do direito tributário, mostram-se mais um motivo da necessidade de reconhecimento da importância dos deveres instrumentais tributários atribuídos a terceiros no direito tributário positivo brasileiro, sendo, já, momento de uma tomada de consciência no sentido de que apresentam nível de complexidade que lhes faz merecer estudos mais aprofundados em relação à sua compreensão sistêmica.

---

353. DALLA PRIA, Rodrigo. *Op. Cit.*, 2020, p. 631-632.

Capítulo VII
ESTADO DE DESCONFIANÇA RECÍPROCA: O TERCEIRO MAIS CONFIÁVEL

1. RELAÇÕES JURÍDICAS EM MATÉRIA TRIBUTÁRIA COMO RELAÇÕES DE COOPERAÇÃO

A conquista da legalidade em matéria tributária teve por destaque a colocação do Estado-administração e dos administrados destinatários das exigências fiscais num mesmo patamar de subordinação à lei, não havendo que se falar em hierarquia entre aquele que necessita da arrecadação para a consecução de suas finalidades constitucionalmente prescritas e aqueles que devem, também por imposição constitucional, colaborar com referida atividade.

Em outros termos, as relações jurídicas em matéria tributária, porque, em geral, contam com os administrados em seu polo passivo, titulares, portanto, do dever jurídico de satisfazer o credor, não traduzem qualquer subordinação daqueles em relação a este, do mesmo modo em que, numa relação onde o fisco está no polo passivo e o administrado figura como credor, não há que se considerar superioridade hierárquica deste em relação ao primeiro.

Estando os sujeitos das relações tributárias em igualdade de subordinação ao Estado de Direito, a noção de cooperação passa a ser vista como relevante para a configuração do próprio liame abstrato, ainda que nos refiramos a relações previstas no âmbito do direito público.

OS TERCEIROS NA SUJEIÇÃO PASSIVA TRIBUTÁRIA E O *ALTERLANÇAMENTO*

Poder-se-ia objetar a assertiva acima com interpelação no sentido de que não haveria que se falar em cooperação nas relações jurídicas de direito público (incluídas, aí, as tributárias), uma vez que seriam casos de imposição legal ou sujeição, não havendo liberdade de escolha sobre cumprir ou não cumprir. Não se falaria em cooperação, mas, sim, em cumprimento de obrigações legais.

O raciocínio não procede, pois, liberdade para cumprir ou não cumprir também não existe, por exemplo, nas relações de direito privado, uma vez tendo sido assumido o compromisso com a contraparte. Não nos parece, assim, que a questão passe por haver ou não necessidade de cooperação nas relações tributárias.

Os administrados, quando cumprem suas prestações legalmente impostas o fazem, também, por cooperar, buscando atender à pretensão do credor nos termos do programa normativo-tributário. Cooperar, por certo, não carrega a ideia de prazer ou satisfação intrassubjetiva, nesse contexto, vinculando-se exclusivamente a uma visão positivista. O caráter cooperativo das relações jurídicas não é afastado em razão dos motivos do surgimento da obrigação jurídica ou do dever jurídico, estando, por outro lado, ligado mais às condutas intersubjetivas reguladas, seja por um contrato, seja por uma lei. Qualquer devedor, privado ou público, que adimpla sua obrigação ou seu dever, coopera para a realização do quanto esperado pela relação.

Abandonam-se, assim, eventuais conceitos previamente estabelecidos ligados à ultrapassada noção das relações de direito público como relações de sujeição, na linha do que vem se propagando mundialmente sobre *compliance* cooperativo entre fisco e administrados.[354]

A questão é saber se, também nas relações jurídicas tributárias, a cooperação a elas inerente é informada pelo princípio da boa-fé objetiva, ou se de boa-fé somente se pode falar quanto às relações de direito privado.

---

354. Nesse sentido, ver, por exemplo, ALMEIDA, Carlos Otávio Ferreira de. Compliance cooperativo: uma nova realidade entre administração tributária e contribuintes. In *Revista de Direito Tributário Internacional* Atual nº 02. São Paulo: IBDT, 2017, p. 58-82.

2. COOPERAÇÃO E BOA-FÉ OBJETIVA

Como dito há pouco, a cooperação relacional não depende de acordo de vontades, se referindo, ao revés e mais destacadamente, ao cumprimento exato das prestações e, assim, às condutas regradas, antes de se limitar à noção subjetiva decorrente da visão privatística do fenômeno.

Por exemplo, estão a cooperar com o credor os contribuintes que pagam os tributos devidos, obtendo, assim, a satisfação do direito subjetivo daquele que o titulariza e liberando-se do encargo. Do mesmo modo, está a cooperar com o devedor o fisco que não impõe dificuldades a este último, permitindo que a pretensão seja adimplida do modo mais eficaz e justo para ambos. Afinal, a cooperação caracteriza a própria relação e não apenas um dever de uma das partes que a integram.

Parece-nos lícito afirmar que tanto as obrigações *ex lege* quanto aquelas *ex voluntate* carregam o toque da cooperação como elemento ínsito ao liame abstrato intersubjetivo. Acordo de vontades não é relevante, portanto, para a configuração das relações jurídicas de quaisquer ramos do direito *enquanto relações cooperativas*.

A questão, no contexto do que queremos argumentar, passa a ser saber se, mesmo nas relações *ex lege*, como as tributárias, o que se exige ou se espera é uma cooperação qualificada pela boa-fé objetiva. Em outros termos, é saber se a expectativa do credor-fisco é de um agir voltado ao adimplemento de sua pretensão informado pelo princípio da boa-fé objetiva, já que não teria, o devedor, se comprometido *ex voluntate* com referido adimplemento, sendo, por outro lado, exigido a cumprir os termos de uma relação surgida por imposição legal.

Amelia González Méndez, em suas investigações sobre boa-fé e direito tributário, ensina que o antecedente histórico do conceito atual de boa-fé remonta ao termo romano *fides* (confiança), que traduzia uma noção de lealdade à palavra, tendo sido assimilada pelo sistema jurídico já como uma *fides buona*, inicialmente pelo regramento processual e, depois, se alastrando a outros ramos do direito, em especial o direito dos contratos.[355]

A relevância que a boa-fé ganha nas relações contratuais leva a uma compreensível elaboração doutrinária mais destacada a respeito desse princípio na ciência do direito privado, uma vez que a ideia de "fidelidade à palavra" termina por encaixar-se, à perfeição, aos modos de assunção de compromissos entre os sujeitos contratantes em âmbito privado. Quer-nos parecer, porém, que a visão da boa-fé objetiva como algo ainda preso às suas raízes etimológicas e históricas, limita demasiadamente seu âmbito de atuação possível, inclusive e especialmente no que se refere às relações jurídicas de direito público.

Ainda para Amelia González Méndez, aquilo que Cícero entendia como o *fundamento mesmo da justiça*, obtém uma progressiva expansão nos ordenamentos jurídicos, alcançando o direito tributário mais como um instrumento de possibilidades de restringir certas atuações administrativas do que como algo exigido de ambas as partes da relação jurídica tributária.[356]

Heleno Taveira Torres afirma que

> A boa-fé objetiva (*bona fides*) mantém íntima relação com a confiança (*fides*) e, por conseguinte, interagem intensamente, ainda que juridicamente possam comportar, em casos específicos,

---

355. GONZÁLEZ MÉNDEZ, Amelia. *Buena fe y derecho tributario*. Barcelona: Marcial Pons, 2001, p. 22-23.

356. Idem, p. 24.

diferenciações eloquentes. Deveras, a boa-fé, ao longo dos séculos, assumiu uma presença constante nas relações contratuais e daí sua expressiva aplicação, preferencialmente à confiança. Esta, porém, tal como a boa-fé objetiva, não se circunscreve aos limites do "Direito Privado", mas assume a condição de verdadeiro princípio geral, aplicável a todos os ramos jurídicos.[357]

Do mesmo modo, não há, a nosso sentir, razões suficientes a embasar o pensamento de que a cooperação, que também caracteriza as relações jurídicas em matéria tributária, possa estar distante da boa-fé objetiva para qualquer das partes envolvidas, seja fisco ou administrados.

Como vimos no capítulo III, a boa-fé objetiva é princípio que informa e conforma a noção de adimplemento em sentido estrito que, por sua vez, é elemento indispensável à configuração das relações intersubjetivas prescritas pelo ordenamento jurídico.

Quer isso significar que, uma vez incidida a norma geral e abstrata, cujo consequente é o dever de instauração, *in concreto*, de uma relação jurídica entre fisco e administrados, o adimplemento das obrigações e deveres daí decorrentes, seja para pagamento de tributo ou penalidade pecuniária, seja para outras prestações impostas no interesse da arrecadação e da fiscalização dos tributos, exige atitude cooperativa de boa-fé objetiva, de quem quer que esteja nos polos subjetivos dessa relação.

A expectativa do credor de satisfação da sua pretensão é, assim, não somente expectativa de cooperação, mas expectativa de boa-fé objetiva empregada na cooperação.

E, vistas as relações como completas e complexas, havendo direitos e deveres simultâneos para credor e devedor, a expectativa de boa-fé objetiva é recíproca. Torna-se a boa-fé, assim, medida da intensidade da obrigação de adimplir e do

---

357. TORRES, Heleno Taveria. *Direito constitucional tributário e segurança jurídica* – metódica da segurança jurídica do sistema constitucional tributário. 2ª edição. São Paulo: RT, 2012, p. 218.

respectivo direito de exigir, definindo os limites da cooperação aguardada e pressuposta na relação jurídica.[358]

Cooperação, essencial à caracterização da relação jurídica, contrária ao princípio da boa-fé objetiva, é um engodo de cooperação, aproximando as condutas intersubjetivas realizadas no contexto dessa relação da inconstitucionalidade ou da ilegalidade, diante do caráter *ex lege* do liame. Isso porque não é difícil imaginar, em matéria tributária, a aproximação dos comportamentos contrários à boa-fé objetiva dos casos de erosão da base tributável sem justificativa legal, ou ainda de elusão ou evasão fiscais, considerados os particulares. Do lado do fisco, também não apresenta dificuldade conectar a ausência de cooperação informada pela boa-fé objetiva com a afronta à segurança jurídica, em geral, e a outros tantos princípios como a legalidade, a irretroatividade, a proporcionalidade, em particular e a depender de cada caso concreto.[359]

---

358. ALMEIDA, Carlos Otávio Ferreira de. *Op. Cit.*, 2017, p. 61: "Nesse sentido, a justificativa para a cooperação voluntária para a conformidade fiscal deve resultar não de interesses próprios, insustentáveis se encerrados em si mesmos, mas da confiança recíproca entre fisco e contribuinte, a se preservar de modo ambivalente."

359. TORRES, Heleno Taveira. *Op. Cit.*, 2012, p. 289: "Destarte, a *garantia* de prevalência do império da legalidade, a partir do seu círculo hermenêutico, como valor constitucional do Estado Democrático de Direito, na aplicação e exigibilidade dos tributos, impõe que a interpretação jurídica tenha como finalidade concretizar os princípios de certeza e de segurança jurídica, sem contradições e observados os princípios de boa-fé, confiança legítima e adequação."; p. 302: "A autoridade administrativa, na aplicação dos tributos ou na solução de conflitos, *i.e.*, quando decide e argumenta, deve atuar com observância da boa-fé nos seus atos, mas também tem o dever de avaliar a boa-fé na conduta dos contribuintes, em cumprimento a princípios fundamentais, como proporcionalidade, segurança jurídica e eficiência. Negar o exame da boa-fé nos atos dos contribuintes, e tanto mais nos casos que a lei atribui a estes o dever de aplicação (interpretação) da legislação tributária, equivaleria a suprimir destes idêntico direito de decidibilidade em padrões semelhantes de seleção de possibilidades na aplicação da legislação tributária, provado o manifesto interesse em dar cumprimento à legalidade."; p. 304: "A conformidade ou a desconformidade de uma conduta em face da legislação tributária, no Estado Democrático de Direito, em atenção aos princípios da segurança jurídica e da confiabilidade, deve ser examinada à luz do princípio hermenêutico da boa-fé do contribuinte. [...] essa qualidade estabilizadora da relação jurídica entre Administração e contribuinte propicia as bases de confiança [...]." Ver, também, DIAS, Karem Jureidini. O compliance e o exercício da fiscalização tributária. In DIAS, Karem Jureidini; BRITO, Lucas Galvão (Org.); CARVALHO, Paulo de Barros (Coord.). *Compliance no direito*

Para os administrados, surgirá da dinâmica da relação tributária aquilo que se costuma designar por princípio da proteção da expectativa de confiança legítima, entendido como faceta da segurança jurídica e eficácia do princípio da certeza do direito ou da estabilidade do ordenamento.[360]

O Estado, por sua vez, utiliza-se da mesma dinâmica relacional para selecionar técnicas efetivas de diminuição da complexidade das imposições do sistema jurídico em prol da praticabilidade das leis tributárias que fundamentam suas exigências, tanto as de pagamento, quanto as demais prestações positivas ou negativas no interesse da arrecadação e da fiscalização dos tributos.

---

tributário. São Paulo: Thomson Reuters/Revista dos Tribunais, 2018, p. 171-195.

360. TORRES, Heleno Taveira. *Op. Cit.*, 2012, p. 220-221: "Nas palavras de Jorge Coviello: 'En definitiva, la confianza es la seguridad jurídica vista del lado del particular.' Sim, isso é certo. Mas somente vê-se tutelada porque antecipadamente o sistema jurídico propõe-se a servir como mediador de uma 'confiança sistêmica', posto ser, a segurança jurídica, um 'fim' do sistema de normas."

3. CONFIANÇA E DESCONFIANÇA SISTÊMICAS COMO TÉCNICAS DE REDUÇÃO DE COMPLEXIDADES

Em razão de sua finalidade de regulação de condutas dos destinatários de suas mensagens prescritivas, o direito, inevitavelmente, trilha um caminho tendente a gerar um paradoxo potencial que é o de se tornar cada vez mais complexo e menos aplicável e exequível.

Como necessita dar conta de múltiplas realidades de destinatários multifacetados e heterogêneos, envoltos em uma matriz fenomênica caracterizada pela complexidade, as situações reguláveis ou normatizáveis crescem em quantidade e tendem, também, a aumentar em dificuldade para os objetivos jurídico-prescricionais.

O ordenamento jurídico, assim, encontra-se na tensão constante entre manter-se relevante ou irrelevante. Isso porque, tendo em vista os objetivos de regulação da intersubjetividade de seus destinatários, se se torna complexo demais para alcançar a complexidade do mundo que pretende constranger, assume-se impraticável, inexequível e, por não mais atingir sua finalidade, irrelevante. Por outro lado, simplificado em demasia buscando aplicabilidade, não consegue atingir toda a diversidade de relações inter-humanas que necessita ordenar.

Assim, a irrelevância do direito pode decorrer tanto de sua hipersimplificação quanto de sua hipercomplexificação.

O ordenamento jurídico mantém-se relevante, portanto, quando é simples o suficiente para ser exequível, praticável, diante do maior número de situações reguláveis.[361]

É preciso, dessa maneira, a constante utilização de técnicas de redução das complexidades sistêmicas, das quais são exemplos a confiança e a desconfiança.[362]

Misabel Abreu Machado Derzi, sustentando seu raciocínio em Niklas Luhmann, a respeito da técnica da confiança, defende que

> a confiança se revela necessária para que o homem possa lidar com a extrema complexidade do mundo, despertando a segurança do estado (no presente), que reduz a complexidade e se projeta para o futuro, as alternativas/eventos em princípio infinitos e virtuais do futuro ficando equiparadas às alternativas selecionadas no presente. A confiança supõe três características elementares: (a) a permanência dos estados, de modo que se igualem presentes e futuros; (b) a simplificação, por meio da redução da complexidade e das infinitas possibilidades variáveis; (c) a antecipação do futuro, pela projeção daquilo que se dá no presente, para tempos vindouros.[363]

---

361. BECKER, Alfredo Augusto. *Teoria geral do direito tributário*. 7ª ed. São Paulo: Noeses, 2018, p. 103: "A praticabilidade do Direito não significa simplificá-lo mediante sua redução a um conjunto de regras de conduta embrionárias; noutras palavras, a melhor praticabilidade de um instrumento não exige sua involução à forma rudimentar, bem mais simples, mas também menos útil, e, pois, pouco praticável."

362. LUHMANN, Niklas. *Confianza*. Barcelona: Anthropos, 1996, p. 14: "[...] la confianza puede ser analizada funcionalmente y comparada con otros mecanismos sociales funcionalmente equivalentes. Donde hay confianza hay aumento de posibilidades para la experiencia y la acción, hay un aumento de la complejidad del sistema social y también del número de posibilidades que pueden reconciliarse con su estructura, porque la confianza constituye una forma más efectiva de reducción de la complejidad."; p. 161: "[...] la confianza y la desconfianza son, en la forma en que la complejidad sea reducida, en principio, difusas y orientadas a personas concretas, grupos o a los objetos y los sucesos que simbolizan su confiabilidad."

363. DERZI, Misabel Abreu Machado. Confiança e desconfiança sistêmicas. In GRUPENMACHER, Betina Treiger (Coord.). *Tributação: democracia e liberdade* – em homenagem à Ministra Denise Arruda Martins. São Paulo: Noeses, 2014, p. 1017.

Ensinando sobre a oposta técnica da desconfiança, a mesma autora afirma que

> Se é verdade que a confiança reduz a complexidade da vida, por meio da aceitação do risco, a desconfiança não é apenas o oposto da confiança, mas ainda seu equivalente funcional porque ela igualmente simplifica e, às vezes, radicalmente.
>
> Quem rejeita a outorga de confiança, é verdade, restaura a complexidade original (que poderia ter sido reduzida pela confiança), mas se volta para estratégias funcionalmente equivalentes: combate, mobilização de reservas e, mesmo, renúncia às necessidades que não podem mais ser satisfeitas.[364]

De acordo com Eduardo Morais da Rocha, confiança e desconfiança sistêmicas são imprescindíveis para o enfrentamento do estado de complexidade do direito tributário, atuando, enquanto técnicas de direito positivo, para pontencializar os efeitos simplificadores do que o autor denomina "subinstituição praticabilidade", voltada a proporcionar aplicação coerente das regras aos princípios jurídicos.[365]

---

364. DERZI, Misabel Abreu Machado. *Op. Cit.*, 2014, p. 1019. P. 1019-1020: "O sistema jurídico também absorve desconfiança, que permanece latente (uma série de medidas são adotadas sem o claro reconhecimento da desconfiança). Sem dúvida o jogo dos delitos e das penas tem a função de estabilizar expectativas, mas também sinalizam desconfiança sistêmica. No Direito Financeiro, as técnicas de controle das Finanças Públicas, como legalidade orçamentária, execução do orçamento e prestação anual de contas absorvem desconfiança, justificada pela experiência histórica do passado. No Direito Tributário, a desconfiança manifesta-se, frequentemente implícita, em regras de controle, por meio da imposição de uma série de deveres acessórios, informações, registros contábeis e declarações impostas aos contribuintes; às vezes, em regras de presunção, simplificação e pautas de valores...; mas chega a seu ponto mais elevado em institutos como a substituição tributária progressiva, em que se cria a obrigação de pagar o tributo antes mesmo da ocorrência do fato jurídico, que lhe dará origem. Por todo o sistema perpassam regras antissonegação ou antifraude. De fato, a simplificação que a desconfiança obtém pode ser mais drástica e a ela corresponder uma renúncia a maiores informações ou a valores, que são sacrificados, pela recusa da confiança."

365. ROCHA, Eduardo Morais da. *Teoria institucional da praticabilidade tributária*. São Paulo: Noeses, 2016, p. 119.

Confiança e desconfiança sistêmicas, desse modo, apresentam importante função de redução da complexidade advinda da necessidade de utilização do conjunto de prescrições intersubjetivas para a regulação de um número cada vez maior de variáveis comportamentais.

Utilizando-nos de um exemplo simples: para que a proibição de cruzar o semáforo vermelho seja aplicável, exequível, a técnica utilizada é a da confiança. Não é possível colocar agentes fiscais de trânsito em cada esquina, nem é viável economicamente a instalação de radares fotográficos em todos os semáforos. Por isso, confia-se (em um sentido jurídico-positivo) que as pessoas não cruzarão o semáforo vermelho. E porque o sistema confia, os destinatários confiam, naquela reflexividade da confiança sistêmica a que alude Luhmann.[366] Por esse motivo é que cruzamos o semáforo verde.[367]

Autolançamento e deveres de declaração são exemplos de aplicação da técnica da confiança na redução das complexidades do sistema tributário, já que se confia no próprio destinatário da mensagem prescritiva para, nesses exemplos, tornar líquido seu débito tributário e demonstrar as formas como chegou aos valores devidos.

O recurso às presunções em matéria tributária, como são os casos de acréscimo patrimonial a descoberto por identificação de movimentações bancárias sem justificativa ou ainda as

---

366. DERZI, Misabel Abreu Machado. *Op. Cit.*, 2014, p. 1018: "Embora a confiança sistêmica seja um pressuposto, que permanece latente, pelo menos parcialmente, a diferenciação e a complexidade elevadas das sociedades contemporâneas e o risco, a elas inerente, convertem os mecanismos sociais de redução em reflexividade. Não basta a sua existência como mecanismos simples, diz Niklas Luhmann. Do ponto de vista da confiança, a reflexividade do processo, nos leva a uma autonomização, pois falamos, então, em confiança na confiança. Isso se dá em razão de que as técnicas reflexivas permitem aumentar e estender mais a complexidade do sistema e, de certa forma, conscientizar ou 'controlar' a qualidade da extensão e, com isso, do risco. A confiança torna-se reflexiva. Em lugar apenas de uma confiança espontânea, passamos a uma confiança 'percebida'."

367. Não se trata do direito positivo regulando o que se passa internamente com o ser humano, seus sentimentos, o "intrassubjetivo". Trata-se de uma técnica sistêmica. O sentido comum do nome não deve confundir o interlocutor.

glosas retroativas de créditos de ICMS decorrentes de aquisições de mercadorias vendidas por pessoas cuja documentação foi declarada inidônea, são exemplos do uso da técnica da desconfiança sistêmica para redução da complexidade das leis tributárias.

Fácil verificar, assim, que as referidas técnicas de confiança e desconfiança sistêmicas estão relacionadas à praticabilidade das leis e, no que nos interessa mais de perto, à praticabilidade tributária, entendida como princípio que traduz exigência de exequibilidade coerente do sistema tributário nacional.[368]

---

368. Se aperceberam disso, entre outros, COSTA, Regina Helena. *Praticabilidade e justiça tributária* – exequibilidade de lei tributária e direitos dos contribuintes. São Paulo: Malheiros, 2007; DERZI, Misabel Abreu Machado. *Op. Cit.*, 2014; ROCHA, Eduardo Morais da. *Op. Cit.*, 2016, p. 14-15: "Nessa abordagem tradicional, a praticabilidade nada mais é do que a criação, pelo Estado, de meios jurídicos que facilitem a execução das regras em geral, de forma a tornar a aplicação ou a fiscalização do programa normativo mais cômodo e econômico e, consequentemente, mais eficiente, dando, com isso, uma maior exequibilidade aos seus comandos."; p. 15-16: "Desse modo, segundo Onofre Alves Batista Júnior, fica bastante nítido que a praticabilidade '[...] tem relação com técnicas de execução simplificadora do Direito, exatamente para se evitar a investigação exaustiva do caso isolado e dispensar a coleta das provas difíceis em cada caso concreto.'"

4. A ATRIBUIÇÃO DE DEVERES A CONTRIBUINTES E RESPONSÁVEIS COMO CONFIANÇA SISTÊMICA NO CONTEXTO DE PRATICABILIDADE DAS LEIS TRIBUTÁRIAS

Enquanto técnicas de redução de complexidades sistêmicas, confiança e desconfiança andam juntas. Muitas vezes, se interpenetram, buscando o mesmo objetivo de maneiras diferentes. No caminho daquela simplificação suficiente para tornar exequível o sistema, não raro, confia-se na desconfiança e desconfia-se na confiança.

Esse é o caso da atribuição de deveres instrumentais a contribuintes e responsáveis. Os deveres instrumentais tributários, como vimos, são aquelas prestações de dar, fazer ou não fazer prescritas aos particulares para que o Estado tenha condições de verificar o adequado cumprimento da legislação tributária.

Para tornar exequíveis os comandos constitucionais, o Estado utiliza-se do ordenamento jurídico, aplicando inicialmente a técnica da desconfiança, prevendo competências fiscalizatórias e arrecadatórias que lhe permitirão conferir o grau de conformidade dos administrados às determinações das leis tributárias, garantindo, assim, efetividade na obtenção dos recursos necessários à consecução de seus deveres maiores.

OS TERCEIROS NA SUJEIÇÃO PASSIVA TRIBUTÁRIA
E O *ALTERLANÇAMENTO*

É preciso desconfiança sistêmica para fiscalizar e, como vimos, a desconfiança exige um número maior de informações se comparada com a técnica da confiança sistêmica.

Por sobre essa técnica de desconfiança sistêmica, diante da massificação do direito tributário e das dificuldades de ordem prática que o fenômeno traz para a aplicação, com economicidade e efetividade (eficiência), dos atos administrativos de fiscalização (já que se passa a necessitar de mais informações – e informações mais detalhadas – de um número cada vez maior de destinatários), costuma-se aplicar a técnica, metodologicamente oposta e finalisticamente equivalente, da confiança sistêmica, atribuindo aos administrados, no caso contribuintes e responsáveis, deveres que facilitam a execução da função estatal de gestão do sistema tributário.

Do ponto de vista da administração pública, o sistema tem sua complexidade reduzida ao permitir a obtenção de resultados buscados sem a manutenção de protagonismo na função de constituição do crédito tributário e sem a necessidade de constantes procedimentos fiscalizatórios na busca de informações e elementos necessários à liquidação do crédito e consequente pagamento do mesmo, ou ainda à confirmação de eventual direito ao não pagamento.

De um ponto de vista mais amplo, porém, o modo como, nesses casos, se costuma utilizar a técnica da confiança não gera, necessariamente, redução da complexidade do sistema tributário como um todo, uma vez que referida complexidade é transferida e não diminuída.[369] Gera, por certo, exequibilidade da determinação

---

[369]. Interessante rememorar a crítica de Gerd Willi Rothmann: "Para caracterizar a posição do contribuinte dentro do nosso caótico sistema tributário, costumo referir-me ao '*cidadão-contribuinte de vidro na selva das normas tributárias*'. Na minha opinião, esta metáfora mostra bem a transparência cada vez maior do cidadão-contribuinte pelo dever de prestar informações à administração tributária e, por outro lado, sua fragilidade, exposta a uma selva de normas confusas, de difícil compreensão, contraditórias, que, descumpridas, o submetem a severas sanções administrativas e até penais. Por ignorância ou por falta de recursos materiais, grande parte dos contribuintes está condenada a arcar com a crescente carga fiscal, completamente desproporcional aos serviços públicos prestados pelo Estado, escassos e,

constitucional de eficiência para a administração pública, cumprindo um dos sentidos possíveis o art. 37 do Texto Maior.

A imposição de deveres de autoliquidação – e outros que permitam a verificação do cumprimento das leis tributárias – transfere a contribuintes e responsáveis o papel de intérpretes competentes aptos a construir as normas jurídicas de que são destinatários e a concretizar as próprias relações com o fisco, adimplindo em sentido estrito as prestações que lhes são exigidas legalmente. Adimplemento que, lembremos, deve trazer consigo a ideia de cooperação informada pela boa-fé objetiva.

Sobre essa característica do ordenamento tributário, Heleno Taveira Torres reforça que

> Logicamente, a prática cada vez mais numerosa de procedimentos administrativos transferidos ao contribuinte, para que este interprete a lei e a cumpra do melhor modo possível, estabelece uma condição deste como 'intérprete' permanente e necessário das leis tributárias, de tal forma que já não cabe falar de 'intérprete autêntico' ou de privilégios da Administração na ação de interpretar e aplicar a lei tributária. Todos – Fisco e contribuintes – são intérpretes qualificados da comunidade hermenêutica, que se constitui em torno do regime jurídico dos tributos exigidos de determinados sujeitos passivos.[370]

---

muitas vezes, de péssima qualidade. Somente quem pode pagar um GPS ou, pelo menos, uma bússola, ou seja, um contador ou advogado, especializados em matéria tributária, consegue sair desta selva, sem, literalmente, quebrar. Como se vê, no Brasil, a situação dos contribuintes não é diferente daquela da Alemanha, onde o economista e financista Prof. Gert Rose cunhou a expressão *'imposto dos bobos'*: quem não tiver recursos para contratar um especialista para ajudar-lhe na compreensão da legislação tributária caótica e encontrar possibilidades de reduzir a carga fiscal excessiva 'é feito de bobo'." (ROTHMANN, Gerd Willi. Em prefácio a OLIVEIRA, Phelippe Toledo Pires de. *A obrigação de divulgação de planejamentos tributários agressivos no ordenamento brasileiro* – uma análise à luz do Projeto BEPS da OCDE/G20. São Paulo: Quartier Latin/IBDT, 2018, p. 21).

370. Torres, Heleno Taveira. *Op. Cit.*, 2012, p. 285-286. P. 284: "Na comunidade dos intérpretes tributários, os contribuintes assumiram papel de preponderância e, nesse sentido, a conformação de condutas à legalidade deve ser norteada por uma renovada concepção hermenêutica que não se confine à doutrina da 'única resposta correta'. A interpretação do sistema tributário no constitucionalismo do Estado Democrático de Direito deve ser baseada na proteção da dignidade da pessoa e no exercício permanente do princípio-garantia da segurança jurídica. Nesse propósito

Recordemos que a técnica da confiança na boa-fé objetiva de contribuintes e responsáveis, aqui mencionada, está inserida no contexto de aplicação prévia da desconfiança sistêmica (necessidade de fiscalizar o cumprimento das obrigações). Ou seja, altera-se a origem do fluxo de informações, atribuindo-se competência aos particulares para elaboração de normas jurídicas, resultando em maior eficiência administrativa, mas mantém-se a necessidade (ou possibilidade) de verificação dessas informações, cada vez mais numerosas e complexas, com a previsão legal de prevalência do lançamento sobre o autolançamento (art. 150, do Código Tributário Nacional).

Não raramente, nessa função de verificação do cumprimento dos deveres exigidos de contribuintes e responsáveis, a administração pública considera haver um distanciamento entre sua expectativa enquanto credora e o cumprimento da prestação relacional pelos administrados.[371]

Exigidos a interpretar as comunicações do ordenamento jurídico, os destinatários das mensagens prescritivas atribuem sentido aos textos do direito positivo no contexto de seus próprios horizontes culturais, influenciados pelos valores que carregam como relevantes e, por se sujeitar à carga tributária por eles mesmos constituída, buscam (comumente, não necessariamente) sentidos normativos que fundamentem pagar o mínimo necessário e não o máximo possível.

---

de realização de uma tributação justa, a compreensão da interpretação das leis tributárias deve assumir a argumentação segundo princípios – com destaque para a boa-fé – como método de notável dimensão prática, como um instrumento seguro para a aplicação dos tributos. A escolha da melhor decisão deve ser uma opção pela mais adequada aos padrões de conformidade com os valores constitucionais, com a finalidade de afastar o arbítrio da relação tributária e instaurar uma tributação pautada pela cidadania, igualdade e segurança jurídica."

371. Adverte Sérgio André Rocha: "Ora, se há algo que não se duvida é que a legislação tributária brasileira – assim como a legislação tributária da grande maioria dos países – é altamente complexa. Ao adotar um sistema de autoliquidação, sem que haja um mecanismo eficaz de consulta prévia sobre a interpretação da legislação – tendo em vista o tempo de resposta das autoridades fiscais –, e adotando a repressão e a punição como mecanismos de *compliance*, naturalmente teremos um sistema antagonista e litigioso." (ROCHA, Sérgio André. Reconstruindo a confiança na relação fisco-contribuinte. *Revista de Direito Tributário Atual* nº 39. São Paulo: IBDT, 2018, p. 516).

Riccardo Guastini lembra, com base em uma visão de realismo jurídico, que a atividade do intérprete jurídico está condicionada

> por sus intereses prácticos (políticos, económicos, profesionales, etc.), por sus ideas de justicia y por la aceptabilidad de las diferentes decisiones dentro de la cultura jurídica existente. Por último, aunque no por ello menos importante, estas decisiones interpretativas de los operadores también están condicionadas por las elaboradas construcciones conceptuales de los juristas teóricos, esto es, de la dogmática jurídica.[372]

Os métodos interpretativos utilizados pelos contribuintes e responsáveis, geralmente, tendem a ser diversos da interpretação literal, dando-se prevalência a interpretações sistematizadas, demonstrando-se, nesse ponto, a aplicação da técnica da desconfiança sistêmica, desta vez por parte desses "agentes" autorizados pelo ordenamento a criar normas jurídicas.

Na medida em que a norma jurídica é o resultado da interpretação realizada sobre o texto legal, haverá – se não sempre, quase sempre – potencial diferença entre ela e o que enunciou o emissor da mensagem, o que pretendia fosse entendido pelo destinatário da mesma e, nos casos de sistemas jurídico-prescritivos, o que pretendia fosse realizado pelos sujeitos de direito. Aos textos sempre podem ser atribuídos significados diversos e distintos (também é possível que de alguns textos não se possa atribuir qualquer significado, ou ainda, é possível criar significados normativos sem respaldo direto em texto legislado algum, como já vimos), sendo a interpretação jurídica um ato decisório do intérprete. Decide-se qual significado possível do texto de direito será aplicado *in concreto*.

É o destinatário da norma, assim, que decide o que entendeu serem os termos da relação jurídica que deve concretizar com o fisco. É ele quem define, pela interpretação e posterior argumentação do resultado de seu labor criativo-decisório, os

---

372. GUASTINI, Riccardo. El realismo jurídico redefinido. In NUÑEZ VAQUERO, Alvaro (Ed.). Modelos de ciencia jurídica. Lima: Palestra, 2014, p. 90.

limites que a pretensão do credor apresenta contra o devedor, sendo possível afirmar, portanto, que a boa-fé objetiva necessária à cooperação relacional deve nortear já o momento de interpretação da lei.

Portanto, a atribuição da tarefa de interpretar e aplicar o direito tributário a contribuintes e responsáveis afigura-se como uma técnica de gestão tributária que, utilizando a confiança sistêmica em sua funcionalidade de redução de complexidades, faz o credor depender de decisões interpretativas do devedor quanto aos limites de seus deveres e obrigações,[373] o que é próprio da fenomenologia da incidência normativa se levarmos em conta o direito enquanto sistema comunicacional e, assim, ontologicamente linguístico.

Sendo numerosas demais as decisões interpretativas que podem ser objeto de revisão por parte da administração pública – nesses casos de utilização da confiança na desconfiança – buscando uma redução ainda maior da complexidade sistêmica e, como consequência, um aumento na exequibilidade coerente do sistema tributário voltada ao princípio da eficiência, o Estado, muitas vezes, reinsere a desconfiança na aplicabilidade da legislação tributária, como veremos abaixo.

---

373. ROCHA, Sérgio André. *Op. Cit.*, 2018, p. 516: "Contudo, a transferência das atividades de liquidação para os contribuintes é uma via de mão dupla. Entrega a função de apuração do 'se' e 'quanto' pagar para quem, regra geral, entende que não deve pagar. Daí, não há cruzamento, sistema digital, ou autoridade fiscal que tenha capacidade de filtrar todos os comportamentos dos contribuintes tendentes a afastar, reduzir ou postergar o dever de contribuir."

5. A ATRIBUIÇÃO DE DEVERES INSTRUMENTAIS TRIBUTÁRIOS A TERCEIROS COMO DESCONFIANÇA SISTÊMICA NO CONTEXTO DE PRATICABILIDADE DAS LEIS TRIBUTÁRIAS

O chamamento de terceiros através da imposição de relações jurídicas com função de instrumentalidade em referência às relações tributárias de contribuintes e responsáveis configura reinserção da desconfiança enquanto técnica de redução da complexidade do sistema tributário.

Desconfiança em relação ao que devem cumprir contribuintes e responsáveis, ao mesmo tempo em que é confiança na conduta de terceiros.

Do ponto de vista da administração tributária, mantém-se, nesses casos, a economicidade por atribuir aos terceiros o dever de colaborar com suas funções de fiscalização e arrecadação, estabilizando o papel de coadjuvante do sujeito ativo na constituição das relações tributárias e na busca da satisfação de sua respectiva pretensão, permitindo maior eficiência pela utilização de critério qualitativo na seleção dos destinatários dos deveres instrumentais, em detrimento do critério quantitativo de seleção de contribuintes e responsáveis.

OS TERCEIROS NA SUJEIÇÃO PASSIVA TRIBUTÁRIA
E O *ALTERLANÇAMENTO*

O mencionado aumento do número de sujeitos passivos tributários decorre, em grande medida, da utilização do critério quantitativo de seleção. Isso quer dizer, o estado geralmente dá prevalência a tributar a maior quantidade possível de materialidades, exigindo o pagamento de tributos da maior quantidade possível de administrados, numa tentativa de aumentar a base de arrecadação para fazer frente às despesas públicas, buscando equilíbrio orçamentário.

Atribuir deveres instrumentais tributários a terceiros se faz, em regra, com a utilização do critério qualitativo, ou seja, escolhem-se os destinatários das normas que impõem essas relações tributárias instrumentais de modo a alcançar aqueles que, por suas características de proximidade com contribuintes ou responsáveis, ou ainda pela posição que ocupam no contexto do seu setor de atividade econômica, apresentam condições de interpretar e aplicar a norma tributária que prevê relação jurídica alheia, permitindo maior eficiência e segurança na gestão do sistema tributário do ponto de vista do credor.

Permite-se, assim, a obtenção de um maior número de informações sobre a aplicação da legislação tributária por contribuintes e responsáveis (sendo que o fisco tende a considerá-las informações de melhor qualidade diante de uma teórica parcialidade reduzida e, também, do nível de organização para conformidade esperada daqueles estrategicamente selecionados) e reduz-se a quantidade de decisões interpretativas sujeitas a revisão, diminuindo-se, em decorrência, custos de fiscalização.

Some-se às razões para que o Estado chame terceiros a participar instrumentalmente das relações com contribuintes e responsáveis a expectativa de que, em tese, as decisões interpretativas realizadas pelos terceiros tenderiam a não se distanciar tanto das pretensões do credor, se comparadas às normas produzidas pelos sujeitos passivos da obrigação tributária, uma vez que as pessoas alheias à relação principal não sofreriam os encargos tributários e, assim, não teriam interesse em buscar pagar o mínimo legalmente permitido, agindo, de outro lado, somente em cumprimento ao dever instrumental que lhe foi imposto e evitando receber sanções pela ausência de colaboração.

Se comparados àqueles que suportam a carga tributária, os terceiros tendem a demorar mais para acionar a resistência fiscal[374] diante de exigências advindas de sistemas tributários irracionais economicamente.[375]

---

374. TIPKE, Klaus; LANG, Joachim. *Direito tributário*. FURQUIM, Luiz Doria (trad.). Porto Alegre: Sergio Antonio Fabris Editor, 2008, p. 393-397. Os autores falam em quatro "exigências básicas" para uma "racionalidade econômica e de Estado de Direito": 1) Justiça, vinculada ao postulado da igualdade, e na qual se inclui também a noção de eficiência econômica, na medida em que, em um Estado de Direito, um tributo injusto não pode ser justificado e, assim, não goza de aceitação; 2) Produtividade, onde está incluída a ideia de flexibilidade, significando que o tributo deve ser exitoso em cobrir a necessidade financeira em razão da qual foi criado sem desconsiderar que também lhe compete manter a força produtiva da economia, devendo, por isso, ser flexível para poder responder e reagir a mudanças de quadros econômicos sem aplicação de legislações modificadoras, já que o ideal é que seu tipo contenha a chamada *built-in flexibility*, permitindo evolução da receita sem modificação legislativa; 3) Imperceptibilidade, em conjunto com comodidade, noções pelas quais o tributo deve ser escassamente notado ou simplesmente não notado pelo cidadão contribuinte. A perceptibilidade ativa a resistência fiscal. 4) Praticabilidade, em que se inclui certeza, transparência, simplicidade e modicidade, extraindo-se, daí, a ideia de que o tributo é bom tanto para Estado quanto para contribuintes quando é praticável, com tipos legais simples e compreensíveis, ônus transparentes, custos de cobrança insignificantes.

375. SMITH, Adam. *A Riqueza das Nações*. Lisboa: Ed. Fundação Calouste Gulbenkian, 1983, vol. II, p. 485-489. Em 1776, o autor estabeleceu quatro máximas da tributação, ou princípios de tributação ideal: 1) Equidade da imposição: os cidadãos devem pagar tributos em proporção a suas capacidades e, especialmente em proporção aos ganhos que obtém e gozam sob a proteção do Estado; 2) Certeza da imposição: questões como prazo de pagamento, forma de pagamento, importe de pagamento devem ser, a todos os destinatários, claras e explícitas; 3) Comodidade da imposição: deve-se exigir o tributo ao tempo e da maneira mais cômodos ao cidadão; 4) Modicidade da imposição: os custos de cobrança devem ser insignificantes, mantendo-se fora dos bolsos dos contribuintes somente o minimamente necessário.

6. O TERCEIRO MAIS CONFIÁVEL

As normas individuais e concretas são o índice da boa-fé objetiva que informa a cooperação exigida nas relações tributárias. Aqueles competentes a incidir as normas gerais e abstratas (desde as autoridades administrativas até os particulares em geral), instauram as relações tributárias através das normas individuais e concretas que demonstram o nível de conformidade com o quanto prescrito pelo ordenamento jurídico.

O exemplo da imposição a terceiros de deveres de recolhimento de valores devidos ao fisco por contribuintes ou responsáveis ajuda a compreender que se encontra instaurado, no contexto jurídico-positivo brasileiro, um *estado de desconfiança recíproca*, cujo fundamento técnico se retira da observação da dinâmica das relações tributárias em torno da praticabilidade. Termina-se antagonizando administração tributária e administrados, especialmente contribuintes e responsáveis tributários.[376]

---

376. Em tom crítico, ver ALMEIDA, Carlos Otávio Ferreira de. *Op. Cit.*, 2017, p. 61: "Tal estado de coisas advém, dentre outras variáveis, da mentalidade corporativamente desenvolvida num sentido dicotômico. Há um adversário a ser batido, muito bem definido: o contribuinte, conhecidamente sonegador e fraudador." P. 63: "A despeito dessas dificuldades, o FTA [Fórum sobre Administração Tributária da OCDE] vem produzindo notável material sobre a forma de atuação da administração tributária, a fim de torná-la mais eficiente e eficaz, por meio da alavancagem da conformidade fiscal, da redução de custos para os contribuintes e do desenvolvimento de um ambiente baseado na confiança recíproca. Tais esforços corroboram a necessidade de mudança na forma tradicional de atuação do fisco, caracterizada,

OS TERCEIROS NA SUJEIÇÃO PASSIVA TRIBUTÁRIA
E O *ALTERLANÇAMENTO*

Veja-se o caso da retenção do imposto sobre a renda pela fonte pagadora de rendimentos tributáveis. Ao invés de se aguardar que cada um dos contribuintes adimpla em sentido estrito a obrigação principal, confia-se na expectativa de adimplemento do dever de recolhimento por parte da fonte pagadora, obtendo-se o efeito esperado de ingresso de valores pecuniários aos cofres públicos.

Troca-se a expectativa de pagamento pela expectativa de recolhimento, demonstrando a prevalência dada ao adimplemento do dever instrumental imposto ao terceiro em detrimento do adimplemento da obrigação principal pelo contribuinte. Em outras palavras, espera-se melhores resultados arrecadatórios aplicando-se sobre a cooperação informada pela boa-fé por parte do terceiro a técnica da confiança na redução de complexidade sistêmica, ao mesmo tempo em que se aplica a técnica da desconfiança sobre a cooperação informada pela boa-fé por parte do contribuinte.

Essa maneira de tornar mais exequíveis, ao mesmo tempo em que mais eficientes, as normas que possibilitam a gestão do sistema tributário, é vista, também, nos casos de atribuição do dever instrumental de constituição de créditos tributários alheios, que chamamos *alterlançamento*, estudado em capítulos anteriores.

---

resumidamente, por pouca abertura ao diálogo, postura prioritária repressiva e interpretações *sui generis* acerca de diversos institutos do ordenamento vigente."

7. LIMITES À ATRIBUIÇÃO DE DEVERES INSTRUMENTAIS TRIBUTÁRIOS A TERCEIROS

Nada do que foi dito até este ponto do trabalho deve ser lido em desconsideração das garantias dos administrados, de seus direitos fundamentais, protegidos com igual relevância pelo ordenamento jurídico em vigor.

Diante de casos concretos, aquela norma de competência implícita construída desde o texto constitucional, com os aportes das previsões do Código Tributário Nacional, baseada nas noções de interesse público, eficiência administrativa, coerência sistêmica da racionalidade fiscalizatória e praticabilidade tributária, que dá corpo à escolha do estado pela técnica de desconfiança sistêmica de que falamos ao criar o chamado "dever de colaboração" de forma ampla o suficiente para atingir terceiros, poderá ceder lugar a outros sentidos construídos a partir do direito positivo.

O dever de colaboração, assim, não é absoluto e, a depender do caso concreto, a norma jurídica que o impõe pode ser derrotada.[377]

---

[377]. Remetemos à anotação sobre derrotabilidade, a partir de Riccardo Guastini, constante do capítulo I (item 2.1).

7.1 Interesse público, eficiência, coerência e praticabilidade como limites

Interesse público na finalidade da arrecadação tributária, eficiência administrativa, coerência sistêmica e praticabilidade tributária, citadas como exemplos de noções que ajudam a fundamentar a norma de competência que justifica a imposição de deveres instrumentais tributários no Brasil, bem como a expressão "no interesse da arrecadação e da fiscalização dos tributos" e a previsão do Código Tributário Nacional autorizando a criação de deveres via *legislação tributária*, servem, sob outro viés, como verdadeiros limites às exigências de cooperação dos administrados com o poder público no que se refere à matéria tributária. E, veremos, não são os únicos existentes.

Visto enquanto limite, o **interesse público na finalidade da arrecadação tributária** está ligado ao interesse da coletividade a uma boa administração, no sentido de se ver garantido que o quanto exigido dos administrados seja exatamente o quanto permitido pelo sistema tributário nacional, não só em relação ao montante de tributos, mas em relação aos direitos protegidos. Uma administração que respeite a segurança jurídica.

Maria Sylvia Zanella di Pietro afirma que "O princípio da supremacia do interesse público, ao contrário do que se afirma, não coloca em risco os direitos fundamentais do homem. Pelo contrário, ele os protege."[378]

Por isso, a norma de estrutura que permite a criação de leis prevendo deveres instrumentais tributários está baseada em uma noção de interesse público que não protege somente a necessidade de arrecadação de receitas tributárias, mas, sobretudo, protege a completude dos direitos previstos na carta constitucional. O interesse público na finalidade da arrecadação tributária não justifica, assim, a intromissão nas esferas de liberdade dos administrados, com os olhos voltados, pura e

---

[378]. DI PIETRO, Maria Sylvia Zanella. *Op. Cit.*, 2012, p. 251.

simplesmente, à obtenção de receitas, mas, também, à proteção do estado fiscal esperado por todos os cidadãos.

Pensada a *eficiência administrativa* nesse contexto, rechaça-se a ideia puramente econômico-financeira que a fundamenta, no sentido de arrecadar mais e gastar menos, ainda que em detrimento de direitos dos administrados.[379]

Alexandre Santos de Aragão ensina que

> A eficiência não pode ser entendida apenas como maximização do lucro, mas sim como um melhor exercício das missões de interesse coletivo que incumbe ao Estado, que deve obter a maior realização prática possível das finalidades do ordenamento jurídico, com os menores ônus possíveis, tanto para o próprio Estado, especialmente de índole financeira, como para as liberdades dos cidadãos.[380]

Por sua vez, Guilherme Adolfo dos Santos Mendes considera que

> A eficiência não se resume, pois, à promoção do mais elevado nível de resultados ao prover a população dos direitos estatuídos pela ordem constitucional, é também e sobretudo garantir tais direitos com o menor sacrifício pela imposição de deveres aos membros desta mesma sociedade. [...] A eficiência impõe, de um lado, em face do paradigma liberal, o menor grau de atenuações de liberdades para um mesmo nível de resultados e, de outro, em razão do viés social, que, para um mesmo patamar de sacrifícios, a Administração Pública proveja a sociedade com o máximo de direitos. [...] A natureza do interesse público determina a Eficiência a que o Estado deve almejar, a qual não pode ser dirigida para a busca de melhores resultados e menores custos

---

[379]. "Importante não se perder de vista, nesse tocante, que a eficiência das Administrações Tributárias não se mede, exclusivamente, pelos números que indiciam seu potencial arrecadatório, mas, também – e diria, até principalmente – por sua capacidade de tributar exatamente aquilo que lhe é de direito e nos exatos parâmetros formais e materiais legalmente fixados." (DALLA PRIA, Rodrigo. *Op. Cit.*, 2020, p. 632).

[380]. ARAGÃO, Alexandre Santos de. O princípio da eficiência. In MARRARA, Thiago (Org.). *Princípios de direito administrativo – legalidade, segurança jurídica, impessoalidade, publicidade, motivação, eficiência, razoabilidade, interesse público.* São Paulo: Atlas, 2012, p. 375.

para a máquina estatal em si, mas sim para a sociedade como um todo. A Eficiência da Administração Pública jamais deve ser ensimesmada, mas sempre contextualizada com os anseios da sua população; deve se coadunar com o interesse coletivo, não com os individuais do Estado.[381]

Por isso, atribuir deveres instrumentais tributários deve ser uma tarefa que se justifique pela necessidade da obtenção das informações buscadas, e não pelo fato de que, transferidas as funções estatais aos administrados, o significado será a diminuição de custos para o poder público na gestão do sistema tributário.

Assim, a racionalidade fiscalizatória presente no texto constitucional deve ser empregada – para ser, de fato, **coerente** com a inteireza do sistema jurídico – de modo equibilibrado em relação aos direitos e garantias individuais dos cidadãos-administrados.[382] Novamente, a **praticabilidade tributária** ganha papel de relevância, já que impõe a exequibilidade tanto do poder-dever de fiscalização quanto das proteções normativas às pessoas cujas condutas são reguladas.[383] No viés de

---

381. MENDES, Guilherme Adolfo dos Santos. Princípio da eficiência. In MARRARA, Thiago (Org.). *Princípios de direito administrativo* – legalidade, segurança jurídica, impessoalidade, publicidade, motivação, eficiência, razoabilidade, interesse público. São Paulo: Atlas, 2012, p. 363-370.

382. TIPKE, Klaus. *Princípio da igualdade e ideia de sistema no direito tributário*. In MACHADO, Brandão (Coord.). Direito tributário – estudos em homenagem ao professor Ruy Barbosa Nogueira. São Paulo: Saraiva, 1984, p. 520; O mesmo autor diz: "A expressão 'unidade da ordem jurídica' significa, pelo menos no entendimento jurídico alemão, que três requisitos devem ser preenchidos: (1) Deve tratar-se de uma *ordem* racional, i.e., de uma matéria ordenada segundo princípios formais ou materiais. (2) Não pode tratar-se de uma ordem qualquer, de uma ordem segundo quaisquer princípios. O Estado de Direito exige, também, mais que uma mera ordem formal; ele exige uma *ordem jurídica*. Ordem jurídica significa, no Estado de Direito, o mesmo que *ordem de justiça*. A ordem jurídica, ou a ordem de justiça do Estado de Direito, deve estar baseada em princípios ou critérios derivados da justiça. (3) A ordem jurídica deve formar uma *unidade*. Isto ela faz quando os princípios de justiça são seguidos à risca. [...]" (TIPKE, Klaus. *Sobre a unidade da ordem jurídica tributária*. In SCHOUERI, Luís Eduardo; ZILVETI, Fernando Aurelio (Coord.). *Direito tributário* – estudos em homenagem a Brandão Machado. São Paulo: Dialética, 1998, p. 60)

383. "Assim sendo, pensamos seja o princípio da praticabilidade tributária desdobramento ou derivação de princípio maior, considerado essencial ao direito público:

limites, a ***coerência sistêmica e a praticabilidade tributária***, vistas em conjugação com o interesse público e a eficiência administrativa, atraem a proporcionalidade.

7.2 Proporcionalidade

A ***proporcionalidade***, considerada aqui no sentido atribuído pelos alemães,[384] como exigência de avaliação da adequação, da necessidade e da proporcionalidade em sentido estrito dos atos de aplicação do direito, tem papel muito importante na análise das atribuições de deveres instrumentais tributários. Para serem razoáveis, juridicamente falando, os atos de atendimento à norma constitucional de competência para imposição de colaboração dos administrados com o poder público em matéria tributária, devem possuir eficácia apta ao fim público que orienta a sua prática (adequação); devem ser os mais brandos dentre os modos adequados de concretizar a finalidade perseguida (necessidade); e, por fim, devem obter benefícios para o interesse público almejado que superem os custos das restrições de direitos, como liberdade e propriedade privada.[385]

---

o princípio da supremacia do interesse público sobre o particular, também conhecido por princípio da finalidade pública ou do interesse público. [...] Na seara tributária a supremacia do interesse público sobre o interesse particular pode ser traduzida, singelamente, na convivência harmônica entre a adequada realização da arrecadação tributária e o respeito aos direitos dos contribuintes. Nesse contexto, há de atuar a praticidade para, de um lado, viabilizar a imprescindível geração de receita tributária e, de outro, propiciar ao contribuinte o cumprimento, eficiente e sem demasiados ônus, de suas obrigações e deveres fiscais." (COSTA, Regina Helena. *Praticabilidade e justiça tributária – exequibilidade de lei tributária e direitos dos contribuintes*. São Paulo: Malheiros, 2007, p. 93).

384. Nesse sentido, AVILA, Humberto. Proporcionalidade e direito tributário. In SCHOUERI, Luís Eduardo (Coord.). *Direito tributário* – homenagem a Alcides Jorge Costa. Vol. I. São Paulo: Quartier Latin, 2003, p. 329-347.

385. MARRARA, Thiago. O conteúdo do princípio da moralidade: probidade, razoabilidade e cooperação. In MARRARA, Thiago (Org.). *Princípios de direito administrativo* – legalidade, segurança jurídica, impessoalidade, publicidade, motivação, eficiência, razoabilidade, interesse público. São Paulo: Atlas, 2012, p. 171-172.

OS TERCEIROS NA SUJEIÇÃO PASSIVA TRIBUTÁRIA
E O *ALTERLANÇAMENTO*

A proporcionalidade exigida nesses casos, a nosso sentir, não deve se voltar apenas às hipóteses de apuração de débitos tributários. Em outros termos, os exames de adequação, necessidade e proporcionalidade *stricto sensu*, da exigência concreta de deveres instrumentais dos administrados, não devem se limitar ao fim-tributação. A exigência de créditos tributários é sempre meio. O fim é aquele interesse público acima mencionado, mais amplo do que a mera arrecadação. Por isso, a instrumentalidade dos deveres tributários deve servir, também, às hipóteses em que não há tributos a exigir, como os casos de imunidade, ou ainda, quando o que se busca imediatamente é saber se outro dever instrumental foi cumprido adequadamente.

Especificamente no que se refere aos terceiros colocados em relações com função de instrumentalidade sobre relações jurídicas alheias, o exame da proporcionalidade destaca-se em importância, devendo se indagar, diante dos casos concretos, se, em que pese adequados, os meios empregados, voltados à praticabilidade tributária, são mesmo necessários – já que, em geral, o que se exige dos terceiros, poderia ser obtido diretamente de contribuintes e responsáveis tributários – e proporcionais em sentido estrito – já que interferem em esferas de liberdade de uma quantidade maior de sujeitos do que aqueles que estão em relação direta com o fisco no que se refere ao cumprimento da legislação tributária.[386]

---

[386]. "Se fosse possível sumular o pensamento acerca dos limites dos 'deveres instrumentais' tributários, diria que estes limites estão no princípio da razoabilidade, ou, como querem alguns, na proporcionalidade. [...] Se é verdade que o Fisco deve agir no intuito de cobrar o débito tributário, não menos verdade é que a sua atuação deva ser conforme aos postulados constitucionais e legais estabelecidos. Deve--se perquirir se: a) é necessária a medida pretendida para atingir o objetivo do Fisco (apurar corretamente a dívida do contribuinte); b) a medida proposta é adequada para atingir esse fim e c) há proporcionalidade entre a medida escolhida e o fim pretendido (proporcionalidade em sentido estrito). Respondidos afirmativamente os requisitos atrás mencionados, já se terá percorrido pelo menos os primeiros passos para se avaliar se a fiscalização não extrapolou os seus limites ao demandar o cumprimento de certos deveres instrumentais." (HORVATH, Estevão. Deveres instrumentais e seus limites. In BARRETO, Aires Fernandino; *et al. Interpretação e estado de direito*. São Paulo: Noeses, 2006, p. 222).

7.3 Livre-iniciativa e livre-concorrência

Livre-iniciativa e livre-concorrência são, do mesmo modo, limites à criação de deveres instrumentais tributários. O Estado, no contexto do liberalismo, deve agir de modo a garantir ambiente propício ao desenvolvimento da concorrência,[387] assegurando liberdade de atuação e possibilitando, a todos, o exercício da livre-iniciativa, conforme está previsto no art. 170[388] da Constituição Federal.

Tercio Sampaio Ferraz Júnior esclarece que não coincidem, necessariamente, as definições das expressões livre-iniciativa e livre-concorrência, entendida como princípio de livre mercado. Em sua visão, o princípio da livre-concorrência, considerado normativamente em função da competitividade própria da livre-iniciativa, é verdadeiro direito fundamental de concorrer, de atuar criativamente no mercado.[389]

São seus os dizeres:

> Por meio do mercado a sociedade impõe uma ordem à livre-iniciativa. O *princípio da livre-concorrência*, por seu lado, garante, em nome dessa coletividade, o exercício da livre-iniciativa, a qual exige, como qualquer direito fundamental, o estabelecimento de seus limites que não só devem ser buscados na livre-iniciatva *dos outros agentes*, mas também no exercício de outras liberdades, como a de consumir, a de ter acesso aos benefícios

---

387. TORRES, Ricardo Lobo. *Interação entre princípios constitucionais tributários e princípios da Ordem Econômica.* In FERRAZ, Roberto (Coord.). Princípios e limites da tributação 2 – os princípios da ordem econômica e a tributação. São Paul: Quartier Latin, 2009, p. 494.

388. "Art. 170. A ordem econômica, fundada na valorização do trabalho humano e na livre-iniciativa, tem por fim assegurar a todos existência digna, conforme os ditames da justiça social, observados os seguintes princípios: [...] IV – livre-concorrência; [...]" (BRASIL. [Constituição (1988)]. Constituição da República Federativa do Brasil. Brasília, DF. Congresso Nacional, 1988)

389. FERRAZ JUNIOR, Tercio Sampaio. Obrigação tributária acessória e limites de imposição: razoabilidade e neutralidade concorrencial do Estado. *In* FERRAZ, Roberto. *Princípios e limites da tributação.* São Paulo: Quartier Latin, 2005, p. 726.

da propriedade e da produção, inclusive de respeitar o princípio constitucional da soberania.[390]

Submetido que está aos ditames do art. 170, da Constituição Federal, e, assim, aos ditames da justiça social aplicável à ordem econômica, o princípio da livre- concorrência encontra na presença do Estado regulador e fiscalizador um importante aliado, capaz de fomentar competitividades e impedir que as mesmas se desvirtuem, coibindo abusos de livre-iniciativa.[391]

Por certo que livre-iniciativa e livre-concorrência não significam alheamento radical do Estado, mas, de outro modo, impõem graus de interferência, conjugando-os com outros direitos e valores consagrados na Constituição Federal.[392]

A imposição de deveres instrumentais tributários, assim, pode estar a serviço da livre-iniciativa e da livre-concorrência, podendo se afigurar uma forma de diminuição de atitudes de concorrência desleal através da manipulação do sistema tributário nacional.[393]

Vistas, porém, livre-iniciativa e livre-concorrência, como limites à imposição de deveres instrumentais em matéria tributária, o que aqui defendemos é que, na medida em que o estado deve atuar de modo a permitir e, mais do que isso, fomentar a competitividade do livre mercado, protegendo aquele direito fundamental de concorrer, a atuação da administração pública na criação dos deveres de que tratamos nestas investigações, sem observância da proporcionalidade tratada mais acima, pode significar restrição indevida aos princípios em questão.[394]

---

390. FERRAZ JUNIOR, Tercio Sampaio. Obrigação tributária acessória e limites de imposição: razoabilidade e neutralidade concorrencial do Estado. In FERRAZ, Roberto. *Princípios e limites da tributação*. São Paulo: Quartier Latin, 2005, p. 727.

391. Idem.

392. Idem, p. 728.

393. Conforme MARTINS, Ives Gandra da Silva. *Obrigações acessórias tributárias e a disciplina jurídica da concorrência*. In FERRAZ, Roberto (Coord.). Princípios e limites da tributação. São Paulo: Quartier Latin, 2005, p. 667-682.

394. FERRAZ JUNIOR, Tercio Sampaio. Op. cit., 2005, p. 715-735. Especialmente se recordarmos que se trata de custos de conformidade. Cfr. SCHOUERI. Luís Eduar-

Roque Antonio Carrazza ensina que "[...] não se pode, por meio de obrigações acessórias, restringir, de modo desnecessário e excessivo, a atuação das empresas, sob pena de violação ao princípio da livre-iniciativa."[395] Por isso, os deveres instrumentais tributários devem ser criados com o cuidado de não se tornarem desequilibradores da concorrência.[396]

7.4 Isonomia

A exigência de tratamento isonômico, além do tratamento igual a situações idênticas e desigual para situações diversas, impõe a justificação das escolhas dos tratamentos diferentes para situações semelhantes.[397] Apresenta-se, portanto, como mais um limite garantido pelo ordenamento jurídico e aplicável, também, à temática dos deveres instrumentais tributários. A norma de estrutura implícita, presente no altiplano constitucional, que, vista do ponto de observação do administrado, significa o dever de colaboração com o fisco, deve ser, dessa maneira, construída levando mais esse dado em consideração.

Será preciso, desse modo, justificar as razões da discriminação legal que levam os terceiros a serem tratados como colaboradores do Estado (por exemplo, o fato de deterem determinados documentos relacionados aos contribuintes), bem como eventuais diferenças de tratamentos entre os próprios terceiros (por exemplo, o fato de algumas categorias de administrados possuírem informações sobre um número maior de contribuintes do que outras), impondo-se, a alguns, deveres

---

do. *Op. cit.*, 2019, p. 518-522.

395. CARRAZZA, Roque Antonio. *Reflexões sobre a obrigação tributária*. São Paulo: Noeses, 2010, p. 223.

396. FEZZAZ JÚNIOR, Tércio Sampaio. Obrigação tributária acessória e limites de imposição – razoabilidade e neutralidade concorrencial do Estado. In TORRES, Heleno Taveira (Coord.). *Teoria geral da obrigação tributária* – estudos em homenagem ao professor José Souto Maior Borges. São Paulo: Malheiros, 2005, p. 277.

397. SCHOUERI, Luís Eduardo. *Op. Cit.*, 2019, p. 352-355.

instrumentais voltados a relações tributárias alheias e, a outros, nenhum dever tributário.[398]

Caso não seja realizada a devida justificativa quanto ao fator de *discrímen* aplicado, irrealizável será a exigência de dever instrumental tributário de terceiro, por afronta à obrigação de tratamento isonômico.

7.5 Legalidade

Por certo, permeia a totalidade do fenômeno jurídico a legalidade, a exigir que as obrigações e deveres decorram de lei em sentido amplo.

Se quisermos estar de acordo com a prescrição do art. 5º, inciso II,[399] da Constituição Federal, deveremos considerar que, também os deveres de colaboração em matéria tributária, sujeitam-se à legalidade, devendo ser criados por lei ou por ato normativo com força de lei.

Auxilia-nos no raciocínio Roque Antonio Carrazza, para quem

> De primeiro, aflora à evidência que, por injunção do princípio da legalidade, que se espraia sobranceiro por todos os setores do Direito, os órgãos da Administração Tributária podem exigir dos contribuintes ou de terceiros, o cumprimento de deveres instrumentais criados em lei. Esta afirmação não suscita maiores controvérsias, porquanto, entre nós, tudo e todos se sujeitam ao império da lei.
>
> A lei é entendida aqui em sentido lato, agasalhando não só a emanada do Congresso Nacional, das Assembleias Legislativas e das Câmaras Municipais (lei *stricto sensu*), como, também, as leis

---

398. Caio Augusto Takano vê, também relacionado à isonomia, o tema dos *custos de conformidade*. Cfr., TAKANO, Caio Augusto. *Op. Cit.*, 2017, p. 127-128.

399. "Art. 5º. Todos são iguais perante a lei, sem distinção de qualquer natureza, garantindo-se aos brasileiros e aos estrangeiros residentes no País a inviolabilidade do direito à vida, à liberdade, à igualdade, à segurança e à propriedade, nos termos seguintes: [...] II - ninguém será obrigado a fazer ou deixar de fazer alguma coisa senão em virtude de lei; [...]" (BRASIL. [Constituição (1988)]. Constituição da República Federativa do Brasil. Brasília, DF. Congresso Nacional, 1988).

delegadas e os decretos-lei, desde que, é claro, sejam editados em obediência ao processo de elaboração que o Código Supremo houve por bem traçar.[400]

Implica-se, daí, que atos infralegais não deveriam ser utilizados como veículos normativos criadores de deveres instrumentais tributários,[401] o que parece indicar contradição aos termos do Código Tributário Nacional, que, em complementação à Constituição Federal, afirma que referidos deveres decorrem do que denomina "legislação tributária",[402] expressão que o mesmo Código define como suficiente a abranger leis, tratados e convenções internacionais, decretos e normas complementares, em seu art. 96.[403]

Não consideramos haver contradição. De fato, o Código Tributário Nacional diz que os deveres instrumentais tributários decorrem da legislação tributária, e não apenas da lei em sentido estrito. Porém, a liberdade que, se costuma

---

400. CARRAZZA, Roque Antonio. *O regulamento no direito tributário brasileiro*. São Paulo: RT, 1981, p. 30-31.

401. Nesse sentido, HORVATH, Estevão. *Deveres instrumentais e seus limites*. In BARRETO, Aires Fernandino; et al. Interpretação e estado de direito. São Paulo: Noeses, 2006, p. 205. Em sentido diverso, ver FERRAZ JUNIOR, Tercio Sampaio. Obrigação tributária acessória e limites de imposição. In TORRES, Heleno Taveira (Coord.). *Teoria geral da obrigação tributária* – estudos em homenagem ao professor José Souto Maior Borges. São Paulo: Malheiros, 2005, p. 265; e TAKANO, Caio Augusto. Op. Cit., 2017, p. 116-124.

402. Notem-se as diferenças de tratamento dado pelo Código Tributário Nacional aos dois tipos de relações tributárias que se preocupa em descrever: "Art. 113. A obrigação tributária é principal ou acessória. [...] § 2º A **obrigação acessória decorre da legislação tributária** e tem por objeto as prestações, positivas ou negativas, nela previstas no interesse da arrecadação ou da fiscalização dos tributos. [...] Art. 114. Fato gerador da **obrigação principal** é a situação **definida em lei** como necessária e suficiente à sua ocorrência. Art. 115. Fato gerador da **obrigação acessória** é qualquer situação que, **na forma da legislação** aplicável, impõe a prática ou a abstenção de ato que não configure obrigação principal." (BRASIL. Lei nº 5.172, de 25 de outubro de 1966. Código Tributário Nacional. Diário Oficial da União [DOU] de 27.10.1966).

403. "Art. 96. A expressão 'legislação tributária' compreende as leis, os tratados e as convenções internacionais, os decretos e as normas complementares que versem, no todo ou em parte, sobre tributos e relações jurídicas a eles pertinentes." (BRASIL. Lei nº 5.172, de 25 de outubro de 1966. Código Tributário Nacional. Diário Oficial da União [DOU] de 27.10.1966).

pensar, atribuiu o diploma legal em questão à formalidade necessária para a criação de deveres instrumentais, não foi tão ampla assim.

Isso porque, ao tratar da matéria *legislação tributária*, o Código Tributário Nacional cuida de dizer quais são as atribuições *exclusivas* da lei *stricto sensu*, prevendo em seis incisos do art. 97[404] aquilo que somente ela pode estabelecer, sendo certo que, da lista, não consta a criação de deveres instrumentais tributários. Costuma-se pensar, a partir da leitura desse dispositivo legal, que se trata de uma confirmação de que os deveres de colaboração em matéria tributária são criados pela legislação dos tributos, já que a lei não o faz.

Ocorre que outra leitura da formulação legal mencionada é, de todo, possível, e, conforme pensamos, mais coerente com a Constituição Federal: o art. 97 não veda a criação de deveres instrumentais por lei; somente diz que não se trata de competência exclusiva desta. E deve ser lido em conjunto com os dispositivos legais que o acompanham.

O art. 99,[405] por exemplo, diz que o alcance e o conteúdo dos decretos estão limitados aos das leis, em coerência com

---

404. "Art. 97. Somente a lei pode estabelecer: I - a instituição de tributos, ou a sua extinção; II - a majoração de tributos, ou sua redução, ressalvado o disposto nos artigos 21, 26, 39, 57 e 65; III - a definição do fato gerador da obrigação tributária principal, ressalvado o disposto no inciso I do § 3º do art. 52, e do seu sujeito passivo; IV - a fixação de alíquota do tributo e da sua base de cálculo, ressalvado o disposto nos artigos 21, 26, 39, 57 e 65; V - a cominação de penalidades para as ações ou omissões contrárias a seus dispositivos, ou para outras infrações nela definidas; VI - as hipóteses de exclusão, suspensão e extinção de créditos tributários, ou de dispensa ou redução de penalidades. § 1º Equipara-se à majoração do tributo a modificação da sua base de cálculo, que importe em torná-lo mais oneroso. § 2º Não constitui majoração de tributo, para os fins do disposto no inciso II deste artigo, a atualização do valor monetário da respectiva base de cálculo." (BRASIL. Lei nº 5.172, de 25 de outubro de 1966. Código Tributário Nacional. Diário Oficial da União [DOU] de 27.10.1966).

405. "Art. 99. O conteúdo e o alcance dos decretos restringem-se aos das leis em função das quais sejam expedidos, determinados com observância das regras de interpretação estabelecidas nesta Lei." (BRASIL. Lei nº 5.172, de 25 de outubro de 1966. Código Tributário Nacional. Diário Oficial da União [DOU] de 27.10.1966).

o art. 84, inciso IV, da Constituição Federal, que impõe aos decretos e regulamentos o papel de "fiel execução" das leis.[406]

É, novamente, Roque Antonio Carrazza quem explica (tendo escrito o trecho abaixo transcrito antes da Constituição Federal de 1988):

> Os regulamentos, embora devam se manter estritamente subordinados à letra e ao espírito da lei, desenvolvem o pensamento e os preceitos nela contidos, sendo, por isso, os atos do Poder Executivo que mais se entrosam com a função legislativa.
>
> Que eles servem para a boa execução das leis é pormenor que já não desperta controvérsias, até porque, uma simples leitura da Constituição nos instrui, a este respeito (art. 81, III, CF).
>
> Todos quantos se ocuparam do assunto – e não foram poucos – concordam que a missão precípua do regulamento é desenvolver os princípios gerais inerentes na lei, de molde a lhe prover a fiel execução. De fato, enquanto a lei tem por escopo declarar o direito, o regulamento colima desenvolvê-lo, em ordem a torná-lo o mais possível aplicável. Em resumo, torna (ou pretende tornar) efetivos os direitos declarados na lei.[407]

Continua o Código Tributário Nacional, em seu art. 100,[408] prevendo o que são as *normas complementares das leis, dos*

---

406. "Art. 84. Compete privativamente ao Presidente da República: [...]; IV - sancionar, promulgar e fazer publicar as leis, bem como expedir decretos e regulamentos para sua fiel execução; [...]" (BRASIL. [Constituição (1988)]. Constituição da República Federativa do Brasil. Brasília, DF. Congresso Nacional, 1988) Vale lembrar que não há autorização constitucional para que decretos não presidenciais sirvam para a *infiel* execução das leis.

407. CARRAZZA, Roque Antonio. *Op. Cit.*, 1981, p. 67. Ver sobre os limites do exercício da atividade normativa pelo poder executivo também em UCKMAR, Victor. *Princípios comuns de direito constitucional tributário*. Tradução de Marco Aurélio Greco. São Paulo: RT, 1976, p. 30-42.

408. "Art. 100. São normas complementares das leis, dos tratados e das convenções internacionais e dos decretos: I - os atos normativos expedidos pelas autoridades administrativas; II - as decisões dos órgãos singulares ou coletivos de jurisdição administrativa, a que a lei atribua eficácia normativa; III - as práticas reiteradamente observadas pelas autoridades administrativas; IV - os convênios que entre si celebrem a União, os Estados, o Distrito Federal e os Municípios. Parágrafo único. A observância das normas referidas neste art. exclui a imposição de penalidades, a cobrança de juros de mora e a atualização do valor monetário da base de cálculo do

tratados e convenções internacionais e dos decretos, trazendo quatro figuras: 1) atos normativos expedidos por autoridades administrativas; 2) decisões administrativas a que a lei atribua eficácia normativa; 3) práticas reiteradamente observadas pelas autoridades administrativas; 4) convênios celebrados entre União, Estados, Distrito Federal e Municípios.

As normas em questão, como exige o art. 100, são *complementares* e, assim como acontece com os decretos, não podem inovar conteúdo legal que seja contrário ao quanto disposto em seu fundamento de validade. Servem, também elas, "à fiel execução" das leis e dos decretos que complementam.

Para que possam tratar de deveres instrumentais, as normas complementares devem estar a serviço do desenvolvimento do quanto previsto no veículo legislativo que complementam. Por exemplo, se estão a tratar de um dever instrumental qualquer, há a necessidade de que esse dever esteja já previsto no decreto complementado e que, por sua vez, por ser decreto regulamentador de uma lei, somente poderá falar do dever instrumental que nela esteja originalmente previsto como passível de regulamentação. Essa a melhor leitura do art. 97, do Código Tributário Nacional, no sentido de que o assunto "deveres instrumentais tributários" não é matéria exclusiva da lei em sentido estrito. Mas, por ela tratado, o respectivo decreto regulamentador terá alcance e conteúdo limitados ao quanto previsto na lei. Por sua vez, a norma complementar do decreto e da lei não terá outro papel senão tratar de possibilitar a aplicabilidade do dever instrumental do como mais condizente com o sistema tributário.

E não serão todas as figuras tidas pelo Código Tributário Nacional como normas complementares que assim poderão proceder. Não traz qualquer dificuldade compreender que convênios entre os entes federativos, práticas reiteradamente observadas pelas autoridades e decisões administrativas não

---

tributo." (BRASIL. Lei nº 5.172, de 25 de outubro de 1966. Código Tributário Nacional. Diário Oficial da União [DOU] de 27.10.1966).

poderão inaugurar novos deveres instrumentais em matéria tributária, por evidente afronta à previsão constitucional de que ninguém será compelido a fazer ou deixar de fazer algo senão em virtude de lei.

O papel que resta à única figura que, não sendo lei nem decreto, pode tratar de deveres instrumentais em matéria tributária é, portanto, complementar, nunca inovadora de deveres de colaboração anteriormente não previstos em diplomas legais de superior hierarquia.

Nada justifica, razoavelmente, a nosso ver, a leitura que se dá ao já mencionado art. 113, do Código Tributário Nacional, no sentido de que, por referir, o dispositivo legal, que os deveres instrumentais tributários decorrem da legislação tributária, haveria autorização para que sua criação se desse por instruções normativas, portarias, comunicados etc., a não ser que o defensor de referida visão estivesse pronto para justificar como os outros tipos de normas complementares (decisões administrativas, práticas reiteradamente observadas pelas autoridades administrativas e convênios entre entes tributantes) também poderiam criar deveres instrumentais tributários.

7.6 Cláusula de interesse da arrecadação e da fiscalização dos tributos

Mantendo-nos agora no plano hierárquico do Código Tributário Nacional, lembremos que o diploma legislativo em questão exige, não somente como fundamento, mas, principalmente, como limite, a presença do *interesse da arrecadação e da fiscalização dos tributos* para que se possa cogitar da criação de deveres instrumentais tributários aos administrados.

Na linha do que estamos argumentando até aqui, Caio Augusto Takano considera que

> [...] o "interesse da arrecadação ou da fiscalização dos tributos" não se confunde com o interesse subjetivo da Administração Tributária ou do Poder Público, mas pressupõe a convergência do interesse do Estado em assegurar o cumprimento das obrigações

> tributárias, garantindo-lhes meios financeiros para custear as suas finalidades; [...]
>
> Esse dispositivo [o autor fala do §2º do artigo 113, do Código Tributário Nacional], a nosso ver, carrega uma verdadeira garantia contra o arbítrio da Administração Pública, um limite intransponível a que deverá se submeter a exigência de deveres instrumentais. É que a expressão "no interesse da arrecadação ou da fiscalização dos tributos" remete [...] à extirpação de qualquer margem de arbitrariedade.[409]

A cláusula legal referida, vista em seu viés restritivo, faz convergir a seu núcleo todo o conjunto de limites impostos pelo sistema tributário nacional e até aqui explorados. Traduz, em termos complementares ao texto constitucional, a necessidade de respeito aos direitos fundamentais e aos impedimentos superiores do sistema à atuação do poder público. Fixa-se, portanto, nos limites cravados na Constituição Federal, impondo que o poder-dever de fiscalização, fundamentado naquela norma de estrutura implícita que significa o dever de colaboração dos administrados, não ultrapasse direitos e garantias individuais.

Esse é o sentido da *relevância tributária*[410] que devem observar os deveres instrumentais. Como ensina Estevão Horvath:

> [...] o que deve pautar a atividade fiscalizatória ao exigir informações, seja do contribuinte ou de terceiros é sempre a necessidade desses dados para o atingimento do fim dessa atividade, isto é, a

---

409. TAKANO, Caio Augusto. *Op. Cit.*, p. 178-208.

410. HORVATH, Estevão. *Op. Cit.*, 2010, p. 149. O autor explora, também, a noção trazida pela doutrina espanhola de *transcendência tributária*, citando, entre outros, QUERALT, Martín; SERRANO, Lozano. *Curso de derecho financiero y tributario*. Madrid: Tecnos, 1990, p. 442. Ver, também, TAKANO, Caio Augusto. *Op. Cit.*, 2017, p. 139-142, onde traz considerações sobre a noção de *ajuda relevante*, também referente ao ordenamento jurídico espanhol, ligando-a à ideia de *transcendência tributária* e ao "princípio" de capacidade de colaboração, nos moldes como elaborado por PAULSEN, Leandro. *Capacidade colaborativa* – princípio de direito tributário para obrigações acessórias e de terceiros. Porto Alegre: Livraria do Advogado Editora, 2014.

apuração do débito tributário [e, acrescentamos, a verificação do cumprimento das leis tributárias em geral].[411]

7.7 Outros exemplos de limites

Diversos outros limites identificáveis a partir do texto constitucional e do Código Tributário Nacional dialogam com o quanto foi até aqui argumentado de modo exemplificativo. O art. 152[412] da Constituição Federal, por exemplo, prescreve que Estados, Distrito Federal e Municípios não podem "estabelecer diferença tributária" *em razão da procedência ou do destino de bens e serviços*. A expressão é ampla o suficiente para abranger a **proibição de conferir tratamento diferente** nas relações tributárias entre fisco e administrados, atingindo, assim, a imposição de deveres instrumentais tributários. Seria o caso, por exemplo, de se atribuir, sem a necessária justificativa, numerosos deveres instrumentais voltados a administrados que, contrariamente ao interesse econômico de determinado ente federativo, baseasse suas operações somente em bens ou serviços advindos de outras unidades da federação ou do exterior. Ou ainda, de município que, não possuindo competência para fiscalizar, nem tributar determinado contribuinte estabelecido em outra localidade, criasse deveres instrumentais para que seus munícipes repassassem, à fazenda municipal, informações dos serviços tomados a partir do outro município, sob pena de aplicação de penalidade, buscando tornar mais interessante a contratação de serviços prestados por empresas estabelecidas na própria cidade.

Adicione-se a esse exemplo a previsão do art. 150, inciso II,[413] da Constituição Federal, que também prescreve, de

---

411. HORVATH, Estevão. *Op. Cit.*, 2006, p. 213.

412. "Art. 152. É vedado aos Estados, ao Distrito Federal e aos Municípios estabelecer diferença tributária entre bens e serviços, de qualquer natureza, em razão de sua procedência ou destino." (BRASIL. [Constituição (1988)]. Constituição da República Federativa do Brasil. Brasília, DF. Congresso Nacional, 1988).

413. "Art. 150. Sem prejuízo de outras garantias asseguradas ao contribuinte, é vedado à União, aos Estados, ao Distrito Federal e aos Municípios: [...] II - instituir

forma ampla, a **proibição de tratamento desigual entre contribuintes em razão de ocupação profissional ou função exercida**, podendo ser interpretada como referindo-se, também, aos efeitos que a atribuição de deveres instrumentais tributários aos administrados podem causar nesse tratamento mencionado no dispositivo legal.[414]

Além disso, a **utilização de deveres instrumentais tributários com efeitos de confisco** também não se mostra permitida em nosso ordenamento jurídico, razão pela qual o quanto previsto no art. 150, IV,[415] da Constituição Federal, pode ser visto como mais um limite aplicável à construção da norma de dever de colaboração e à aplicação das demais normas que decorrem de sua positivação aos casos concretos.

Não é pelo fato do dispositivo legal mencionado prever que não se pode utilizar *tributo* com efeito de confisco que o sentido mais adequado ao ordenamento vigente, a ser atribuído à formulação legal em questão, seria o de haver permissão constitucional para o confisco via deveres instrumentais tributários.[416]

Tendo em vista as previsões constitucionais de proteção à intimidade, à vida privada, à honra, à imagem, à casa como

---

tratamento desigual entre contribuintes que se encontrem em situação equivalente, proibida qualquer distinção em razão de ocupação profissional ou função por eles exercida, independentemente da denominação jurídica dos rendimentos, títulos ou direitos; [...]" (BRASIL. [Constituição (1988)]. Constituição da República Federativa do Brasil. Brasília, DF. Congresso Nacional, 1988)

414. As previsões constitucionais específicas dos arts. 150, II, e 152 são melhor compreendidas se lidas no contexto do que dissemos mais acima sobre o princípio geral de tratamento isonômico.

415. "Art. 150. Sem prejuízo de outras garantias asseguradas ao contribuinte, é vedado à União, aos Estados, ao Distrito Federal e aos Municípios: [...] IV - utilizar tributo com efeito de confisco; [...]" (BRASIL. [Constituição (1988)]. Constituição da República Federativa do Brasil. Brasília, DF. Congresso Nacional, 1988)

416. Esse tipo de raciocínio pode ser visto na jurisprudência do Supremo Tribunal Federal em relação às multas confiscatórias. Ver, por exemplo, BRASIL. Supremo Tribunal Federal. Agravo Regimental no Recurso Extraordinário nº 523.471. Relator Ministro Joaquim Barbosa. DJe de 06.04.2010.

asilo inviolável, aos dados, às correspondências e às comunicações,[417] o Código Tributário Nacional prescreve que pessoas fiscalizadas ou diligenciadas não estão obrigadas a colaborar com a administração tributária quando se virem exigidas a prestar informações sobre contribuintes e responsáveis sobre as quais devam observar segredo em razão de cargo, ofício, função, ministério, atividade ou profissão.[418]

O *dever de sigilo*, assim, é um importante limite à atribuição de deveres instrumentais tributários a terceiros. Hoje, bastante mitigado pela jurisprudência do Supremo Tribunal Federal[419] (coerente com o cenário global de transparência fiscal[420]), somente pode ser afastado por autorização judicial ou, quando menos, através de processo administrativo regularmente instaurado, em que se dê oportunidade de defesa tanto para quem é obrigado a entregar as informações sigilosas, quanto para aqueles sobre quem são prestadas as informações.

---

417. "Art. 5º Todos são iguais perante a lei, sem distinção de qualquer natureza, garantindo-se aos brasileiros e aos estrangeiros residentes no País a inviolabilidade do direito à vida, à liberdade, à igualdade, à segurança e à propriedade, nos termos seguintes: [...] X - são invioláveis a intimidade, a vida privada, a honra e a imagem das pessoas, assegurado o direito a indenização pelo dano material ou moral decorrente de sua violação; XI - a casa é asilo inviolável do indivíduo, ninguém nela podendo penetrar sem consentimento do morador, salvo em caso de flagrante delito ou desastre, ou para prestar socorro, ou, durante o dia, por determinação judicial; XII - é inviolável o sigilo da correspondência e das comunicações telegráficas, de dados e das comunicações telefônicas, salvo, no último caso, por ordem judicial, nas hipóteses e na forma que a lei estabelecer para fins de investigação criminal ou instrução processual penal; [...]"(BRASIL. [Constituição (1988)]. Constituição da República Federativa do Brasil. Brasília, DF. Congresso Nacional, 1988).

418. "Art. 197. Mediante intimação escrita, são obrigados a prestar à autoridade administrativa todas as informações de que disponham com relação aos bens, negócios ou atividades de terceiros: [...] Parágrafo único. A obrigação prevista neste art. não abrange a prestação de informações quanto a fatos sobre os quais o informante esteja legalmente obrigado a observar segredo em razão de cargo, ofício, função, ministério, atividade ou profissão." (BRASIL. Lei nº 5.172, de 25 de outubro de 1966. Código Tributário Nacional. Diário Oficial da União [DOU] de 27.10.1966).

419. Ver, por exemplo, BRASIL. Supremo Tribunal Federal. Recurso Extraordinário nº 601.314. Relator Ministro Edson Fachin. Plenário. 24.06.2016.

420. Conforme demonstramos com mais detalhes no capítulo II.

OS TERCEIROS NA SUJEIÇÃO PASSIVA TRIBUTÁRIA
E O *ALTERLANÇAMENTO*

Outro limite: o Código Tributário Nacional, ao mesmo tempo em que permite à administração tributária, durante os procedimentos de fiscalização, examinar amplamente mercadorias, livros, arquivos, efeitos comerciais etc., e, assim, exigir que terceiros os exibam, estabelece que não se pode obrigar os administrados a buscar ou a produzir documentos, informações, dados, etc., que já não possuam.

Isso porque os verbos utilizados no art. 195[421] são *exibir* e *examinar*. Os administrados apenas podem ser obrigados a exibir, mostrar. Somente se exibe aquilo que já se tem. A administração tributária apenas pode examinar o que já existe e não determinar a criação de algo ou a busca do que não se possui. Por isso, **nenhum administrado (incluídos os terceiros) pode ser exigido a produzir ou a buscar documentos, dados, informações para o fisco**. Não chega até as raias da subordinação profissional dos administrados aos auditores-fiscais o dever de colaboração.

Fácil ver, portanto, que é o próprio sistema que oferece os limites do dever de colaboração dos terceiros em matéria tributária, que, nem de perto, pode ser considerado absoluto. A atribuição de deveres instrumentais tributários a terceiros, já dissemos, busca fundamento na norma constitucional que resulta de atividade de interpretação jurídica em sentido amplo, chamada "construção jurídica", que conjuga conteúdos expressos e implícitos de mensagens do ordenamento – tais como, interesse público, eficiência, coerência sistêmica, praticabilidade – a fim de justificar a escolha pela técnica de redução de complexidade denominada "desconfiança sistêmica", restando, ao estado, posição de controle dos atos dos administrados, acessando as informações de que depende ao exigir colaboração generalizada.

---

421. "Art. 195. Para os efeitos da legislação tributária, não têm aplicação quaisquer disposições legais excludentes ou limitativas do direito de **examinar** mercadorias, livros, arquivos, documentos, papéis e efeitos comerciais ou fiscais, dos comerciantes industriais ou produtores, ou da obrigação destes de **exibi-los**." – grifos nossos (BRASIL. Lei nº 5.172, de 25 de outubro de 1966. Código Tributário Nacional. Diário Oficial da União [DOU] de 27.10.1966).

Os terceiros obrigados a interpretar e aplicar a legislação tributária, que incide sobre materialidades de outras pessoas, poderão afastar a aplicação das normas impositivas de relações instrumentais, tendo em vista a construção jurídica até aqui exposta, que resulta em limites (princípios, normas de superior hierarquia, exceções implícitas etc.) ao seu dever de colaboração.

Em outras palavras, não se sujeitarão, nos casos concretos, aos deveres instrumentais atribuídos com fundamento na norma constitucional implícita de cooperação com a administração tributária, os terceiros que conseguirem demonstrar que qualquer um dos limites aqui esboçados é desrespeitado.[422]

---

422. A conclusão semelhante chegou Misabel Abreu Machado Derzi, em suas notas de atualização da obra de Aliomar Baleeiro, ainda que por outros caminhos, ao dizer: "O sujeito passivo e mesmo terceiro, de alguma forma relacionados com a obrigação tributária, têm o dever de colaborar com a Administração. [...] Em tese, inexiste um direito de recusa [...]. Em princípio, esse dever somente pode ser afastado: se ele não se baseia em lei [...]; se ele não é pertinente [...]; se ele é excessivo ou oneroso para a parte [...]; se o cumprimento da exigência administrativa importa em violação de outro direito fundamental [...]; finalmente, se a exigência não é cumprível pela parte ou terceiro [...]." (In BALEEIRO, Aliomar. *Op. Cit.*, 1999, p. 832).

CONCLUSÕES

Já é hora de reconhecermos, com menos timidez, que, no Brasil, outras figuras subjetivas compõem o gênero *sujeição passiva tributária*, para além de contribuintes e responsáveis tributários (incluídos, aqui, os substitutos tributários).

As formulações legislativas denunciam a presença de *terceiros* como sujeitos cujas condutas apresentam relevância para o ordenamento jurídico-tributário. A realidade da dinâmica de relações jurídicas em matéria tributária demonstra que pessoas de quem, inicialmente, não se exigem *pagamentos* de tributos ao fisco, seja porque não praticaram a materialidade necessária à incidência do tributo, seja porque, simplesmente, assim não são exigidas por lei, jogam papel extremamente importante, especialmente, como colaboradoras dos sujeitos ativos tributários. A jurisprudência se depara, diuturnamente, com resoluções de litígios em que, de um lado, encontra-se o fisco e, de outro, administrados que não se confundem com os tradicionais sujeitos passivos das relações tributárias. É tempo, assim, de elaborações mais aprofundadas de discursos descritivos sobre o objeto *direito positivo* que busquem dar conta do cenário atual das atividades de controle a que hoje se dedica o estado fiscal quando o assunto é tributação.

Em busca de integrar o discurso da comunidade interpretativo-argumentativa que tem por função auxiliar na construção do *direito vigente*, pudemos demonstrar que é pela temática das *relações jurídicas tributárias instrumentais* que se obtêm melhores resultados na tentativa de descrição das características dos terceiros enquanto sujeitos passivos no direito tributário brasileiro. Afinal, quem é obrigado a realizar pagamento (conteúdo das *obrigações principais*) é contribuinte ou responsável tributário. Portanto, as mesmas designações não servem para descrever aqueles que, cumprindo adequadamente seus deveres, não se veem incluídos em relações com o fisco nas quais a conduta esperada é pagamento.

A compreensão aprofundada do termo *pagamento* é fundamental para a descrição adequada do que caracteriza *dever instrumental*, já que pagar é a única conduta juridicamente impossível para esse tipo de relação tributária. Chegamos à conclusão de que *pagamento* é termo que deve ser lido em seu sentido técnico, como *adimplemento em sentido estrito*, se o objetivo é compreender a prescrição legal que define o que é a obrigação tributária principal e, reflexamente, alcançar contornos mais claros a respeito do que são os deveres instrumentais tributários e do que podem ser chamados a realizar seus destinatários.

Essa tomada de consciência impõe o abandono de visões tradicionais que limitam os objetos das relações instrumentais a prestações de fazer ou não fazer. Assim, deveres instrumentais tributários comportam prestações de *dar* (desde que não sejam pagamento), *fazer e não fazer*.

Os sujeitos passivos dos deveres instrumentais, por isso, podem ser exigidos a realizar prestações de *dar*, inclusive valores pecuniários (ao que se chama *recolhimento*). E para que isso não configure pagamento, os valores devem se referir ao patrimônio de outrem. Deriva daí, portanto, que deveres instrumentais cujo objeto é prestação de *dar* valor pecuniário alheio somente pode ter como sujeito passivo o terceiro, já que a prestação de *dar* valor pecuniário próprio caracteriza pagamento, cuja respectiva relação tem como sujeitos possíveis o contribuinte e o responsável.

É equivocado, a nosso ver, considerar que, todas as vezes que um sujeito de direito, distinto do contribuinte, leva dinheiro de tributos aos cofres públicos, o que se dá é pagamento, devendo, por isso, a questão ser tratada como hipótese de responsabilidade tributária ou substituição tributária.

No contexto de imposição de deveres de colaboração em matéria tributária, não são raras as vezes que, para cumprir o dever de recolhimento de tributo alheio, o terceiro necessita, antes, realizar a incidência da norma tributária que impõe ao contribuinte o dever de pagar o tributo.

O terceiro, assim, deve interpretar a legislação tributária e aplicá-la, apurando o montante devido pelo contribuinte em concretização da relação tributária principal entre este e o fisco. Desse modo, o terceiro constitui o crédito tributário do contribuinte, já que o crédito é elemento da relação concretizada via incidência normativa. A essa forma de constituição de crédito tributário alheio denominamos *alterlançamento*, figura que, presente no dia a dia das relações tributárias, apresenta, do ponto de vista doutrinário, importantes reflexos sobre temas relevantes para o direito tributário, como decadência, prescrição, repetição do indébito, contraditório e ampla defesa no âmbito de processos administrativos fiscais etc.

Enquanto sujeitos passivos de relações tributárias, os terceiros passam a realizar o que antes foi função da administração tributária e, depois, dos próprios contribuintes e responsáveis. Passam a garantir a adequada aplicação do sistema tributário pelos destinatários da carga tributária. Suas relações apresentam, primordialmente, função de instrumentalidade referente a relações de outras pessoas com o fisco.

Isso somente é possível pela abrangência concedida à noção de dever de colaboração, norma constitucional implícita que atribui competência à administração tributária para fiscalizar o cumprimento da legislação tributária. Referida norma, porém, pode não ser aplicada nos casos concretos se os terceiros atingidos pelos correspondentes deveres instrumentais tributários demonstrarem que a mesma afronta os limites dados pelo próprio ordenamento jurídico a essa dinâmica de relações, tais como, legalidade, proporcionalidade, isonomia, proibição de efeitos confiscatórios, sigilo de dados e proteção da intimidade etc.

A atribuição de deveres instrumentais tributários a terceiros serve, também, para fundamentar tecnicamente a instalação, no Brasil, de um estado de desconfiança recíproca entre fisco e contribuintes, na medida em que se tende a abandonar a técnica de redução da complexidade sistêmica antes aplicada (confiança nos destinatários da carga tributária) passando-se a, com o mesmo objetivo, a confiar mais na boa-fé objetiva dos terceiros.

Precisamos, por isso, reconhecer destacada dignidade ao estudo dos deveres instrumentais tributários, até mesmo para garantir maior segurança jurídica aos destinatários das normas e elaborar um arcabouço completo de limitações legais a esse tipo de imposição, evitando, assim, abusos que sirvam para erodir o sistema.

REFERÊNCIAS

ADEODATO, João Maurício Leitão. *Uma teoria retórica da norma jurídica e do direito subjetivo*. 2ª edição. São Paulo: Noeses, 2014.

ALESSI, Renato; STAMMATI, Gaetano. *Istituzioni di Diritto Tributario*. Torino: UTET, 1965.

ALMEIDA, Carlos Otávio Ferreira de. Compliance cooperativo: uma nova realidade entre administração tributária e contribuintes. In *Revista de Direito Tributário Internacional Atual* nº 02. São Paulo: IBDT, 2017.

ANDRADE, José Maria Arruda de. *Interpretação da norma tributária*. São Paulo: MP Editora/APET, 2006.

ARAGÃO, Alexandre Santos de. *O princípio da eficiência*. In MARRARA, Thiago (Org.). Princípios de direito administrativo – legalidade, segurança jurídica, impessoalidade, publicidade, motivação, eficiência, razoabilidade, interesse público. São Paulo: Atlas, 2012.

ATALIBA, Geraldo. *Substituição e responsabilidade tributária*. Revista de Direito Tributário. Ano 13. Nº 49. São Paulo: RT, 1989.

_____. *Hipótese de incidência tributária*. São Paulo: RT, 1973.

ÁVILA, Humberto. *Eficácia do novo Código Civil na legislação tributária*. In GRUPENMACHER, Betina Treiger (Coord.).

Direito Tributário e o novo Código Civil. São Paulo: Quartier Latin, 2004.

_____. *O 'postulado do legislador coerente' e a não cumulatividade das contribuições*. In ROCHA, Valdir de Oliveira (Coord.). Grandes questões atuais de direito tributário. Vol 11. São Paulo: Dialética, 2007.

_____. *Proporcionalidade e direito tributário*. In SCHOUERI, Luís Eduardo (Coord.). Direito tributário – homenagem a Alcides Jorge Costa. Vol. I. São Paulo: Quartier Latin, 2003.

_____. *Repensando o 'princípio da supremacia do interesse público sobre o particular'*. RTDP 24. São Paulo: Malheiros, 1998.

BALEEIRO, Aliomar. *Direito tributário brasileiro*. 11ª edição. Atualizadora Misabel Abreu Machado Derzi. Rio de Janeiro: Forense, 1999.

BARRETO, Paulo Ayres. *Imposto de renda e preços de transferência*. São Paulo: Dialética, 2001.

_____; TAKANO, Caio Augusto. *Os desafios do planejamento tributário internacional na era pós-BEPS*. In SOUZA, Priscila de (Org.); CARVALHO, Paulo de Barros (Coord.). 50 anos do código tributário nacional. São Paulo: Noeses, 2016.

BARROSO, Luís Roberto. *Prefácio*. In SARMENTO, Daniel. *Interesses públicos versus interesses privados:* desconstruindo o princípio da supremacia do interesse público. Rio de Janeiro: Lumen Juris, 2005.

BECHO, Renato Lopes. *Sujeição passiva e responsabilidade tributária*. São Paulo: Dialética, 2000.

BECKER, Alfredo Augusto. *Teoria geral do direito tributário*. 7ª Ed. São Paulo: Noeses, 2018.

BENÍCIO, Sergio Gonini. *Tributos declarados e não pagos: condições de aplicabilidade do instituto da denúncia espontânea*. In Revista Juris (FAAP) 4. Ano II. Julho a dezembro de 2010. São Paulo: Fundação Armando Alvares Penteado, 2010.

BERLIRI, Antonio. *Princípios de derecho tributario*. Trad. Carlos Palao Taboada. Madrid: Ed. Derecho Financiero, 1974.

BETTI, Emilio. *Teoria geral das obrigações*. Trad. Francisco José Galvão Bruno. Campinas: Bookseller, 2006.

BORGES, José Souto Maior. *Obrigação tributária – uma introdução metodológica*. São Paulo: Saraiva, 1984.

BOTALLO, Eduardo Domingos. *Alguns reflexos do Código Civil no direito tributário*. In GRUPENMACHER, Betina Treiger (Coord.). *Op. Cit.*, 2004.

BRASIL. [Constituição (1988)]. Constituição da República Federativa do Brasil. Brasília, DF. Congresso Nacional, 1988.

_____. Decreto nº 3.724, de 10 de janeiro de 2001. Regulamenta o art. 6o da Lei Complementar nº 105, de 10 de janeiro de 2001, relativamente à requisição, acesso e uso, pela Secretaria da Receita Federal, de informações referentes a operações e serviços das instituições financeiras e das entidades a elas equiparadas. DOU de 11.01.2001.

_____. Lei nº 10.833, de 29 de dezembro de 2003. Altera a legislação tributária federal e dá outras providências. DOU de 30 de dezembro de 2003.

_____. Lei nº 11.312, de 27 de junho de 2006. Reduz a zero as alíquotas do imposto de renda e da Contribuição Provisória sobre Movimentação ou Transmissão de Valores e de Créditos e Direitos de Natureza Financeira - CPMF nos casos que especifica; altera a Lei nº 9.311, de 24 de outubro de 1996; e dá outras providências. DOU de 28.06.2006.

_____. Lei nº 13.105 de 16 de março de 2015. Código de Processo Civil. Diário Oficial da União (DOU) de 17.03.15.

_____. Lei nº 13.874, de 20 de setembro de 2019. Institui a Declaração de Direitos de Liberdade Econômica; estabelece garantias de livre mercado; e dá outras providências. DOU de 20 de setembro de 2019.

_____. Lei nº 13.988, de 14 de abril de 2020. Dispõe sobre a transação nas hipóteses que especifica; e altera as Leis nos 13.464, de 10 de julho de 2017, e 10.522, de 19 de julho de 2002. DOU de 14 de abril de 2020.

_____. Lei nº 5.172, de 25 de outubro de 1966. Código Tributário Nacional. Diário Oficial da União (DOU) de 27.10.1966.

_____. Lei nº 8.212 de 24 de julho de 1991. Diário Oficial de 25.07.1981.

_____. Lei nº 8.981, de 20 de janeiro de 1995. Altera a legislação federal e dá outras providências. DOU de 23.01.1995.

_____. Lei nº 8.137 de 27 de dezembro de 1990. Define crimes contra a ordem tributária, econômica e contra as relações de consumo, e dá outras providências. Diário Oficial da União (DOU) de 28.12.1990.

_____. Receita Federal do Brasil. Instrução Normativa nº 1.680, de 28 de dezembro de 2016. Dispõe sobre a identificação das contas financeiras em conformidade com o Padrão de Declaração Comum (Common Reporting Standard - CRS). Diário Oficial da União (DOU) de 29.12.2016.

_____. Receita Federal do Brasil. Instrução Normativa nº 1.863, de 27 de dezembro de 2018. Dispõe sobre o Cadastro Nacional da Pessoa Jurídica [CNPJ]. DOU de 28.12.2018.

_____. Receita Federal do Brasil. Instrução Normativa nº 1.888 de 03 de maio de 2019. Institui e disciplina a obrigatoriedade de prestação de informações relativas às operações realizadas com criptoativos à Secretaria Especial da Receita Federal do Brasil (RFB). Diário Oficial da União (DOU) de 07.05.2019.

_____. Receita Federal do Brasil. Instrução Normativa nº 2.047, de 26 de novembro de 2014. Dispõe sobre solicitação e emissão da Requisição de Informações sobre Movimentação Financeira – RMF, instituída pelo Decreto nº 3.724, de 10 de janeiro de 2001. DOU de 27.11.2014.

_____. Receita Federal do Brasil. Instrução Normativa RFB nº 1.571, de 02 de julho de 2015. Dispõe sobre a obrigatoriedade de prestação de informações relativas às operações financeiras de interesse da Secretaria da Receita Federal do Brasil (RFB). DOU de 03 de julho de 2015.

_____. Receita Federal do Brasil. Portaria nº 6.478, de 29 de dezembro de 2017. Dispõe sobre o planejamento das atividades fiscais e estabelece normas para a execução de procedimentos fiscais relativos ao controle aduaneiro do comércio exterior e aos tributos administrados pela Secretaria da Receita Federal do Brasil. DOU de 02.01.2018.

_____. Receita Federal do Brasil. Portaria SRF nº 2.609, de 20 de setembro de 2001. Disciplina as atividades da Rede Arrecadadora de Receitas Federais. Diário Oficial da União (DOU) de 25.09.2001.

_____. Superior Tribunal de Justiça. Agravo Interno no Recurso Especial nº 1.779.147. Relator Ministro Herman Benjamin. Segunda Turma. DJe de 30.05.2019.

_____. Superior Tribunal de Justiça. Agravo Regimental no Agravo nº 1279287. Ministro Benedito Gonçalves. Diário da Justiça de 23.08.2010.

_____. Superior Tribunal de Justiça. Primeira Turma. Recurso Especial nº 852.698/DF. Relator Ministro José Delgado. Diário da Justiça de 26.10.2006.

_____. Superior Tribunal de Justiça. Recurso em Mandado de Segurança nº 45.717. Relator Ministro Napoleão Nunes Maia Filho. DJe de 04.02.2019.

_____. Superior Tribunal de Justiça. Recurso Especial nº 973.733. Relator Ministro Luiz Fux. Primeira Seção. DJe de 18.09.2009.

_____. Superior Tribunal de Justiça. Súmula 436: "A entrega de declaração pelo contribuinte reconhecendo débito fiscal constitui o crédito tributário, dispensada qualquer outra providência por parte do fisco." Primeira Seção, julgado em 14.04.2010, Diário da Justiça de 13.05.2010.

_____. Superior Tribunal de Justiça. Tema 402. Recurso Especial nº 1.143.094. Relator Ministro Luiz Fux. Primeira Seção. DJe de 09.12.2009.

_____ Superior Tribunal de Justiça. Tema 391. Recurso Especial nº 1.150.356/SP. Relator Ministro Luiz Fux. Primeira Seção. DJe de 28.08.2010.

_____. Superior Tribunal de Justiça. Agravo Regimental no Recurso Especial nº 1.257.451/SP. Relator Ministro Humberto Martins. Segunda Turma. DJe de 13.09.2011.

_____. Superior Tribunal de Justiça. Habeas Corpus nº 399.109. Relator Ministro Rogério Schietti Cruz. Terceira Seção. DJe de 31.08.2018.

_____. Supremo Tribunal Federal. Recurso Ordinário em Habeas Corpus nº 163.334. Relator Ministro Roberto Barroso. Plenário de 18.12.2019.

_____. Supremo Tribunal Federal. Agravo de Instrumento nº 539891 no Agravo Regimental. Ministro Marco Aurélio. Diário da Justiça de 21.09.2007.

_____. Supremo Tribunal Federal. Agravo Regimental no Recurso Extraordinário nº 523.471. Relator Ministro Joaquim Barbosa. DJe de 06.04.2010.

_____. Supremo Tribunal Federal. Recurso Extraordinário nº 573.675/SC. Relator Ministro Ricardo Lewandowski. Julgado em 25.03.2009.

_____. Supremo Tribunal Federal. Recurso Extraordinário nº 601.314. Relator Ministro Edson Fachin. Plenário de 24.06.2016.

_____. Supremo Tribunal Federal. Tema nº 569. Recurso Extraordinário nº 789.874. *Os serviços sociais autônomos integrantes do denominado Sistema "S" não estão submetidos à exigência de concurso público para contratação de pessoal, nos moldes do art. 37, II, da Constituição Federal.* Dje de 12.11.2014.

_____. Supremo Tribunal Federal. Tema 708. Recurso Extraordinário nº 1.016.605/MG. Relator Ministro Marco Aurélio. Relator para o acórdão Min. Alexandre de Moraes. Julgado em 16.09.2020.

_____. Supremo Tribunal Federal. Tribunal Pleno. Recurso Extraordinário nº 603.191/MT. Relatora Ministra Ellen Gracie. Diário da Justiça de 05.09.2011.

_____. Tribunal de Justiça do Rio de Janeiro. 21ª Câmara Cível. Agravo de Instrumento nº 0004169-98.2018.8.19.0000. Relatora Desembargadora Maria Aglaé Tedesco Vilardo. Diário da Justiça de 26.06.2018.

_____. Tribunal de Justiça do Rio Grande do Norte. 2ª Câmara Cível. Relator Desembargador Ibanez Monteiro. Agravo de Instrumento nº 2017.002167-3. Diário da Justiça de 17.10.2017.

BRITO, Lucas Galvão de. *O lugar e o tributo*. São Paulo: Noeses, 2014.

CAMPINAS. Instrução Normativa nº 01 de 27 de junho de 2014. Dispõe sobre preenchimento e envio das informações, elementos obrigatórios e critérios de retificação e cancelamento da Declaração de Transações Imobiliárias do Município (DTIM). Diário Oficial Municipal (DOM) de 04.07.14.

_____. Lei nº 12.391 de 20 de outubro de 2005. Dispõe sobre o Imposto sobre a Transmissão Inter Vivos de Bens Imóveis e de Direitos Reais a eles relativos - ITBI. Diário Oficial Municipal (DOM) de 21.10.05.

CANTO, Gilberto de Ulhoa. *Impôsto de Renda - Regulamentação do Decreto-Lei nº 62, de 1966*. Revista de Direito Administrativo 98. Rio de Janeiro, 1969.

CARRAZZA, Roque Antonio. *O regulamento no direito tributário brasileiro*. São Paulo: RT, 1981.

_____. *Reflexões sobre a obrigação tributária*. São Paulo: Noeses, 2010.

CARVALHO, Aurora Tomazini de. *Curso de teoria geral do direito – O constructivismo lógico-semântico*. 5ª edição. São Paulo: Noeses, 2016.

CARVALHO, Paulo de Barros. *Curso de direito tributário*. 30ª edição. São Paulo: Saraiva, 2019.

_____. *Direito tributário - Fundamentos jurídicos da incidência*. 8ª edição. São Paulo: Saraiva, 2010.

_____. *Direito tributário, linguagem e método*. 7ª edição. São Paulo: Noeses, 2018.

_____. *Teoria da norma tributária*. 5ª edição. São Paulo: Quartier Latin, 2009.

CASALTA NABAIS, José. *O dever fundamental de pagar impostos – contributo para a compreensão constitucional do estado fiscal contemporâneo*. Coimbra: Almedina, 2015.

_____. *Estudos de direito fiscal - Por um estado fiscal suportável*. Coimbra: Almedina, 2005.

CASTRO, Anna Lucia Malerbi de. *O princípio da dignidade da pessoa humana e a norma jurídica tributária*. São Paulo: Noeses, 2019.

CASTRO, Carlos Roberto de Siqueira. *O devido processo legal e a razoabilidade das leis na nova Constituição do Brasil*. Rio de Janeiro: Forense, 1989.

CHIASSONI, Pierluigi. *O enfoque analítico na filosofia do direito: de Bentham a Kelsen*. Traduzido por Heleno Torres e Henrique Mello. São Paulo: Contracorrente, 2017.

COELHO, Sacha Calmon. *Curso de direito tributário brasileiro*. 17ª edição. Rio de Janeiro: Forense, 2020.

COMPARATO, Fábio Konder. *Essai d'Analyse Dualiste de L'Obligation en Droit Privé*. Paris: Dalloz, 1964.

CORRADINE, Jorge Eduardo; et al. *Tecnología aplicada para incrementar la recaudación de los ingresos gubernamentales.* In GNAZZO, Edison. *El impacto de la aplicación de nueva tecnología en la administración tributaria.* Madrid: Centro Interamericano de Administradores Tributarios (CIAT)/ Instituto de Estudios Fiscales (IEF), 1984.

COSTA, Alcides Jorge. *Contribuição ao estudo da obrigação tributária.* São Paulo: IBDT, 2003.

COSTA, Regina Helena. *Curso de direito tributário – Constituição e Código Tributário Nacional.* 8ª edição. São Paulo: Saraiva, 2018.

_____. *Praticabilidade e justiça tributária* – exequibilidade de lei tributária e direitos dos contribuintes. São Paulo: Malheiros, 2007.

CUEVAS, Gloria Tello et. al. *Codigo Fiscal para el Estado de Guanajuato Comentado.* 1ª Ed. Guanajuato: Academia de derecho fiscal del Estado de Guanajuato, 2012.

DALLA PRIA, Rodrigo. *Direito processual tributário.* São Paulo: Noeses, 2020.

DARZÉ, Andréa M. *Responsabilidade tributária – solidariedade e subsidiariedade.* São Paulo: Noeses, 2010.

DERZI, Misabel Abreu Machado. Confiança e desconfiança sistêmicas. In GRUPENMACHER, Betina Treiger (Coord.). *Tributação: democracia e liberdade* – em homenagem à Ministra Denise Arruda Martins. São Paulo: Noeses, 2014.

DERZI, Misabel Abreu Machado. *O planejamento tributário e o buraco do real* – contraste entre a completabilidade do direito civil e a vedação da completude no direito tributário. PALMA, Cloilde Celorico; FERREIRA, Eduardo Paz; TORRES, Heleno Taveira. Estudos em homenagem ao Professor Doutor Alberto Xavier. Lisboa: Almedina, 2013.

DI PIETRO, Maria Sylvia Zanella. *Direito administrativo.* 29ª edição. Rio de Janeiro: Forense, 2016.

_____. *Discricionariedade administrativa na Constituição de 1988*. 3ª edição. São Paulo: Atlas, 2012.

DIAS, Karem Jureidini. *Fato tributário* – revisão e efeitos jurídicos. 2ª Ed. São Paulo: Noeses, 2019.

_____. *O compliance e o exercício da fiscalização tributária*. In DIAS, Karem Jureidini; BRITO, Lucas Galvão (Org.); CARVALHO, Paulo de Barros (Coord.). *Compliance no direito tributário*. São Paulo: Thomson Reuters/Revista dos Tribunais, 2018.

DINIZ, Maria Helena. *Curso de direito civil brasileiro*. 34ª edição. Vol. 2. São Paulo: Saraiva, 2019.

FAJERSZTAJN, Bruno; GALAFASSI, Maicon. *A aplicação do instituto da denúncia espontânea nos casos de compensação*. São Paulo: Revista dos Tribunais 127, 2006.

FALSITTA, Gaspare. *Manuale di diritto tributario*. Parte generale. Decima Edizione. Padova: CEDAM, 2017.

FANUCHI, Fábio. *Curso de Direito Tributário Brasileiro*. Volume I. São Paulo: Resenha Tributária, 1971.

FERRAGUT, Maria Rita. *Responsabilidade tributária e o Código Civil de 2002*. São Paulo: Noeses, 2002.

FEZZAZ JÚNIOR, Tércio Sampaio. *Obrigação tributária acessória e limites de imposição – razoabilidade e neutralidade concorrencial do Estado*. In TORRES, Heleno Taveira (Coord.). Teoria geral da obrigação tributária – estudos em homenagem ao professor José Souto Maior Borges. São Paulo: Malheiros, 2005.

FERRAZ JUNIOR, Tercio Sampaio. Obrigação tributária acessória e limites de imposição: razoabilidade e neutralidade concorrencial do estado. *In* FERRAZ, Roberto. *Princípios e limites da tributação*. São Paulo: Quartier Latin, 2005.

FERREIRO LAPATZA, José Juan. *La extinción de la obligación tributaria*. Revista de Derecho Financiero y de Hacienda Pública nº 77, 1968.

_____. *La privatización de la gestión tributaria y las nuevas competencias de los Tribunales Económico-Administrativos.* Revista Española de Derecho Financiero, n. 37. Madrid: Civitas, 1983.

GAMA, Tácio Lacerda. *Competência tributária – fundamentos para uma teoria da nulidade.* 2ª Ed. São Paulo: Noeses, 2011.

GARCIA, José Ramón Ruíz García. *La liquidación en el ordenamiento tributario.* Madrid: Civitas, 1987.

GIANNINI, Achile Donato. *Istituzioni di diritto tributario.* Milano: Giuffrè, 1974.

GNAZZO, Edison. *Presentación.* In _____ *El impacto de la aplicación de nueva tecnología en la administración tributaria.* Madrid: Centro Interamericano de Administradores Tributarios (CIAT)/ Instituto de Estudios Fiscales (IEF), 1984.

GOMES, ORLANDO. *Obrigações.* Edvaldo Brito (Atualizador). 19ª Ed. Rio de Janeiro: Forense, 2019.

GONZÁLEZ MÉNDEZ, Amelia. *Buena fe y derecho tributario.* Barcelona: Marcial Pons, 2001.

_____. *El pago de la obligación tributaria.* Madrid: Instituto de Estudios Fiscales, 1988.

GORDILLO, Agustín. *Tratado de derecho administrativo.* 10ª edição. Tomo I. Buenos Aires: Fundación de Derecho Administrativo, 2009.

GRANADOS, Gabriela Ríos. *Recaudación de tributos como base para una reforma fiscal.* Ciudad del Mexico: IIJ UNAM, 2002.

GRAY, John Chipman. *The Nature and Sources of the Law.* 2ª edição. New York: R. Gray, 1948.

GUASTINI, Riccardo. *Das fontes às normas.* Trad. Edson Bini. São Paulo: Quartier Latin, 2005.

_____. *Distinguiendo – estudios de teoría y metateoría del derecho.* Barcelona: GEDISA, 1999.

_____. El realismo jurídico redefinido. In NUÑEZ VAQUERO, Alvaro (Ed.). Modelos de ciencia jurídica. Lima: Palestra, 2014.

_____. *Interpretación y construcción jurídica*. Revista Isonomía nº 43. Ciudad del México: ITAM, 2015.

HATTENHAUER, Hans. *Conceptos Fundamentales del Derecho Civil*. Trad. Pablo Salvador Coderch. Barcelona: Ariel, 1987.

HOFFMANN, Susy Gomes. *A competência dos municípios para a instituição e cobrança do ISSQN e a responsabilidade tributária do tomador de serviços no pagamento do ISSQN*. Revista Dialética de Direito Tributário nº 105. São Paulo: Dialética, 2004.

_____. *Considerações sobre a presunção de legitimidade do lançamento tributário e sua relação com as provas*. Revista de Direito Tributário nº 72. São Paulo: Malheiros, sem ano.

_____. *Princípio constitucional da publicidade aplicado ao processo administrativo fiscal e garantia constitucional do sigilo de dados*. In ROCHA, Valdir de Oliveira (Coord.). Processo Administrativo Fiscal. 5º Volume. São Paulo: Dialética, 2000.

HORVATH, Estevão. Deveres instrumentais e seus limites. In BARRETO, Aires Fernandino; et al. *Interpretação e estado de direito*. São Paulo: Noeses, 2006.

_____. *Direito financeiro versus direito tributário – uma dicotomia desnecessária e contraproducente*. In HORVATH, Estevão; CONTI, José Maurício; SCAFF, Fernando Facury. Direito financeiro, econômico e tributário – estudos em homenagem a Regis Fernandes de Oliveira. São Paulo: Quartier Latin, 2014.

_____. *Lançamento Tributário e "Autolançamento"*. 2ª edição. São Paulo: Quartier Latin, 2010.

IVO, Gabriel. *Norma jurídica, produção e controle*. São Paulo: Noeses, 2007.

JAMBEIRO FILHO, Jorge Eduardo de Schoucair. *Inteligência artificial no sistema de seleção aduaneira por aprendizado de máquina*. In BRASIL. Ministério da Fazenda. Secretaria da Receita Federal. Administração Pública. Prêmio de Criatividade e Inovação da RFB. 14º Prêmio RFB 2015. Brasília: SRF, 2016.

JANINI, Tiago Cappi. A e-financeira, o direito de fiscalização e os direitos fundamentais dos contribuintes. *Revista Brasileira de Direito* Vol. 13, n. 2, maio-agosto de 2017. Passo Fundo: IMED, 2017.

JARACH, Dino. *El hecho imponible – teoría general del derecho tributario sustantivo*. 2ª Ed. Buenos Aires: Abeledo Perrot, 1971.

JARDIM, Eduardo Marcial Ferreira. *Curso de direito tributário*. São Paulo: Noeses, 2013.

JUSTEN FILHO, Marçal. *Sujeição passiva tributária*. Belém: CEJUP, 1986.

KELSEN, Hans. *Teoria pura do direito*. São Paulo: Martins Fontes, 1985.

LACOMBE, Américo Masset. *Obrigação tributária*. São Paulo: RT, 1977.

LAURENTIIS, Thais de. *Restituição de tributo inconstitucional*. São Paulo: Noeses, 2015.

LUHMANN, Niklas. *Confianza*. Barcelona: Anthropos, 1996.

MACHADO, Brandão. *Direito Tributário – Estudos em homenagem ao Prof. Ruy Barbosa Nogueira*. São Paulo: Saraiva, 1984.

_____. Notas de direito comparado – tributação na fonte e substituição tributária. In SCHOUERI, Luís Eduardo (Coord.). *Direito tributário – Homenagem a Alcides Jorge Costa*. Vol. I. São Paulo: Quartier Latin, 2003.

MACHADO, Hugo de Brito. *Algumas questões a respeito da obrigação tributária acessória*. In TORRES, Heleno Taveira (Coord.). Teoria Geral da Obrigação Tributária – estudos em homenagem ao Professor José Souto Maior Borges. São Paulo: Malheiros, 2005.

_____. *Curso de Direito Tributário*. 37ª edição. São Paulo: Malheiros, 2016.

MARQUES, Renata Elaine Silva Ricetti. *Prazo de decadência nas contribuições previdenciárias executadas de ofício na Justiça do Trabalho*. In SOUZA, Priscila (org.); CARVALHO, Paulo de Barros (coord.). XV Congresso Nacional de Estudos Tributários – 30 anos da Constituição Federal e o Sistema Tributário Brasileiro. São Paulo: Noeses, 2018.

MARRARA, Thiago. O conteúdo do princípio da moralidade: probidade, razoabilidade e cooperação. In _____ (Org.). *Princípios de direito administrativo* – legalidade, segurança jurídica, impessoalidade, publicidade, motivação, eficiência, razoabilidade, interesse público. São Paulo: Atlas, 2012.

MARTINS, Ives Gandra da Silva. *Obrigações acessórias tributárias e a disciplina jurídica da concorrência*. In FERRAZ, Roberto (Coord.). Princípios e limites da tributação. São Paulo: Quartier Latin, 2005.

MARTINS-COSTA, Judith. *Comentários ao novo código civil. Do direito das obrigações. Do adimplemento e da extinção das obrigações*. Volume V. Tomo I. Arts. 304 a 388. 2ª tiragem. TEIXEIRA, Sálvio de Figueiredo (Coord.). Rio de janeiro: Forense, 2005.

MELLO, Celso Antônio Bandeira de. *A noção jurídica de interesse público*. In Grandes temas de direito administrativo. São Paulo: Malheiros, 2009.

MELO, José Eduardo Soares de. *Direito tributário empresarial*. São Paulo: Quartier Latin, 2009.

_____. *Processo tributário administrativo e judicial*. 3ª edição. São Paulo: Quartier Latin, 2015.

MENDES, Guilherme Adolfo dos Santos. *Princípio da eficiência*. In MARRARA, Thiago (Org.). Princípios de direito administrativo – legalidade, segurança jurídica, impessoalidade, publicidade, motivação, eficiência, razoabilidade, interesse público. São Paulo: Atlas, 2012.

MICHELI, Gian Antonio. *Corso di diritto tributario*. Torino: UTET, 1972.

_____. *Curso de direito tributário*. Trad. Marco Aurélio Greco e Pedro Luciano Marrey Jr. São Paulo: RT, 1978.

MOREIRA, André Mendes. *Lançamento tributário – algumas reflexões*. In *Ensaios em homenagem ao professor José Roberto Vieira*. Coord. VALLE, Mauricio Dalri Timm do; VALADÃO, Alexsander Roberto Alves; DALLAZEM, Dalton Luiz. São Paulo: Noeses, 2017.

NOGUEIRA, Ruy Barbosa. *Curso de direito tributário*. 9ª edição. São Paulo: Saraiva, 1989.

_____. O direito tributário e suas relações com outras disciplinas. *Revista de Direito Administrativo* Vol. 37. Rio de Janeiro: FGV, 1954.

_____. *Teoria do lançamento tributário*. São Paulo: Resenha Tributária, 1973.

OECD. *London Summit – Leaders' Statement*. Londres, 2009. Disponível em https://www.oecd.org/g20/summits/london/G20-Action-Plan-Recovery-Reform.pdf, aces-sado em 02.01.2019.

OLIVEIRA, Phelippe Toledo Pires de. *A obrigação de divulgação de planejamentos tributários agressivos no ordenamento brasileiro* – uma análise à luz do projeto BEPS da OCDE/G20. São Paulo: Quartier Latin/IBDT, 2018.

OWEN, James I. *Importancia de la nueva tecnología para mejorar la administración tributaria*. In GNAZZO, Edison. *El impacto de la aplicación de nueva tecnología en la administración tributaria*. Madrid: Centro Interamericano de Administradores Tributarios (CIAT)/ Instituto de Estudios Fiscales (IEF), 1984.

PACHECO, Ângela Maria da Motta. *O destinatário legal tributário da obrigação tributária substancial*. In TORRES, Heleno

Taveira (Coord.). Teoria geral da obrigação tributária – estudos em homenagem ao Professor José Souto Maior Borges. São Paulo: Malheiros, 2005.

PAULSEN, Leandro. *Capacidade colaborativa – princípio de direito tributário para obrigações acessórias e de terceiros*. Porto Alegre: Livraria do Advogado Editora, 2014.

_____. *Responsabilidade e substituição tributárias*. Porto Alegre: Livraria do Advogado Editora, 2012.

PÉREZ ROYO, F. El pago de la deuda tributaria por un tercero. *Revista Española de Derecho Financiero* n° 6. Madrid: Civitas, 1975.

POTITTO, Enrico. *Enciclopedia del diritto*. Vol. XLII, Milano, 1990.

QUEIROZ, Luis César Souza de. *Sujeição passiva tributária*. Rio de Janeiro: Forense, 1998.

QUERALT, Martín; SERRANO, Lozano. *Curso de derecho financiero y tributario*. Madrid: Tecnos, 1990.

RIO DE JANEIRO (Município). Decreto n° 28.248, de 30 de julho de 2007. Diário Oficial de 31.07.2007.

_____. Lei n° 5.132, de 17 de dezembro de 2009. Diário Oficial de 18.12.2009.

_____. Lei n° 5.132, de 17 de dezembro de 2009. Diário Oficial de 18.12.2009.

ROBLES MORCHÓN, Gregório. *Teoría del derecho – fundamentos de teoría comunicacional del derecho*. Vol. I. Tercera edición. Pamplona: Civitas/Thomson Reuters, 2010.

ROCHA, Eduardo Morais da. *Teoria institucional da praticabilidade tributária*. São Paulo: Noeses, 2016.

ROCHA, Joaquim Freitas. O procedimento e o processo tributário no domínio da extrafiscalidade. In PIRES, Manuel. *Da extrafiscalidade*. Lisboa: Universidade Lusíada Ed., 2011.

ROCHA, Sérgio André. Reconstruindo a confiança na relação fisco-contribuinte. *Revista de Direito Tributário Atual* 39. São Paulo: IBDT, 2018.

_____. *Troca internacional de informações para fins fiscais*. São Paulo: Quartier Latin, 2015.

RODRIGUES, SILVIO. *Direito civil* – parte geral das obrigações. Vol. 2. 26ª Ed. São Paulo, Saraiva, 1998.

RODRIGUES, Tereza Cristina Tarragô Souza. *Alternativas consensuais de resolução de conflitos tributários no direito brasileiro: Perspectivas à luz do princípio da legalidade*. Tese de doutorado. UFPE – Universidade Federal de Pernambuco. Recife: CCJ Direito, 2009.

RODRIGUES, Walter Piva. *Substituição tributária*. São Paulo: Quartier Latin, 2004.

ROTHMANN, Gerd Willi. *Prefácio*. In OLIVEIRA, Phelippe Toledo Pires de. *A obrigação de divulgação de planejamentos tributários agressivos no ordenamento brasileiro – uma análise à luz do Projeto BEPS da OCDE/G20*. São Paulo: Quartier Latin/IBDT, 2018.

SAINZ MORENO, Javier. *Teoría del procedimiento fiscal*. Madrid: Dykinson, 2015.

SALDANHA SANCHES, José Luis; TABORDA GAMA, João. *Sigilo bancário – crónica de uma morte anunciada*. In SARAIVA FILHO, Oswaldo Othon de Pontes; Guimarães, Vasco Branco (coord). Sigilos bancário e fiscal – homenagem ao jurista José Carlos Moreira Alves. 2ª edição. Belo Horizonte: Fórum, 2015.

SÁNCHEZ LÓPEZ, María Esther. *Los deberes de información tributaria desde la perspectiva constitucional*. Madrid: Centro de Estudios Políticos y Constitucionales, 2001.

SANTI, Eurico Marcos Diniz de. *Lançamento tributário*. São Paulo: Max Limonad, 1996.

_____. *Decadência e prescrição no direito tributário*. São Paulo: Max Limonad, 2000.

SÃO JOSÉ DO RIO PRETO. Lei Complementar nº 178 de 29 de dezembro de 2003. Dispõe sobre a instituição do imposto sobre serviços de qualquer natureza (ISSQN). Diário Oficial do Município (DOM) de 30.12.2003.

_____. Lei Complementar nº 323 de 27 de outubro de 2010. Dispõe sobre o ITBI e altera a legislação municipal. Diário Oficial do Município (DOM) de 27.10.10

SÃO PAULO (Estado). Decreto nº 45.490, de 30 de novembro de 2000. Aprova o Regulamento do Imposto sobre Operações Relativas à Circulação de Mercadorias e sobre Prestações de Serviços de Transporte Interestadual e Intermunicipal e Comunicação – RICMS. Diário Oficial do Estado (DOE) de 1º.12.2000.

_____. Portaria CAT nº 87, de 18 de outubro de 2006. Disciplina a entrega de arquivo eletrônico pela empresa administradora de cartões de crédito ou débito, relativamente às operações ou prestações realizadas por contribuinte. Diário Oficial do Estado (DOE) de 19.10.2006.

SÃO PAULO (Município). Decreto nº 46.228 de 23 de agosto de 2005. Diário Oficial de 24.08.2005.

_____. Decreto nº 43.143 de 29 de abril de 2003. Diário Oficial do dia 30.04.2003.

_____. Decreto nº 56.751, de 29 de dezembro de 2015. Diário Oficial de 30.12.2015.

_____. Lei nº 13.479 de 30 de dezembro de 2002. Diário Oficial de 31.12.2002.

SCHOUERI, Luís Eduardo. *Direito tributário*. 9ª edição. São Paulo: Saraiva, 2019.

_____. *The BEPS Project: still a military approach*. In PISTONE, Pasquale; WEBER, Dennis (Ed.). The implementation of anti-BEPS rules in the EU: a comprehensive study. IBFD, 2018.

SEER, Roman. *Der Vollzug sur Steuergesetzen unter den Bedingungen einer Massenverwaltung*. 32. Jahrestagung der Deutschen Steuerjuristischen Gesellshaft. Band 31. Stuttgart, 2008.

SMITH, Adam. *A Riqueza das Nações*. Lisboa: Ed. Fundação Calouste Gulbenkian, 1983.

SOUSA, Rubens Gomes de. Sujeito passivo das taxas, responsabilidade por transferência e substituição. *Revista de Direito Público*. Vol. 16. São Paulo: RT, 1971.

_____. *Compêndio de legislação tributária*. 3ª edição. Rio de Janeiro: Ed. Financeiras S.A., 1960.

SUÁREZ, Lenin José Andara. La autoliquidación: declaración de las operaciones económicas realizadas por los particulares - Una visión desde el Derecho y la doctrina comparada. *Revista Instituto Colombiano de Derecho Tributario* 77. Mayo de 2017.

TAKANO, Caio Augusto. *Deveres instrumentais dos contribuintes – fundamentos e limites*. São Paulo: Quartier Latin, 2017.

TIPKE, Klaus. Princípio da igualdade e ideia de sistema no direito tributário. In MACHADO, Brandão (Coord.). *Direito tributário – estudos em homenagem ao professor Ruy Barbosa Nogueira*. São Paulo: Saraiva, 1984.

_____. Sobre a unidade da ordem jurídica tributária. In SCHOUERI, Luís Eduardo; ZILVETI, Fernando Aurelio (Coord.). *Direito Tributário – estudos em homenagem a Brandão Machado*. São Paulo: Dialética, 1998.

_____; LANG, Joachim. *Direito tributário*. Tradução de Luiz Doria Furquim. Porto Alegre: Sergio Antonio Fabris Editor, 2008.

TOMÉ, Fabiana Del Padre. Considerações sobre a responsabilidade tributária de empresas pertencentes a grupos econômicos. In *Revista de Direito Tributário Contemporâneo* nº 3, Ano 1. São Paulo: Thomson Reuters, 2016.

_____. Insconstitucionalidade da execução de contribuições previdenciárias pela Justiça do Trabalho. *Revista de Direito Tributário* nº 112. São Paulo: Malheiros, 2011.

TORRES, Heleno Taveira. *Direito tributário e direito privado – autonomia privada, simulação, elusão tributária*. São Paulo: RT, 2003.

_____. *Direito constitucional tributário e segurança jurídica – metódica da segurança jurídica do sistema constitucional tributário*. 2ª edição. São Paulo: RT, 2012.

TORRES, Ricardo Lobo. Interação entre princípios constitucionais tributários e princípios da Ordem Econômica. In FERRAZ, Roberto (Coord.). *Princípios e limites da tributação 2 – os princípios da ordem econômica e a tributação*. São Paul: Quartier Latin, 2009.

UCKMAR, Victor. *Princípios comuns de direito constitucional tributário*. Tradução de Marco Aurélio Greco. São Paulo: RT, 1976.

VELLOSO, Andrei Pitten. *Sigilo bancário, fiscalização tributária e reserva de jurisdição: proposta de harmonização dinâmica*. In GRUPENMACHER, Betina Treiger (Coord.). Tributação: democracia e liberdade – em homenagem à Ministra Denize Arruda Martins. São Paulo: Noeses, 2014.

VILANOVA, Lourival. *Causalidade e relação no direito*. 5ª edição. São Paulo: Noeses, 2015.

VILLEGAS, Héctor. *Curso de direito tributário*. Trad. Roque Antonio Carrazza. São Paulo: RT, 1980.

XAVIER, Alberto. *Do lançamento – Teoria Geral do Ato, do Procedimento e do Processo Tributáiro*. 2ª edição. Rio de Janeiro: Forense, 1997.

ZOCKUN, Maurício. *Regime jurídico da obrigação tributária acessória*. São Paulo: Malheiros, 2005.

Impressão e acabamento